高等院校老年服务与管理专业规划教材
高等院校数字化特色教材

居家养老服务与管理

主 编 楼 妍 许 虹

ZHEJIANG UNIVERSITY PRESS
浙江大学出版社

图书在版编目（CIP）数据

居家养老服务与管理 / 楼妍，许虹主编．—杭州：
浙江大学出版社，2017.6（2025.1重印）
ISBN 978-7-308-16992-9

Ⅰ．①居… Ⅱ．①楼… ②许… Ⅲ．①养老－社会服
务－中国－高等学校－教材 Ⅳ．①D669.6

中国版本图书馆 CIP 数据核字（2017）第 129950 号

居家养老服务与管理

主编 楼 妍 许 虹

丛书策划	阮海潮（ruanhc@zju.edu.cn）
责任编辑	阮海潮
责任校对	阮海潮
封面设计	续设计
出版发行	浙江大学出版社
	（杭州市天目山路 148 号　邮政编码 310007）
	（网址：http://www.zjupress.com）
排　　版	杭州青翊图文设计有限公司
印　　刷	杭州杭新印务有限公司
开　　本	787mm×1092mm　1/16
印　　张	19.5
字　　数	475 千
版 印 次	2017 年 6 月第 1 版　2025 年 1 月第 8 次印刷
书　　号	ISBN 978-7-308-16992-9
定　　价	45.00 元

《居家养老服务与管理》
编委会

主　编　楼　妍　许　虹

副主编　余　华　陈雪萍　叶红芳　孟凡莉

编　委　（按姓氏笔画排序）

王　飞（杭州医学院护理学院）

叶红芳（浙江中医药大学护理学院）

许　虹（杭州师范大学医学院）

李冬梅（杭州师范大学医学院）

李现文（南京医科大学护理学院）

余　华（昆明医科大学护理学院）

宋金柱（浙江工商大学工商管理学院）

陈雪萍（杭州师范大学钱江学院）

孟凡莉（杭州师范大学医学院）

胡文奕（杭州师范大学医学院）

晏慧敏（杭州师范大学医学院）

倪晓莎（杭州师范大学医学院）

徐　璐（杭州师范大学医学院）

楼　妍（杭州师范大学医学院）

《高等院校老年服务与管理专业规划教材》
编委会名单

编 委 会 主 任　　尚　清

编委会副主任　　苏长聪　郭　清

编　　　　委　　（按姓氏拼音首字母排序）

　　　　　　　　陈小杭　陈雪萍　董红亚　方桂珍

　　　　　　　　冯国和　何文炯　胡斌春　黄元龙

　　　　　　　　李艳娟　陆长根　孟凡莉　沈小平

　　　　　　　　施军平　施长春　汪　胜　王先益

　　　　　　　　许　虹　许　瑛　张邢炜　章冬瑛

　　　　　　　　郅玉玲　周世平

序

"积极应对老龄化,优先发展社会养老服务,培育壮大老龄服务事业和产业",是党中央根据我国国情而作出的战略决策。社会养老服务是一个系统工程,涉及各个方面,其中护理服务人才队伍建设是最重要的基础性环节。我省对此给予高度重视,省政府专门就此出台政策,实施"入职奖补"办法,建立护理队伍培养培训制度,启动护理知识技能进家庭、进社区活动等,力图通过几年的努力,到"十二五"末,培养一批护理专业人才,基本实现护理人员持证上岗,全面轮训在岗人员,失能老人家庭照护人员普遍接受一次护理知识技能培训,以此切实提高全省社会养老服务的质量。

为实现这一目标,省民政厅和杭州师范大学开展合作,设立"浙江省老年服务与管理教育培训中心",共同推进养老护理人才教育培训工作。多年来,杭州师范大学利用自己的优势,在养老服务领域做了大量工作,形成了诸多学术成果,培养、培训了一大批护理人员,开设了"老年服务与管理"成人大专学历教育。应该说有了很好的教育培训基础,为进一步推动专业教学,强化教育培训工作,积累了丰富的经验。此次,杭州师范大学组织力量,在认真总结已有经验,开展研究的基础上,广泛借鉴国外及港台经验,编写了《养老护理基础》《养老护理操作规程》《老年服务与管理概论》《养老机构管理》《老年人营养与膳食》《老年人运动与康复》《居家养老服务与管理》等系列教材。

相信该系列教材的出版,将为我省养老服务人才队伍培养发挥较好的作用,从而提高我省养老服务整体水平,促进养老服务行业规范、有序发展,提升老年人的生存质量。同时,也希望系列教材在教学实践中不断修正完善,为我国的养老服务事业作出贡献。

是为序。

浙江省民政厅厅长 尚

《高等院校老年服务与管理专业规划教材》
书　目

1.《养老护理基础》
2.《养老护理操作规程》
3.《老年服务与管理概论》
4.《养老机构管理》
5.《老年人营养与膳食》
6.《老年人运动与康复》
7.《居家养老服务与管理》

前　言

"家有一老,如有一宝",中国儒家文化的孝道观念,使家庭养老在我国延续数千年。然而,我国目前有两亿多老年人,家庭养老难以满足现代社会的养老需求。为有效应对老龄化问题的复杂挑战,我国政府提出要充分发挥政府、市场、社会、家庭和个人的多元作用,进一步加大政策支持和引导力度,到 2020 年全面建成以居家为基础、社区为依托、机构为补充的,功能完善、规模适度、覆盖城乡的多层次养老服务体系。居家养老服务是我国养老服务体系的基础,在我国整个养老服务体系中占有非常重要的地位。

居家养老(服务),是指以家庭为核心、以社区为依托、以专业化服务为依靠,为居住在家的老年人提供社会化服务。《居家养老服务与管理》教材基于我国居家养老服务大力发展、相关教材稀缺的背景编写而成,旨在为居家养老服务人才培养提供实用教程。编写团队来自杭州师范大学、昆明医科大学、南京医科大学、浙江中医药大学、浙江工商大学、杭州医学院等高校,成员长期从事老年相关领域的教学和研究。全书共分九章,突出老年人"居家"的服务需求,分为两大模块,第一模块侧重居家养老服务的组织和管理,包括居家养老服务的形成与发展、基本内容、服务方式、评估体系、人才培养、组织与管理、产业化等内容;第二模块侧重居家养老服务的具体内容,涉及居家养老生活照料服务内容与标准、老化预防、老年居家康复,以及老年高血压、糖尿病、痴呆症等老年常见慢性病的健康管理和居家照护。

该书每章运用知识链接、知识拓展等形式使学员拓宽思路,加深理解;每章开头附有教学课件二维码,可供学生预习;书后附有国家相关的政策、参考文献,为学生提供学习资源。该书是老年服务与管理专业学生的核心课程教材,也可作为居家养老服务从业人员的参考用书。

本书在编写过程中得到了多方支持,感谢浙江省民政厅、浙江省老龄办、杭州师范大学、浙江大学出版社以及各位编委所在单位的大力支持。相关的调研工作和本书的出版得到了以下课题基金的资助,在此一并表示感谢:杭州师范大学科研启动经费项目(2012QDL041)、杭州市人民政府支持杭州师范大学学科建设项目"基于区域发展的老年护理学科人才培养体系建设"(PD2015106)。

尽管本书编写人员在编写过程中付出了辛勤劳动,但由于初次编写该类教材,难免有疏漏之处,希望广大同仁批评、指正,以便进一步修改和完善。

楼　妍　许　虹

2017 年 4 月

目 录

CONTENTS

第一章　绪　论

本章要点

★ 居家养老的定义。

★ 居家养老服务的发展。

★ 居家养老的意义和特点。

★ 居家养老服务的基本内容和服务方式。

★ 居家养老服务的理论基础。

★ 国外居家养老的服务模式。

当前,世界人口正在加速老化,到 2050 年,全世界 60 岁以上人口将增至 20 亿。中国是世界上老年人口最多的国家,人口老龄化发展呈现出五个特点,即老年人口增长快、规模大,高龄、失能老年人,社会负担重,农村老龄问题突出,老年人家庭空巢化、独居化加速,未富先老。中国老龄事业发展的重要目标是建立与人口老龄化进程相适应、与经济社会发展水平相协调,以居家为基础、社区为依托、机构为支撑的社会养老服务体系,居家养老和社区养老服务网络基本健全。

第一节　概　述

从 20 世纪 80 年代开始,我国积极探索适合国情的养老模式。居家养老是现阶段的产物,但它并不是新发明,是基于我国传统家庭养老和国外社区照顾理论发展而来的,是社会福利的一项重要内容。

一、居家养老的定义与内涵

居家养老是指以家庭为基础,政府主导,依托城乡社区、企业、社会组织提供专业化服务,满足居住在家的老年人社会化服务需求的养老模式。居家养老服务(aged care at home, home-based elder care)是指政府和社会依托社区,为居家的老年人提供生活照料、家政服务、康复护理和精神慰藉等的一种服务形式。它是对传统家庭养老模式的补充与更新,是我国发展社区服务、建立养老服务体系的一项重要内容。

从服务场所来看,居家养老强调"家"是养老服务的载体,老年人散居在各自家中,在自己熟悉的住所和环境中养老,接受个性化的服务。"家"作为开展服务的平台,不仅是空间概念的家,也是精神层面的家,即居家养老需要同时具备物质养老和精神养老的社会环境。因此,居家养老不同于机构养老的集中化和程序化。

从服务对象上看,居家养老服务所有在社区居住的老年人,包括自理老年人、半失能老年人和失能老年人,根据不同的服务对象的不同需求,提供多层次和全方位的服务。健康的老年人可走出家庭,在社区享受娱乐、健身和教育等服务,半失能和失能生活不能自理的老年人可享受上门服务。

从服务主体上看,居家养老是家庭养老和社会养老的有机结合,需要家庭、社区和政府的共同协作。家庭是核心,社区养老服务网络是基础,政府制定养老制度和提供财政支持是保障。

二、居家养老发展

从 20 世纪三四十年代开始,许多欧美发达国家相继建立包括养老、医疗和照料服务等内容的养老机构,在一段时期内大大改善了老年人的生活质量,因而得到了大力推广。然而,随着老龄化的加剧,人们寿命的延长,需要长期照顾的老年人数量迅猛增长,机构养老财政支出大,政府不堪重负,影响了照顾设施的改进和服务质量的提升。同时,随着老年人经济状况的改善,许多老年人不愿离开自己熟悉的生活环境,进入陌生的养老机构。因此,许多国家提出"就地养老"的方针,开展非机构养老,推进社区照顾和居家养老服务。

(一)国外居家养老发展背景

为应对全球化的老龄化问题,联合国采取了一系列的行动。1982 年,联合国第一届世界老龄大会发布《老龄问题维也纳国际行动计划》,开始涉及居家养老服务。维也纳行动计划指出,"尽可能充分地在社区范围内发展保健和与保健有关的各种服务。这些服务应包括广泛的非住院性服务,如日间照料中心、门诊所、日间医院、医疗护理和家庭服务,急救服务应随叫随到",提出了居家养老服务的内容。同时,该计划强调居家养老需要有必要的保健设施和专业人员,为老年人提供全方位的老年病护理,同时明确居家养老不仅是包括有疾病的老年人,而是更强调老年人能够独立地生活,促进老年人能够在其所在社区尽可能长久地独立生活。2002 年,联合国第二次老龄大会发布《马德里老龄问题国际行动计划》,提出"就地养老",从住房设计、社会资助服务、公共建筑和场所设计等方面,为老年人在社区居家养老提供便利。在世界范围内,居家养老已经成为发展趋势。

(二)国内居家养老发展

自古以来,中国有着养儿防老的传统观念,家庭肩负着照顾老年人生活起居、日常生活和精神生活的责任。随着工业经济的到来,家庭不再是农业经济时代的生产单位,而主要是生活和消费的单位,老年人为社会发展贡献毕生精力,在参与社会劳动的过程中也得到了相应的养老金和社会服务网络,从这个角度来看,传统的家庭养老功能势必削弱。

由于计划生育政策的实施,我国居民家庭结构和居住模式发生转变,短期内"四二一"家庭结构仍较多,家庭养老功能逐渐弱化,并且经济发展使人口流动增加,年轻人选择到经济发达的区域就业、定居,甚至到国外发展,致使很多老年人出现"空巢"现象。即使父母与子女在同一城市,随着西方文化的引入,年轻人更多地追求个人生活空间,与父母同住比例降低,传统的由子女照顾老年人生活起居的情况日益减少。同时,目前我国普通居民常见的住房结构也限制了传统家庭养老方式的延续,城镇住宅以集合式、板式单元户型为主,面积多在 120m² 以下，三代人共住空间较小。随着社会的发展，人们生活水平的提高，老年人自身条件的改善，对生活的品质要求也随之提高，老年人对养老方式也有自己的选择，很多老年人倾向于配偶照顾和专业照顾，而不是寄希望于子女，已不再受限于"养儿防老"的传统观念。因此，家庭养老模式的变革势在必行。社会经济的发展是基础，家庭养老功能弱化是动力，老年人的意愿是关键。

1987 年，民政部在武汉召开首次全国城市社区服务工作座谈会，第一次提出"社区服务"的概念，提出社区服务是一种社会福利，是社会保障的一部分，同时是一种互助性服务。2000 年 8 月，《中共中央　国务院关于加强老龄工作的决定》提出，老年服务是社区服务的重要组成部分，发展老龄事业要遵循"坚持家庭养老与社会养老相结合，充分发挥家庭养老的积极作用，建立和完善老年社会服务体系"的原则。2005 年 2 月，民政部《关于开展养老服务社会化示范活动的通知》中明确指出，建立以国家、集体投入为主导，以社会力量投入为新的增长点，以居家养老为基础，以社区老年福利服务为依托，以老年福利服务机构为骨干的老年福利服务体系，为老年人提供生活照料服务。2006 年 5 月，国务院下发《关于加强和改进社区服务工作的意见》，提出要加快老年公共服务设施和服务网络建设，在有条件的地方开展老年护理服务。

2008 年 2 月，全国老龄委办公室联合民政部等 9 个部门发布《关于全面推进居家养老服务工作的意见》，提出要在城市社区普遍开展居家养老服务，同时积极向农村社区推进。2010 年 11 月，民政部召开全国社会养老服务体系建设推进会，进一步明确发展居家养老服务的重要性，并提出了具体的发展要求。2011 年，国务院印发《中国老龄事业发展"十二五"规划》，提出将家庭养老与社会养老相结合，着力巩固家庭养老地位，优先发展社会养老服务，构建以居家养老为基础的社会养老服务体系，创建中国特色的新型养老模式。2013 年，国务院发布《关于加快发展养老服务业的若干意见》，提出到 2020 年，全面建成以居家为基础、社区为依托、机构为支撑的，功能完善、规模适度、覆盖城乡的养老服务体系。2015 年 5 月 1 日，我国首个居家养老服务地方法规《北京市居家养老服务条例》开始施行，将居家养老服务需求分为八大类，包括老年人用餐、医疗卫生服务、家庭护理服务、家政服务、文体娱乐服务、精神慰藉等，并明确政府工作职责。

第二节　居家养老服务模式

居家养老是我国传统家庭养老的延伸，是基于我国老龄人口发展特点，借鉴其他国家养老服务发展经验提出的现代养老模式。居家养老服务的内涵随着经济、社会、文化的发展不断拓展，是提高老年人及其家庭生活质量的重要保障模式，是建设和谐社会的重要组成部分。

一、发展居家养老服务的意义

居家养老模式符合我国老年人的心理特点，是对我国传统家庭养老的传承与创新，在新时代背景下，有着重要的社会意义。

(一)尊重老年人的情感和心理需求

有着五千年文化底蕴的中华民族有"落叶归根"的传统,老年人更多地希望在熟悉的生活环境中养老,尤其倾向于传统的家庭养老。居家养老模式不离开家,尊重老年人对家的情感依赖和对习惯环境的心理需求,能够与亲人保持持续的感情交流,获得安全感和归属感,这正是老年人喜爱居家养老模式的原因所在。

(二)有利于培养老年人的独立性

联合国老龄大会于 1991 年 12 月 16 日通过《联合国老年人原则》,包括独立、参与、照顾、自我充实和尊严。养老服务体系应该能够帮助老年人像正常人一样生活,努力提高老年人独立生活的能力,促进健康老龄化和积极老龄化。居家养老可以从三个方面促进老年人的独立性。第一,居家养老的服务内容个性化,老年人要根据自身情况选择服务,具有较强的独立意识;第二,居家养老为老年人创造一个可以参与社会活动的环境,鼓励老年人之间的互助,发挥余热,具有丰富的晚年生活;第三,居家养老可通过国家政策和法律,为居家老年人提供相关的社会服务和支持,使老年人的独立自主能力得到加强。

(三)提高老年人照护质量

在我国"未富先老"的人口老龄化形势背景下,难以短期内建立大批专业养老机构收住老年人,家庭养老模式将长期存在。然而,单纯地依靠家庭养老已难以满足养老需要,原因是缺乏专业技能、经济压力大、照顾时间不足。开展居家养老,将家庭养老与社区养老相结合,减轻家庭成员负担,提供专业照护,切实提高老年照护水平。

(四)有利于建设和谐社会

我国家庭代与代之间的关系逐渐发生迁移,由传统的主干家庭向核心家庭转移,由于独生子女政策的影响,核心家庭普遍存在"重幼轻老"的现象,老年人在家庭中的权力和核心地位下降,影响到家庭养老功能,老年人的自尊心受到挑战,容易产生"老来无用"的悲观情绪。居家养老模式的出现从一定程度上转移了家庭养老的客观压力,如生活照料,使家庭成员可以更多地关注老年人的精神需求,实行精神赡养,促进家庭成员的沟通,提高老年人的心理健康水平。虽然居家养老能够联系多种养老资源,但是家庭养老资源仍然是核心,提高家庭养老资源的支持能力是居家养老的一个重要目标。在代际关系危机和孝亲关系淡化的社会转型时期,推进居家养老服务有利于促进家庭和谐、社区和谐,以及代际和谐,推动社会主义和谐社会建设。

(五)扩大就业渠道

居家养老的发展促成了一系列养老服务产业的发展,如上门生活照料服务、家政服务、日托照护、老年人休闲产业、养生产业、健康产业、老年型住区、老年养生度假设施、老年活动中心等。养老服务行业的发展,为一部分群体提供了就业渠道,特别是养老护理员的刚性需求,为很多下岗女工提供了新的就业渠道。

二、居家养老服务特点

居家养老服务不是纯粹的在家里养老,而是通过政府主导,多方资源投入建立起来的专业养老服务,以老年人的需求为出发点,提供全面而多样化的服务。

(一)养老功能全方位性

根据马斯洛的需要层次理论,人的需要包括生理需要、安全需要、自尊与尊重的需要、爱与归属的需要和自我实现的需要。居家养老为老年人提供全方位的服务,覆盖各个需要层面,涉及衣、食、住、行、健康、乐、为、学等多方面,服务内容包括健康照顾、生活照料、精神慰藉、娱乐活动、再教育等,实现"老有所医、老有所养、老有所乐、老有所学、老有所为、老有所尊、老有所宁"的照护目标。

(二)养老资源多元性,政府主导,主体多元

在居家养老服务体系建设中,政府主导,动员、协调各部门积极投入居家养老建设。主要体现在引导全民的居家养老理念,制定适宜居家养老的政策、法规、制度,提供社会福利资源,监管服务质量,激发多方主体包括企业、社区、家庭、非营利组织、志愿者参与到居家养老服务中来。

(三)社区性

居家养老将家庭养老和社区服务相结合,延伸"家"的范围,从实际物理概念上的"家"拓宽到抽象广义概念的"社区"。社区是实现居家养老的前提和基础,没有社区,就很难开展真正意义上的居家养老。经过近三十年的发展,我国的社区服务发展迅速,目前的社区养老服务体系包括老年人日常照顾、老年人健康服务、老年人权益保护服务和老年人精神文化服务,为居家养老服务提供平台。

(四)倡导以需求为导向的服务

居家养老倡导以老年人的需求为出发点,为老年人提供个性化的服务。在管理和服务理念上,强调"以人为本"和"你需要我提供什么服务",根据老年人不同的需求和意愿,为老年人提供个性化的服务内容和服务方式。老年人参与服务计划的制订、实施和反馈,使服务真正实现为其所需。

三、居家养老服务的基本内容

居家养老服务的内容围绕老年人的需求展开,可分为物质保障、生活照料、精神慰藉、医疗保健四大模块。

(一)物质保障

老年人物质保障主要为经济保障,是保证老年人日常基本生活需要的前提。目前,我国老年人的主要经济来源包括养老金、子女供给、自给自足、国家和地方政府补贴。第六次人口普查资料显示,我国老年人的主要生活来源40.72%靠家庭其他成员供养,24.12%靠离退休基金养老,29.07%靠劳动收入。因此,很大一部分老年人并没有养老金,物质的保障需要政府和社会的关注,尤其是三无老年人,即无劳动能力、无生活来源、无赡养人和抚养人的老年人,以及困难老年人、残疾老年人和高龄老年人。根据不同地区的生活水平、物价水平和经济条件,各个地方民政部门对居家养老采取不同的补贴政策,根据老年人的情况,给予不同比例的资助和补贴。

知识链接

政府居家养老补贴

政府补贴居家养老服务分为服务券和机构补贴两种形式。

1. 直接将补贴发放给老年人。民政部每月给特定人群老年人发放一定金额的养老服务代金券,老年人在接受居家养老服务之后用代金券支付,提供服务者再到民政部门结算。这种形式在各城市得到推广,各地区结合当地的经济状况,为不同情况的老年人给予不同额度的服务券补贴。如上海的标准是:①"三无"、"五保"老年人、优抚对象和有特殊贡献的老年人:政府购买服务,全额补助。②低保老年人、高龄老年人、生活困难老年人:政府补贴服务费用。③身体健康、有支付能力的老年人:优惠抵偿的市场化服务。北京的服务对象进一步扩大,还包括归侨、纯老年人户(包括仅与残疾子女居住的老年人)、80~89岁老年人中的生活半自理或生活不能自理的老年人,以及90岁以上老年人。

2. 为居家养老服务机构补贴。民政部门成立居家养老服务机构,雇用居家养老服务员负责照顾老年人,或者将补贴直接发放给现有居家养老服务机构,服务机构用补贴金支付助老员报酬。

(二)生活照料

第六次人口普查显示,我国60岁以上老年人口当中,2.95%的老年人生活完全不能自理,13.90%的老年人部分生活能自理。对于生活不能完全自理的老年人,维持正常的日常生活存在困难。在无人帮助的情况下,这部分老年人在衣、食、住、行各个方面都存在问题。部分能自理的老年人以及一些空巢老年人在出门就医、购物等方面存在问题,影响其日常运作。居家养老服务的主要内容是为有需求的老年人提供悉心的生活照料,维持其日常功能,保证其生活质量。生活照料内容包括一日三餐、卫浴清洁、家政服务等,提供生活照料的方式包括上门服务和日托中心。随着科技产业的发展,各种现代信息技术也开始引入居家养老服务。

(三)精神慰藉

由于身体功能下降、社会活动参与减少等各方面原因,老年人发生抑郁症等心理问题的概率随着年龄的增长而增加。同时,一些神经系统疾病,如脑卒中、帕金森病的发病率也随着年龄增加而递增,这些疾病的发生也加大了老年人发生焦虑抑郁的倾向。关注老年人心理健康,促进身心健康是居家养老服务的重要内容。一方面,老年人家庭的和谐氛围对老年人情绪和心境的稳定最为重要,需要家庭的配合,而这又有赖于功能完备的居家养老服务支持系统,减轻家庭照顾老年人的压力;另一方面,居家养老需要通过多种形式提供精神慰藉,包括志愿者的陪聊、情绪疏泄、聊天室、各种娱乐活动、旅行、文化活动等,让老年人在精神上感觉不孤单,不空虚。目前国内多个城市,如北京、天津、杭州等在社区开设"聊天站",配以电话热线,专为老年人提供"减压室"等,为老年人倾诉烦恼、交流情感、结交朋友、开展文体活动等提供场所。

(四)医疗保健

随着年龄的增长,老年人各种慢性病的发病率增多,并呈现多种病共存的情形。对于慢性病的管理,我国医疗模式逐渐从医院向社区转移,在社区进行慢性病的监测、治疗和功能锻炼。居家养老服务模式下,老年人的医疗保健服务在不断完善,目前主要有三种形式:①开设家庭病床,患重病的老年人可以足不出户,在家里得到治疗、护理和医疗保健服务,这种形式需要培训全科医生,成本较高,风险较大,但社会效应好,已在国内多个城市(如北京、上海、青岛等)开展。②设立老年社区医院,老年人在社区医院可得到优先挂号、就诊、化验和治疗。③预防为主,通过开设专题讲座,组织健康活动、老年人互帮行动等,倡导"健康老化"的理念,提升自我健康管理和养生保健的能力。

四、居家养老的服务方式

根据老年人的情况和需求,居家养老服务可分为上门服务和集中照料服务。前者根据评估情况,由养老护理员或者志愿者按照预设的上门时间、频率和服务内容到老年人家中提供服务,后者将老年人送到社区日托中心集中管理。单项服务可根据老年人需求开展。

(一)上门服务

对于行动不便、不能走出家门的老年人,居家养老服务方式是"走进去",即工作人员或志愿者到老年人家中提供生活照料等各种服务。上门服务为老年人提供便利,不足之处是老年人很难得到 24 小时居家养老照护,存在照顾时间空挡,适用于具有一定生活自理能力的老年人。

(二)集中照料服务

为满足白天缺乏人员照顾、独自生活困难老年人的需求,某些社区开设日间照料中心,将老年人集中照料,提供生活照顾、医疗康复等服务。集中照料中心需要配备一定的床位,其设备要求接近于养老机构,便于老年人日常生活,同时可设置老年活动室、康复室、休息室、心理健康中心等,为健康老年人提供活动和社交场所。因此,部分生活基本自理的老年人在床位空余的情况下,也可以到日间照料中心享受服务。

(三)单项服务

单项服务是针对老年人的不同服务需求,提供个性化的服务。针对老年人用餐困难但支付能力不高的需求,社区可开设专为居家老年人提供用餐服务,且价格相对低廉的"长者食堂"等餐馆服务;针对某些老年人生活能够基本自理,但感觉孤单的需求,某些社区可开展关爱服务,即助老员或志愿者定期到老年人家中访视,不提供实质性照顾,主要服务是沟通与疏通关系,满足老年人的精神需求。

第三节 居家养老的理论基础

居家养老的发展基于人口、经济、社会、文化的发展,同时也体现福利的提供与分配原则。居家养老模式符合老年人的生理和心理特点,不同的理论从各自角度阐释了居家养老产生的根源和合理性。

一、福利多元主义理论

养老是每个公民的权利,建立完善的养老服务体系是社会福利的重要组成部分。福利多元主义理论指出,养老服务的完善需要依靠国家、市场、家庭和第三方组织的协调运作,居家养老服务的产生体现了福利主体多元的特点,其发展需要各主体明确分工,协调发展。

福利多元主义(Welfare Pluralism,又称混合福利经济,the mixed economy of welfare)的概念起源于 1978 年英国《沃尔芬得的志愿组织的未来报告》。1986 年,罗斯(Rose)提出社会总福利公式:TWS＝H＋M＋S(TWS,社会总福利;H,家庭提供的福利;M,市场提供的福利;S,国家提供的福利),指出国家是福利的主要提供者,但不是唯一提供者;市场也是福利的来源,个人和家庭通过市场购买福利;从历史角度看,不同文化背景下,家庭都是福利的基本提供者。国家、市场和家庭任何一方单独成为福利提供者都存在巨大弊端,需要三者的互相补充,扬长避短。在福利三分法的基础上,伊娃斯与欧克(Evers & Olk)于 1996 年提出了四分法,增加了民间社会,认为民间社会可在不同层次上,在基于不同理念上的政府、市场和社区之间建立联系纽带。约翰逊(Johnson)也主张四分法,在市场、国家和家庭的基础上加入了志愿组织,认为志愿组织等非正式组织在福利的提供上发挥着重要作用。

福利多元主义理论对于居家养老的主要贡献是明确福利提供主体,传统的家庭养老福利主要来源于家庭,在"四二一"家庭结构模型下有巨大的缺陷,完全依靠国家养老,在现阶段以及在较长期范围内不切实际,根据福利多元理论,也有其不可避免的弊端。个人/家庭、市场和国家三方在居家养老模式下各自发挥功能,家庭为居家养老的基础,市场提供养老产业服务,国家为居家养老制定政策和提供支持,相辅相成。

知识链接

福利三角

1988 年,德国学者伊娃斯(Evers)在罗斯的研究基础上,提出福利三角(welfare triangle)的研究范式,将福利三角分析框架放在文化、经济和政治背景下,且把三角中的三方具体化为相应的组织、价值和社会成员关系。市场对应的正式组织,体现的价值是选择和民主,社会成员作为行动者建立的是与市场(经济)的关系。国家对应的是公共组织,体现的价值是平等和保障,社会成员作为行动者建立的是与国家的关系。家庭则对应非正式或者私人的组织,体现的价值是团结和共有,社会成员作为行动者建立的是与社会的关系。在福利三角中,市场提供的是就业福利,个人努力和家庭保障是非正规福利的核心,国家则通过社会福利制度将社会资源再分配。

二、公民养老权利理论

人类在生存与发展过程中,人与人之间建立起各种社会关系。所有社会关系的核心是价值关系和利益关系,存在着一方面的价值付出,另一方面的价值回报。权利和义务在社会关系中就是价值回报和价值付出的双方,即当一方享受着权利时,必然有另一方承担和履行相应的义务。公民养老权利是一项基本的权利,在世界范围内已通过法律和实践得到共识。公民养老权利的实现需要国家、社会和家庭承担相应的义务。我国宪法第 45 条规定:"中华人民共和国公民在年老、疾病或者丧失劳动能力的情况下,有从国家和社会获得物质帮助的权利。国家发展为公民享受这些权利所需要的社会保险、社会救济和医疗卫生事业。"我国老年人权益保障法第 3 条规定:"老年人有从国家和社会获得物质帮助的权利,有享受社会服务和社会优待的权利,有参与社会发展和共享发展成果的权利。"第 4 条规定:"国家和社会应当采取措施,健全保障老年人权益的各项制度,逐步改善保障老年人生活、健康、安全以及参与社会发展的条件,实现老有所养、老有所医、老有所为、老有所学、老有所乐。"因此,公民养老是一项基本人权,是宪法所赋予的权利,是每位公民在年老时所享有的权利。

公民养老权有广义和狭义之分。狭义上来讲,公民养老权是指国家事业单位工作人员和企事业组织职工在达到法定退休年龄后享有退休权利,有权得到国家和社会对其生活的保障。广义上来讲,是指所有公民在达到劳动义务解除年龄,或者因年老丧失劳动能力的情况下,依法享有的获得国家和社会的物质帮助和家庭赡养权,主要包括生活保障权、健康保障权、参与社会发展权和精神慰藉权。2012年12月28日修订,2013年7月1日生效的《中华人民共和国老年人权益保障法》规定:"家庭成员应当关心老年人的精神需求,不得忽视、冷落老年人。与老年人分开居住的家庭成员,应当经常看望或者问候老年人。用人单位应当按照国家有关规定保障赡养人探亲休假的权利。"精神慰藉权日渐得到重视。

三、相互作用理论

随着年龄的增长、角色的改变、社会活动层面的变化,老年人呈现出独特的心理特点,是养老服务过程中不容忽视的层面。相互作用理论和活动理论提示维持老年人一定程度的社会交往,建立良好养老环境的重要性。

相互作用理论(interaction theory)探讨环境、个体及其相互作用对个体发展的影响,主要学派有象征性相互作用理论、符号互动理论和社会损害理论。随着年龄增长,个体的角色发生改变,社会参与范围与程度也随之变化。

象征性相互作用理论提示倡导尊老、爱老、养老氛围的重要性,以及建设有利于老年人参与社会活动的社会环境对提高老年人生活质量有着重要意义。

符号互动理论认为自我认识源于交往模式,老龄化本身并不会引起个体对自身的态度变化,而是社会对老龄的态度使得老年人的自身认识发生改变,即老年人通过社会对自己的评价、态度来思考自己。若老年人在与原工作单位、家庭的互动中出现问题,得到老来无用的信息,则很容易形成负向自我概念,不利于老年人的心理健康。

社会损害理论指已有心理问题的个体所产生的消极反馈,这种循环一旦形成,便会强化无能、无用意识,引起更多的问题。一旦老年人在自我概念中认为老来无用,各种其所不能完成的事情都会强化这种观念,不利于积极老化。

相互作用理论给居家养老模式的启示是多方面、多维度的。首先,居家养老的平台建设,不仅包括失能老年人的居家照料,更重要的是要建设帮助老年人健康和积极老化的社区环境,包括物理环境建设和精神环境倡导;居家养老服务队伍建设与管理中,要重视服务态度,强调与老年人互动过程中的积极心态与影响,让老年人感受到自身的价值;在家庭层面,继续弘扬孝的文化,促进家庭成员与老年人的沟通。

四、活动理论

活动理论(activity theory)认为老年人应该尽可能多地参与社会活动,用新的角色取代因退休或丧偶等失去的角色。活动理论基于四个假设:①老年人失去的角色越多,参与的活动越少。②老年人的自我认知需要在社会活动中形成和证实。③老年人自我认知的稳定性源于角色的稳定性。④自我认知越清楚,生活满足程度越高。从该理论假设的逻辑来看,生活满足程度来源于自我认知,自我认知来源于新角色,新角色来源于社会活动参与。因此,要提高老年人的生活满足程度,要为老年人参与社会活动提供条件。

老年人的角色转换主要包括:①从工作角色到家庭角色,尤其是在工作中担任一定职务的人,习惯于工作环境中的等级制度,回归家庭后,仍将工作角色延续,出现角色转换障碍。②劳动角色转换为被供养角色,容易使老年人产生失落感。要使老年人顺利实现角色转换,可通过积极参与社会,寻找新的角色,重新认识自我。居家养老服务为老年人提供参与社会的平台,同时提供各种专业化服务,为老年人提供心理支持,帮助其适应角色变化。

五、血亲价值理论

我国自古以孝为贵,多以血缘关系为主要依据建立人际脉络。传统的观念影响了老年人养老方式的选择,然而随着全球化进程的发展,与国外的各种思想交流增多,西方文化也冲击着我国的传统文化。居家养老服务建设既要尊重传统,又要了解老年人的个性化需求。

血亲(consanguinity)是指人与人具有共同祖先的关系,主要包括因为血缘(生育)和婚姻而形成的亲属关系。血亲价值理论使用血亲价值观来解释家庭代与代之间养老的理论。在血亲价值观的影响下,我国老年人在选择外在资源的过程中,行为上表现为五个特点:①网络中的血亲核心性,血亲关系的远近是选择资源先后的重要标尺,优先选择与自己血缘关系近的。②心理中的血缘偏执性,在人际关系处理上,老年人通常由对血亲关系的认同具有偏执性,婆媳矛盾是典型的血缘偏执心理影响的结果。③关系中的血缘扩展性,在血亲核心原则的基础上,老年人会在血亲资源不足的情况下,适当地选择一些非血缘关系资源,延伸血缘关系和血缘资源。④目标中的需求综合性,老年人通常多种需求并存,为满足其需求,老年人将亲属照料作为选择重点。⑤交往中的伦理交换性,老年人的人际交往中,伦理原则是资源流动的基本依据。

血亲价值理论体现了我国老年人家庭养老的文化背景,居家养老基于家庭养老,尊重老年人的选择倾向,是适合我国老年人特点的养老模式。然而,随着家庭结构倒金字塔的形成,家庭照顾老年人的资源不足,势必拓展外部资源。居家养老体系建设中,以维系家庭养老为出发点,需要强化社会助老体系。

知识链接

血亲价值观三要素

第一个要素,血亲关系。相对于人际关系中的地缘关系和业缘关系,血亲关系具有天然性、终生性和认同性的特点。天然性是指血亲关系的不可选择、不可回避;终生性是指血亲关系的不可改变,与生命共存;认同性是指血亲关系中彼此之间具有的一种潜在认同感。

第二个要素,价值判断。血亲关系的价值判断倾向于非经济标准,如责任、理念、期望等。

第三个要素,观念定式。血亲价值观是人们对血亲关系以及围绕这种关系所形成的一种看法。这种看法会影响、制约人们的行为,使人们根据血亲价值标准选择行为的方向、程度和方式。

六、孝理论

我国传统的养老理论是以"孝"为核心的体系,孝是最为基础的道德范畴。目前,孝有三层含义:①孝顺,即善事父母。②尊长死后在一定时期内遵守的礼俗。③丧服,即穿孝、戴孝。善事父母即奉养老年人,在儒家思想中,不仅要保障老年人的物质生活需求,还要在精神和感情上尊重老年人,要把尊老爱老当作社会文明进步的事业,政府在赡养老人过程中承担重要职责。孝文化的源远流长是老年人养老离不开"家"的重要原因,是居家养老中"家"的最初内涵。随着社会的发展,"孝"的内涵与方式将会随着"家"的升级而得到拓展和延伸。"孝"不是表面上对老年人的不离不弃,形式上的毕恭毕敬,而是为老年人提供科学而人性化的养老。

知识链接

我国的孝文化历史

一般认为,孝道形成于先秦时期。孝的原始意义是人们为祈求平安而进行的一种尊祖敬宗的祭祀活动,并没有伦理内涵。到西周时期,对祖先的祭祀虔诚且隆重,增添了对祖先的敬仰和追念,同时孝的观念增加了奉养父母的新意义。春秋战国时期,随着人们对自然认识的增加,各种对祖先的祭祀活动开始简化,开始确立"一夫百亩"授田制基础上的家庭形态。自此,赡养父母成为家庭血亲关系间的基本义务,善事父母成为当时孝文化的核心内容。孔子、孟子在思想理论中丰富和发展了孝文化的内涵,初步形成了孝道的理论体系。到汉代,孝的思想和理论得到了重大发展,确立了"以孝治国"的理念,以及提出了"君为臣纲、父为子纲、夫为妻纲"的学说,使孝与忠一起构成社会道德体系的核心。唐代以后,孝被列入刑律范围,通过法律推行。宋至明清时代,孝道被认为是专一的、绝对的,子女孝顺父母天经地义,不可违抗,孝成为君主独裁、父权专制的工具。近代,随着各种民主、自由思想的引进,逐渐打破了愚孝文化,建立起了新型的孝文化。

第四节　国外居家养老概况

人口老龄化是世界各国面临的一个共同的问题。1850年,法国成为世界上第一个出现人口老龄化现象的国家。此后,人口老龄化迅速在挪威、瑞典、英国、德国、美国、瑞士、荷兰等欧美各国扩展开来。至20世纪60年代,西方国家几乎全部进入老龄化社会,随后日本、新加坡等亚洲国家也相继进入了此行列。伴随着人口老龄化程度的不断加深,各国政府相继建立了符合本国国情的养老保障制度和各种类型的养老模式,然而居家养老模式被认为是所有养老模式的最终回归。它立足于家庭,让社会服务、政府服务进入家庭,将居家和社会化服务有机地结合起来,使老年人继续留在熟悉的环境中得到养老服务。

一、日本的居家养老

作为一个典型的老龄化社会,日本人口现状可用"超老"来概括。日本政府出台的养老制度重视家庭的作用,强调国民自立。"日本型福利社会"的主要内容之一就是充实包括个人在内的家庭基础,强化家庭作为安全保障系统的功能。

(一)政策支持

1963年,日本政府推出了《老年人福利法》,提倡要保障老年人的生活权益。1982年,日本政府出台了《老年人保健法》,强调居家养老和居家护理。1989年,日本政府制定了《高龄者保健福利推进十年战略》,又称"黄金计划"。1994年,日本政府对黄金计划进行重新修订,并命名为"新黄金计划",完善了以居家养老为中心的社区服务体系。2000年,日本开始实施介护保险制度(又称长期照顾制度),这意味着对老年人的照顾方式由传统的家庭照护转变为社会化照护。

(二)服务主体和服务对象

日本的养老保障体系以政府投入的公共养老金为主,同时也纳入了社会其他力量,共同组成和支撑日本的养老保险体系。日本政府从2000年开始实行介护保险制度。这项保险制度的目的是"脱离医院,让老年人回归社区,回归家庭"。它是由日本厚生劳动省牵头,地方政府的高龄福祉部门主管,各地居家护理支援中心、社会福祉联合会等官方和民间团体负责具体实施。日本政府要求40岁以上的国民必须加入并缴纳护理保险金,在65岁后接受这项保险所提供的服务。日本注重发展多层次多维度的养老保险体系,这就有效避免了政府因养老问题而导致的财政负担过重,也使得养老成为社会责任的一部分,有利于解决老龄化问题。

(三)服务程序和服务内容

老年人(被保险人)如需要介护服务,必须先向有关部门提出书面申请,后经过一系列的评估调查,满足条件的老年人即可享受介护服务。申请人得到介护保险认定后,有专业的介护师帮助申请人制定一份介护服务计划。相关服务部门根据计划上门提供介护服务,介护服务实施半年后,再一次对申请人进行评估,调整介护等级并制定新的介护计划。居家养老介护服务的内容主要包括:①家访介护服务。②家访洗浴介护服务。③家访护理服务。④家访康复保健服务。⑤居家养老管理指导。⑥养老用具设备租赁服务。⑦住宅无障碍装修费报销服务。⑧日托服务。⑨日间康复服务。⑩短期托老介护服务。⑪短期托老康复服务。为了对居家养老提供有效的支援,日本法律还规定,地方政府在每10万人口的生活空间必须设立一个"基干型居家养老支援中心"。该中心的主要任务是以"看护经理""社会福祉士""保健师"为主体,对本地区居家养老的高龄者提供综合性、持续性的支援和服务。如评价高龄者的身心状况和服务需求、收集社区居家养老信息、指导和帮助制定居家养老服务计划等。

二、美国的居家养老

随着第二次世界大战后婴儿潮出生的一代将进入老年期,美国人口老龄化加速发展。在居家养老服务体系建设方面,美国积累了丰富的经验,美国社区居家养老是"品质养老"的典范。在美国,社区具备了强大的助老功能,使得美国老年人能内安其心、外安其身,实现"安养—乐活—善终"的老年生活目标,所以多数美国老年人选择社区养老模式。另外,美国还有一种被称为"居家养老院"的养老服务,是目前世界上最大的非营利性质的老年照顾机构,为居家老年人提供保健、安全、帮助和生活照顾服务。

(一)政策支持

1981 年美国政府正式从威斯康星州开始实行医疗补助和社区服务(home and community-based services,HCBS)计划,此后在各州普遍推行。医疗补助和社区服务计划为符合医疗补助资格、在家养老的弱势老年人提供家庭护理。1997 年美国出台《平衡预算法案》,提出 PACE 计划(The Program of All-inclusive Care for the Elderly,老年人全面医疗照顾计划),是政府支持的一个为体弱多病的老年人提供长期照顾的创新项目。为了规范和支持养老事业发展,美国制定了相关的法规,并且每年拨专款进行养老社区建设的支持。

(二)服务主体和服务对象

美国绝大多数老年人的居家养老由社区或许可的服务机构开展上门服务,专业护理人员也定时到家探望。医疗保障方面,美国政府只对老年人提供医疗保险(medicare,专门针对 60 岁及以上老年人的医疗项目)。PACE 计划是在老年医疗保险基础上发展起来的,规定参加者必须 55 岁以上,居住在 PACE 服务区内,被州政府的相关机构鉴定为体弱多病,符合入住护理院的老年人。PACE 模型主要解决了慢性病老年人需要长期照顾的困难,为他们提供有效的服务,它使这些体弱多病的老年人可以居住在自己的社区里,保持尽可能的健康,同时使他们能保持一种独立、有尊严、有质量的生活。

(三)服务程序和服务内容

为老年人提供居家养老服务的机构需要有州政府的执照,同时遵守州政府或联邦政府的规定;老年人根据自身的生理、心理、社会情况来进行选择。美国居家养老服务主要包括:①家庭保健中心:为在家居住的老年人提供简单的日常生活及护理服务。②托老所:其日常活动通常以恢复性训练为主,老年人白天在托老所中生活,晚上回到自己家中与家人团聚。③老年人活动中心:为老年人组织文化、娱乐、教育、旅游等活动。④免费教育:接收 65 岁以上的老年人进行免费进修。⑤志愿者服务:向老年人提供充当志愿者的机会,老年人可以用自己的专业技术和知识去帮助他人。同时,针对独居老年人,尤其是高龄老年人和失能老年人,由社区或经政府许可的养老服务机构提供范围相当广泛的上门服务,其中包括送饭上门、送医上门、送车上门、专业护理人员定期探望、电话确认、紧急救助等。

三、澳大利亚的居家养老

澳大利亚是个高福利国家,政府对老年人社会福利的经费保障比较齐全。政府根据老年人住在自己家里更感自在的生活习惯,设计了一整套为老年人居家服务的内容和政策,深得老年人的欢迎。目前全澳已有 90% 的老年人接受社区居家照顾服务。

(一)政策支持

1985 年澳大利亚政府为了解决老年人的照顾问题,制定了居家与社区照顾法案(Home and Community Act,HCC),规定了老年人照顾的经费由联邦政府向各州进行拨款。近年来,根据老年人的养老意愿和养老福利服务的效率,澳联邦政府在养老政策上进行了战略调整,确定了以社区照顾即居家养老服务为主的老年人社会福利服务政策。在老年人居家养老服务的经费保障方面,由联邦政府与州政府共同承担。一般来说,承担的比例是联邦政府60%,州政府 40%,这些费用中 80% 通过市政府下拨,20% 通过教会和其他非政府组织下拨。同时,政府设立了以政府为主导的居家养老制度——喘息服务;喘息服务中心负责向居家养老照顾者提供喘息服务的法律咨询、心理辅导和提供各种必要的相关支持。

(二)服务主体和服务对象

澳大利亚养老福利服务的宗旨是政府主导制定法规、政策,进行资金支撑,民间运作,社会支持。因此,澳大利亚政府不直接参与居家养老的具体服务。居家养老服务组织一般由三方面组成:一是由教会创办;二是由非营利性民间组织创办;三是由企业创办,少数是由私人创办的。这些服务组织成立后,须经政府有关部门认可,经专业评估后,才能开展居家照料服务,取得政府的经费补贴。澳政府对老年人在家照料服务的管理十分严格,要求必须有专业资质的人士才能从事这项工作。全澳有许多培训居家养老服务人员的教育机构,这些专业教育培训机构经政府审查通过后,由政府予以一定的经费资助,并授予发证的资格。除了专职的居家养老服务人员,在澳洲还有许多义务工作者为老年人开展志愿服务。澳政府有关法律规定,居家养老服务的对象是全体老年人,但政府社区照料服务的重点是年龄超过80岁的高龄老年人、身体有各类残疾的残障老年人、患有多种慢性疾病的体弱老年人、其他有特殊经历的老年人如退休老兵等。

(三)服务程序和服务内容

澳大利亚法律规定,老年人有权选择自己喜欢的养老形式。凡愿意接受居家养老服务的老年人,首先应向政府提出申请,并可去所在社区的老年事务厅进行申请登记(登记内容包括:基本情况、家庭情况、需要服务的项目)。工作人员在对老年人的申请服务情况经过初步审核后,会请专职评估人员上门为老年人进行评估。评估组织由政府聘请第三方进行。经评估后,依照被评估老年人的健康状况,按等级进行分类,每个等级享受政府不同的经费补贴。老年人居家养老服务项目的内容是根据老年人的特点来进行设计的。澳大利亚现行的社区老年服务项目主要有:一是医疗护理服务;二是个人照料服务,包括洗澡、穿衣、送餐、帮助进食等;三是家政服务,包括打扫卫生、剪草、洗地等;四是精神慰藉服务,包括陪聊、读书等;五是出行服务,包括陪同就医等。

四、英国的居家养老

英国是老牌福利国家,政府以法令的形式明确承诺对老年人提供服务和供养,以便使他们过上体面的生活。但福利国家导致的"英国病"又迫使政府寻找更有效率的老年服务方式。社区照顾是英国在福利国家政策变化下倡导的一种社会工作模式,也是英国推行社会服务的一项内容,其目标是使老年人在自己的家或"像家似的"环境中受到帮助。目前,社区照顾被广泛应用于英国社会服务的各个领域,在养老问题上最能体现其特色。

(一)政策支持

20世纪90年代初期,英国颁布了《照顾白皮书》和《国家健康服务与社区照顾法令》,强调社区照顾的目标是在"自己的家或'像家似的'环境中供养人们"。英国居家养老服务是英国在福利国家政策变化下推行社会福利的一种重要方式,以社区照顾为表现形式。英国的社区照顾在财政出资上完全体现了以政府为主的特点,很多服务设施都是由政府资助的,社区、家庭和个人的支出不多;从事居家服务的工作人员有志愿服务者,也有政府雇员,这些服务或免费,或收费低廉,一般收费由地方政府决定,在老年人能够承担的范围之内,不足部分由政府开支。对于接受家庭照顾的老年人,政府发给老年人与住院同样的津贴,这样使家庭在照顾老年人时有了一定的经济保障。

(二)服务主体和服务对象

英国社区照顾的服务体系主要由经理人和照顾人员组成。经理人为某一社区照顾的总负责人,主要掌管资金的分配、人员的聘用及工作监督。主要工作人员负责照顾社区内一定数量的老年人,为他们发放养老金,了解老年人的需要及解决一些重要问题。照顾人员是受雇直接从事老年人生活服务的人,多为老年人的亲人和邻居,政府给予他们一定的服务补贴,它的服务对象通常是有一定自我生活照顾能力的老年人。

(三)服务程序和服务内容

英国居家养老服务主要包括上门送餐、清扫居室、陪同就医或购物等项目。英国政府对65周岁以上的老年纳税人进行适当的纳税补贴,同时为了使老年人能够在家中独立地生活,政府部门会负责改建厨房以及房门,安装取暖设备,在老年人家中的浴室、楼梯口等处安装扶手以方便老年人自由、安全进出。在医疗保健方面,安排医生上门提供医疗服务并且免处方费;家庭护士上门为老年人提供医疗护理、换药服务等;保健专业人员上门为老年人传授养生之道,如保暖、营养知识及帮助老年人预防疾病等方面的保健知识。

五、瑞典的居家养老

瑞典是欧洲老龄化程度最为严重的国家,政府主张"最大限度地让老年人住在自己家里养老",大力推行居家养老模式。为了满足老年人的居家养老生活,政府建立了功能齐全的家政服务系统;同时,为了提高竞争效率,瑞典各地方政府鼓励支持私营公司经营老年人服务项目。

(一)政策支持

20 世纪 80 年代末,瑞典议会通过了老年人护理服务机构引入市场化运作的议项。根据瑞典法律,子女和亲属没有赡养和照料老年人的义务,赡养和照料老年人完全由国家来承担。经过半个世纪的努力,瑞典已建立起比较完善的社会化养老制度。政府为居家老年人提供福利家政,并在一定程度上实现按需分配;地方自治团体的服务、活动的资金由国家财政解决 50%,由老年人自己承担 50%。

(二)服务主体和服务对象

瑞典的居家养老模式的显要特征是服务内容广泛,覆盖全体公民。居家养老服务实施主要由地方自治团体主导,包括制定服务计划,为老年人提供福利性的住宅,提供家庭入户服务等。虽然政府负责提供的家政服务和一些便利措施带有很大的福利性质,但基本需要收取一定的相关费用,收费标准的确定主要依据老年人的实际收入(养老金、退休后兼职获得的薪资以及其他资本性收入)来收取。老年人也可以拒绝提供个人收入信息,但家政服务则按最高标准来收费。

(三)服务程序和服务内容

居家养老的老年人凡有需要,都可以向当地主管部门提出申请,主管部门要进行实地评估,在获得确认后,才会做出同意的决定。瑞典居家养老服务的主要内容包括:①常规服务:包括个人卫生、安全警报、看护、送饭、陪同散步、改建住房等;为 70 岁以上老年人提供特别免费服务;提供交通服务给有特殊需要的老年人;建立老年人活动中心,鼓励老年人走出家门与他人交往。②社区资源共享:在饮食方面,利用学校资源为本地区的老年人提供饮食服务,学校的厨房和食堂可为老年人提供饮食服务;在文化娱乐方面,在老年人居住的社区内设置活动中心,老年人可在中心享受到就餐、美容理发、聊天、娱乐等活动;在医疗保健方面,在居住相对集中的社区内,会设一个医疗保健服务点,几个社区构成一个医疗保健中心。③巡回服务:在大城市和人口过疏地区,提供巡回服务活动,即服务队用轻型汽车装着工具为老年人家庭提供巡回服务。对人口稀疏地区老年人的服务,瑞典社会部和邮电部给予了资助,形成了由邮递员对独居老年人进行访问援助的制度。

六、国外居家养老服务对我国的启示

国外居家养老服务的发展基于老年人的需求,通过培养专业的团队,提供多样化、人性化、全方位的专业服务,以完善的政策制度为保障,为我国居家养老服务的发展提供很好的借鉴作用。

(一)服务内容多样化

在人口老龄化程度不断严重的背景下,老年人的养老需求也呈现多样化、个性化的趋势,这一特征决定了居家养老服务的供给必须以老年人的实际需求为导向,为老年人提供专业化、多样化的服务项目。从国外社区照顾所提供的服务内容来看,主要有四项基本服务项目:①生活照顾,包括个人卫生、安全警报、看护、送饭等。②心理支持,包括志愿者上门陪老年人聊天等。③整体关怀,包括改善生活环境、调动周围资源等。④物质支援,包括提供食物、安装设施、减免税收等。其中每一项中又包括许多小项,这是针对需要照顾的老年人需要而制定的,因为每个老年人由于生理、心理等方面的不同,其所需要的服务也不尽相同,必须根据实际情况为老年人制定适合其自身的服务计划。这种多样化服务方式,既可提高资源的利用效率,又可为老年人提供针对性服务。

(二)服务方式专业化

专业化是国外社区照顾的一个重要特点,包括工作人员的职业化,机构设置的标准化。市场经济条件下,专业化是服务业的护身符,只有专业化人员才能提高社区照料的服务水平和市场竞争力,也才有利于提升社区照顾的专业化品质。目前,我国居家养老服务人员大部分缺乏专业知识,加强培训是提升服务从业人员专业知识的最好办法。其可行途径有:①对现有居家养老服务人员进行系统、专业的技能培训,或选送服务人员接受正规教育。②由社区养老机构聘请相应的专家、学者授课,传授知识和技巧。③积极推进居家养老服务从业人员的资格认证制度,实行持证上岗。④制定衡量居家养老服务水平的指标体系。

(三)服务政策制度化

西方国家政府在整个居家养老服务过程中发挥着主导作用,为了更好地推行居家养老服务,政府制定了一系列有关保障居家养老服务顺利推行的法律法规,同时加大资金和硬件设施的投入,通过资金补助、政策倾斜培育及引导民间组织发展,号召志愿者队伍加入到居家养老服务当中,有效地利用社会资源。我国的居家养老服务体系尚处于初步建立阶段,政府的定位,与社会组织的合作与分工尚未明确,容易出现政府直接提供养老服务、“政府包办”的现象,从而导致效率不高。另外,我国在居家养老方面的全国性的法律法规停留在初级阶段,居家养老事业的发展仍以民政部门出台的政策文件为指导,如此便形成了各自为政的局面,缺乏统一、成熟的法律体系,这给我国居家养老事业的发展带来了一定的阻力。在优化居家养老服务过程中,我们应该借鉴国外先进的运作方式,为居家养老服务体系搭建一个科学的发展框架。同时,也要加强居家养老相关法律体系建设,使我国居家养老服务更加规范化、法制化。

(许虹、孟凡莉)

第二章　居家养老生活照料服务内容与标准

本章要点

★居家养老生活护理服务与标准。
★居家养老家政服务与标准。
★居家养老医疗保健护理服务与标准。

生活照料是养老护理工作的重要内容,是为体弱多病、行动不便、生活不能自理的老年人提供生活上的护理和照料,以尊重老年人的个人意愿和生活习惯为前提,确立个案照护目标,并以此为依据贯彻照护措施。居家养老生活照料是为居家老年人提供照顾,服务内容主要包括生活护理服务、家政服务和医疗保健服务三大方面。为提高家居养老服务的质量,需制定居家养老生活照料服务标准,规范服务内容,明确服务标准。这是居家老年服务管理的一项重要内容。

第一节　生活护理服务与标准

居家养老生活护理服务的主要服务内容包括个人卫生、生活起居、用餐服务、助浴服务、助行服务和代办服务等方面。生活照料服务质量的高低决定了享受居家养老老年人的生活质量。高质量的生活照料服务不仅可以满足老年人的生理需要,也能照顾到他们的心理需要,能满足老年人自尊的需要,使之心情愉快,从而促进其身心健康。

一、个人卫生、生活起居

按照《中华人民共和国国内贸易行业标准》(2013年1月颁布)的居家养老服务规范要求,个人卫生的照料包括协助老年人清洁口腔、洗脸、洗脚、洗头、梳头、修剪指(趾)甲,为不能自理的老年人清洗会阴部、便后洁身,老年人生活用品的清洗和消毒等内容;生活起居照料主要包括为老年人的居室通风,调节居室的温度、湿度和光度,为老年人的居室保洁,整理老年人的衣物、床上用品,打扫室内卫生,协助不能自理的老年人穿脱衣服、如厕、翻身、清理生活垃圾和污秽物等内容。

(一)清洁口腔

口腔清洁服务帮助老年人去除口腔内食物残渣,去除口腔异味,保持口腔清洁,能促进其食欲,有预防感染的作用。

1.物品准备

牙刷、牙膏、漱口杯、毛巾或污物盘、棉棒、适宜漱口液(温水或遵医嘱使用相应的治疗性漱口液,如朵贝尔溶液、0.1%醋酸溶液、2%～3%硼酸溶液等)、压舌板、手电筒等。

2.操作程序

(1)养老护理员洗手,戴手套。

(2)向老年人解释,检查老年人口腔情况,口唇干燥者用棉球湿润嘴唇。

(3)协助老年人取坐位或侧卧位,使其面向养老护理员,干毛巾铺于老年人颌下,可放一污物盘于口角处接水。

(4)帮助老年人将活动性假牙取出,放于清水中。

(5)如果老年人整副牙齿都是假牙,只做牙龈清洁和假牙的清洁。

(6)如果老年人有自己的牙齿,取棉棒沾漱口液擦洗牙齿,或将牙刷打湿后挤上少量牙膏刷牙,刷牙顺序为由内到外纵向擦拭,从门齿、牙龈、颊部、上腭、舌面、舌下到口腔各部。前后来回刷,动作轻柔。

(7)如果老年人情况尚好,尽量协助老年人坐起,让其自行刷牙。

(8)协助老年人刷牙后用漱口液漱口。

(9)用清洁剂或牙膏将假牙内外侧仔细清洗,再用清水冲洗干净后放回老年人口中。

(10)撤去污物盘,用毛巾擦拭面部,整理用物,养老护理员脱手套,洗手。

3.注意事项

(1)刷牙时动作轻柔,以免损伤牙龈。

(2)漱口液棉球蘸水不可过湿,以免引起咳呛。

(3)擦拭上腭及舌面时,避免触及咽部,以免引起老年人恶心不适。

(4)活动假牙每天至少清洁两次,不用时清洁后用冷水浸泡保存。

(二)洗脸

为卧床老年人清洁面部,可促进其面部血液循环,预防感染,增进舒适,维护老年人自尊。

1.用物准备

脸盆、毛巾、温水、洗面乳或洗面皂等。

2.操作程序

(1)养老护理员洗手,向老年人解释。

(2)在干净的脸盆里加入温水,养老护理员取少量温水在自己手腕内侧测试水温是否合适。

(3)将干净毛巾打湿后拧至半干。

(4)先清洗眼睛。清洗眼睛先洗内侧,从内往外洗,用毛巾不同部位清洗不同的眼睛。

(5)再将毛巾涂上洁面乳或皂液,擦洗前额、鼻部、脸颊、耳部、颈部等,洗净毛巾再重复擦洗,更换温水,直到去除皂液及洗净脸部为止。

(6)整理用物。

3.注意事项

(1)先洗眼睛,再洗其他部位。清洗动作要轻柔。

(2)避免洁面乳或皂液流入眼内。

(三)洗脚

洗脚的目的是去除双足臭味,预防感染,促进老年人足部血液循环,促进其睡眠。

1.物品准备

橡胶单(或塑料布)、水盆、温水(水温 40～45℃)、大毛巾、毛巾等。

2.操作程序

(1)养老护理员洗手,向老年人解释,将盖被的被尾向上折,取一软枕垫在老年人膝下,将橡胶单(或塑料布)和大毛巾铺于足下。

(2)测试水温,水盆放在大毛巾上,将老年人一只脚浸于水中,用毛巾清洗各部(注意脚趾缝),洗净后放于大毛巾上。

(3)同法清洗另一脚,撤去水盆,用大毛巾擦干双足,整理床单位,整理用物,洗手。

3.注意事项

水温控制在 40～45℃,要注意询问老年人感受,观察足部皮肤有无损伤。

(四)洗头

洗头可帮助老年人清洁头发,去除异味,预防感染,促进舒适,维护老年人自尊。

1.物品准备

主要包括洗头辅具、毛巾两条、洗发液、梳子、水盆、温水(水温 40～45℃)、吹风机等。

2.操作程序

(1)养老护理员洗手,向老年人解释,询问老年人是否需要大小便。

(2)根据老年人的情况,选择合适的洗头方式。

(3)卧床老年人选择专门在床上洗头的辅具,将老年人的头放在洗头的辅具内,可用棉球堵塞双耳,用水温计或者前臂内侧试温,并调节水温合适后打湿头发,使用洗发液搓洗,再用温水冲洗干净。

(4)坐在轮椅里的老年人用坐着洗头的辅具,同法洗净头发。

(5)洗毕,解下颈部毛巾包住头发,除去耳内棉球。

(6)用干毛巾擦干头发,再用吹风机吹干后梳理整齐,整理用物。

3.注意事项

(1)注意调节合适水温,洗毕及时擦干头发,防止老年人受凉。

(2)洗发时注意询问老年人的感受,观察其反应,如有不适,应停止洗头。

(3)洗头动作要轻快,以减少老年人的不适及疲劳。

(五)梳头

梳头促进头皮血液循环,整理发型,愉悦心身。

1.物品准备

毛巾、梳子。

2.操作程序

(1)养老护理员洗手,向老年人解释。

(2)协助老年人坐起,把毛巾围于老年人肩上(卧床老年人,可将毛巾铺于枕上)。

(3)将头发松散开,养老护理员一手压住发根,另一手用梳子梳理头发至整齐,也可以根据老年人的要求梳理。为卧床老年人梳头时,可先梳理近侧,再梳理对侧。

(4)梳理完毕将脱落的头发包裹在毛巾中撤下,清理用物,洗手。

3.注意事项

(1)梳头动作要轻柔,不可强拉硬拽,以免造成疼痛和头皮损伤。

(2)如果老年人头发有打结情况,先要松开打结的头发后再梳理。

(3)选择梳子不可太尖太硬,避免戳破老年人头皮。

(六)修剪指(趾)甲

目的是保持清洁指(趾)甲,避免损伤、感染。

1.物品准备

指甲刀、指甲锉刀、脸盆盛40～45℃温水、毛巾等。

2.操作程序

(1)养老护理员洗手,向老年人解释,取舒适卧位。

(2)先用温水浸泡手掌、脚掌各5～10分钟,然后用干毛巾擦干。

(3)在手掌(足底)下垫毛巾,修剪指(趾)甲(先剪手指甲,后剪脚趾甲),再用锉刀修整磨平指(趾)甲。

(4)修剪完毕后再清洗手掌、脚掌,擦干。

(5)用纸巾包裹碎屑放入废物桶内,整理床铺,洗手。

3.注意事项

指(趾)甲避免剪得过深,一般留1～2mm的指甲,指甲宜修成弧形,趾甲应修平,以防趾甲两端嵌入脚趾皮肤内,尤其对患有糖尿病的老年人更要注意预防损伤。

(七)会阴清洁

协助卧床老年人清洁会阴,除去异味,促进舒适,预防感染。

1.物品准备

水盆或水壶、温水(水温40～45℃)、橡胶单(或塑料布)、中单(或一次性尿垫)、毛巾、便盆、手套等。

2.操作程序

(1)养老护理员洗手,向老年人解释,关好门窗。

(2)协助老年人脱下一侧裤腿暴露会阴部,臀下垫橡胶单(或塑料布)、中单(或一次尿垫)。

(3)冲洗法:养老护理员一手托臀,另一手将便盆置于老年人臀下,一手将温水从上倒下,另一手戴手套拿小毛巾,从上到下擦洗会阴至清洁;再用毛巾擦干,撤去便盆和橡胶单、中单,帮助老年人穿好裤子,整理床单位,清理用物。

(4)擦拭法:协助老年人取仰卧屈膝位,裤子脱至膝部;将毛巾浸湿,拧至半干,由会阴上部向下至肛门部擦洗干净;撤去橡胶单、中单,帮助老年人穿好裤子,整理床单位,清理用物。

3.注意事项

(1)注意保暖,防止老年人受凉,注意遮挡,尊重老年人隐私。

(2)注意水温调节,水温避免过高引起烫伤,也避免水温过低引起老年人不适。

(3)清洁时注意由上到下,由前向后擦洗,以免尿道感染。

(八)协助老年人穿脱衣裤

1.脱上衣操作程序

(1)向老年人解释,关闭门窗。

(2)脱开襟衣服:解开上衣纽扣,协助老年人先脱去健侧衣袖,把上衣其余部分平整披于老年人身下,从身体另一侧拉出衣服,再脱下另一侧衣袖,整理用物。

(3)脱套头上衣:将衣服向上拉至胸部,协助老年人手臂上举,脱出一侧袖子,再脱另一侧袖子;一手托起老年人头颈部,另一手将套头衫完全脱下,如遇老年人一侧上肢活动不利,先脱健侧,再脱头部,最后脱患侧。

2.穿上衣操作程序

(1)向老年人解释,关闭门窗。

(2)穿开襟上衣方法如下:一手扶住老年人肩部,另一手扶住髋部,协助老年人翻身侧卧(如老年人一侧肢体不灵活,应卧于健侧,患侧朝上);协助老年人穿好上侧(患侧)衣服的衣袖,其余部分平整地披于老年人身下,协助老年人平卧,从老年人身下拉出衣服,穿好另一侧衣袖(健侧),拉平衣服,扣好纽扣;安置老年人,整理床单位。

(3)穿套头衫方法如下:辨清衣服前后面,养老护理员手臂从衣服袖口处穿入到衣服的下摆;手握老年人手腕,将衣袖轻轻向老年人手臂套入(先穿患侧),同法穿好另一侧(后穿健侧);将衣领开口套入老年人头部;整理衣服;安置老年人,整理床单位。

3.脱裤子操作程序

(1)向老年人解释,协助老年人松开裤带、裤口。

(2)养老护理员一手托起老年人腰骶部,另一手将裤腰向下脱至臀部以下。

(3)养老护理员双手分别拉住两裤管口向下将裤子完全脱下。

4.穿裤子操作程序

(1)向老年人解释,养老护理员左手臂从裤管口向上套入。

(2)轻握老年人脚踝,右手将裤管向老年人大腿方向提拉,同法穿好另一裤管,向上提拉裤腰至臀部。

(3)协助老年人侧卧,将裤腰拉至腰部,平卧,系好裤带。

5.注意事项

(1)动作要缓慢平稳,及时察觉老年人身体是否不适。

(2)注意保暖,防止受凉,室温以 22～26℃为宜。

(九)如厕

1.男性照护方法

清醒卧床患者可使用尿壶;尿失禁患者可以使用男性外用导尿管。

2.女性照护方法

清醒卧床不起患者可用便盆接尿,也可以用导尿管。

3.使用移动便盆

(1)养老护理员洗手,戴手套,准备便盆。

(2)确认老年人的需要,做好解释,注意保护隐私,拉起帘子。

(3)帮老年人脱下裤子,翻身到一侧,将便盆置于老年人身下,大的一头在上面。

（4）帮老年人恢复到仰卧位,检查便盆是否居中。

（5）待老年人大便、小便结束后替老年人擦洗后拿走便盆,清洗干净。

（6）脱手套,洗手后帮老年人穿上裤子,调整到舒适体位。

4.注意事项

（1）注意保护老年人隐私,不要催促老年人大便、小便。

（2）动作要轻缓,冬天防止受凉。

（十）老年人生活用品的清洗和消毒

做好家庭日常用品的清洁和消毒是避免交叉感染的重要措施,养老护理员应掌握常用物品的消毒方法,其规范如下。

1.空气消毒方法

空气消毒可用通风换气、紫外线灯消毒、化学药物喷雾和熏蒸消毒等方法进行。

（1）通风换气:是清洁空气简便而有效的方法,居室内各房间应定时开窗通风,以保持室内空气新鲜和降低微生物的密度。夏季气温高,应注意经常打开门窗通风;冬季气候寒冷,气温低,应每日通风换气两次,每次20～30分钟。

（2）紫外线灯消毒空气:方便、高效且不损害物品。紫外线灯的有效距离不超过2m,照射时间不少于30分钟(以开灯后5～7分钟后开始计时)。消毒时先将室内环境打扫干净,关闭门窗,停止人员走动。紫外线灯消毒时人员应离开房间,若无法离开,则应保护好眼睛及皮肤,可戴墨镜或用纱布遮盖双眼,面部、肢体用被单遮盖。紫外线灯管要保持清洁,每周2次用75%精棉球擦除表面灰尘、油垢。紫外线灯管有效消毒使用时间约为1000小时。

（3）化学药物喷雾与熏蒸消毒法:不宜常规在家庭使用,只有当家庭成员中出现患传染性疾病时才可在养老护理员指导下使用。常用空气消毒剂有含氯消毒剂、过氧乙酸、福尔马林等。

知识链接

常用消毒方法

1.喷洒法。消毒前将房间密闭,按每立方米用0.1%～0.2%过氧乙酸8ml计算所需的消毒剂量进行喷洒消毒,喷洒时按从里到外、从上至下的顺序进行。喷洒后密闭1小时后开门窗通风,使用时注意个人防护。福尔马林液按每立方米空间80ml喷洒,喷洒后密闭1小时。

2.熏蒸法。消毒前将房间密闭,醋适量,加等量的水,放置于瓷或玻璃器皿中加热煮沸蒸发,密闭门窗2小时后开窗通风。

2.碗筷消毒

碗筷消毒可用煮沸法、蒸汽消毒法、远红外线消毒柜消毒或消毒剂浸泡消毒等方法。

（1）煮沸法:是碗筷等食具最简便可靠的消毒办法。进行煮沸消毒时,碗、杯等要直立放置,水一定要浸没碗筷,使沸水充分接触碗筷的各个部位。煮沸时间为水沸后5～10分钟,如有肝炎病毒等抵抗力较强的微生物污染,煮沸时间应为15～20分钟。

（2）蒸汽消毒法:家庭可采用蒸锅,水沸后再蒸10～15分钟,也可用高压锅,将碗筷放入高压锅内架上,加一定量的水,水沸后计时。1分钟可杀灭一般细菌,5分钟可杀灭乙肝病毒。

（3）远红外消毒柜消毒：采用干热消毒法，温度可达 125℃，消毒时间为 15 分钟。消毒后待冷却，再打开箱门，以免烫伤及防止碗盘破裂。

（4）消毒剂浸泡消毒法：可用于消毒不耐高温的食具。常用的消毒剂有含氯消毒剂（如施康）、0.5%～1% 过氧乙酸等，消毒时需将碗筷完全浸没，浸泡时间 10～30 分钟，消毒后用清水冲洗干净。

3.床单、被套、衣服、毛巾消毒

床单、被套、枕套、衣服等棉布织品一般采用洗涤消毒法，可放入洗衣机用肥皂或洗衣粉进行洗涤，洗完后晒干或烘干。棉织品、毛巾可以用煮沸的方法进行消毒，直接煮沸 20～30 分钟。不耐高温的化纤制品或纯毛制品可以用化学消毒液浸泡（如 84 消毒液、施康等）30 分钟，再进行洗涤。被褥可以置阳光下曝晒 4～6 小时，期间翻动一两次，使每一部位都晒到。如果是传染病患者用过的衣物应先消毒，后拆洗。

4.剃须刀、修面刀、牙刷消毒

通过血液传播的传染病，如乙肝、丙型肝炎、艾滋病等，可通过剃须刀、修面刀、牙刷等传播，故牙刷不能共用，剃须刀、修面刀应专人专用，定期用消毒剂浸泡消毒。

5.浴缸消毒

家用浴缸每次用好后用浴缸清洗剂彻底刷洗干净，同时定期用 84 消毒液或施康对浴缸进行擦拭消毒，保留 30 分钟后清洗干净。

6.抽水马桶消毒

抽水马桶使用频繁，每日应用清洁剂等对坐便器、马桶坐垫圈、马桶盖进行清洁刷洗，可用装有粉状含氯消毒剂的小布囊或消毒块挂在抽水马桶冲洗缘，消毒剂随每次冲洗释放部分进入抽水马桶。

二、用餐服务

按照《中华人民共和国国内贸易行业标准》的居家养老服务规范要求，居家养老服务管理的用餐服务主要包括为老年人配置菜谱，制作营养餐以及为老年人订餐、送餐；协助老年人用餐，清理餐后垃圾，清洗、消毒餐具等内容。

（一）饮食配置要求

1.营养结构要合理平衡

老年人的饮食结构要结合其具体情况来配置，排除特殊疾病后，一般老年人以碳水化合物为主，适量供给优质蛋白质，控制精制糖、盐、胆固醇、脂肪，特别是动物性脂肪的摄入，供给富含维生素、钙、铁、丰富的膳食纤维的食物，选择新鲜的蔬菜水果，注意维生素和微量元素的摄入，清淡，少盐少糖。

2.食物要容易咀嚼、消化和吸收

老年人消化吸收能力减退，牙齿缺损多见，故制作时蔬菜要切细，肉类最好制成肉馅或将肉的纤维横向切断，尽量使用蒸、煮、炖烹饪法，食物应易于咬碎、吞咽。

3.食物的色、香、味齐全

食物烹饪时，在不违背老年人饮食原则的前提下，多样化调配食物，注意其色、香、味。

(二)协助用餐服务

1.普通老年人的用餐服务

针对能自己进餐的老年人,帮助其养成良好的饮食习惯是协助用餐的主要内容。指导老年人进食要定时定量,少食多餐,避免吃得过饱,进餐时安置正确的进餐体位,细嚼慢咽,避免呛咳与误咽,不宜进食过冷或过热的食物。餐后协助老年人每天进行身体锻炼和活动,促进食物的消化和吸收,促进胃肠道的蠕动,保持大便通畅,增进食欲。

2.失智失能老年人协助用餐服务

老年人因各种原因失智失能,常需要养老护理员协助或给予喂食、喂水或鼻饲,其服务规范如下。

(1)喂食:针对能下床自己进食的老年人,向老年人做好解释工作后,协助老年人洗手,根据老年人情况选择恰当的餐具,鼓励老年人自行进食,如老年人使用筷子等餐具不便,可适当改装餐具,餐后协助老年人清洁面部、漱口、洗手。对于不能下床的老年人可协助床上进餐;有吞咽困难的老年人,可协助先喂适量温水以湿润口腔,再小口喂固体食物,送入口腔健侧,鼓励老年人吞咽,喂食速度视老年人情况而定,不要催促老年人,便于其咀嚼和吞咽;每次喂食1/3汤匙,固体、流质食物交替喂入,避免噎食。

(2)喂水:协助老年人饮水,最好采取坐位,身体稍向前倾,以防发生呛咳或吸入性肺炎,饮水完毕擦去老年人口角旁水痕,叮嘱老年人尽量保持饮水体位10分钟。喂水时注意温度适合,特别在使用吸管时,要防止烫伤发生。吞咽有困难的老年人,可用吸管或汤匙喂水,将水送入口腔的一侧,小口缓慢下咽,以免呛咳。

(3)鼻饲:对不能自行经口进食的老年人,用鼻饲管供给食物和药物,以维持其营养和治疗的需要。注意每次鼻饲前应回抽胃液,确认鼻饲管在胃内而且通畅;观察胃液的颜色、量,如有异常,暂停鼻饲。每次鼻饲量不超过200ml,间隔时间大于2小时,鼻饲液温度以38～40℃为宜,灌注速度宜缓慢。新鲜果汁与牛奶应分别注入,防止产生凝块;药片碾碎溶解后注入。卧床老年人应采取头高位鼻饲,鼻饲后半小时尽量保持该体位,避免食物反流;半小时内不要进行翻身、拍背(宜在鼻饲前进行)。长期鼻饲的老年人应每日进行2次口腔护理,每月更换鼻饲管一次。

知识链接

鼻饲法操作

1.向老年人解释,老年人同意后取坐位(或半卧位),颌下垫餐巾;

2.检查鼻饲管有无滑出,用手电筒检查老年人口腔,检查有无鼻饲管盘旋于口咽部;

3.连接灌注器于鼻饲管末端,回抽胃液,确认鼻饲管在胃内;

4.注入少量温开水,再缓慢注入鼻饲液,最后注入少量温开水冲洗鼻饲管;

5.鼻饲结束后抬高鼻饲管,反折鼻饲管末端,用纱布包扎好,妥善固定;

6.整理用物,洗手。

(三)订餐及送餐服务、用餐后的清洁处理

订餐、送餐服务以住家附近为原则,购买便当。须注意饮食店的卫生及饮食的性质、价格等。购买较贵的食物要事先与老年人取得联系,确认价格、品牌和数量。

老年人进餐后剩余食物应以适当容器盛装放于冰箱,若老年人需要准备隔餐饮食,应将食物平均分配于适当容器存放于冰箱备用。注意食物保质期,冰箱存放食物应贴上存放的时间,告知老年人在保质期内食用,及时清理餐具。

三、助浴服务

按照《中华人民共和国国内贸易行业标准》的居家养老服务规范要求,居家养老护理的助浴服务内容主要包括协助老年人淋浴、盆浴、擦洗身子,协助老年人进行足浴、药浴以及协助老年人外出洗浴等。

(一)协助淋浴、盆浴、外出洗浴、足浴和药浴

老年人身体状态允许能进行自我沐浴者,养老护理员协助老年人选择合适的沐浴清洁方式,避免餐后立即洗浴或空腹洗浴;协助老年人准备好洗浴衣物,养老护理员协助调节洗浴水温,保护老年人隐私;老年人自行洗浴时,浴室不要从内插门,浴室安置扶手,地面防滑,洗浴结束及时协助擦干身体,预防老年人着凉,及时擦干地面,避免滑倒等意外;外出洗浴注意洗浴安全;老年人进行足浴或药浴时,协助调节水温和控制浸泡时间,结束后协助擦干足部。

(二)床上擦浴

卧床老年人清洁身体可进行床上擦浴。

1. 物品准备

主要包括清洁床单、脸盆、热水(水温 40~45℃)、毛巾(洗脸毛巾和洗澡毛巾分开)、浴巾(大毛巾)、浴液(皂)、清洁衣裤等。

2. 操作程序

(1)向老年人解释,调节室温,关闭门窗。

(2)携用物至床旁,用屏风或布帘遮挡老年人,松开被盖,根据需要放平床头与床尾,按需要给予便器。

(3)调节水温,用洗脸毛巾依顺序洗脸。

(4)协助老年人脱去上衣,将大毛巾铺于对侧手臂下,养老护理员将擦澡毛巾沾湿包裹于手上,用浴液和清水分别擦净手、臂、腋下及肩,再将手泡入脸盆温水中,洗净指间及指缝,再用臂下大毛巾轻轻擦干。

(5)同法擦洗近侧上肢。根据情况更换清水和加热水以维持水温。

(6)擦洗胸、腹部:将盖被向下折叠,大毛巾直接盖于胸、腹部,一手略掀起大毛巾,一手裹住湿毛巾,分别就洗浴液和清水擦洗前胸,同法清洁腹部;用大毛巾擦干胸腹部,盖好盖被。

(7)擦洗背部:协助老年人翻身侧卧,背向照护者,暴露背臀部,铺大毛巾于背、臀下,手裹湿毛巾,分别就洗浴液和清水擦洗背、臀部。

(8)给老年人穿好清洁上衣。

(9)擦洗下肢:脱下老年人裤子,大毛巾垫于对侧腿下,手裹湿毛巾,分别就洗浴液和清水擦洗髋部、大腿及小腿,并以大毛巾擦干皮肤。同法洗净近侧下肢。

(10)清洗足部:将双足浸泡于足盆温水中,洗净脚掌、趾间及趾缝。

(11)擦洗会阴:将清洁湿毛巾交与老年人,让老年人自行擦洗会阴,嘱其从上往下擦洗。不能自行擦洗者,可协助冲洗。

(12)更换清洁裤子,安排舒适体位,整理床单位。

3.注意事项

(1)擦浴时注意保护老年人隐私,及时更换清水和注意水温调节,避免老年人着凉。

(2)擦洗时要注意节力原则,动作敏捷、轻柔,避免过多地翻动老年人和擦伤皮肤。

(3)注意观察老年人面色,经常与老年人沟通,如出现寒战、脸色苍白等情况,应及时停止擦洗,做好保暖。

(4)清洁会阴的脸盆和毛巾应单独使用。

四、助行服务

按照《中华人民共和国国内贸易行业标准》的居家养老服务规范要求,居家养老护理的助行服务内容主要包括陪同老年人室外散步,协助老年人外出会友、购物,协助老年人外出办理其他社会事务。养老护理员首先要协助确定活动的性质、内容和注意事项,选择合适的交通工具,随时观察老年人的身体状况,确保老年人安全。

若老年人身体状态良好,能独立行走外出活动,养老护理员的主要服务内容是陪同保证安全;若老年人身体状态差,长期卧床或者出行需要借助康复器具,养老护理员的服务内容主要则包括体位移动、轮椅的使用、拐杖的使用以及助步器的使用等。

(一)体位移动

卧床老年人经常更换体位、离床活动,可预防压疮,预防肌肉及骨骼的废用性萎缩,促进胃肠活动,预防便秘,同时社会交往可促进老年人身心健康。

1.协助老年人更换体位

卧床老年人因不同的需要,体位改变主要包括协助卧床老年人移向床头、移向床边,协助老年人翻身、床上坐起以及协助站立等内容。

(1)移向床头操作程序:

1)养老护理员向老年人解释,征得同意,确认老年人无明显身体不适。

2)放平靠背架,取下枕头横立于床头,老年人仰卧,双臂抱于胸前,若老年人能配合且身体状况允许,则嘱其双手抓住床头栏杆,屈起双膝,双足抵住床垫。

3)养老护理员一手伸入老年人肩下,一手托住老年人的臀部,在抬起老年人的同时,叮嘱老年人双手抓栏杆、双脚用力蹬床面,护理员趁势用力把老年人移向床头;若有两人操作,则两人分别站在老年人的两侧,对称托住老年人的颈肩部和臀部,或者一人托住腰部、一人托住臀部,叮嘱老年人双脚用力蹬床面,两人同时用力将老年人移向床头。

4)放回枕头,再支起靠背架,整理棉被,使老年人舒适。

(2)移向床边操作程序:

1)养老护理员向老年人解释,征得老年人同意,确认无明显不适后将枕头移向近侧。

2)叮嘱老年人环抱双手于胸前,养老护理员一手托老年人颈肩部,另一手托腰部,将老年人上半身抬起移向近侧,再一手托腰部,另一手托大腿,将老年人的下半身抬起移向近侧;若有两人操作,则一人抱住老年人颈肩部和腰部,另一人抱住臀部和大腿部,同时用力将老年人移向近侧。

（3）协助翻身操作程序：

1）养老护理员向老年人解释，询问老年人身体情况。

2）按"移向床边法"将老年人移到床的一边，拉起护栏。

3）养老护理员走到对侧床边，协助老年人双膝屈曲，一手扶住老年人肩部，另一手扶住膝部，协助老年人翻身侧卧，在老年人的背部、胸前各放一软枕，使老年人舒适，根据需要给老年人拍背。

4）将老年人上侧腿略向前方屈曲，下侧腿微屈，两膝之间垫以软枕；整理衣服、床单位，观察老年人面部表情，询问有无不适。

（4）协助床上坐起操作程序：

1）养老护理员向老年人解释，询问老年人身体状况。

2）抬高床头约60°，休息片刻。

3）养老护理员一手伸入老年人颈肩部，一手扶住老年人双手，顺势缓慢扶起老年人；也可让老年人双手抱住养老护理员颈后，养老护理员一手托老年人肩部，一手托老年人腰部，同步扶老年人坐起。

4）若需移坐床边，先将老年人移向床边，养老护理员一手托住老年人颈肩部，一手从对侧扶托住老年人膝部，利用身体作为转轴转动老年人身体，使老年人坐于床边。

（5）协助站立操作程序：

1）养老护理员向老年人解释，询问老年人身体状况。

2）协助老年人安全坐到床沿，穿好衣服和鞋袜。

3）嘱老年人手臂扶在养老护理员肩上或在颈部环抱，身体向前靠于养老护理员，养老护理员两腿分开，膝盖抵住老年人的膝部，两手臂环抱老年人腰部，用力向上协助老年人站起，帮助站稳。

（二）轮椅的使用

轮椅可以安全移动老年人，增加老年人的活动范围。操作程序如下：

（1）养老护理员向老年人解释，取得合作。

（2）将轮椅推至床边，与床边呈30°～40°，按下刹车，固定妥当，抬起踏脚板。

（3）按"扶老年人站立法"将老年人从床上扶起、站立，养老护理员右腿伸到老年人两腿间，双手抱住老年人腰部，并向上提起，以自己的身体为轴转动老年人，将老年人移到轮椅上。

（4）嘱老年人双手扶住轮椅扶手，双脚放在踏板上，养老护理员自老年人身后两臂伸入其两腋下抱住身体，将老年人稍向后移动，帮助身体满坐在轮椅上。

（5）推行轮椅时动作要轻稳，注意防颠。轮椅上台阶时，先将前轮正对台阶，下踩后倾杆使轮椅后倾，顺势使前轮上台阶，再将后轮推上台阶。轮椅下台阶时，则调转轮椅方向，先下后轮，后下前轮。

（6）下坡时，应使轮椅以倒退形式缓慢下行，养老护理员随时观察身后情况，确保安全。如老年人较重，道路坡度较大，应请人帮助，合力推动轮椅。

（三）拐杖的使用

当老年人有一侧或双侧下肢无力或功能障碍时，需借助于拐杖来协助老年人离床活动。

常用的拐杖有手杖、肘杖和腋杖等,详细操作规范见本书第九章第三节常用居家养老康复训练方法的内容,本节主要介绍注意事项。

1.手杖的使用

手杖适用于体能和平衡能力稍差的老年人。使用时选择适合老年人的手杖,手杖高度以手臂下垂时手腕到地面的高度为宜;要注意防滑;手杖使用在健侧,先移动手杖,调整好重心后再移动脚步;未熟练使用前,应有人扶持或陪伴,防止跌倒。

2.腋杖的使用

腋杖适用于下肢肌力差,不能支撑体重,而上肢支撑力佳的老年人,应在评估老年人的情况后选择合适的单侧或双侧腋杖或肘杖。使用时要用手臂支托身体的重量,上端接触腋窝部位要有软垫,避免用腋窝支撑重量。老年人没有熟练使用前要有人监护,以免跌倒。

3.助步器的使用

助步器可分为二轮型、四轮型、提抬式等种类,稳定性比手杖更强,行走更安全,适用于需要支撑才能站立的老年人。使用助步器要循序渐进,逐步适应。带轮子的助步器移动方便,但稳定性差,要注意陪护。

五、代办服务

居家养老护理的代办服务主要包括为老年人代领有价证、券(如工资卡、存折、现金等)和物品,为老年人代购物品和代理缴纳各种费用,为老年人代办处理信函、文件的收发事务。代办各项事务之前应跟老年人或家属有详细明确的沟通,充分理解老年人的具体要求,保护老年人的个人隐私,满足老年人的需求。

(一)代购、代领物品

(1)代购、代领物品以日常用品为主,不宜帮老年人代购贵重物品。

(2)代购物品需注意其实用性、品质及价格。价格过高,须征得老年人同意。

(3)不以老年人或任何名义赊账购物。

(4)保存购物小票,市场购物注意索要收据,与老年人当面点清钱与物品,做好购物记录。

(5)配药后应检查药物的有效期,并问清楚服药的方法、每次的剂量、注意事项及副作用,保存配药凭据。告知老年人并书面注明服药剂量、方法及注意事项。

(6)帮助代缴各种费用时,如代缴水费、电费、电话费时,收费清单和钱与老年人当面算清,收据交老年人并嘱其存放在固定地方,方便备查。

(7)代领钱物时(生活补助费),一定要当场点清数目,面交老年人,证件、印章也当场退还给老年人。

(二)文书服务

(1)代写信及电子邮件前要了解写信的目的,按照老年人的意见写,写完后念一遍给老年人听,确定是否合适或需要修改,确认邮件地址后再发送。

(2)念信时要注意慢慢地念,有时需要重复或做出解释。

(3)电话联络亲友时,若老年人听力问题、口齿不清或因其他原因而无法用电话交谈,代老年人用电话联系亲友,然后可用书面形式把对方的意思传达给老年人。

（4）文件处理整理老年人个人文件或相关资料后要放于固定位置，且摆放整齐，让老年人易于取阅，不随意丢弃相关资料。

第二节　家政服务与标准

老年人的居家照护服务中，家政服务是重要的服务项目。老年人家政服务以促进老年人自我照顾及独立生活的能力，维护老年人自尊，确保老年人的安全与舒适，以及保持服务的稳定性为原则。优质的家政服务以提高老年人的生存质量为目标，要求服务过程能结合老年人的身体功能和心理状况，将护理的理念落实到每项工作的实处，从而维持老年人居家环境的清洁和基本的生活品质。居家养老服务管理应对家政服务的机构、从业的服务人员和家庭卫生服务都有明确的服务标准。

一、家政服务机构标准

中华人民共和国商务部在2013年1月颁布的《中华人民共和国国内贸易行业标准》居家养老服务规范中明确指出，居家养老服务机构必须是专业从事居家养老服务的组织。符合服务标准的机构基本要求：机构应具有合法的经营资质；经营时营业执照等均要明示；机构应具有与其业务范围相适应的管理人员和服务人员；机构应具有与其业务范围相适应的固定的经营场所、基础设施，并保持整洁的环境卫生条件；机构公共标识设置应符合GB/T10001.1的规定；机构对服务实行明码标价，做到标价内容真实明确、字迹清晰、标识醒目。

二、服务人员要求

居家养老服务机构服务人员的管理是确保服务质量的基本前提。管理的基本要求明确规定，机构服务人员必须具备合法的劳动从业资格，信守职业道德，遵纪守法，熟悉居家养老服务流程和规范要求，并具体有相应的上岗培训考核合格证。

（一）机构管理人员的岗位技能基本要求

（1）了解有关居家养老服务的法律、法规。

（2）掌握企业管理、经营项目的有关专业知识和专业技能。

（3）具有大专及以上学历或一定年限的管理工作经历。

（4）具备良好的沟通、协调能力。

（5）尊重客户和护理员，严格履行服务承诺。

（二）居家养老服务员的岗位技能基本要求

（1）初中及以上文化程度，年龄在18周岁以上、55周岁以下。

（2）具备有关居家养老服务的法律法规基础知识。

（3）无精神病史和各类传染疾病。

（4）具备居家养老服务相适应的岗位技能和知识。

（三）居家养老机构人员的行为规范

居家养老机构的管理人员和养老服务员的行为规范要求：

(1)工作人员统一着装,佩戴工号牌,端庄、大方。

(2)主动服务,符合相应岗位的服务礼仪规范,表情自然、亲切,微笑服务。

(3)使用普通话,语调语速适当,语言简洁、准确。

(4)富有爱心,尊老敬老,做到宽容、忍让。

三、家庭卫生服务标准

家庭卫生服务是居家养老服务的重要内容。要根据老年人的具体要求,提供优质的卫生服务,创造清洁的环境,有利于老年人的身心健康。

(一)地面清洁

(1)根据老年人居室的地面情况,选用正确的清扫、擦拭方法。清扫及擦拭地面的顺序为:从里到外,从角、边到中间,由小处到大处,由床下、桌底到居室较大的地面,依顺序倒退着向门口清扫。

(2)建议采用湿式清扫,避免尘土飞扬。

(3)使用清洁剂清洁地面后,应用清洁拖布处理干净。吸水性差的地面,应在清洁后及时擦干,以免老年人滑倒。

(4)不用利器刮地面的污物,以免损伤地面的板材及光洁度。

(5)地毯用吸尘器每天清理,注意地毯下异物的清除。吸尘器连续使用每次不超过1小时,以免电机发热而损坏,不用吸尘器吸液体、黏性物体和金属、玻璃碎屑等。

(6)不搬动老年人室内大件物体,不随意搬动老年人室内物品,桌、椅及其他物品移动过后应及时归位,过道上不能放置物品,避免老年人摔倒。

(7)清洁后,应开窗通风半小时,以保持室内空气新鲜,但要防老年人受凉。

(二)室内物品清洁

(1)家具灰尘用半干半湿的抹布擦拭抹去。

(2)各种材质的家具污垢,选择合适的清洁剂及用合适的方法清洁。木家具不宜用开水和碱水擦拭,以免掉漆;金属家具应防潮,勿接触酸碱等腐蚀性洗涤剂;藤、竹类家具忌用力拖拉,以免关节松散。

(3)布类沙发用吸尘器吸尘。

(4)夏天老年人睡的凉席,应每天用毛巾浸温水擦拭清洁。

(5)衣被经常清洗,但要洗净清洁剂,避免刺激老年人皮肤。

(6)门窗的清洁以不爬高、手能触及为原则,高处卫生可用加柄工具清洁。不做外墙清洁。

(三)卫浴设施清洁

(1)卫生间瓷砖或地板砖墙面一般可用洗洁精或去污粉兑清水,用干净抹布蘸少量水擦拭,然后用清水清洁。

(2)抽水马桶盖可用抹布由里到外擦拭干净,马桶边缘及内面的污垢用专用刷子、专用清洁剂进行洗刷,清水冲洗。

(3)浴缸、洗手盆可用干净抹布蘸清洁剂清洗后用清水冲洗。

(4)浴室地面用清洁剂擦拭,清水冲洗后用干布擦干。

(四)厨房清洁

(1)每次煮食完毕后擦净煤气灶、油烟机,保持外壳不油腻。

(2)餐后餐具及时清洗,有油污的餐具可用洗洁精清洁,再用清水冲洗,碗盆清洁后放置整齐、沥干,餐具摆放以方便老年人取用为原则。清洁用的抹布每次用后清洗、晾干。

(3)刀具与案板及时清洁,刀具清洗后擦干,案板放于通风处,防发霉。

(4)碗柜定期擦拭,保持清洁,注意防鼠、防蟑螂。

(5)冰箱定期整理擦洗,及时处理冰冻过久食物。

(6)厨房垃圾每天及时清理。

第三节　医疗保健服务与标准

医疗保健服务是居家养老服务管理的另一项重要服务内容,其服务质量的高低直接影响老年人的生存质量和康复情况。根据居家老年人的不同情况,医疗保健服务的主要内容有助医服务、保健服务、紧急救援服务和社区家庭医生和转诊服务,老年人可以选择不同的服务内容。

一、助医服务

助医服务主要指陪同居家老年人就医,其服务标准如下:

(1)帮助老年人选择正规医院就医。

(2)服务人员事先预约挂号,以减少老年人在医院等待的时间。

(3)协助老年人准备好病历、医保卡等看病必需的资料。

(4)选择好交通工具,尽量事先预约好出租车,以免老年人等候过久,坐轮椅者可先预约残障专车。

(5)就医过程上下车时须注意安全,上车应让老年人臀部先坐上,然后以一手护其头再协助其上车,下车时以相反顺序执行,并须确定老年人已安全离开车子,才能让车开走。

(6)注意老年人上下楼梯、电梯的安全。若老年人活动不方便,可从医院服务台借用轮椅。

(7)就诊时陪同老年人进入诊疗室,协助提供诊疗所必要的资料,了解老年人病情及疾病的注意事项,以指导老年人平时的生活起居。

(8)安排检查(如抽血、拍片等)等待时,注意防范老年人体力不支,及时观察其病情变化,老年人做检查时应在旁协助其上下检查台、脱换衣服等。

(9)了解老年人康复方法,返家后指导老年人在家做康复活动,同时需确认老年人对服药及疾病注意事项已清楚。

(10)协助老年人服药。

二、保健服务

居家养老服务的保健服务内容主要包括为老年人测量生命体征,提醒并协助老年人服药,为老年人提供各种预防保健、康复护理及老年人营养和心理健康等知识。

(一)生命体征的测量

1.血压测量

(1)养老护理员洗手,选择合适的血压计,让老年人取平躺或端坐体位。

(2)打开血压计,血压计位置要与心脏同一水平,将血压计的袖带绑在手臂肘弯上方2～3cm处,松紧以可伸入两指为宜。

(3)养老护理员用手指先测到肘部脉搏,用听诊器贴在脉搏处,将气泵的阀门关紧。

(4)用一只手握住气球泵,将袖带充气,将血压泵到脉搏消失后再增加20～30mmHg,然后慢慢放气减压,仔细听脉搏的波动声。

(5)听到脉搏声第一声响起,为收缩压,听到脉搏声消失时,为舒张压。

(6)关闭血压计,洗手,记录血压值。

2.脉搏的测量

(1)根据老年人情况选择合适的测量部位,一般选取桡动脉,老年人取坐位或卧位,手臂放于舒适位置,腕部伸展。

(2)养老护理员以食指、中指、无名指的指端放在桡动脉搏动处,压力大小以能清楚触及脉搏搏动为宜。

(3)若脉搏节律规则,测量30秒,将所测得数值乘2,即为脉率。

(4)异常脉搏、危重患者应测1分钟,如触摸不清可用听诊器测心率1分钟。

(5)洗手,记录数据。

3.呼吸的测量

(1)脉搏计数完毕后养老护理员保持诊脉手势,以分散老年人注意力。

(2)观察老年人胸腹部的起伏状况,一起一伏为一次呼吸,测30秒,再将结果乘2,即为呼吸频率。

(3)当患者呼吸微弱不易观察时,可用少许棉丝置于患者鼻孔前,观察棉花纤维被吹动的次数,计数1分钟。

(4)为患者整理衣被,取舒适体位。

(5)洗手,记录数据。

4.体温的测量

(1)口腔体温、腋温的测量:

1)养老护理员洗手,向老年人解释,取得配合。

2)将消毒好的体温表水银柱甩到35℃以下。

3)将口表置于舌头下面1～3分钟后取出读取温度。测量腋温者将腋温表放至老年人腋下约5分钟后读取温度。

4)记录,常规清洁体温计后把水银柱甩到35℃以下备用。

(2)肛门体温的测量:

1)养老护理员洗手,向老年人解释,戴手套。

2)将消毒好的体温表水银柱甩到35℃以下。

3)协助老年人侧卧,在肛表上涂适量润滑油后,轻轻旋插入肛门至肛表的1/3深度,放置1～3分钟后取出,读取温度。

4)消毒肛表后备用,脱手套,洗手,记录。

(二)压疮预防

压疮是居家养老卧床老年人常见的并发症,多发生于骨隆突处。局部长时间受压是压疮形成的主要原因。另外,营养不良、皮肤水肿、潮湿等也是压疮发生的重要原因。压疮一旦形成,愈合较难,重在预防。

知识链接

压疮预防措施

1.避免局部长期受压。长期卧床的老年人,鼓励和协助经常变换体位,一般每2小时翻身一次,必要时每小时翻身一次。经常坐轮椅的老年人,臀部长时间受压,要提醒他们每隔1小时用手臂撑起来或由养老护理员协助站起片刻,臀部离开轮椅,解除压力,防止压疮形成。另外可使用气垫床、水床等或用软枕垫在身体的空隙处,使支撑体重的面积加大,降低骨突处皮肤所受的压力,以防止压疮的发生。

2.保持皮肤的清洁、完整。根据需要每日用温水清洁老年人的皮肤。避免使用肥皂或含酒精的清洁用品,以免引起皮肤干燥。对大小便失禁者,应及时用软毛巾擦洗皮肤,局部可涂凡士林软膏,严禁在破损的皮肤上涂抹;对出汗明显的老年人,要及时清洗擦干出汗部位。擦洗过程中,动作应轻柔,防止损伤皮肤。保持床单的清洁、平整、干燥、无碎屑,保持老年人衣着的平整、干燥,以免摩擦损伤皮肤。

3.预防营养不良。对易出现压疮的老年人应给予高蛋白、高热量、高维生素饮食,保证营养的供给。维生素C及锌在伤口的愈合中起着很重要的作用,对易于发生压疮的老年人应予补充。另外,对有水肿的老年人应限制水和盐的摄入,积极对因治疗。

(三)给药护理

1.口服给药

口服给药是治疗疾病最常用的给药方法,时间可分为空腹、饭前、饭时、饭后、睡前等,具体给药时间要遵医嘱执行。

知识链接

口服给药

1.询问老年人情况,观察老年人病情,向老年人解释服药的要求,取得老年人配合。

2.取合适体位,一般采取站立位或坐位,对不能坐起的老年人,取半卧位,可用软枕将其上身垫高,在服药10~15分钟后再平卧。

3.服药时间严格按医嘱执行。

4.服药前先饮用温开水将口腔湿润,服药时用温开水送下,忌用茶水、咖啡或牛奶送服。吞服片剂或丸剂有困难的老年人,可将药物碾细后加水调成糊状或溶液状再服用。对于鼻饲老年人,须将药物碾碎,溶解后从胃管内灌入,然后再注入少量温开水。老年人服药,宜逐片分次吞服,药物制剂较大时,可将药物分开,不可将许多药物一口吞入,以免造成老年人吞咽困难、误咽或恶心呕吐等。服用多种药物时,注意药物之间的配伍禁忌,必要时分次间隔服用。

5.观察不良反应,如出现异常,应及时与医生联系。

6.做好用药记录,对失智老年人,送药到口,并做好交接班,避免漏服、错服和多服。

2.眼药的使用方法

(1)养老护理员穿清洁工作衣,洗净双手,向老年人解释。

(2)检查药液是否过期、变色,是否有沉淀、异味,若发现变质,则不可使用。

(3)协助老年人平卧或取坐位。取坐位时头向后仰,应背靠椅背或床头,颈肩部垫软枕。

(4)滴眼药水:养老护理员站在老年人右侧,用左手拇指和食指轻轻分开上下眼睑,右手持眼药水距离眼睑1~2cm,嘱老年人眼睛向上看,将药液滴入下眼睑和眼球之间的间隙1~2滴,再将上眼睑轻轻提起后松开,轻轻闭眼一两分钟,同时按压内眦(内眼角稍下方)2~3分钟,防药液通过鼻泪管流入鼻腔,用毛巾或纸巾擦干面部外溢的药水。

(5)涂眼药膏:养老护理员用左手指将下眼睑向下方牵拉,右手持眼药膏,将药膏点入下穹隆内0.5~1cm长,注意一边挤入一边平行移动眼膏,使挤入的眼膏呈条状涂在该间隙内,点完药后轻轻闭眼并转动眼球,使眼膏分布均匀。

3.鼻药的使用方法

(1)养老护理员穿清洁工作衣,洗净双手。

(2)检查药液是否过期、变色,是否有沉淀、异味,若发现变质,则不可使用。

(3)解释擤去鼻涕,必要时用消毒棉签清洁鼻腔,观察鼻腔情况,询问老年人感受,向老年人解释用药的方法和要求,征得老年人同意。

(4)取头后伸位或头低侧向位滴药。头后伸位:老年人仰卧床上时,颈肩下垫软枕,头尽量后仰使鼻孔朝天;坐位时,背靠椅背,颈部放一小枕,头尽量后仰。头低侧向位:老年人侧仰,头偏向患侧并向肩部垂下,使头低于肩部。

(5)养老护理员一手扶老年人头部,另一手持滴药管,距离鼻孔1~2cm,将药液滴入鼻孔3~5滴,滴后轻捏鼻翼数次,使药液充分和鼻腔黏膜接触,每日滴药3~4次。

(6)用毛巾或纸巾擦干面部外溢的药水。

3.耳药的使用方法

(1)养老护理员穿清洁工作衣,洗净双手。

(2)检查药液是否过期、变色,是否有沉淀、异味,若发现变质,则不可使用。

(3)先用消毒棉签擦净外耳道分泌物,观察耳道情况,询问老年人感受,向老年人解释用药方法和要求,征得老年人同意。

(4)取侧卧位,患耳向上;也可取坐位,头侧向一侧肩部,使患耳外耳道口朝上。

(5)养老护理员一手将老年人的耳廓向后上方牵拉,使耳道变直,另一手持滴药管将药液顺外耳道壁滴入3~5滴,再用手指按压耳屏数次,休息片刻再改变体位。

4.药物保管护理

(1)药物应分类保存,内服药和外用药要分开,以免拿错。

(2)老年人家中存放的药物不宜过多,并定期检查,以免失效或变质。

(3)药物应避光、密封、低温保存,或按药物说明书保存药物。

三、紧急救援服务

居家养老的老年人在家中常遇突发情况,需要进行紧急救援处理。紧急救援服务是居家养老医疗保健服务的重要内容,紧急救援服务的质量是居家养老服务高层次服务的体现,主要包括心搏骤停、中风先兆、心肌梗死先兆、癫痫、低血糖症状以及跌倒的紧急处理。

(一)心搏骤停的紧急处理

心血管疾病的死亡率在所有疾病死亡率中排第一位,心跳呼吸骤停是居家老年患者发生率极高的急症之一。心搏骤停的常见原因有心肌梗死、心律不齐、心室颤动、胸腔大血管破裂、中风、呼吸道梗阻、呼吸功能衰竭、心力衰竭以及中毒等。

心搏骤停一旦发生,如得不到即刻及时的抢救复苏,4~6分钟后会造成患者脑和其他人体重要器官组织的不可逆的损害,因此心搏骤停后的心肺复苏(cardio pulmonary resuscitation,CPR)必须在现场立即进行,为进一步抢救直至挽回心搏骤停患者的生命而赢得最宝贵的时间,若及时采取正确有效的复苏措施,患者有可能被挽回生命并得到康复。

知识链接

心肺复苏术(CPR)急救步骤

1. 评估确保环境安全。观察是否存在不安全因素,要保证施救人员的自身安全。

2. 判断意识。轻拍打摇患者肩部并呼喊,若无反应,取平卧位。

3. 呼救。如无意识反应,立即呼救,请旁人拨打"120"电话。

4. 判断有无颈动脉搏动。施救者跪于患者肩颈侧,用右手的中指和食指从气管正中环状软骨滑向近侧颈动脉搏动处,判断5~10秒。

5. 胸外心脏按压。若动脉无搏动,立即安置体位并进行胸外按压。一手掌根紧贴胸部乳头连线上胸骨正中处,另一手掌重叠于前手上,手指相扣,与胸部接触的手指翘起,双臂垂直,利用上半身的重力垂直下压,深度5~6cm,按压30次,按压的频率为100~120次/分钟。

6. 开放气道。使患者仰卧在坚硬的平面上,打开气道,并清理口腔异物,左手掌根部下压患者额部,右手食指、中指上抬患者下颌,使被救者头后仰90°。

7. 人工呼吸。口对口、口对鼻或应用简易呼吸器进行人工呼吸。胸外按压与人工呼吸的比例为30:2。

8. 再次判断。每5轮CPR(约2分钟)检查患者有无自主呼吸和大动脉的搏动。若无,继续上述的抢救。已恢复者,继续陪伴患者并观察其呼吸和脉搏,等待医务人员的到来。

(二)中风先兆及紧急处理

中风的主要原因是高血压,动脉硬化、糖尿病、高脂血症等也是中风的危险因素。若老年人突然出现一侧面部或肢体麻木无力,动作不灵便,突然言语不利,口角歪斜、流口水,头晕或站立不稳甚至晕倒,短暂的意识不清、嗜睡以及无法解释的头痛等症状,都要警惕中风的发生。若遇到上述情况,养老护理员要采取以下紧急措施:

(1)拨打急救120电话。

(2)让患者平卧,头侧向一边,保持镇静,嘱患者放松。

(3)有条件者测量患者生命体征,给予吸氧。

(4)尽快就近送医。

(三)心肌梗死先兆及紧急处理

心肌梗死的基本病因是冠状动脉粥样硬化造成的心肌供血不足。50%~80%的患者在发病前数天有乏力、胸部不适、活动时心悸、气急、烦躁、心绞痛等前驱症状,新发生的心绞痛或原有心绞痛加重则更为突出。若患者心绞痛发作较以往频繁,性质加重,持续时间长,硝酸甘油疗效差,要高度警惕是心肌梗死的发生。若遇到上述情况,养老护理员要采取以下紧急措施:

(1)拨打急救 120 电话。

(2)让患者取舒适体位,嘱患者放松心情,休息。

(3)若患者有心绞痛病史,可让患者先舌下含服硝酸甘油。

(4)有条件者测量患者生命体征,给予吸氧。

(5)不要随意离开患者,若出现心搏骤停,马上行心肺复苏术。

(四)癫痫发作的紧急处理

癫痫是不同病因导致脑部神经元高度同步化异常放电所引起的,主要表现为感觉、运动、意识、精神、行为和自主神经功能障碍。癫痫的发作具有不可预测性、短暂性和重复性等特点。全面发作时有意识丧失,强直一阵挛发作,容易发生舌咬伤、摔伤以及吸入性肺炎等问题。若遇到患者癫痫大发作时,养老护理员应采取紧急措施:

(1)抽搐发作时应立即将患者缓慢放平,防止摔伤,切忌用力按压患者肢体,以防骨折和脱臼。

(2)拨打 120 急救电话。

(3)不要给患者喂药或者喂水。将压舌板或筷子、纱布、手绢等置于患者口腔一侧上下臼齿之间,防舌、口唇和颊部咬伤。

(4)紧急医护人员来到之前不要离开患者。

(5)有条件者可给予吸氧。

(五)低血糖的紧急处理

低血糖是居家糖尿病患者、进食障碍患者常见的并发症,尤其是服用降糖药和注射胰岛素的患者。老年患者常有自主神经功能紊乱而导致低血糖症状不明显,因此居家糖尿病患者治疗过程中要严密监测血糖的情况。若老年人出现乏力、饥饿感、心慌不适、出冷汗,甚至晕倒等症状,尤其是在凌晨或糖尿病治疗期间出现上述症状,应首先考虑出现低血糖,养老护理员应采取以下紧急措施:

(1)立即给予进食水果糖或糖水、饼干等缓解症状。

(2)有条件者立即测血糖,然后送患者就医。

(3)若老年人出现晕倒、昏迷等情况,立即拨打 120 急救电话。

(六)跌倒的紧急处理

跌倒是老年人最常见的意外事件,可能会造成老年人身体伤害,甚至颅脑损伤、骨折等。居家养老日常照护工作中应特别注意防范老年人跌倒。跌倒发生后,养老护理员要采取以下的紧急措施:

(1)询问观察老年人跌倒的情况,重点检查有无意识障碍、有无出血等情况。

(2)如果老年人有昏迷、呼吸困难或心搏停止等症状,立即拨打 120 急救电话。

(3)有心搏骤停者立即行心肺复苏术。

(4)不要急着扶老年人起来,先重点检查有无骨折情况,若怀疑有骨折情况,养老护理员要把老年人受损部位固定,不要擅自移动位置,直到救护人员赶到后,协助送医院检查。

四、社区家庭医生和转诊服务

在社区居家养老服务中,应根据老年人的健康需求,由社区家庭医生、养老服务员和家庭保健员组成服务团队,将医院的康复、护理、保健、预防延伸到家庭,为老年人提供专业化、规范化的健康保健服务。

社区卫生服务机构中的家庭医生、社区养老服务员团队负责辖区居民的健康管理工作,知晓辖区老年人状况,为辖区老年人建立健康档案,根据老年人年龄、健康水平、生活自理能力、陪护状况等方面的不同,制定相应的健康管理方案。社区卫生服务机构设立家庭保健员岗位,由家庭保健员在家庭医生、护士指导下具体实施老年人健康维护工作。家庭保健员与居家老年人采取签约制服务,根据老年人的健康状况,确定服务内容。对于有自理能力的老年人,家庭保健员可以定时上门,采取计时方式开展病情观察、健康检查、康复锻炼、专业护理等医疗保健服务;对于没有自理能力的老年人,家庭保健员可为老年人提供全天候的生活照料等家政服务和康复、保健、心理疏导等医疗保健服务。社区卫生服务机构要与上级医院建立双向转诊关系,对于需要住院治疗的老年人,尽快安排到社区卫生服务机构,或者转诊到上级医院就诊。

(叶红芳)

第三章　居家养老服务组织

本章要点

★居家养老服务资源、组织的种类和特点。
★我国居家养老服务人员的组成和培养。
★政府在居家养老服务中的职能。
★非营利组织在居家养老服务中的作用。
★城市居家养老服务的特点和建设。
★农村居家养老服务的特点和建设。

完善的居家养老服务体系需要有与功能定位匹配的硬件资源,以及合理的组织机构设置、人力资源配置。政府在居家养老服务中起主导作用,通过制定政策为居家养老服务的快速发展提供支持和保障。第三方组织参与居家养老,可促使居家养老服务呈现多样化发展。然而,我国的户籍制度及其衍生的一系列政策区别,使得居家养老服务城乡之间在短期内尚存在一定的差异。

第一节　居家养老服务的组织机构设置

老年人照顾是一项长期而艰巨的任务,需要有广泛的支持,居家养老服务体系建设需要整合多方面资源。由于各地经济发展水平、老龄化水平、居民对居家养老服务的接受度不同,不同地区居家养老服务机构设置的层级、规模和内涵有所差异。居家养老服务机构分为居家养老服务中心和居家养老日间照料中心等。

一、老年人社会照顾体系

老年人社会照顾体系是指给老年人提供的广泛支持,包括由家人、亲戚、朋友和邻居等提供的非正式支持,以及由政府及社会服务机构及其工作人员所提供的正式支持。国外学者提出的系统照顾模型将老年人社会照顾体系做了很好的诠释,该模型是以老年人为核心的六个同心圆,根据与老年人的社会距离远近,逐渐向外辐射,靠近老年人的为非正式照顾系统,越往外越正式,依次为亲属、邻居和朋友、中介支持要素、志愿与政府服务组织、政治和经济制度(见图3-1)。

非正式支持与老年人的生活紧密相关,传统养老模式下的照顾主体,主要解决老年人生活照顾问题,在情感支持方面发挥重要作用。介于正式和非正式之间的中介团体,包括宗教组织、种族或文化团体、社会团体等。政府服务组织功能主要在于贯彻经济、社会政策与方案。最外围的政治和经济制度决定老年人可以获得什么福利,特别是在健康、住宅、安全与交通等方面的政策。正式与非正式的照顾内容并非绝对化,由于家庭照顾能力的逐渐弱化,正式照顾体系在生活照顾方面也开始发挥越来越大的作用。正式服务组织提供的老年支持往往具有任务取向性、目标导向性、时间性、专业性、有偿性等特点,服务内容、经费来源等呈现多元化的特点。

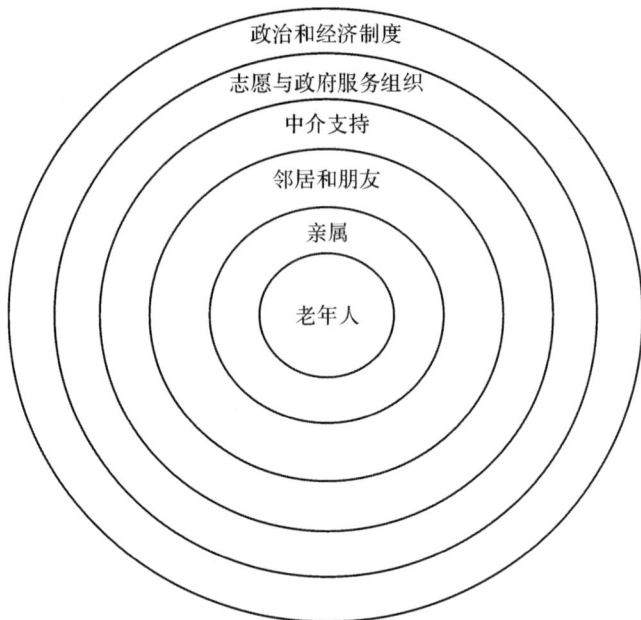

图 3-1　老年系统照顾模型

二、居家养老服务资源

居家养老服务体系的发展需要多方面资源的支撑,不同的老年群体需要有适应其群体特点的资源体系。

(一)定义

资源在经济学和社会学领域中有不同的定义。在社会学领域,科尔曼(James Coleman)提出,资源是能满足人们需要和利益的物品、非物品(如信息)以及事件(如选举)。我国学者林楠提出,"社会资源"是指存在于社交网络中,个人通过直接的或间接的社会关系获取的资源,以更好地满足自身生存和发展的需要。

资源,根据其存在形式,可分为四类:①实物资源:解决生活问题的实用物,是基础资源,包括衣食保障和各种福利设施。②资金资源:用于保障人们基本生活最基本、最普遍和通用化的资源,如养老金。③服务资源:一种软资源,主要通过提供照顾和服务,来满足老年人的生活要求,如老年护理服务。④制度资源:本身是一种资源,同时也承担着重新配置其他各种资源的角色,如老年人权益保障法等。

居家养老服务资源是指能够为居家养老的老年人的物质和精神生活提供保障的各种社会福利服务资源,包括物力、人力、财力、技术、信息等。

(二)分类

各种服务资源是居家养老工作得以有序开展的前提,可根据服务对象、服务功能和主管部门将居家养老服务资源进行分类。

1. 按服务对象分类

根据服务资源的主要服务对象的需求状况,居家养老服务资源可分为满足生活自理老年人需求的服务资源、满足生活基本能自理老年人需求的服务资源、满足所有老年人需求的服务资源三大类(见表 3-1)。

表 3-1 居家养老服务资源按服务对象分类

满足对象	服务资源
生活基本不能完全自理老年人	老年日间护理中心（托老所）、居家养老服务中心、社区家政服务和紧急援助服务、家庭病床、老年护理院
自理老年人	社区服务中心、老年活动中心（老年活动室）、老年学校（老年分校）、社区文化中心（文化室）、图书馆（图书室）、健身点（健身苑）、退休职工活动室、社区老年志愿服务团体
所有老年人	社区事务受理中心、社会救助管理所、社区服务信息网、老年婚介所、社区老年人法律咨询服务室、社区卫生服务中心、社区老年人基本信息网、有关老年人健康档案信息和家庭保健医生制度、街道社会保障服务中心、有关老年人领取基本养老保险金和享受基本医疗保险的信息、各系统医院、专科医院和老年医院

2. 按功能分类

根据服务资源的功能，居家养老服务资源可分为社区照料服务设施、社区学习教育设施、社区健康卫生设施、社区文体活动设施等四种（见表 3-2）。

表 3-2 居家养老服务资源根据功能分类

分类	功能	举例
社区照料服务设施	提供居家养老各类服务	社区服务中心、托老所、居家养老服务中心
社区学习教育设施	提供老年人继续学习、更新知识服务	老年大学、老年分校、图书馆
社区健康卫生设施	提供老年人医疗、预防、保健、康复、健康咨询等服务	社区卫生服务中心、老年护理院
社区文体活动设施	提供老年人文体娱乐活动	老年活动室、社区文化活动中心

3. 按主管部门分类

根据资源的主管部门不同，居家养老服务资源可分为老年健康与护理、老年文化与教育、老年福利与救助等几个方面，分别属不同部门管辖（见表 3-3）。

表 3-3 居家养老资源按主管部门分类

主管部门	居家养老资源
民政系统	社区救助管理所、社区事务受理中心、老年日间护理中心、托老所、居家养老服务中心等
老龄系统	老年活动中心及活动室
卫生系统	社区卫生服务中心、卫生室、家庭病床、老年医院和老年护理院等
教育系统	老年学校
文化系统	图书馆、社区文化中心
体育系统	运动场所、老年运动活动
宣传部精神文明建设办公室	社区志愿为老服务团队

三、居家养老服务设施

养老服务设施是养老服务业的载体,是加快养老事业发展的重要基础和保障。城镇养老服务设施是在城镇范围内建设的,专为老年人提供生活照料、康复护理、文体娱乐、精神慰藉、日间照料、短期托养、紧急救援等服务的设施,包括居家和社区养老服务设施、各类养老机构。

随着城镇化进程的加快和城镇老年人口的增长,我国城镇养老服务设施建设用地紧张、总量不足、设施落后等问题不断突出,日益成为制约养老服务业发展的瓶颈。住房城乡建设部联合国土资源局、民政部、老龄委于 2014 年 1 月发布《关于加强养老服务设施规划建设工作的通知》,要求各地住房城乡建设主管部门结合老年人口规模、老龄化趋势、老年人口分布情况、养老服务需求,明确养老服务设施建设规划,并将其纳入城市、镇总体规划,加强区域养老服务设施统筹协调,推进城乡养老服务一体化。

根据《国务院关于加快养老服务业发展的若干意见》(国发〔2013〕35 号),必须按照人均用地不少于 $0.1m^2$ 的标准,分区分级规划设置养老服务设施。新建居住(小)区要将居家和社区养老服务设施与住宅同步规划、同步建设、同步验收、同步交付使用。已建成小区则要通过资源整合、购置、租赁、置换等方式,配置相应面积并符合建设使用标准的居家和社区养老服务配套设施。国土资源局和住房城乡建设对养老服务设施规划建设、实际配套情况、工程建设标准执行情况等进行每年督查,使所有城市社区配备标准化的日间照料中心、老年服务中心等服务设施,90% 以上的乡镇和 60% 以上的农村社区建立包含养老服务在内的社区综合服务设施和站点。"十三五"规划确定的养老目标是,全国养老床位数达到每千名老年人拥有 35~40 张床位,城市日间照料社区全覆盖,农村覆盖率超过 50%。

(一)居家养老服务中心(站)

居家养老服务中心(站)是社区或小区设置的为老年人提供居家养老服务的机构,与老龄工作部门紧密联系,开展信息服务、生活照料服务、医疗保健服务、紧急救助服务、组织协调服务、老年维权服务、文化娱乐和精神慰藉服务。

居家养老服务中心基础设施建设包括五个方面:

1. 建筑要求

有专门用于开展居家养老服务和办公的场所,建筑面积达到一定要求。各地方政府对中心建筑面积规定有所不同,如湖北武汉市要求建筑面积不少于 $300m^2$;南京市则要求与等级评定标准相对应,如 AA 级面积在 $100m^2$ 左右;AAA 级在 $120m^2$ 以上,AAAA 级面积在 $400m^2$ 以上,且有独立的功能用房,AAAAA 级面积在 $600m^2$ 以上。

2. 信息平台

有专门用于开展居家养老服务的信息平台,平台有老年人身体健康等基础信息、需求信息,以及服务单位信息,便于双方联络。目前,各通信公司为抓住居家养老服务市场,纷纷开展居家养老服务信息系统,建立"老年人一键呼叫中心响应服务机构、急救中心与社区联动"的一站式服务链。通过整合一键呼叫、呼叫中心、位置定位、TTS(text to speech,从文字到语音)、短信等技术,为老年人及时提供相应服务,建立全方位多功能"绿色通道"。在该系统当中,居家养老服务中心起到呼叫转接、紧急救助、服务转接等功能,老年人通过一键电话呼叫居家养老服务中心,中心接线人员根据老年人需求进行资源协调,如健康咨询转接健康保健专家,家政服务转接社区服务中心,医疗救助转接医疗机构救援。同时,该信息平台通过锁定老年人位置,通过短信提醒家属,可及时发现安全隐患。

3. 有清晰的组织机构、专职工作人员和工作内容

组织机构健全,实现前台窗口接待和后台协同办理相结合,有专职工作人员,负责调查照护需求,制定工作规划,组织协调服务资源,评估服务质量,落实各项老年人各项优待优惠政策。

4. 有专业服务队伍和志愿服务队伍

通过政企合作、委托服务等方式,与专业养老服务队伍签订协议,并有相关的培训和监督管理。在社区建立志愿者服务队伍,开展一定的志愿服务。

5. 有清晰的工作流程和监督管理制度

公示居家养老服务开展流程、服务项目、服务价格、服务单位和服务标准、服务质量监督和投诉途径。

(二)居家养老日间照料中心

社区老年人日间照料中心,俗称"托老所",是指以生活不能完全自理、日常生活需要一定照料的半失能老年人为主要服务对象,为其提供膳食供应、个人照顾、保健康复、娱乐和交通接送等日间服务的设施。日托服务是一种介于机构养老和家庭养老之间的形式,一般由民政部牵头负责,各街道成立居家养老服务中心,在社区内设立服务站,站内配有医疗保健、康复及一些日常生活用具等,老年人白天可在日托服务中心休息、娱乐、参加一定的社会活动,夜间回到家中休息。

1. 发展背景

社区老年人日间照料中心近几年得到较快发展,主要原因有:①需求大:我国目前日常生活需要他人照料的半失能老年人近两千万,然而家庭规模缩小,家庭照顾资源有限,半失能老年人白天的安全问题,生活照料问题日益凸显。②政府推动:民政部提出在"十二五"期间,要普及日间照料中心,在该政策引导下,各级政府投资建立日间照料中心,相当一部分由政府出资运营。

2. 特点

日间照料中心主要有如下特点:①服务时间短期性:日间照料中心主要提供日间服务,老年人白天入托,接受专业照料服务,晚上回家享受天伦之乐。②服务对象选择性:由于需要照料中心和家里的周转,服务对象主要为生活能力部分受损的老年人,不适合于完全失去自理能力的老年人。③服务功能多样化和基本化:日间照料中心的主要功能是提供生活照料,包括日间休息、餐饮、洗浴、如厕等;其次提供简单的卫生保健服务,如紧急情况下的基本医疗处置、对有身体功能障碍的老年人的基本康复训练服务等;另外还包括为老年人提供精神慰藉,在照料中心设置一定的娱乐用房,供老年人休闲娱乐和交流。

3. 建筑标准

社区老年人日间照料中心集中体现了养老服务"以社区为依托"的精神,是养老服务体系建设的重要环节。然而,目前社区老年人日间照料中心存在着面积小、设施缺乏、服务内容单一等问题,不利于发挥其功效。2011年3月,民政部施行《社区老年人日间照料中心建设标准》,在全国范围内实行统一参考标准,是社区老年人日间照料中心项目的重要建设依据。标准规定,社区老年人日间照料中心建设内容包括房屋建筑、场地要求和基本配置。

（1）房屋建筑：房屋建筑面积根据社区居住人口，依照 2015 年老龄化水平预测值 15.3％，分为三类（见表 3-4）。为方便老年人托管，可在小区范围内开设日间照料中心。不同地区也设置了相应的标准，如辽宁省丹东市要求日间照料室使用面积应在 50m² 以上，床位设置数 6 张至 15 张。

表 3-4   社区老年人日间照料中心房屋建筑面积指标

类别	社区人口规模（人）	建筑面积（m²）
一类	30000～50000	1600
二类	15000～29999	1085
三类	10000～14999	750

注：平均使用面积系数按 0.65 计算。

（2）场地要求：建筑选址应设在服务对象相对集中、交通便利、水电供给条件好、临近医疗机构、环境相对安静的地方，配有一定的室外活动场地和绿地。日间照料中心以低层建筑为主，有独立的出入口，禁止使用地下层，高层应设有电梯或无障碍坡道。建筑设计应考虑防震，宜采用钢筋混凝土结构，标准定为重点防设类；同时考虑防火，等级不应低于二级；考虑良好的通风和采光，窗地比不应低于 1∶6；排水符合国家卫生标准；应配有热水供应系统；严寒地区配有采暖设施。老年人休息室以每间容纳 4～6 人为宜，室内通道和床间距能够轮椅进出，房门净宽不应小于 90cm，走道净宽不应小于 180cm。

（3）基本配置：建筑根据老年人需要及各地实际经济情况和需求，可设置不同功能用房，包括老年人生活服务用房，如休息室、餐厅、浴室、理发室等；老年人保健康复用房，如康复训练室、医疗保健室、心理疏导室等；老年人娱乐用房，如棋牌室、阅览室、网络室等；辅助用房，如厨房、办公室、公共卫生间等，各类用房占有比例也有一定标准，参照表 3-5。各类功能用房配有一定的设备（见表 3-6）。

表 3-5   社区老年人日间照料中心各类用房使用面积所占比例

用房名称		使用面积所占比例（％）		
		一类	二类	三类
老年人用房	生活服务用房	43.0	39.3	35.7
	保健康复用房	11.9	16.2	20.3
	娱乐用房	18.3	16.2	15.5
辅助用房		26.8	28.3	28.5
		100.0	100.0	100.0

注：表中所列各项功能用房使用面积所占比例为参考值，各地可根据实际业务需要在总建筑面积范围内适当调整。

表 3-6　社区老年人日间照料中心装备配置

设备种类	具体设备	类别		
		一类	二类	三类
生活服务	洗澡专用椅凳	√	√	√
	轮椅	√	√	√
	呼叫器	√	√	√
保健康复	按摩床(椅)	√	√	√
	平衡木、肋木、扶梯、手指训练器、股四头肌训练器、训练垫	√	√	√
	血压计、听诊器	√	√	√
娱乐	电视机、投影机、播放设备	√	√	√
	计算机及网络设备	√	√	√
安防	监控设备	√	√	√
	定位设备	√	√	√
	摄录像机	√	√	√
交通工具	老年人接送车	√	√	√
	物品采购车	√		

注:标√表示应具备

四、居家养老服务流程

老年人享受居家养老服务,需遵循申请－评估－认定的过程。不同的居家养老服务机构根据自身的功能定位,对服务对象有一定的要求,一般情况下,要求老年人年满 60 周岁,无传染性疾病和精神病史。某些居家养老服务中心要求老年人生活能自理、健康状况良好、无老年痴呆。符合要求的老年人申请居家养老服务,并且要有主要家属的同意。居家养老服务机构对老年人开展评估,确定老年人的服务需求及补贴等级。在老年人和居家养老服务机构双方无异议的情况下,签订居家养老服务协议书,老年人或家属根据协议书约定按时缴纳一定的服务费用。在老年人接受居家养老服务过程中,服务需求会随着老年人身体状况改变而改变,因此评估是一个动态和反复的过程(见图 3-2)。

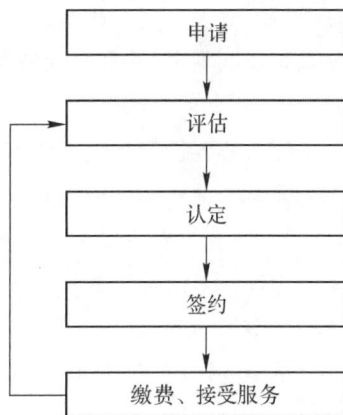

图 3-2　居家养老服务流程

养老服务评估,是为科学确定老年人服务需求类型、照料护理等级以及明确护理、养老服务等补贴领取资格等,由专业人员依据相关标准,对老年人生理、心理、精神、经济条件和生活状况等进行的综合分析评价工作。从评估时间上可以分为首次评估(准入评估)和持续评估(跟踪式评估)。评估是确定老年人服务需求,制定个性化的服务方案,提高居家养老服务的针对性和效率的前提和基础,也是落实各项养老服务补贴制度的重要依据。民政部已发行《老年人能力评估》标准,是养老服务评估工作的主要依据(详见第五章内容)。

第二节　居家养老服务人员组织

国外居家养老服务发展较早,其队伍可包括居家养老机构管理人员、养老护理员、社区护士、社区助理护士、全科医生、社会工作者、康复师、营养师、物理治疗师、职业治疗师、社会志愿者、言语治疗师等。我国居家养老服务起步较晚,居家养老服务队伍的建设还在不断探索当中。养老护理员是居家养老服务的主力军,社会工作者的重要性也日益受到重视。

一、养老护理员

养老护理员是直接为老年人提供服务的人群,与老年人关系最为密切,其个人素质、职业素养、技能水平、人力配备直接影响着居家养老服务质量,是居家养老服务管理的重点对象。

(一)定义

养老护理员是指对老年人生活进行照料、护理的服务人员,在英国称为养老护理助手(aging healthcare assistant/auxiliary nurse),日本称为介护士,美国称为老年护理助手(geriatric aides)。养老护理员是养老服务工作中的一支重要队伍,是养老行业的主力军。居家养老护理员是专职上门为老年人提供居家养老护理服务的人员。

养老护理员与传统的保姆、家政服务员工作内容有所区别。保姆未接受职业培训,工资由雇主支付,服务对象广,工作内容比较泛。家政服务员是职业化的家庭工作者,服务对象、内容及工资支付与保姆相似,提供服务以盈利为目的。养老护理员服务对象是老年人,工作形式与家政服务员有相似之处,但养老护理员提供服务更具专业性,具有行业标准,需要进行职业技能鉴定,并且养老护理员所提供的服务属于社区服务,多与民政局或劳动局签订劳动合同,其工资由政府支付,提供服务具有一定的福利性。

(二)养老护理员工作内容

养老护理员工作内容可分为两个方面:①生活照料:包括清洁卫生、睡眠照料、饮食照料、排泄照料和安全保护。②技术护理:包括给药、观察、消毒、冷热应用、护理记录和临终护理等工作。不同等级的养老护理员技能要求依次递进,高级别包括低级别的要求,具体工作要求见附录1。

根据工作内容,养老护理员应掌握老年护理基础知识和相关法律、法规知识。具体包括:

(1)老年护理基础知识。①老年人生理、心理特点。②老年人的护理特点。③老年人的常见疾病。④老年人的营养需求。⑤养老护理员职业工作须知。

(2)相关法律、法规知识。①老年人权益保障法的相关知识。②劳动法的相关知识。③其他相关法律、法规。

知识链接

养老护理员国家职业标准

《养老护理员国家职业标准》于2002年6月由国家劳动和社会保障部制定,2011年修订。标准界定养老护理员共分为初级(国家职业资格五级)、中级(国家职业资格四级)、高级(国家职业资格三级)和技师(国家职业资格二级)四个等级,要求基本文化程度为初中毕业,职业技能鉴定根据标准和鉴定规范进行。

(三)国内养老护理员现状

国家对机构养老护理的要求是,一级护理养老护理员与老年人的比例为1∶3;二级护理为1∶6,三级护理为1∶10。居家养老护理的配备尚无统一标准,总体面临养老护理员数量不足,缺口大,并且养老护理员的素质滞后于养老事业发展的困境,呈现以下特点:

(1)起点低。目前养老护理员的文化程度偏低,以小学、初中教育背景为主,并没有达到国家职业标准。在当前养老护理人才紧缺的背景下,这部分人群加入职业队伍,虽然解了燃眉之急,但需对他们加强职业培训,以提高专业知识和技能。

(2)专业技能欠缺。由于早期很多养老护理员边培训边上岗,甚至有不经培训先上岗的情况,使得部分养老护理员缺乏专业性、技术性理论知识,尤其在老年人健康管理、心理健康维护、营养与饮食等方面技能不足。

(3)专业稳定性不足。由于工资待遇偏低、工作繁杂、照顾老年人风险高、社会地位不高等因素,养老护理员行业流动性高,不利于形成稳定且有梯队的队伍。在公办和民办养老机构之间,养老护理员的素质也存在一定差距。

(四)养老护理员培训

要提升养老护理员的水平,需从规范职业准入标准和加强培训两方面入手。规范养老护理员培训体系,是提升养老护理员素质的关键,是实现养老服务规范化、专业化、职业化的前提,是提高养老服务质量和水平的有效途径,是推动养老服务业持续健康发展的基本保证。

1.国外养老护理员培训

国际上老龄化程度较高的国家,如日本、美国、澳大利亚在养老服务人员培训方面走在前列。我国可结合国情借鉴其经验。

(1)日本。日本进入老龄化社会较早,养老服务各项事业起步早,1971年就已经开始对社会福利机构的工作人员实行资格准入制度。1997年开设社区护理专科,由院校开展专业教育,从养老护理人员的来源上和准入制度上保证护理员的专业性。养老护理员职业的门槛高,要求高中学历,培训单位有专门的介护士培训学校,从人与社会、看护技能、人的身心三大方面,包括基础科目、专业科目及介护实习共18门课程对介护士进行培训,培训时间达1600~1800学时。学员可通过大学四年教育获得介护福祉士资格,或者高中毕业后,到培训学校研修课程,并参加介护实训,通过日本介护士国家职业资格考试(包括理论和实践考试),获得介护福祉士资格。若学员之前工作家庭访问介护工作的时间达到国家要求,可免实践考试。

(2)美国。美国于1966年就开设了老年护理专业,1967年规定养老护理职业者必须具备学士及以上学历,使养老服务更加专业化,且有不同的工作分工,包括承担主要照顾任务的首要工作者和辅助照顾的次要工作者,具有清晰的工作制度。机构内的医师、护士、社工、康复治疗师、营养师等都有3～4个等级,均有一定的学历要求。护工和助理社工为非学历教育培养,但仍要求有相应的证书。养老护理助手培训机构需是经过注册的有限责任公司或者是法人企业,具有提供专业教育与培训的资质,并需经过严格的申请流程。

(3)澳大利亚。澳大利亚于1940年开始养老护理培训,其培训分层次进行,包括养老护理助手、登记养老护士、注册养老护士。其中,养老护理助手侧重生活护理培养,在职业技术院校或养老院培训,历时6～8周,培训结束获得三级证书,一般在养老院工作。养老登记护士则需要在职业技术学院完成12～24个月的学习,获得专科文凭,在澳大利亚护士与助产士局注册,可在医院或者养老院工作,主要配合护士的工作。养老护士则需要在大学完成三年学习,获得护理学士学位,取得护士执照,具备独立照护老年人的能力。澳大利亚政府要求养老护理员的培训机构必须进行注册,受澳大利亚质量监督局监管;培训机构要根据《注册培训机构标准》,有相应的员工、设备设施、材料等资源配备,培训需严格按照职业能力标准、职业培训标准、考核标准进行,符合行业发展和学员需求,保证学员利益;培训师资需要具备培训与评估证书四级或同等能力,拥有相关专业知识、技能和评估能力。

(4)英国。英国对养老护理助手也实施分层培训,为保证培训有效性,准入标准为有良好的读写和计算能力。培训内容以《国家职业与学分框架》为依据,学员根据相应等级选取对应的学习内容,按规定学时完成所学内容,通过职业胜任力评估员在工作场所的现场考核,学员可获得相应证书。2015年4月,英国护理质量监督会(CQC)颁布实施护理证书(The Care Certificate),以期通过培训标准加强养老护理助手的护理质量。

2.国内养老护理员培训

为规范养老护理员培训,民政部印发《养老护理员培训基地和鉴定站基础标准(试行)》(2012年)、《养老护理员国家职业标准》(2011年修订版)、《养老护理员培训大纲(试行)》(2014年),浙江民政厅印发浙江省养老护理员培训规范(2016年,见附录1)。各地区结合具体情况,制定地区养老护理培训规范。

(1)培训现状。我国养老护理员培训体系尚未系统建立,培训缺乏政策引导和约束,监督管理不足,缺少评价体制。在培训内容和方式上,尚比较单一,注重技能操作,在心理护理、沟通交流、护理风险等方面培训不足。养老护理员的分层次培训尚未展开,导致培训效率不够高。

知识拓展

养老护理员职业技能鉴定和远程培训

全国首家养老护理员职业技能鉴定所于2002年在天津市建立,目前已在全国范围内开设职业技能鉴定培训基地。鉴定中心根据《民政行业特有工种职业技能鉴定实施办法(试行)》,组织获得民政行业养老护理员职业考评资格的考评员组成考评小组,对养老护理员进行理论和技能的鉴定,是养老护理员规范化的重要举措。这种现场的培训和鉴定模式缺点是供应量有限,每年培训量不足万人,远远满足不了社会对养老护理员的需求。

为了贯彻落实《国务院关于加快发展养老服务业的若干意见》提出的要求,即到 2020 年"全国机构养老、居家社区生活照料和护理等服务岗位将达到 1000 万个",进一步加强养老护理员队伍建设,提升养老护理员职业技能,民政部于 2013 年 11 月 29 日发布《民政部办公厅关于开展全国养老护理员远程培训工作的通知》(民办函〔2013〕376 号),决定启动远程培训工作。根据规划,全国养老护理员远程培训工作分两个阶段进行。第一个阶段自 2013 年 12 月到 2014 年上半年,在北京、河北等十五个省(直辖市)开展试点;第二个阶段从 2014 年下半年起,在总结试点经验的基础上,全国普遍推广实施。全国民政人才远程教育网设有养老护理员职业培训证书远程培训课程,通过远程培训课程及相关考试后,可获得由民政部培训中心统一颁发的《养老护理员职业培训证书》。

(2)培训时限。《养老护理员国家职业标准》对培训期限、培训教师和培训场地等做了要求,如有关晋级培训期限,初级不少于 180 标准学时,中级不少于 150 标准学时,高级不少于 120 标准学时,技师不少于 90 标准学时。

(3)培训师资要求。培训教师在职业素养、基础知识、专业背景、任职资格年限、教育经历等方面都需要达到一定的要求。

知识链接

浙江省养老护理员培训规范(DB33/T 2001－2016)

根据国家养老护理员国家职业标准,各地政府制定养老护理员培训规范。浙江省民政厅委托杭州师范大学老年护理专业团队研制的浙江省地方标准——"养老护理员培训规范"(DB33/T 2001－2016,见附件1),浙江省质量技术监督局 2016 年 2 月 26 日发布、3 月 26 日正式实施。该规范对不同级别的养老护理员培训内容、培训机构、培训场地及设施、师资队伍、培训教学和培训考核、培训档案管理、继续培训等做出规定,使养老护理员的培训更趋向规范化和专业化。

职业素养:①热爱养老护理教育事业,具有良好的职业道德,遵守基本的职业守则;②具备丰富的养老护理基础知识、专业知识和扎实的职业技能。

资质要求:①培训各职业等级养老护理员:培训五级(初级)养老护理员的教师,应具有本职业三级(高级)职业资格证书或相关专业中级及以上专业技术职务任职资格;培训四级、三级(中级、高级)养老护理员的教师,应具有本职业二级(技师)职业资格证书或相关专业高级专业技术职务任职资格;培训养老护理员二级(技师)的教师,应具有本职业二级(技师)职业资格证书 3 年及以上或相关专业高级专业技术职务任职资格 3 年及以上。②培训养老护理师资的教师要求如下:持有相关政府部门颁发的该行业师资资格证书;具有本职业技师职业资格证书 3 年及以上者,或具有(医学、护理学、管理学、社会学等)相关专业高级专业技术职务任职资格 3 年及以上者;从事教育或培训工作 2 年及以上者。

(4)培训场地要求。培训机构应具备标准教室及有必要的教学教具设备的实习场所。如浙江省地方标准"养老护理员培训规范"中对培训场地要求:理论培训场地人均使用面积不少于 3m²,每间面积不小于 60m²;技能操作场地人均使用面积不少于 6m²,总面积不低于 120m²。培训场所配备多媒体教学设备,应整洁、干净、安全,便于开展互动式教学、演示、情景模拟等活动。同时,设置与培训规模相适应的服务办公场所、食宿场所,若招收住宿生,食宿场所应符合公安、环保、安全、消防、卫生等有关部门的规定。

(5)培训内容。培训课程尚未统一,未形成规范化的培训体系。培训内容根据《养老护理员国家职业标准》要求,可包括老年人日常清洁、饮食照料、排泄照料、安全防护、口服给药、病情观察、冷热应用、基本急救技能、常见病的康复锻炼方法、慢性病老年人护理要点、临终照顾等。

知识链接

浙江省地方标准"养老护理员培训规范"(DB33)培训内容

浙江省地方标准《养老护理员培训规范》依照《养老护理员国家职业标准》(2011年修订版)、《养老护理员培训大纲(试行)》中规定,对养老护理员理论、技能操作培训内容进行汇总编制,并加入了文化养老、智慧养老、老年人健康管理等符合时代发展要求、极具地方特色及传统文化的内容,制定养老护理员培训内容大纲。

培训内容包括基础知识培训和专业培训。前者包括工作须知、服务礼仪、个人防护,老年人护理基础知识,老年人护理方法,安全卫生、环境保护知识,相关法律和法规基础知识(《老年人权益保障法》《劳动法》《劳动合同法》《消防法》、养老机构服务标准相关知识)。

专业培训分级设置,初级(五级)和中级(四级)养老护理员培训内容包括生活照料(饮食、排泄、睡眠、清洁)、基础护理(应急、用药、冷热应用、遗体照料)、康复活动(康乐活动、活动保护)、文化养老、智慧养老、老年人健康管理六项内容。随着等级推进,培训内容更趋向专业化,如排泄照料环节,五级侧重协助如厕、使用尿壶、便盆等,四级培训则包括留置导尿、肠造瘘等的照护;应急救护,五级主要侧重跌倒的现场处理,四级培训则包括异物卡喉、烫伤、触电、煤气中毒、中暑、心肺复苏等现场急救;用药照料,五级侧重口服给药,四级则包括雾化吸入、外用药等。

高级(三级)养老员培训增加心理护理和培训指导内容,共包括八项内容,在生活照料环节简化(饮食、排泄);基础护理包括应急救护和消毒防护,应急救护内容更专业化,包括心、脑血管意外现场急救、哮喘发作急救、氧气吸入、吸痰、心肺复苏;增加消毒监测标准、方法、消毒液配制;康复活动包括智力障碍、老年痴呆等健身操锻炼,肢体障碍功能康复。

技师(二级)养老护理员培训不再侧重生活照料,新增护理管理环节。基础护理环节侧重护理评估、计划、环境设计和技术创新;康复活动侧重言语、吞咽功能障碍康复训练;心理护理侧重制定心理辅导方案,疏导并评估辅导效果;培训指导能够制定分级培训方案,对中高级护理员进行培训;护理管理包括组织管理和质量控制。

养老护理师资培训是该标准的特色之一,增加了养老护理服务概述,培训与指导项目改为教育理论及教育方法,其他项目包括基础护理(护理评估、护理干预、环境设计、技术创新)、康复护理(评估与措施)、心理护理(心理特点与常见心理问题)、护理管理(安全风险管理与领导管理),在知识和技能上均高于技师。

---

(6)培训模式。根据培训主体,养老护理员培训和培养可分为三种形式:①学校学历教育模式:大中专院校、高等职业技术学校、中等职业技术学校相继开设老年护理、养老服务与

管理等专业,以全日制或成人教育形式培养养老护理员。这种培训模式历时长,但能够整体提升养老护理员素质。如杭州师范大学于2013年开设成人教育大专"老年服务与管理"专业,2015、2016、2017年已有三届学生毕业。②社会培训机构模式:政府部门组织制定培训标准和要求,社会培训机构根据要求展开培训。该种培训模式灵活,适应市场需求,在短期内能够出成效,但由于社会办学机构资质存在较大差异,在培训质量方面需要加强监测。如上海市民政局与上海市劳动和社会保障局通过招标形式,在整个上海市确定一批社会办教育培训机构,由上海市社会福利行业协会负责编制居家养老服务人员、评估人员的教育培训大纲和教材,并且具体实施教育培训工作。居家养老护理员培训结束,考试合格,获得由上海市劳动和社会保障局统一印制的"岗位培训合格证书",方可上岗。③校企或校政合作模式:高等院校和职业技术院校利用其养老护理师资、实训场地等优势,接受政府部门委托,开展集训式、有针对性的、有规划的养老护理员培训。如浙江省民政厅与杭州师范大学医学院合作培训养老护理师资,该种培训模式结合了前两种模式的优势,是短期内培养较高素质养老护理人员的一个重要途径。

(7)培训方法。由于目前大多数养老护理员主要来源于农村或者下岗人员,文化水平偏低,理论学习困难较大,单纯理论教授效果不明显,需采用多种形式的教学方法,结合使用仿真训练、角色扮演等,注重实际操作能力培养。教学不能仅局限于课堂,需借助现代化教育手段,如将每项技能操作和知识点设计成简短、灵活、可反复播放的微课,方便养老护理员随时和反复学习。

案例分享

浙江省养老护理师资培训

浙江省民政厅与浙江省老年服务与管理教育培训中心主办、杭州师范大学医学院承办的浙江省养老护理师资培训班,每年两期,目前共举行五期。培训对象包括浙江省各个市、县的社会福利院、老年工作管理中心、医院、职业培训学校等机构的养老护理行业的骨干。培训依据为浙江省地方标准——"养老护理员培训规范"(DB33/T 2001—2016),培训班课程内容包括老年服务政策、教学理论、教学技能、老年护理、老年社会学、健康管理、护理管理、急救护理以及文化养老等方面;师资队伍来自政府主管部门、科研机构、一线的从事养老服务行业的专家及杭州师范大学医学院老年护理、健康管理团队;教学方法形式多样,包括理论讲授、学员小组讲课、教学技能比赛、操作技能考核,培训结束对学员进行问卷调查反馈。

依据养老护理师资培训方案,2016年对接受过第一、第二、第三期养老护理师资培训班的护理师资进行复训。通过复训,使参加过培训并取得证书的学员了解国家及我省养老服务发展有关政策的新动态,不断更新业务知识内容,不断提升学员的教学、实践以及科研能力,进而提高养老护理师资的整体能力。师资复训班不同于传统理论授课方式,突出学员的师资角色,增设养老护理培训经验交流及培训说课环节,并通过说课比赛提升其教学技能。

二、居家养老社会工作者

社会工作在中国的专业化发展时间不长,社会工作者在居家养老服务中的角色与定位尚在摸索阶段,政府、社会工作者自身、养老服务机构、老年人及家庭成员都对社会工作者的角色和工作内容没有明确的理解。然而,社会工作者的社会工作价值理念与工作方法,在居家养老服务中有着不可替代的作用。某些发达城市已经将社会工作者正式引入老年服务工作当中,如上海于 2002 年施行《上海市社会工作者职业资格认证暂行办法》,各个养老机构和社区出现大批具有高中及以上学历的专业社会工作者,充当养老服务机构的管理者等角色。

(一)定义

社会工作者是接受一定的专业教育或培训、从事职业化社会服务的人,其社会工作过程和效果受到职业素质、能力和经验等的影响。社会工作的核心价值观是利他主义,老年社会工作的核心是帮助老年人,服务老年人。最核心的部分是助人活动,是社会工作者和服务对象的互动过程。专业助人方法包括个案工作法、小组工作法等。

老年社会工作是指专业的社会工作者在专业价值理念的指导下,按照老年社会保障制度和社会福利的相关制度、政策,充分运用社会工作的理论和方法,通过专业的助人过程,帮助老年人尤其是遭受各种困难而暂时丧失社会功能的老年人,解决日常生活中的各种问题,帮助老年人摆脱困境,以满足老年人需求,促进其参与社会,增强其自主权利,提高其生活质量。

(二)服务对象

老年社会工作的对象既包括老年人,也包括照顾老年人的家庭成员,为老年人提供服务的其他工作人员,如护理人员、社区工作人员等。根据老年人面临的具体问题,老年社会工作的对象分为经济困难的老年人、由于长期患病或残疾等原因造成生活不能自理的老年人、人际关系不良的老年人、受到虐待的老年人、退休后无法适应的老年人、丧亲的老年人以及临终老年人。需要注意的是,在社会工作过程中,服务对象并不是被动接受服务的人,而是互动的群体。

(三)工作目标及功能

老年社会工作的总体目标是帮助老年人意识到自身的价值,增强其自身权利,提高其解决问题和把握自己生活的能力,积极参与社会,健康而积极地老化。具体目标包括:

(1)协助获得资源。协助老年人获得各种社会资源,如最低生活保障、联系志愿者、居家养老服务券等。

(2)协助适应老化。协助老年人正确认识老化、接受老化的事实,适应老年生活,规划老年生活。协助老年人有效处理各方面的人际关系,使其融入社会,老有所用。

(3)营造老化友好环境。通过与老年人家庭、社区的共同努力,为老年人营造良好的生活环境,同时协助老年人树立积极的形象,赢得社会的支持。

(4)政策倡导。通过参政,使老年社会福利、社会保障政策更加符合老年人的需求,从政策层面维护老年人权益。

(四)工作内容

老年社会工作可分为两大类,一是帮助有困难的老年人,满足其基本的日常生活需求;二是满足老年人发展与参与的需求。具体包括以下九个方面:

（1）为老年人提供适当的生活条件和机构照顾。老年社会工作者需要运用专业知识，即需掌握老年期发展、老年医学和老年人行为学相关方面的知识和最新进展，了解该群体特点和常见需求，同时熟悉有关老年人的法律规定，运用专业的个案工作法、小组工作法等知识和技巧，为老年人提供服务。

（2）协助老年人权益保障。协调老年人福利工作，通过影响福利机构的决策，保障老年人的合法正当权益。

（3）协助老年人自尊与独立生活。一方面鼓励老年人参与社会，发挥余热；另一方面，为老年人与子女之间的沟通搭起桥梁，促进子女对父母的赡养，包括经济上、生活上和情感上全方位的赡养。

（4）协助老年人角色转变。帮助老年人适应退休后的角色转变，协助有余力的老年人参与社会建设，服务社会，以及自我发展。帮助适应不良的老年人，建立社会支持队伍，改变社会、政府对老年人的态度。

（5）协助改善经济困难。通过调动社会资源，协助解决老年人因丧失工作、长期患病等原因导致的经济困难。

（6）协助医疗卫生服务。多数老年人存在挂号、买药、取药等医疗卫生服务需求，社会工作者可通过帮助建立互助对子形式，发挥年轻老年人及志愿者作用，或者通过直接协助网络挂号等方式协助老年人就医。

（7）协助照顾者照顾老年人。及时沟通老年照顾者所面临的困难，为照顾者提供信息、物质和精神支持，并协助其获得照顾喘息的机会，调整状态。协调家庭所有成员积极参与老年照顾，调节可能存在的家庭矛盾。鼓励照顾者参与或成立互助团体，通过团体活动，帮助照顾者获得更多有关老年人照料、沟通等方面的知识与技巧，获得支持信息，缓解焦虑情绪等。除了为照顾者提供微观层面的支持，老年社会工作者还需要了解目前社会支持的不足，通过影响政策制定，从政策宏观层面促进老年照顾。

（8）建立和扩大老年人的社区支援网络。社区支援网络是个体与社会的联系体系，是个体获得情绪支持、物质支持、信息与服务的重要载体，可分为个人网络（家庭成员、朋友等组成的支援网络）、志愿者联系网络、互助网络（同伴关系）、邻舍协助网络、社区授权网络（社会工作者为老年人建立起的一个行动团体）。老年社会工作者的重要介入点为扩大老年人社区支援网络，包括推行老年人社区支援网络的理念，将社区成员都纳入潜在支援提供者；积极维持老年人社区志愿网络，为志愿者提供培训，使其具备照顾老年人的能力。

（9）协助临终关怀服务。提供服务包括满足老年人灵性需求，采用个案和团队工作方法，与老年人探讨死亡的生理问题、宗教问题、哲学问题，为老年人疏导对死亡的恐惧情绪，帮助老年人平和地面对死亡。同时，社会工作者还需为亲属提供支持，帮助亲属照顾老年人，为其提供相应的信息，争取应有的资源。当老年人离去，为亲属提供哀伤辅导，协助其承受失去亲人的痛苦，妥善处置善后事宜。社会工作者除了直接提供服务，还起到组织者、协调者、资源整合者的角色作用，协调其他临终关怀服务人员，包括医生、护士、心理咨询师和法律顾问等，一起为临终老年人提供相关的关怀照料服务。

> **知识链接**
>
> ### 高校社会工作服务社
>
> 　　社会工作介入居家养老服务需要有专业的组织参与,一种形式是借助高校的专业力量。例如,广州北斗星社会工作服务中心和乐翔社会工作服务社,均依托高校社工专业的教师和学生,为一定区域内的老年人提供居家养老服务,主要侧重于健康促进、精神慰藉、娱乐生活、家庭关系疏导等。这种服务模式可以促成社会工作在居家养老服务的规范化和专业化发展,但是没有持续的可分配资金投入,覆盖人群较为有限,进一步的发展需要有更长期稳定的政—校合作模式。

(五)常用老年社会工作方法

　　(1)老年个案工作。即以生活适应不良的老年人及其家庭作为服务对象,以专业社会工作的价值理念为基础,应用人类关系和个人发展相关知识和技术,针对老年人个体化的情况和需求,以一对一个别化的方式,帮助其或家庭缓解或解决问题,并运用社会资源改善或恢复社会功能,激发个人潜能,增强社会适应能力,提高其生活质量。可分为发现问题和解决问题两个层次。工作原则包括了解老年人的生理和心理特点,尊重老年人的基本看法、态度和选择,积极、耐心倾听老年人谈话,关注老年人的过去和现在,与老年人建立信任关系,为老年人制定个性化的服务计划,为老年人建立支持网络。老年个案工作模式包括心理社会模式、行为修正模式、理性情绪行为治疗模式、危机调试模式、任务中心模式和过程行动模式。

　　(2)老年团体工作。即以有各种问题的老年人及其家庭成员所组成的团体为服务对象,通过提供不同目标模式的团体方案辅导与治疗,增进老年团体成员的相互支持,改善其态度、人际关系和应对实际生存环境等社会生活功能,满足老年人工具性和情感性需求。团体活动是老年人相互交流、学习的平台,在活动中老年人学习生存的知识、技巧,疏解各种不良情绪,树立积极的生活态度,获得成长。团体工作原则包括预先告知、团体基本情况和主题、客观评估团体成员特点和尊重其选择,团体工作分阶段分任务完成。老年团体工作模式包括社会目标模式、交互模式、治疗模式、发展模式、组织与环境模式,以及预防与康复模式六种。

　　(3)老年社区工作。是指社会工作者以社区中的老年人为工作对象,通过发动和组织社区内老年人参与集体行动,发现和明确老年人在社区中存在的问题,动员社区资源预防和解决老年人问题,促进老年人社区参与,使老年人有一定的自助、互助和自决精神,对社区有归属感,提高老年人生活质量。这是一种宏观层面的工作方法。老年社区工作要求社会工作者以老年人为中心,积极看待老年人,对老年人有深入的认知与分析,耐心、热情地对待老年人,重视老年人的基本需求与兴趣,与老年人建立平等、互相信任的关系,鼓励老年人积极参与社区活动,充分利用社区资源,为老年人建立社区支持网络。工作模式包括社区发展模式、社会计划模式和社会行动模式三种。

(六)社会工作者介入居家养老的途径

　　(1)加强社会工作者角色。随着各项有关社会工作的文件发布,如 2012 年《民政部、财政部关于政府购买社会工作服务的指导意见》,2013 年《民政部、财政部关于加快推进社区社会工作服务的意见》《社会工作专业人才队伍建设中长期规划(2011—2020 年)》《社会工作者职业道德指引》，社会工作者的角色日益得到重视。通过多种途径，使老百姓知晓社会工作者的角色和功能，使老年人树立意识，在有困难的时候可以向社会工作者寻求专业帮助。

（2）社会工作培训。将社会工作的赋权增能、接纳关怀、肯定价值等理念、工作方法引入居家养老服务人员的培训中，提升服务人员的整体素质和水平，真正体现以老年人为中心，尊重老年人。

（3）社会工作专业化、职业化。根据《关于加强社会工作专业人才队伍建设的意见》，需加大社会工作者的培训力度，对直接从事社会服务的人员进行系统、规范、专业的培训，提升专业服务水平。同时，开展高层次社会工作专业人才培养工程，培养出一批高层次社会工作专业人才，从事该领域的教育、研究与督导等方面的工作。另外，大力发展专业教育，促进高等院校的专业规范化建设，发展社会工作高等职业教育，以社区居家养老服务机构为实习就业基地，注重老年社会工作实务操作，培养应用型老年社会工作者。

（4）设立居家养老社会工作者岗位。居家养老服务队伍的完善需要社会工作者的介入，这需要政策的支持，人力资源的配备，设置居家养老服务社会工作岗位，界定明确的工作职责和薪酬待遇，规划职业发展路径，留住更多的社会工作者为居家养老服务。

第三节　居家养老政府职能

政府，广义上指行使国家权力的所有机关，包括立法、行政和司法机关；狭义上指国家政权机构中的行政机关。职能，是指人、事物、机构应有的作用和功能。政府职能是指政府在一定的历史时期内，根据国家和社会发展的需要而承担的职责和功能。根据职能的作用领域，政府职能包括政治职能、经济职能、文化职能和社会职能。根据职能行使的过程，政府职能包括计划、指导、协调、控制、沟通和监督职能。老年社会保障具有普遍性和平等性的特点，决定了政府需要承担社会公共服务的职能。同时，个体化的老年服务需求也决定了政府不可能提供一体化的服务，需要多方资源的引入，政府在养老服务中需要起到规划、指导、协调和监督职能。

一、我国老年社会保障组织系统

构建完善的老年社会保障体系是政府的一项重要职能，在我国体制背景下，老年社会保障组织系统包括政府行政机构和事业单位。政府机构包括全国老龄工作委员会、民政部、人力资源和社会保障部；事业单位包括中国老龄协会、民政部民间组织服务中心、国家人力资源和社会保障部社会保险事业管理中心、地方兴办的福利院和养老院等机构。

（1）全国老龄工作委员会。成立于1999年10月，经党中央、国务院批准成立，是国务院主管全国老龄工作的议事协调机构，下设办公室在民政部，其领导层面以民政部兼职为主，日常工作由中国老龄协会负责。全国老龄工作委员会由中央组织部、中央宣传部、中直机关工委、中央国家机关工委、外交部、国家发展改革委、教育部、国家民族事务委员会、公安部、民政部、司法部、财政部、人力资源社会保障部、住房城乡建设部、文化部、卫生和计划生育委员会、国家税务总局、国家新闻出版广电总局、国家体育总局、国家统计局、国家旅游局、中国保监会、总政治部、全国总工会、共青团中央、全国妇联、中国老龄协会等 27 个单位组成。

全国老龄工作委员会的主要职责是：①研究、制定老龄事业发展战略及重大政策,协调和推动有关部门实施老龄事业发展规划。②协调和推动有关部门做好维护老年人权益的保障工作。③协调和推动有关部门加强对老龄工作的宏观指导和综合管理,推动开展有利于老年人身心健康的各种活动。④指导、督促和检查各省、自治区、直辖市的老龄工作。⑤组织、协调联合国及其他国际组织有关老龄事务在国内的重大活动。

(2)民政部。主要职能为承担老年人等特殊群体权益保护的行政管理工作,下设社会福利司,拟订社会福利事业发展规划、政策和标准,拟订老年人等特殊群体权益保护政策等;下设社会救助司,拟订社会救助规划、政策和标准,健全城乡社会救助体系,组织城乡居民最低生活保障、医疗救助、临时救助工作,拟订五保户社会救济政策等工作;下设离退休干部局,负责组织离退休干部的政治学习、文体活动以及生活服务、福利、保健、健康休养、易地安置等工作。

(3)人力资源和社会保障部。设有养老保险司、农村社会保险司、社会保险基金监督司。养老保险司的主要职能是拟定养老保险的基本政策、发展规划、改革方案,拟定基本养老保险率,养老金领取条件、管理政策等;农村社会保险司的主要职能是拟定农村养老保险基本政策、发展规划、农村养老保险筹集办法、待遇项目、给付条件和给付标准等;社会保险基金监督司的主要职能是拟定社会保险基金监督制度,代表国家行使监督职权,拟定补充养老保险承办机构资格认定标准等。

(4)中国老龄协会。该协会可追溯到 1982 年 3 月国务院批准成立的"老龄问题世界大会中国委员会",同年 10 月更名为"中国老龄问题全国委员会",1995 年 2 月经国务院批准,再度更名为"中国老龄协会",为国务院副部级事业单位,由民政部代管。主要工作任务体现一定的学术性,包括:①调查研究我国老龄事业发展的方针、政策、规划等重大问题和老龄工作中的问题,提出建议。②开展信息交流、咨询服务等与老龄问题有关的社会活动,参与有关国际活动。③承办国务院交办的其他事项和有关部门委托的工作。

知识拓展

"全国老龄工作委员会"和"中国老龄协会"的关系

2005 年 8 月,经中央机构编制委员会批准,"全国老龄工作委员会办公室与中国老龄协会实行合署办公。在国内以全国老龄工作委员会办公室的名义开展工作;在国际上主要以中国老龄协会的名义开展老龄事务的国际交流与合作"(中央编办发〔2005〕18 号)。

二、养老服务政府职能转变

养老服务涉及财政、民政、医疗、教育、人事等多部门,属于政府间事务,政府在养老服务中起到核心作用。我国的养老服务管理发展经历了政府的全包全揽到整合社会力量的过程,大致分为三个阶段。

(1)政府包揽。从新中国成立初期到 20 世纪 80 年代,属于计划经济阶段,政府对养老服务起着包揽的作用,服务对象主要限于无子女、无劳动能力、无生活来源的困难老年人和一些有单位的独立老年人,具有救济型和封闭型的特点。在这一阶段,政府从养老机构的投资、管理体制和资源所有权都进行直辖管理,有学者提出"三直"管理体制。

（2）政府半包。从 20 世纪 80 年代中期到 90 年代，随着世界范围内对老龄问题关注的增加，以及我国《中华人民共和国老年人权益保障法》的颁布，老年服务逐渐引入市场运营体制，政府在老年服务中的角色逐步由"无所不包"向"有所为，有所不为"的方向转变。

（3）政府主导。从 20 世纪末到现阶段，养老服务呈现社会化发展，投资主体由原来的政府投入型向投资主体多元化转变，集体、企业、私人和外资都开始进入养老服务行业。1999年 10 月成立全国老龄工作委员会后，各级政府出台各项规划、政策与制度，2000 年党中央、国务院下发《关于加强老龄工作的决定》，2001 年国务院颁发《中国老龄事业发展"十五"计划纲要》，2006 年 2 月 9 日国务院转发了国家老龄办、发改委、教育部等部委《关于加快发展养老服务业的意见》，在机构管理、税收优惠、财政政策等方面提出推进养老服务的措施。随着管理体制的逐渐完善，政府在养老服务中起到主导作用。

三、政府分层管理

政府在居家养老服务体系建设中起着组织者、管理者和推动者的作用，各级政府部门分工明确、协调合作是居家养老服务组织顺利运行的前提。有学者提出，居家养老服务组织体系由中央和地方政府、街道和社区、机构、老年人四个层次组成，通过各级组织统筹分工，为

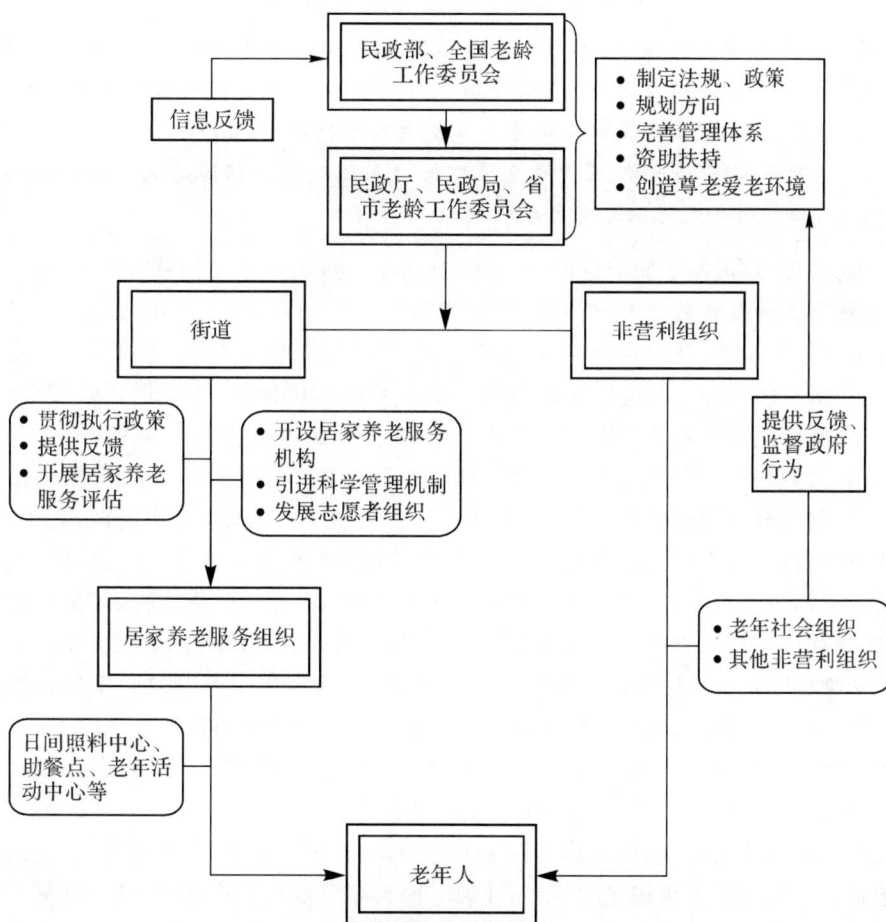

图 3-3　城市居家养老服务组织体系

老年人提供更优化的居家服务(见图 3-3)。

(一)第一层次——中央和地方政府

在居家养老服务体系中,政府的角色是主导者、规划者、决策者和指导者,具体职责如下:

(1)完善法律法规和制定政策。在老年人福利事业发展过程中,国家政府需要在宏观上建设法规和强化政策,确保老年人照护的科学化、规范化和法制化。中央和地方政府有义务出台居家养老服务相关行政法规,地方行政管理法规、部门规章,制定推动居家养老服务的激励政策。目前,在法律层面,我国居家养老服务还存在各种缺陷。《中华人民共和国老年人权益保障法》明确提出对老年人权益进行保障。然而,有关居家养老服务,该法提出要大力发展,但如何发展和管理,尚缺乏全国性范围的可操作性的行政法规。在社会保障方面,也缺乏居家养老服务的社会保障法、养老保险法、医疗保险法、养老服务法、养老服务合同法等。某些地方规章、意见和规范性文件在一定范围内可起到规范居家养老服务发展的作用,但缺乏系统性、长期性和根本性,不利于从根本上保护老年得到规范的居家养老服务。

知识拓展

国际老年人照护相关法规举例

美国:《社会保障法案》规定老年人的最低限度津贴,《老年公民宪章》规定老年人的基本养老权利,《补充保障收入》规定老年人在其基本生活不能得到保障时可申请补助,《医疗照顾保险法案》规定为低收入的老年人提供医疗补助费用。

荷兰:在老年人收入保障、机构规范管理标准和照料服务保障方面有明确的福利政策法规体系,确保老年人可以享受各项权利。

在法律、法规、政策制定职能范围内,政府要确保做到执行力强、公平、公正、客观。①执行力强:指政府为确保政策贯彻,要有层层的规范执行。如为贯彻《老年人权益保障法》,各级政府要结合当地特点,制定相关法规和规章,将其切实贯彻和执行,增加监督力度。②公平和公正:指所有客体均有享受政策的权利。如在全国范围内,要力争做到政策的公平性,缩小城乡、东西部之间居家养老服务政策的差异,为公办和社会经营力量提供公平的竞争环境。③客观:指要在尊重事实和发展规律的基础上制定政策。例如,从生到老是一个客观的生命周期,在制定政策的过程当中,要遵循不同阶段的需求特点,在老年前期、老年期、高龄期均有相应的政策,而不是只注重某一阶段,忽略其他阶段老年人的需求。在地方制定具体居家养老政策的过程中,要切实建立在客观的民情基础上,充分调研,确保政策对象的大力参与,在实施和评估过程当中结合政策对象的反馈,使家养老政策真正地服务于民。

(2)规划发展方向。政府除了制定养老政策,还需要对居家养老政策实施过程中的人力、物力、财力进行系统规划和安排,制定居家养老政策发展规划,确定老年福利项目的短期和长期目标等。2011 年,国务院连续出台《中国老龄事业发展"十二五"规划》和《社会养老服务体系建设规划(2011—2015 年)》两项涉老规划。在规划的指引下,全国许多省市相继开展日间照料中心建设,推动居家养老服务平台建设。2012 年,民政部启动"敬老爱老助老工程",包括大中城市养老机构建设"阳光计划",区县综合福利机构建设"月光计划",城市社区养老服务设施建设"星光计划",农村五保供养服务设施建设"霞光计划",农村养老服务建设"幸福计划",长期照料、专业护理和临终关怀服务为核心的爱心护理院"爱心护理工程",

老年康复辅具配置"助康计划"等七大建设项目,统筹规划居家养老、社区养老和机构养老的协调发展。同时,民政部还制定了社会养老服务发展监测指标体系,对各地的建设情况进行监控。

(3)完善管理体系。政府在居家养老服务管理中主要体现在三个方面:①资金的投入与管理,主要以政府购买养老服务的形式开展。②引入专业管理机制,科学管理。政府对居家养老进行宏观管理,要推进该行业的规范科学发展,需要行业内部人员组成的协会推动,即居家养老服务行业协会。该协会深入了解老年团体和家庭需求,搭建服务对象与政府之间的沟通桥梁,保障服务对象的利益。同时,协会可促进行业内容的资源整合,协调发展,规范服务内容,提高行业员工业务水平和素质,促进居家养老服务行业的健康和可持续发展。③推进居家养老服务的社会化和产业化,将市场经济运行体制引入居家养老服务行业。

(4)资助扶持。居家养老服务具有准公共产品的属性,介于纯公共产品和私人产品之间。对于养老服务的供给,理论上应采取政府和市场共同分担的原则。政府资助方式分为两种。第一种是政府通过直接资金调配,实现社会福利资源的合理配置。目前,全国多地政府以购买居家养老服务券的形式纳入财政预算。现阶段,多省市重点接济的是独居老年人、困难老年人,只占据老年群体的很少一部分,更多的是在帮扶层面。随着经济和社会的发展,要使政府购买服务形式惠及社会所有老年群体,逐步过渡到普惠型,即所有老年人;资助内容从基础设施建设投资过渡到提高服务质量。第二种资助方式是实行民办公助,政府通过拨款,资助社会力量兴办居家养老服务项目,进一步推动居家养老社会化。目前,为推动居家养老服务建设,各地政府相继出台适合本地区经济和社会发展的居家养老机构服务补贴制度。补贴方式分为两种,一是建设补贴,在居家养老服务中心设施建设期间给予一次性补贴,如天津市财政对每个老年日间照料中心给予 30 万～50 万元一次性资助;二是运营补贴,给居家养老中心日常运营提供一定的经济支持和政策支持,如天津市福利彩票公益基金为托老所提供每月每张床位 100 元补贴,免征营业税。

(5)创建尊老爱老的社会大环境。尊老敬老是中华民族的传统美德,在老龄化的社会背景下更需要弘扬和发展,这是基于老年人"精神养老"的需求。政府在创建有利于"精神养老"的过程中,主要职责体现在四个方面。第一,立法职能,从法律层面为"精神赡养"提供保障。2013 年 7 月 1 日起施行新版《老年人权益保障法》,首次从法律层面规定家庭成员要经常看望或者问候老年人,用人单位要保障探亲休假权,关注老年人的精神需求。但是该法律条文如何实施和监管,还需要后期的不断完善。第二,监管职能,通过政府工会、民政等涉老部门,积极做好精神养老的矛盾处理工作,充分保障老年人精神养老方面的正当权益;通过监管各类老年心理咨询室等组织的建立和运行,促进为老服务组织的规范化。第三,舆论导向和教育职能,政府通过规范报纸、电视、网络等媒介的宣传,引导精神养老软环境的积极健康发展。通过舆论引导和典型事件的宣传,提高社会对老年人精神赡养的意识。通过在不同群体中开展精神养老教育,为赡养人提供必要的精神养老知识和技巧,提高精神赡养老年人的能力。在老年人群体中开展教育,提高老年人自身的心理调节能力和对"精神养老"的感知、认知和接受能力。第四,社会救助职能,对于精神无助的老年人,政府需要承担起社会救助的责任,通过培训志愿者、开设服务热线等形式,为精神无助的老年人缓解精神压力。

案例共享

"中老年女性空巢热线"

2011年6月28日,我国首条针对中老年妇女的免费心理咨询热线"中老年女性空巢热线"(800-810-0234)在北京开通。该热线由非营利性社会公益组织"爱心传递热线"设立,开展热线接听、电话回访、志愿者陪伴等线上和线下服务。对拨打过热线的老年人,工作人员会将其信息录入数据库,以便主动提供上门服务。同时,有视听障碍的老年人可电话预约志愿者陪伴出行。

背景:"爱心传递热线"于2006年创办,创办人徐坤,主要为居丧期老年人提供精神陪伴服务。居丧期老年人大多有一年半的心理危机期,在这一年半期间,心理出现严重危机。只有帮助老年人重新建立心理支撑体系,才能帮助老年人恢复心理健康。在爱心传递热线的开通过程中,心理专家发现,孤寡老年妇女群体是老年群体中最脆弱的部分,空巢老年女性热线是老年人心理危机干预爱心传递热线的分线。

(二)第二层次——街道、社区

街道和社区在居家养老服务体系中扮演执行者和操作者的角色,承担将政府制定的居家养老服务政策贯彻执行的任务。具体任务包括:

(1)贯彻执行政策,落实资金配套。在明确政策法规的基础上,进一步细化服务对象、服务内容、服务模式、服务流程等,使各项政策具有更强的可操作性。建立居家养老服务工作专项经费,列入本级财政年度预算。在财政补贴基础上,通过社会捐赠、义卖等形式,补充经费资助。

案例共享

长沙市雨花区"天天慈善一元捐"活动

目的:帮助城乡贫困群体上学、就医、安居、养老。

捐款对象:区属范围内的党政机关、事业单位、社会团体、学校、部队等单位的干部职工(含有工资、劳动关系的各类工作人员),所辖村、社区全体工作人员,个体私营企业和其他爱心单位和个人。

捐款原则:本着自愿原则,倡导,个人每天捐赠1元钱,一年捐赠365元,区属各党政机关、独立事业单位捐出一日的办公经费或节约的某项开支,原则标准为每单位1000元。同时,积极提倡国有企业和民营企业广泛组织员工开展"天天慈善一元捐"活动,募集捐款由街道(乡、镇)慈善工作联络站汇总后,上缴区慈善会。

(2)根据社区情况,及时提供反馈。利用社区作为基层社会组织的优势,将居家养老服务进行统计,及时将老年人的需求信息、服务供给满意度等信息进行反馈。如天津市设立居家养老服务监督小组,由街道老龄委、老年人协会、居委会等人员组成,负责监督各项居家养老服务政策的落实,并及时将老年人意见进行反馈。

(3)开展居家养老服务评估。推进居家养老服务的规范化,组织专业人员对申请居家养老服务补贴的老年人进行身体状况、财产状况等各方面进行评估,准确有效发放补贴。

(4)为老年人提供适当的居家养老服务。街道和社区通过调动和培训辖区内下岗工人、待业青年等人员,利用闲置的公共用房,以政府为主导,开设居家养老服务中心,给辖区内老年人提供临时照护场所和娱乐康复中心。如天津市某社区设立居家养老服务站,站内设有日间照料室、医疗保健室、文化娱乐室、服务管理室、图书角、健身康复器材、彩电、冰箱、洗衣机、微波炉、沙发床等,为老年人的日常活动提供基础设施。

（5）引进专业居家养老机构。街道和社区要积极调动民间组织的力量,开展多元化的社区居家养老服务。专业居家养老机构在服务理念、管理模式、服务范围、监管模式上都有着优势,有助于整体推动社区居家养老服务品质的提高。为规范居家养老服务,基层政府要执行监督的功能。

案例共享

深圳园岭街道社区养老模式

园岭是深圳最早的开发区域,居住在这个区域里面的居民中,60岁以上的人较多,占区域人口的10％。近几年来,园岭很重视养老的问题。一方面,在老年人居住最多的区域园岭新村建立一个日间照料中心,完全由政府主导;另一方面,园岭街道积极发挥市场作用,大力引导社会力量参与社区养老事业,在白沙岭区域引进持续护理与日间照料相结合的养老机构,即全国首家"3H颐养复康中心·百花园"旗舰店(3H即Healthy颐康、Happy颐乐、Harmonious颐和)。进而,园岭街道引进了美国"Home Instead居家养老服务中心",借助国际经验提升服务品质。

（6）发展居家养老服务志愿者队伍。动员、组织和引导广大市民为有居家养老服务需求的老年人提供各种公益服务,发挥邻里互助的优势,同时对志愿者进行合理配置与管理。结合街道社区的实际情况,建立居家养老服务志愿者的激励机制,调动社会志愿者参与居家养老服务的积极性。

（三）第三层次——居家养老服务机构

居家养老服务机构是切实为老年人提供服务的主体,根据其是否以营利为目的,分为营利机构、非营利机构。其提供服务的形式既可以是将服务送上门,也可以将老年人请出门,到机构,即开展托老服务。营利机构通常由私人投资、管理和运行,如家政服务中心、老年食堂等;非营利机构包括政府投资单位提供的为老服务,如老年大学、社区医院,还包括慈善组织和志愿者组织。

第四节　非营利组织参与居家养老服务

居家养老服务属于准公共服务产品,既具有一定的福利性质,又有市场行为的调节。根据福利多元主义理论,除了国家、市场、家庭,民间社会组织在福利的提供上发挥着重要作用。居家养老服务体系的完善,既不能只依靠政府的调控,也不能完全交给市场,非营利组织能起到积极的调节和补充作用。

一、定义

非营利组织范围比较广,与老年人相关的非营利组织具有一定的特殊性。

(一)非营利组织

非营利组织(non-profit organization，NPO)，又称为非政府组织、慈善组织、第三方部门、民间组织、社会组织等，是独立于政府和市场外的社会组织，它不以营利为目的，具有志愿性的特点，为社会提供公共服务。在中国，非营利组织的定义相对较广，主要指从事公益活动，不以营利为目的，满足支援性和公益性特点的组织。1998年，国务院社会团体管理局更名为民间组织管理局，非营利组织需在民政部登记注册，包括社会团体、基金会和民办非企业单位三大类别。社会团体有行业性、专业性、学术性和联合性四种类型；基金会有公募型和非公募型；民办非企业单位包括公立学校、公立医院、社会服务和福利机构、研究机构、宗教类组织。

知识拓展

国际非营利组织特征

法律层面： 非营利组织的运作目标完全是为了从事慈善性、教育性、宗教性和科学性的事业，其收入不能使组织成员受惠。

经济层面： 非营利组织的大部分收入来自会员缴费和社会捐赠。

组织特征： 非营利组织有为大众服务的宗旨，有不以营利为目的的组织机构，有一个不使任何私人受益的管理制度，有合法免税地位，且能使捐赠人免税。

(二)老年社会组织

老年社会组织是一个比较特殊的非营利社会组织，它以老年人自身为主体，由老年人以及为老年人提供服务的相关组织发起或依法自愿成立，并按照章程开展服务非营利性社会组织可分为：①学术团体：根据专业自愿组织的老年学术性组织，如中国和各省级老龄科学研究中心、中国和各省级老年学学会等。②同人组织：根据共同经历、兴趣、爱好自发组织的社会组织，如老年合唱团、老年秧歌队等。③社区组织：由同社区老年人自愿组织的自我管理、自我教育、自娱自乐的民间群众团体，如社区老年协会等。④社会服务组织：为社会提供福利服务和公益服务的老年组织，如维护社会治安、环境卫生、管理交通秩序的老年组织。⑤老年人互助组织：老年人为捍卫自身利益而自愿组成的互助性组织，如退休教师协会、退休医师协会等。

(三)非营利组织参与居家养老服务

非营利组织参与居家养老服务是指非营利组织依法通过相应途径，并以直接或间接的方式，参与居家养老服务管理并提供相关服务。非营利组织参与居家养老，可增加社会和公众养老服务行为。

二、我国非营利组织特点

非营利组织的产生的特点是自发性，自发地出于某种服务社会、服务他人的目的，而这种自发性很大程度上有赖于社会的发展和人们志愿精神的形成。在我国社会主义建设初级阶段，非营利组织有着中国特色。

(1)带有政府行政色彩。目前，我国很大一部分非营利组织是从政府组织中分化出来的，与政府存在着或隐或现的上下从属关系，其生存空间、行动权利很大程度上由政府决定。

如我国城市的社区服务即是以街道为主体,以居民委员会为依托,发动和组织社区内成员,为社区成员提供物质生活和精神文化生活所必需的各种福利和保障。街道属于政府派出结构,其负责人通常是具有事业单位编制身份的人员。社区服务中心直辖于街道管理,一方面要执行政府相关指令,另一方面,其在运营中需要承担一定比例的收支平衡。在这种体制下,直接影响到社区服务中心的"社区服务"功能。

(2)志愿精神不足。非营利组织参与社会服务的重要理念之一是志愿,是根据社会需要,志愿组成团体,为社会上某些特殊群体提供所需的服务。志愿精神是一种不为报酬而自愿参与推动社会进步和社区发展的精神,它使人们通过公益而更好地发挥自己的个性和偏好。然而,中国的志愿服务有着从上而下政府推动的特点,是很多行政领导的政绩考核指标,政府要求在不同层级形成志愿者服务网络,即志愿者协会—组织—总队—分队的网络格局。这种组织机构使行政系统内的大部分人士都成为志愿者,但也促成了形式主义,很多成员并非真正出于志愿参加志愿服务,也不能够从志愿者服务中获得正面体验,不利于志愿服务的长期发展,也不利于非营利组织的稳定性和真正发挥功效。

(3)资金发展有瓶颈。关于非营利组织的资金筹集,可分为个人捐赠、政府投资。不同于发达国家对非营利组织有较高的援助比例,我国政府目前对于非营利组织直接资助较少,间接资助尚处于起步阶段。目前的资助方式主要有:①设立专项基金,为非营利组织创办居家养老服务中心提供资助。②通过政府购买服务推动非营利组织的运营。③在所得税、财产税、失业税等方面给予优惠。

(4)公益相关法规有待完善。捐赠是很多非营利组织资金的主要来源之一,是非营利组织得以可持续发展的重要因素。捐赠行为一方面依赖于捐赠团体和个人的捐赠意愿和能力,另一方面很大程度上依赖于社会大环境和法律保障。我国公益事业捐赠行为相关法规尚不完善,目前主要有三个:1999年出台《中华人民共和国公益事业捐赠法》,规定相关企业和个人捐赠财产用于公益事业,可享受相应企业所得税、个人所得税方面的优惠,但如何具体实施、优惠程度等,目前法律尚没有明确规定。2001年3月财政部和国家税务总局《关于完善城镇社会保障体系试点中有关所得税政策问题的通知》规定,在实施社会保障体系改革试点的省市,企业、事业单位、社会团体和个人向非营利机构捐赠,可在缴纳企业所得税、个人所得税之前全额扣除。2001年1月15日《扶贫、非营利性捐赠物资免进口税收暂行办法》规定,境外人士捐赠于非营利组织免征进口关税和进口环节增值税。

三、非营利组织参与居家养老服务意义

政府在居家养老服务中起着主导作用,其服务模式存在着自上而下逐级推动的特点,这决定了其在提供服务的灵活性方面存在不足。非营利组织参与居家养老服务,是完善居家养老服务体系的必然选择,是尊重老年人个性化服务需求的体现,同时推动和谐社会的建设。

(1)促进居家养老服务形式多样化。全球化时代的到来使得人们的价值观趋于多样化,老年群体的需求也呈现不断发展、多样化的特点。非营利组织来源于民间,其很大特点是了解民间需求,了解老年人需求,能够根据不同老年群体的特点,提供个性化的服务,运作方式灵活。

(2)整合社会资本,减轻财政负担。非营利组织在参与居家养老服务过程中,借助志愿

者、协会的力量,有利于引导部分有志发展养老事业的企业家、个人将资本投入居家老服务,有利于整合社会各方资本,减少财政压力。

(3)推进社区居民互帮互助。非营利组织的人员来自社区,社区人民服务社区老年群体,这种互帮互助的精神会互相影响,增加社区的融合力,提升社区和谐性,进一步推动居家养老服务非正式照护体系的建立。从老年人角度来讲,老年人人际关系趋向单一化,老年社会组织可作为载体,拓展老年人的关系网络,有助于促成老年群体之间的互知和互助,实行志愿帮扶。

(4)有利于加强基层民主,加强与政府的沟通协调。非营利组织中的老年社会组织很大一部分产生于社区,应社区需求产生,其支持主要来自于社区,是维护社区群众利益的一支重要队伍。老年社会组织作为一个团体,更容易引起政府的重视。通过老年座谈会和联席会议等,老年社会组织可把老年人的需求、愿望、批评和建议及时传递给政府;另一方面,政府可通过该团体将处理意见转达给其他老年人,共同致力于和谐社会的建设。

四、非营利组织参与居家养老服务方式

随着社会的发展,各项法律法规的完善,非营利组织将不断得以发展和壮大,其参与居家养老服务也将呈现多样化形式。总体而言,分为通过影响政策等形式的间接参与,以及以非营利组织为载体,直接提供居家养老服务。

(1)间接参与居家养老服务。非营利组织中的老年社会组织通过参加听证会和相关会议,通过多种途径发表意见,如网站、期刊、新闻媒介,直接影响养老保障政策的制定与修改,监督居家养老服务中的政府行为,推动各项为老服务政策的有效贯彻实施。

(2)直接参与居家养老服务。政府制定服务项目,非营利组织通过和政府合作,承担项目,直接参与居家养老服务。政府通过审定非营利组织的资质,通过签订合同,将为老服务项目交给非营利组织,根据其完成的数量和质量支付费用。在这种"政府承担、定向委托、合同管理"的模式下,政府与非营利组织的关系是合作伙伴关系,不存在直接的隶属关系。政府的主要作用是规划为民服务的发展方向,动员社会资源,给予一定资金投资,制定优惠政策,吸引非营利组织参与居家养老。非营利组织与政府签订运作协议,在服务内容、服务价格、服务方式、考核指标体系、人事权、规章制度制定方面均有自主权,强调社会效益。

我国非营利性质的居家养老照护服务体系的运行模式主要有以下几种:

(1)政府购买服务型。该种模式最初覆盖人群为需要扶持和帮助的贫困老年人等老年群体,政府为其养老服务提供一定的资金支持和责任担当。随着经济的发展,政府购买服务的覆盖面逐渐加大,不同地区根据其经济水平和当地情况有不同的辐射面。

(2)社会服务型。该种模式利用社区服务、基层老年人协会、星光老年之家和社区辖区中的企事业单位的资源,为老年人开展不同的服务提高老年人居家养老的生活质量。

(3)社会组织运作型。政府将专业服务性较强居家养老照护工作尽可能地委托给专业的社会组织来做,体现专业化,提高服务质量。

(4)邻里互助型。邻里互助为居家养老起到了辅助和帮助作用,使老年人尽可能在熟悉的环境中顺利地实现居家养老。该种模式主要通过发挥左邻右舍的低龄健康老年人或下岗失业人员等的力量,来照料社区内的高龄和生活困难的老年人。这种模式在历史较为悠久的城市小区、农村相对适用,有较多的老年人群。

(5)志愿服务型。将志愿者服务作为社区为老年人服务的重要力量,在居民自愿、自治、自助、互助的前提下,借助社区居民个体的主动参与,以及志愿者服务本身所践行的奉献精神而得以实现。为促进社区志愿服务的发展,可借鉴发达国家的经验,发展"时间银行",即将志愿者参与为社区老年人提供各种服务的时间存进时间银行,当自己年老需要服务或家人需要服务时,就可以兑换同等时数的服务。时间银行的有效运营,需要有相关的政策和制度为保障,借助信息化系统平台,对服务内容进行规范化培训。

案例共享

上海浦东罗山市民会馆

罗山会馆是一所集社区服务、社区文化、社区体育为一体的不以营利为目的的社区福利服务机构。上海青年会负责日常管理,按照服务项目性质,将所有服务项目分为全额补贴、差额补贴、持平与微利四大类。其中全额补贴为面向全民公用的公共服务,老年人可获得法律咨询、健康咨询、社区咨询、心理咨询等,以及图书阅览、棋牌等项目。差额补贴为政策福利性项目,有政府政策性津贴,包括半自理和非自理老年人的居家护理,自理老年人托老服务等。微利项目为自理老年人入住院舍服务。

南京鼓楼区心贴心老年人服务中心

南京第一家民办养老院"同缘康养院"于1998年批准成立,2001年11月经民政局批准成立心贴心老年人服务中心。该服务中心借助老年协会等学术组织的力量,设计家庭老年人服务项目,与鼓楼区政府达成合作意向,于2003年11月实施"居家养老服务网"工程。政府负责资金扶持,制定政策,心贴心服务中心负责组建服务队伍,提升服务人员素质,构建服务平台,引入服务管理信息系统,形成连锁运营,树立服务品牌。

第五节 城市居家养老服务建设

《中华人民共和国老年人权益保障法》《关于在全国推进城市社区建设的意见》《关于加强和改进社区服务工作的意见》等文件都强调要大力发展城市社区服务,这是居家养老服务发展的前提和保障。近十年,通过社区功能的逐渐完善,我国城市居家养老服务取得了较大进展,主要体现在城市社会福利保障的逐渐完善、居家养老服务内容的多样化建设、服务方式的人性化和信息化发展。

一、定义

社区(community)分为基层自然社区和基层法定社区。前者主要以建筑单位为划分依据,后者辅以特定的要素和条件。《民政部关于在全国推进城市社区建设的意见》中界定:"社区是指聚居在一定地域范围内的人们所组成的社会生活共同体。目前城市社区范围一般是指经过社区体制改革后做了规模调整的居民委员会辖区。"

社区服务(community service)是指在政府倡导和扶持下,为满足社区成员的多种需求,依托街道和委员会,动员社区力量开展的具有社会福利性质的居民服务。居家养老服务中的社区服务对象为老年人。

社区照顾(community care)的概念起源于英国,提供者是专业性的社区工作者,载体是社区资源,包括正式和非正式的支持网络、政府和非政府机构,服务对象是社区内有身体和/或精神需要的人,老年人是重要服务对象。根据照顾的基本内容,社区照顾分为两类:一是社区内接受照顾(care in community),是指老年人留在家里及社区内生活,社区提供支援性服务,强调提供服务的场所由机构延伸到社区;二是社区负责照顾(care for community),是指社区内的人士,如邻居、亲戚朋友或志愿者等成为照顾系统的重要成员,负责照顾及关怀社区内的老年人,强调的是提供服务的人员。

社区养老服务(community aging care)是指通过政府扶持、社会参与,以社区服务为依托,以专业化、半专业化服务为依靠,向居家养老的老年人提供社会化养老服务。对于低龄、身体强健、日常生活能够自理或部分自理的老年人,社区养老服务强调居家,即老年人在自己家中和熟悉的社区中生活,得到多种形式的照料服务。对于高龄、身体状况较差、日常生活不能完全自理而家庭无力照顾的老年人,社区养老服务以社区养老机构的形式提供,如社区设置养老院、敬老院、老年人公寓、托老所等福利机构,进行社区内的"住院式照料",既解决了家庭照顾无力的问题,又和社区紧密联系,方便亲友探望。

二、发展背景

居家养老服务在城市取得了优先发展,一方面有一定的政策因素,另一方面也是由城市居民结构特点所决定的。

(1)社会福利社会办。20世纪80年代,民政部提出城市社会福利事业的整体思路是"社会福利社会办",并于1987年提出城镇社区服务,将养老服务作为社区服务的重要内容,集中于物质供给。90年代末,老龄化进程较快的城市率先开展居家养老的实践,如上海、北京。2001年,民政部提出"星光计划",用全国福利彩票总额的80%投入建立社区老年福利服务网络,大力推动了全国范围内社区居家养老服务模式的建设。

(2)独生子女的照护能力有限。在中国城市已开展计划生育政策30多年,第一代独生子女的家庭父母都已年过半百。在2020—2030年,城市中大部分独生子女家庭的父母将超过60岁。"421"家庭结构使得独生子女一方面要抚养孩子,另一方面要赡养老年人,有很大一部分需要赡养四位老年人。城市生活节奏较快,成本较高,生活压力大,工作压力重,由于缺乏兄弟姐妹大家庭的互助系统,很多独生子女面临着力不从心的困境。

(3)经济承受能力尚可。城市老年人的收入来源包括离退休金、养老金、家庭其他成员供给、部分低龄老年人的继续工作收入,以及部分老年人通过退休前的储蓄、商业保险、风险投资等额外增加收入等,收入相对稳定,大部分城市老年人对养老服务具有一定的支付能力。相对于机构养老,社区居家养老服务收费标准更为低廉,比较适合老年人的经济承受能力。

三、城市老年社会保障

老年社会保障是指对退出劳动领域或无劳动能力的老年人实行的社会保护和社会救助措施,涉及经济、医疗以及福利服务方面的保障,包括经济保障、福利保障、医疗保障、住房保障和法律保障五个部分。

(一)老年经济保障

老年经济保障是老年社会保障体系的前提和基础,确保老年人基本生活费用得到保障。

中国城市老年经济保障包括:①企业职工基本养老保险制度:根据《国务院关于建立统一的企业职工基本养老保险制度的决定》和《国务院关于完善企业职工基本养老保险制度的决定》,企业职工基本养老保险采取社会统筹(企业缴费)和个人账户(个人缴费)相结合的形式,前者计入社会统筹基金,后者计入个人账户。该保险制度覆盖人群包括国有企业、城镇集体企业、外商投资企业、城镇私营企业职工,以及自由职业人员、城镇个体工商户。②事业单位工作人员退休制度:根据《国务院关于工人退休、离职的暂行办法》,党政机关、群众团体、事业单位的干部达到退休年龄,可享受退休待遇。该制度覆盖人群为国家机关、部分事业单位工作人员。退休制度所需费用先前由国家财政支出,个人一般不缴费。退休年龄一般规定男性年满60周岁,女性年满55周岁,某些特殊身体和工种条件下退休年龄提前。退休待遇包括退休金和离休待遇,前者适用于一般工人和干部退休,一般为本人工资的60%～75%;后者适用于革命退休老兵,退休金一般为本人先前工资的100%。近些年,有关退休制度不断改革,包括实现退休金的一体化、退休年龄的延迟等。③企业年金制度:企业年金是指企业与其职工在依法参加基本养老保险的基础上,自愿建立的补充养老保险制度,依据为劳动和社会保障部颁布的《企业年金试行办法》和《企业年金基本管理试行办法》。企业年金由职工个人和企业共同缴纳,全部计入个人账户积累。④最低生活保障制度:最低生活保障是指国家和社会按照法定标准,给不能维持基本生活需要的社会成员提供最低生活所需物质和其他援助。目前,城市居民最低生活保障制度保障对象主要有两类:一是无生活来源、无劳动能力、无法定赡养人或抚养人的居民;二是由于失业、病残等原因家庭人均收入低于最低生活保障标准的居民。⑤其他收入,如部分老年人有返聘、兼职、股票交易收入、房产性收入等。

(二)老年福利保障

老年福利保障是指为改善和提高老年人的生活质量,由国家和社会根据老年人的特点和需求提供的物质帮助和社会服务,分为物质生活服务福利、文化精神生活福利及其他社会优待。物质生活服务福利包括建立社会福利院、老人院、老年公寓等老年福利机构。文化精神生活福利包括举办各类老年文体活动、开办老年大学等。

(三)老年医疗保障

老年医疗保障是指为老年人提供疾病防治、卫生保健等方面的医疗保障。我国城市老年医疗保障体系以城镇职工基本医疗保险制度为主体,辅以公务员医疗补助、大额医疗费用补助、企业补充医疗保险和商业医疗保险等。针对困难老年人,某些地区提供医疗补贴或医疗救助,为老年人开展定期的健康检查。2009年,民政部、财政部、卫生部及人力资源和社会保障部联合发布《关于进一步完善城乡医疗救助制度的意见》,进一步保障贫困老年人使用基本医疗服务。在基本医疗保险基础上,商业健康保险也逐步扩展。2012年8月,国家发展改革委、卫生部等部委联合发布《关于开展城乡居民大病保险工作的指导意见》,提出由商业保险机构提供大病保险,使基本医疗保障补偿后个人负担的医疗费用支付比例不至于过重,很大程度上减轻了老年人个人医疗费用负担。目前,某些地方也推出专门针对老年人的保险,例如老年人通过购买意外险,可在公交工具、公共服务场所和为老服务单位发生意外伤害时获得保险公司赔付。针对老年人失能水平增加,一些商业保险公司推出长期护理保险制度,如人保健康、平安健康、昆仑健康和瑞福德健康四家专业健康保险公司于2006年即推行长期护理保险产品。慈善医疗救助惠及面扩大，全国第一家综合性的慈善组织中华慈善总会专门成立民生养老基金、华夏养老基金、阳光基金等，为患病的贫困老年人提供进一步救助；同时，中国老龄事业发展基金会的多种专项基金也具有老年人慈善医疗救助功能；某些成功企业家设立的专项基金，如李嘉诚基金会，进一步增强了救助力度。

(四)老年住房保障

老年住房保障是确保老年人老有所住，老有所养。住房是居家养老的前提和基础，老年人需要有稳定的住房，且结构合理，方便居住。根据《老年人权益保障法》，赡养人有义务妥善安排老年人的住房，不得强迫老年人迁居条件低劣的房屋。《城镇最低收入家庭廉租住房管理办法》针对老年人提出，对符合廉租房申请条件的老年人及其家庭，救助形式以实物配租为主。然而，有关住房保障，其他针对老年人的优惠政策较少。建设居家养老服务体系，需要将住房改善提到建设日程。

(五)老年法律保障

老年法律保障是指通过立法、提供法律援助及咨询等方式，切实保护老年人的合法权益。根据《老年人权益保障法》，家庭具有赡养和抚养老年人的义务，家庭养老得到法律保障；老年也有享受其他社会保障的权利和参与社会发展的权利。困难老年人在需要获得律师帮助，但无力支付费用时，可以获得法律援助，这使得老年人的权益得到保障，同时也提出了新的问题。因为很多老年人在面对法律问题时，经济问题、权利意识、法律意识可限制其获得法律保障。例如，高龄老年人与外界交流减少，自我保护能力下降，维权能力减弱，需要加强其权益保障。根据司法部《关于进一步做好司法行政服务老龄事业的指导意见》，各级司法行政机关要充分利用各种传媒，深入开展老年人最关心的有关婚姻、继承、赡养、医疗、保险等方面的法制宣传；重点关注和努力满足80岁以上高龄、失能半失能、贫困以及空巢老年人的法律服务和法律援助需求。

四、城市社区居家养老

为了迎合时代发展的客观需求，我国政府提出了"老有所养、老有所医、老有所教、老有所学、老有所为、老有所乐"六有方针，城市社区居家养老服务建设围绕这六有方针展开，促进社区老年照顾体系、社区文体活动设施的完善，促进老年人参与社会。

(一)主要内容

城市社区的居家养老服务内容相对丰富，根据"六有"政策，可以分为三大模块(见图3-4)(孙仲,2011:45)。

(1)老年社会照顾体系，实现"老有所养，老有所医"。老年照顾体系以满足老年人基本生活需求为目的，通过提供日常生活照料和医疗保健，实现老年人的有人养和有人医。其中，日常生活照料包括送餐、陪送看病、洗衣、打扫卫生、洗澡等服务。

城市社区老年医疗保健内容建设包括：①为老年人就医提供方便：社区医院为老年人实行优先挂号、就诊、化验、取药等照顾措施，使老年人可以实现就近就医，不出社区得到一些常见病的诊治，减少综合型医院医疗过程中的等待和烦琐。②为老年人设立健康档案：有助于不同层级医疗机构的有效转诊。③为老年人提供个性化、长期的服务：一些社区开通老年家庭病床服务模式，家庭保健医生和老年人签约，根据老年人的需求，医疗护理人员上门提

```
                    服务范围
                          社区街道办事处生活社区

   社区居家                          社会/社区组织及志愿者力量
   养老服务
   模式建构                政府主导
              实施主体                个人及家庭

                        服务内容

   社会照顾系统          社会文体活动系统          社区参与系统

   生活照料            理论时事              老年人才市场
   医疗保健            老年大学              社区志愿活动
                    文体娱乐

   老有所养            老有所学
   老有所医            老有所教              老有所为
                    老有所乐
```

图 3-4 我国社区居家养老服务模式构建

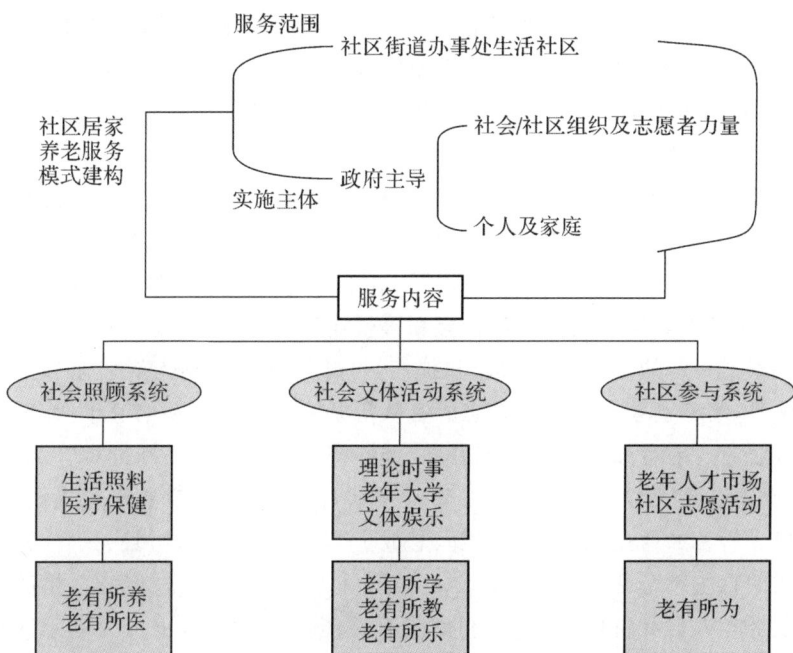

供医疗保健、咨询和康复照顾等服务。④老年人健康促进:各医疗卫生服务机构通过多种形式和途径宣传普及老年养生和保健常识,减少慢性病的急性发作。例如,各地相继推广"慢性病患者自我管理小组",调动老年患者的自我管理和自我保健能力。⑤加强居家老年人急救能力:为快速响应老年人的紧急照护需求,很多城市开始尝试"安全铃""平安钟""一按灵"等紧急救援系统。⑥完善老年医疗照护体系:目前全国老年病医院为数尚少,只有 60 余家,其中大部分为未评级医院,使老年人得到的医疗服务不够系统和全面。为满足老年人医疗卫生需求,各地也开始推出老年专业性医疗机构,形成治疗—康复—护理服务链。如重庆医科大学附属第一医院青杠老年护养中心于 2012 年 12 月投入运行,为全国首家大型公立医院主办的养老机构。⑦注重老年人精神问题:针对老年性痴呆、抑郁等重点疾病开展干预活动,如某些地区开展"温暖空巢""心灵茶吧""舞动夕阳"等项目,提升老年人精神健康水平。

知识拓展

香港平安钟

平安钟服务创立于 1996 年,称一线通平安钟,是香港长者安居协会为老年人和其他有需要的人提供的一项 24 小时呼叫救援及关怀服务。呼叫器包括平安钟主机及遥控器,其中主机连接家用电话线。安装平安钟后,老年人若遇上紧急状况,只需按动主机上的按钮,或遥控按钮,便可以立即与呼叫救援及关怀服务中心取得联系,获得及时救助。在求助过程中,即便呼叫者无法对话服务员也可以通过电脑数据库的预存个人资料,获得使用者的个人资料。该会亦与医院管理局互联,于紧急时将使用者的电子病历传真至医院管理局属下的医院急症室。此外,呼援中心亦可与日常照顾的亲属、服务人员或志愿者取得联系,给予使用者紧急救护。

(2)老年文体活动体系,实现"老有所学,老有所乐"。老年文体活动体系以满足老年人

心理健康和精神慰藉需求为目的,通过心理保健、文化娱乐、体育活动、老年大学等途径,实现老年人有所学、有所乐。城市老年人工作期间有较多的社会接触,退休后出现角色转换障碍的可能性大,居家养老服务体系需在社区搭建各种学习和娱乐平台,使老年人保持参与社会的热情与能力。通过组织老年人上老年大学和老年电视大学,根据个人兴趣爱好,学习书法绘画、声乐、养生保健等课程,使老年人保持积极向上的心态,并为老年人的技能提升和应用提供条件,使更多的老年人在老年生活中找到生活乐趣。

(3)老年社区参与系统,实现"老有所用"。老年自我价值体系以满足老年人自我价值实现需求为目的,通过为老年人提供参与社会和再就业等途径,实现老有所用。城市老年人在退休之前多积累了一定的工作相关知识和技能,可开发低龄老年人经验多、时间充裕、身体素质尚可的优势,培养老年志愿队伍。志愿者队伍既可提供一对一的互助服务,也可以提供一对多的教育服务。前者如天津某社区开展"爱心门铃""和谐社区互助卡""邻里一家亲"等活动,在低龄健康老年人和高龄老年人之间开展结对服务,为高龄老年人提供聊天、读报等志愿服务项目。后者如通过调动老年干部、老战士、老医护人员、老司法工作者等作为教员,开展多种形式的自主教育活动,如法律维权知识、常见病的预防与保健等,提高老年人的自理能力。实现老年人自我价值,一方面利用现有技能;另一方面,也可为老年人提供一定的技能培养,提升其技能水平,为其提供就业渠道,实现自我价值。

(二)主要形式

城市居家养老服务包括政府购买服务、社会组织提供服务、街道和社区承办服务、志愿者服务、邻里互帮方式。各种模式互为补充。政府购买服务有两种形式,一是政府直接拨款给社区居家养老服务机构,由机构为符合政策的老年人提供服务;二是政府给符合政策的老年人发放养老券,老年人根据自己的需求到特定机构购买服务。前者更为专业,后者更具灵活性。

随着信息技术的快速发展,居家养老服务也日渐信息化,体现在:①服务呼叫在线点单:居家养老服务中心将居家养老服务项目放到网络平台,老年人根据需求点击服务项目模块,实现足不出户呼叫服务。②服务内容个性化:通过注册居家养老服务中心会员,中心将常见服务需求进行归类,既有利于定制个性化服务,又有利于中心服务项目的及时调整。③服务质量反馈透明化:老年人通过网络及时反馈服务质量,供其他老年人借鉴,提高服务质量。④服务队伍高要求化:服务质量的网络反馈直接影响服务人员的星级评定,对服务队伍提出了更高的要求。

案例共享

苏州沧浪"虚拟养老院"

苏州沧浪区于2007年建设并成功运行"虚拟养老院"居家养老服务模式,即把信息化的手段和技术运用于居家养老的服务与管理,通过企业市场化运行,对服务对象实行会员制组织,对服务队伍实行员工制管理,为老年人提供规范化、标准化、人性化、个性化的爱心亲情主动式服务,为居住在家里的老年人打造一个"没有围墙的养老院"。

虚拟养老院的运作机制,可以概括为"政府推动、市场化运作、信息化管理和专业化服务"。在该模式下,政府的角色是支持者、协调者和管理者。信息化运作是中国电信苏州分公司研发的"居家乐221服务系统",包括呼叫中心客户端、老年人居家客户端、平台

服务组建平台和通信及信息传输四部分在内的信息化平台。老年人通过电话下单,在家享受上门服务。

虚拟养老院的重点服务对象为75周岁以上居家空巢、生活自我料理能力逐步下降的老年人群体,从服务收费层面分为政府援助对象和自费服务对象,从服务需求层面分为政府重点援助对象、低偿普惠服务对象和普通自费服务对象。服务内容包括多个层次。第一层次服务为生活照料、人文关怀、物业维修、应急救助等六大类53项服务,其中包括洗衣烧饭等便民家政类17项、修理水电等物业维修类14项、陪同就医等助医保健类13项、生日提醒等人文关怀8项、娱乐学习2项和应急求助类。第二层次服务是商务服务,粮油配送、爱心配餐等项目已进入尝试和市场可行性调研。第三层次服务为健康服务,即运用物联网技术,通过各类传感器,使老年人的日常生活处于远程监控状态,增加健康管理项目,构建对接智慧养老的服务平台。

第六节 农村居家养老服务建设

中国农民的养老,传统上是以自我保障或家庭保障为主、集体保障和其他保障为辅的模式。随着农村社会养老保障的推行,城乡养老差距开始缩小,但在目前阶段,家庭养老保障仍然是中国农村的主要养老模式。作为新型的养老模式,居家养老在农村的发展有一定的基础,但经济、文化观念等因素也限制其发展。

一、定义

农村居家养老模式是一种在社会主义新农村建设背景下,以政府为倡导者,以农村家庭为基础,以村委会组织为依托,利用村内的资源,以满足农村老年人日常照料、生活护理和精神慰藉为主要内容,以上门服务为主要形式,并引入专业化为老服务的一种模式。

农村居家养老最大的特点是老年人在家也能享受到多方面的养老服务,它介于机构养老和传统的家庭养老之间,融合了两者的长处,解决了家庭养老专业知识欠缺的问题,同时避免了机构养老限制老年人自由的问题,符合农村传统的养老观念,在农村地区的实用性更强。

二、发展背景

农村居家养老的发展相对缓慢,其人口学、经济、养老文化、资源方面与城市居家养老存在一定的差异。

(1) 农村人口多,老龄化状况及趋势严重。我国农村老龄问题更为突出,据统计,我国农村人口60岁以上占15.4%,高于城市老龄化程度。预计到2045年,我国农村80岁以上老年人占农村老年人的比例将超过22%。由于农村物质基础比较薄弱,农村老年人的社会福利和保障待遇较低,农村人口老龄化面临的问题更为严峻。因此,农村不仅是老年人口最多的地区,也是老龄化最严重、老年抚养比最高的地区。

知识拓展

老年抚养比

老年抚养比是指人口中非劳动年龄人口数中老年部分对劳动年龄人口数之比,用以表明每100名劳动年龄人口要负担多少名老年人。老年人口抚养比是从经济角度反映人口老化社会后果的指标之一。也称为老龄人口抚养系数,简称老年系数。英文为elderly dependency rate,简写为ODR。

ODR＝(65岁以上人口数/15～64岁人口数)×100%

(2)农村居住代际呈分离倾向,空巢老年人口增多。计划生育政策的实施,农村家庭规模逐渐缩小,多个子女轮流照顾老年人的传统方式逐渐减少。同时,随着我国工业化和城市化进程加快,大量农村年轻劳动力涌向城市,使家庭养老的"赡养责任人"与老年人分开较多。留在农村的老年人口比重增加,空巢现象加剧,导致农村老龄化水平高于城镇,并且农村年轻人在城市务工,由于各方面条件限制,其工作竞争能力相对同年龄城镇年轻人较弱,很多农村务工人员所承担的工种收入水平低,业余时间少,对留在农村的老年人的赡养存在心有余而力不足的现象。因此,农村人口更是呈现出典型的未富先老、未备先老和孤独终老状态。

(3)土地养老不现实。按照宪法,农村土地归农民集体所有,由农户承包经营。农民有权自由决定自己的劳动力、生产方式和收入支配,但无权处置所承包的土地。农民年老后,将缺乏承继耕种的劳动力,不能将土地进行出售转让获得对价收入。农民对土地产权制度的缺陷,还不能制约有赡养义务的农民子女。

(4)各地区经济发展不平衡。由于自然条件的差异及社会资源的分配不均衡等因素,我国东中西部地区经济社会发展的水平存在较大差距,东部沿海部分省市较广大的内陆地区发展较快。建立机构养老初期投入成本较大,且运营成本较高,在经济不发达地区铺开还存在困难。农村居家养老在住房方面更具优势,可降低居住成本,降低养老费用。

三、农村老年社会保障

推进农村居家养老的重要前提是农民经济的保障。20世纪50年代,政府开始对农村生活困难的老年人开展社会救济制度。十一届三中全会以后,我国农村经济得到快速发展,农村剩余劳动力外出流动性增加,农村老年人的社会保障亟须得到发展。目前,我国农村老年社会保障制度主要包括社会救济和农村社会养老保险。

(一)五保制度

农村老年社会救济即"五保"制度,是对农村无劳动能力、无生活来源、无依无靠的老年人实行保吃、保穿、保住、保医、保葬的供养制度,于1956年开始实施,有利于农村社会的稳定。

(二)农村社会养老保险发展

农村社会养老保险于20世纪80年代中期—90年代初开始试行,目前已有近三十年历程,可分为五个阶段:第一阶段为初始阶段(1986—1991年),开展以经济较为发达的石家庄、上海、大连等五个城市农村为试点的农村养老保险制度建设阶段;第二阶段为推广阶段

(1991—1999年),1991年6月原民政部制定《县级农村社会养老保险基本方案》,确定以县为单位进行农村养老保险基金筹集,在全国多个县开展;第三阶段为整顿阶段(1999—2002年),1999年国务院批准整顿保险小组起草的《保险业整顿与改革方案》,要求各地停办《县级农村社会养老保险基本方案》,仅在部分发达地区如广东、浙江等省(市)继续开展;第四阶段为恢复和继续探索阶段,2002年11月,党的十六大提出"在有条件的地方探索建立农村社会养老保险",建立新型农村社会养老保险,在北京、浙江、云南等省市建立针对失地农民、农民工、五保户、计划生育户等特殊群体的养老保障制度;第五阶段为新型农村社会养老保险的全国推行阶段。

(三)新型农村社会养老保险

2009年9月1日,国务院下发《关于开展新型农村社会养老保险试点的指导意见》,要在2020年之前,在全国范围内建立起全覆盖的农村养老保障体系。2009年9月1日正式启动新型农村养老保险制度,基本运作方式是建立农村社会养老保险管理机制,实行社会统筹与个人账户相结合的模式,为农民设立养老保险个人账户,以个人缴费为主,集体补助和政府补贴为辅。在支付结构上,分为两部分,一部分是基础养老金,由财政全部保证支付;另一部分是个人账户养老金,个人缴费及领取保障金以当地县级行政区上一年农民人均收入为缴费基数,建立弹性的交、领取机制。

新型农村养老保险的实施意味着农村养老不再单纯地依靠家庭养老,是我国养老保险制度的一项重要举措和重大进步,从一定程度上推进了居家养老的建设。然而,该养老保险在建设过程中仍存在一些弊端,制约了其功能的发挥。这包括:①建设周期相对较长:从2009年开始推广,到2020年实现全覆盖,这期间步入老龄的农民则有一部分难以享受社会养老保障,地区间的不平衡将导致农民保障水平的不一致。②资金保值存在困难:新型农村养老保险的基金以县级为单位管理,存到银行,存在通货膨胀风险,很难实行增值,养老金发放标准难以保障,很难从根本上提高农民养老的经济收入。③法律保障不足:目前尚无针对农村社会养老保险的法律制度,通常以通知、政策、会议决定等形式落实政策制度,缺乏稳定性和持续发展性。④投保能力低:我国农村经济发展水平不高,农民的养老保险意识也不够强,投保能力有限,社会保障程度低。⑤特殊人群:随着城市化进程的加快,一大批失去土地的农民以及进城务工的农民工人群,介于城镇职工养老保险和新型农村养老保险之间,国家需要综合考虑养老保险计划。

(四)农村其他社会保险

除新型农村养老保险制度外,还有农村计划生育养老保险。这项保险主要是对实行计划生育的家庭开展的特殊养老补贴制度。某些集体经济发达的农村地区,实行农村集体退休金制度,由集体经济根据当地经济条件给老年人发放退休金。

案例共享

农村集体经济

大连市金州古城近郊的兴民村,利用地理优势,开办海产品、食品等加工业,服装业、运输业等村办企业和民营企业,工业发展较为迅速。村里自1976年实行老年人退休制度,针对"本村连续务农、务工的村民,退休年龄男年满60周岁,女年满50周岁",待遇为"每月退休金以10年工龄为基数,定为80元,超基数,则一年工龄增加1元",该制度每年可为老年人增加约 1000 元的收入。1998 年开展村企业职工养老保险制度,该制度针对村企业职工,要求"在本村为村办企业工作,工龄连续超过 10 年以上",通过每月个人与企业共同缴费,到达退休年龄,可领取每人每年 1800 元的退休金。多种退休金的实施使农村的养老保障资源多元化。

(五)农村医疗保险

新型农村合作医疗,简称"新农合",是指由政府组织、引导、支持,农民自愿参加,个人、集体和政府多方筹资,以大病统筹为主的农民医疗互助共济制度。采取个人缴费、集体扶持和政府资助的方式筹集资金。自 2013 年起,新农合政策范围内住院费用报销比例提高到 75% 左右,保障范围由住院延伸到门诊,实行新农合大病保障,将多种重大疾病列入重大疾病补偿,费用报销比例最高可达 90%。

四、农村居家养老服务的特点

由于生活经历和生活环境的不同,农村老年人和城市老年人在养老需求方面存在一定的差异,农村居家养老服务组织在人员组成、服务内容和方式等方面也不同于城市居家养老服务组织。

(一)服务和技能需求不高

目前农村居家养老服务项目中的首要需求是家政服务,如洗衣、做饭、打扫卫生等,其次是医疗服务技能,集中于测血压、体检、健康知识讲座等需求。农村老年人精神服务需求主要有陪同聊天、棋牌娱乐等,而对心理咨询等高级精神服务需求较少。

(二)有一定的体力劳动需求

在部分农村老年人家里,做饭工具以传统灶台为主,需要柴火供应,而老年人随着年龄增长体力下降,对捡柴火劈柴之类的重活逐渐不能胜任。除此之外,挑水、换煤气、买煤球等都需要一定的体力劳动。由于不具备各种方便的物流,居家养老的农村老年人更需要相应的体力劳动服务。

(三)可承担费用较低

农村老年人的经济来源相对不稳定,有退休金或固定养老金的为少部分群体,大部分需要子女供给,这意味着老年人可支配费用有限。除了经济发达地区的农村老年人对养老服务支付意愿高,支付能力尚可,绝大多数的老年人都希望接受免费的养老服务,并没有很高的支付意愿。

(四)志愿者服务有一定基础

农村老年人生活居住地相对稳定,邻里之间熟识度高,日常交流较多,且在同一村庄多有"沾亲带故"的亲戚,加上农村居民的朴实和热情,因此彼此之间有困难多会互相帮助。农村邻居间的这种互相照顾一般都是"免费"的劳动,"人情"和"面子"通常是农村老年人之间、与其他家庭之间的交换形式。这种开放和友好的邻里关系为志愿者服务的开展提供了很好的平台。依托非正式的志愿者队伍,辅以一定的培训,开展农村居家养老服务,是对缺乏农村专职养老服务队伍的积极补充。

(五)对居家养老服务设施需求高

随着生活水平的提高和健康意识的加强,很多农村老年人开始注重锻炼养身。目前,很多农村还没有配备一定的健身设备、娱乐活动中心,达不到居家养老服务的设施要求。硬件设施的缺乏限制了农村老年人的活动范围和活动方式,进而可影响其社会参与度和精神状况。

(六)对居家养老服务认识度和接受度有待提高

受传统养老观念影响,农村老年人多存在"养儿防老"的观念,加之其文化水平相对较低,在接受信息方面的渠道也较狭窄。因此,对于居家养老的认识和接受可能比城市老年人需要更长的时间。这意味着在农村开展居家养老服务要循序渐进,在实际调研基础上,综合考虑农村实际情况和老年人的实际需求特点。

五、农村居家养老服务的建设现状

农村居家养老服务整体建设滞后于城市的发展,面临着制度不够健全、管理运营机制不完善、资金不可持续发展、人才队伍缺乏、服务设施建设缓慢等困境。

(一)相关法律制度建设滞后

我国农村居家养老的开展目前尚处于试点阶段,还没有形成完善的法律保障制度,农村居家养老服务的政策也还在摸索中改进。

(二)资金不足

充裕的资金是大力开展农村居家养老的前提和基础。目前,农村居家养老常见资金来源包括各级财政拨款、村自筹经费和社会捐赠等,存在资金配备不足,筹集模式存在缺陷等问题。首先,财政拨款有限,这使得政府购买农村居家养老服务受限,如某些地区政府购买仅限于为60周岁以上老年每年免费体检一次。其次,资金来源不稳定,不同途径资金来源比例并没有明确的政策规定,居家养老服务资金不稳定。资金不足极大地制约着农村居家养老服务的开展,导致服务项目单一和服务对象受限。例如,很多农村居家养老服务项目仅局限于开设老年食堂等,不能全方位地提供服务;主要服务对象为高龄独居老年人等困难户,不能使绝大多数农村老年人受益。

(三)专业人员缺乏

农村居家养老的专业管理人员和服务人员匮乏,居家养老管理工作多由村委会兼任。村委会管理人员虽了解村里情况,但缺乏养老政策、工作程序和养老服务等方面的知识和经验,对居家养老服务的建设较难做出科学分析、判断和预测,不利于规划建设。同时,大部分农村缺乏为农村老年人提供直接服务的专职服务人员,部分地区虽有专职服务队伍,但总体素质偏低,学习积极性不高,缺乏合理的培训机制,这将直接影响居家养老服务质量。

(四)农村居家养老服务设施建设缓慢

服务设施的完善是居家养老顺利开展的重要基础,而绝大部分农村地区目前尚未建成有规模的居家养老中心,部分农村甚至没有基本的文体活动设施,有的农村也很多未达到规模,不能满足老年人的服务需求。民营的农村居家养老服务机构尚在雏形阶段,不能很好地发挥市场在提供农村居家养老服务中的调节功能。

（五）缺乏完善的管理运行机制

农村居家养老要进入标准化，则需要有一套完备的流程，包括科学的居家养老准入评估机制、服务老年人管理机制、工作人员管理机制、服务质量监督机制、信息反馈机制等。然而，目前绝大多数农村尚未建立起科学有效的管理运行机制。

（楼妍、胡文奕）

第四章 居家养老服务管理

本章要点

★居家养老服务管理规范。

★居家养老服务人员管理。

★居家养老服务质量管理。

★居家养老服务安全管理。

★居家养老服务信息管理。

规范化的居家养老服务管理是保证居家养老服务质量的关键。各地政府针对当地实际情况制定管理规范,对居家养老服务的组织、从业人员、服务项目、服务流程以及服务改进等提出要求。按照政府的要求,各居家养老服务机构对本机构的养老服务制定具体的管理措施,进行规范管理。居家养老服务管理内容包括人员管理、服务质量管理、安全管理以及信息管理等。

第一节 居家养老服务管理规范

居家养老服务管理规范是居家养老服务质量的重要保障,是居家养老服务体系得以不断完善和健康发展的前提和基础。贯彻实施居家养老服务管理规范,可以引导行业专业化、规范化发展,提升居家养老服务管理水平,维护接受服务的居家老年人的权益。

一、定义

居家养老服务管理规范是指为加强居家养老服务工作的规范化管理,保证服务质量,保障居家养老服务体系的健康发展,政府部门对居家养老服务的内容提出的标准和要求。服务管理规范规定了居家养老服务的组织、从业人员、服务项目、服务流程以及服务改进等要求。

二、主要内容

居家养老服务管理规范一般由地方政府质量技术监督部门制定或审查批准,发布实施。一些地方政府还根据规范的要求对居家养老服务机构进行定期评估检查,参照酒店管理模式进行分级管理,推进居家养老服务标准化建设。

服务管理规范一般包括范围、规范性引用文件、术语和定义、服务内容、组织机构、基础设施、人员素质、服务要求、监督管理、质量改进等主要内容。

（1）范围。我国标准分为国家性标准、行业标准、地方性标准和企业标准四级。没有国家标准和行业标准的情况下，地方政府根据当地实际情况制定适合本区域范围的地方标准，地方规范性文件要明确主要内容和适用范围。如《浙江省居家养老服务与管理》（见附录2），适用于浙江省开展居家养老工作的服务与管理过程。

（2）引用文件。标准的制定要遵循协调的原则，和其他层级标准、同层级其他标准相协调，互相之间不矛盾不重复。规范性引用文件部分要将标准所依据和引用的文件一一列出，如《居家养老服务规范》常引用文件有《服务标准化工作指南》《投诉处理指南》《消防安全标志设置要求》《质量管理体系要求》和《关于全面推进居家养老服务工作的意见》等。

（3）术语和定义。核心概念的清楚界定是相关人群正确理解管理规范的前提和基础，居家养老服务管理规范术语和定义部分常用概念有：老年人、居家养老服务、居家养老服务机构、居家养老服务人员、社区居家养老服务社（社区助老服务社）、社区老年人日间服务中心、社区老年人助餐服务点等。

（4）服务内容。该部分为居家养老服务管理规范的核心内容，列出居家养老服务工作的基本内容和服务要求，常见的有生活照料服务、医疗保健服务、精神关爱服务、康复辅助、相谈服务、安全守护等服务项目。

（5）组织机构。提供居家养老服务工作的机构需达到一定的资质标准和要求，如应具备相关资质证书，合法运营；应有与其服务范围相适应的管理人员和服务人员；服务指南上墙，公开服务收费标准等。

（6）基础设施。完善的基础设施是居家养老服务机构提供优质服务的必要条件，通常应有供电、给排水、采暖通风、消防和通信等基础设施；服务大厅应配备等候小憩的长椅（凳）；服务场所应有防滑、防跌及安全辅助设施等。

（7）人员素质。该部分对居家养老服务从业人员的要求做出规定，包括一般的通用要求，如信守职业道德、遵纪守法、熟悉居家养老服务程序和规范要求等。某些居家养老服务规范对具体角色，如管理人员、居家养老护理员和志愿者，提出职责规定和基本要求。

（8）服务要求。规定各服务项目的细节要求，并应有量化考核标准和考核依据，如与服务对象签订服务协议，签约率100%；为老年人提供的服务完成率100%，老年人或监护人满意率≥80%；定期进行检查，并记录检查结果（包含内容、时间、地点、人员、落实情况等）；有个人的服务预案，其内容应包含计划、工作流程、技术操作规范等。

（9）监督管理。该部分针对居家养老服务机构的管理提出要求，如在制度建设方面，养老服务机构应建立合同管理制度，居家养老服务人员招录、培训、考核、奖惩、辞退等制度，建立严格的居家养老服务人员上岗程序等。在服务流程方面，养老服务机构应通过热线电话、业务受理大厅、网上登记、传真等方式接收服务信息咨询与反馈，应签订服务协议，并按照服务协议提供相应服务等。在信息共享与沟通方面，养老服务机构应公开组织机构、服务内容及工作人员等基本信息，建立服务质量跟踪与投诉系统，开通咨询电话等。在文件与档案管理方面，养老服务机构应及时汇总、分类和归档服务及管理过程中形成的合同、协议、文件、记录等资料。在监督与投诉方面，居家养老服务机构应主动接受社会监督，对外公布监督、投诉电话等。

（10）质量改进。对不合格服务的处理和服务质量持续改进提出要求，如居家养老服务机构应定期或不定期查阅服务对象的反馈意见、服务过程记录等相关信息,预防不合格服务的发生;居家养老服务机构应建立不合格服务纠正制度,分析不合格服务的产生原因,制定改进措施使之得到纠正等。

知识链接

规范性文件

规范性文件是指除政府规章外,行政机关及法律、法规授权的具有管理公共事务职能的组织,在法定职权范围内依照法定程序制定并公开发布的针对不特定的多数人和特定事项,涉及或者影响公民、法人或者其他组织权利义务,在本行政区域或其管理范围内具有普遍约束力,在一定时间内相对稳定、能够反复适用的行政措施、决定、命令等行政规范文件的总称。

第二节　居家养老服务人员管理

居家养老服务人员主要包括上门养老服务人员和养老服务志愿者。养老服务人员上门服务需对其资质、服务流程、素质要求和服务进行规范化管理,以保证居家养老服务质量。志愿者是养老服务队伍的重要组成部分,需切实发挥其力量,提升居家养老服务品质。

一、上门养老服务人员管理

居家养老服务提供上门入户服务,存在监管困难的问题,对服务人员的素质要求更高,对其资质和服务流程需要进行严格的管理。

(一)上门养老服务人员资质管理

上门养老服务人员应具备基本的法律、安全、卫生知识,遵纪守法,遵守职业道德,合法从业,应掌握相应的业务知识和岗位技能,并能熟练运用。每一名上门养老服务人员要求有相应的职业资格证书,或接受过相应的职业资格培训并有培训合格证,持证上岗;同时身份证明、健康证明等资料应齐全;同时应保证每年在岗培训不少于 10 学时。

(二) 人员素质要求

(1)遵纪守法,文明执业。养老服务人员应严格遵守法律法规,恪守职业道德。

(2)遵时守诺,取得信任。养老服务人员要遵守工作时间,信守诺言,按时按点至被服务对象处,有特殊情况需向被服务对象说明,做到守时守信。服务人员需尽心尽责服务,根据服务对象的要求,积极主动完成约定的职责,不要让服务对象提醒。

(3)按时计工,提高品质。养老服务人员的工作量以时间为计算单位,在工作中应自觉高标准要求自己,合理安排,讲求效率,在有限的时间内提供最优质的服务。认真踏实做好服务,把让服务对象满意作为自己的工作目标;以自己的尽心、爱心和关心,换得服务对象的称心、放心和安心,为老年人营造舒适、整洁、温馨、有条理的生活环境。

(4)热情服务,尊重为先。进入老年人家里后,养老服务人员要处理好与家庭成员的关系,文明礼貌地对待所服务家庭中的每一个人;尊重老年人的生活习惯,不损害服务对象财产,不带外人至服务对象处。在服务过程中,对老年人热情和蔼,富有爱心,态度亲切和气,为人谦虚厚道。经常主动征询老年人的意见,理解老年人的需要,有时老年人心情不好,说话语气重,做到不与他们计较,体谅他们的心情。同时,服务人员需与老年人家庭建立相互信任和融洽的关系,重视他们对自己的评价。当家庭内部发生矛盾时,不要参与其中,必要时可以适当做些劝解。努力做好服务人员的本职工作,更好地为老年人提供服务。与老年人及家属沟通需注意以下几点:①善于倾听,设身处地地为他人着想。②主动征询意见,交流改进。③产生矛盾,及时解决,不在背后议论。

(三)服务流程管理

上门养老服务人员工作时间应着工装、佩胸卡,凭"派工单"上门服务。接到服务指令后,养老服务人员在规定时间内提前5分钟到达老年人所在场所。入户前,养老服务人员主动出示"派工单",亮出胸卡,表明身份并向老年人问好。征得老年人允许后,先脱鞋或穿鞋套进门。提供具体服务内容之前,向老年人及其家属介绍服务项目、服务时间及服务流程,取得老年人和家属的信任。在提供服务过程中,服务人员要时刻有安全防护观念,不给老年人家庭留下安全隐患(关闭煤气阀、水龙头等),并向老年人传授日常安全知识,同时要做好自身安全防护措施。服务结束后,养老服务人员要主动征求老年人的意见,现场真实填写"派工单"的相关内容,并邀请老年人在"派工单"上签名确认。整理好自己的物品,与老年人及家属道别,如"很高兴为您服务,再见",并帮老年人关好门。

(四)上门各项服务要求

养老服务人员为老年人提供服务前要与服务对象或监护人签订服务协议,签约率要达到100%。服务人员应按照个人的服务预案提供相应服务,预案内容应包含计划、工作流程、技术操作规范等。养老服务机构要对养老服务人员的工作定期进行检查,并记录检查结果(包含内容、时间、地点、人员、落实情况等)。养老服务人员为老年人提供的服务完成率应达100%,老年人或监护人满意率≥80%。

(1)生活照料服务。生活照料服务是居家养老服务的主要内容,其服务要达到服务对象需求,详见第二章居家养老生活照料服务标准。

(2)医疗保健服务。医疗保健服务包括五个方面:①预防保健服务:要制定基于老年人需求、有针对性的预防方案。预防方案应简明扼要、通俗易懂,便于老年人掌握预防老年病的基本知识并进行基础性的防治。②医疗协助服务:做到遵照医嘱及时提醒和监督老年人按时服药,或陪同就医;协助开展医疗辅助性工作,能正确测量血压、体温等。③康复护理服务:做到指导老年人正确执行医嘱,协助老年人正确使用康复、保健仪器。④健康咨询服务:通过电话、网络、讲座、老年学校等方式为老年人提供预防保健、康复护理及老年期营养、心理健康等知识教育。⑤健康档案:老年人健康档案建档率应达100%。

(3)精神关爱服务。精神关爱服务包括精神支持和心理疏导。精神支持服务要做到耐心倾听,能与老年人进行有效的谈心、交流;心理疏导服务要做到掌握老年人心理特点和基本沟通技巧,能够观察老年人的情绪变化,并通过心理干预手段调整老年人心理状态,同时要尊重并保护老年人隐私。

(4)安全守护服务。安全守护服务包括安装安全设施和排查安全隐患。安全设施如呼叫器、求助门铃、远红外感应器等安全防护器材应符合国家规定,质量完好率达100%,其功能应符合老年人的特点和需求。安全隐患的检查及排查要做到了解老年人家庭设施的安全状况,不定期检查水、气、取暖、降温等设施运行情况,排除安全隐患,应达到非责任事故为零的要求。

(5)文化体育服务。文化体育服务方面涉及文化教育和体育休闲服务。文化教育服务要做到提供适宜老年人阅读的报刊书籍,板报涵盖与老年人相关的话题,开展老年人书画、象棋、摄影等比赛活动以及教育培训活动。体育休闲服务要做到建有老年活动室或室外文体休闲场地,配备一定的体育、娱乐器材,开展老年人体育健身、休闲娱乐活动。

(6)法律援助服务。法律援助服务方面包括法律咨询、权益维护服务等。法律咨询服务要做到提供服务耐心、及时,使老年人对咨询的问题有所认知;权益维护服务要做到应能通过法律程序和相应的手段维护老年人的合法权益,同时要尊重并保护老年人隐私。

(7)慈善救助服务。慈善救助服务方面,救助、救济服务要做到符合条件的老年人可及时、全面享受到政府或社会所提供的救助、救济服务。志愿或无偿服务要做到居家养老服务机构应与志愿者团体建立联系,使老年人可从社会获取低酬或无偿的服务。

二、养老服务志愿者管理

志愿者是居家养老服务的重要队伍,规范化的志愿服务组织与管理是有效发挥该群体功能的重要前提。志愿者的组织与管理包括招募、培训、服务、评估与激励等重要步骤,缺一不可。要根据志愿者的特点和工作目标制定详细、明确的整体工作计划,说明工作意义,确立志愿者在服务中的角色及参与目的,从而确定志愿者志愿服务的每个工作环节。

(一)志愿者招募

志愿者的招募包括前期宣传、招募、遴选和确认等环节。居家养老服务机构或居家养老服务中心在招募志愿者之前,需根据老年人的特点和需求,初步界定服务对象和范围及志愿者的角色、工作内容,草拟服务计划书,编写工作手册及服务方法。在此基础上,开展宣传和招募工作。

1.前期宣传

志愿者宣传不仅是招募志愿者的有效手段,同时也有助于在社区和更广的社会范围内推广志愿服务精神。志愿者宣传流程如下:

(1)印制宣传小册子或者招募海报、展板等,内容包括:①招募志愿者的背景:居家养老服务机构的理念,开展志愿者服务的背景和意义,机构在组织志愿者工作中的角色。②对志愿者的要求,即什么人可以成为志愿者,成为志愿者的资格和准入标准。③志愿者的服务内容,即志愿者可以做什么,如探访慰问老年人、帮助老年人打扫家庭或清洁卫生等。④提出申请的方式,即如何成为居家养老机构的志愿者,如负责人的联系电话、邮箱、养老服务机构的位置,便于有意向的人向居家养老机构提出成为志愿者的申请,或者可在居家养老机构网页上添加志愿者申请表格,有意者可直接下载表格进行填写。

(2)发放招募海报、宣传册:可在居家养老服务中心、日间照料中心等比较醒目、人员流动量大的地方,如大门口,摆放面积较大的展板或粘贴招募海报,发放宣传册。

(3)对外宣传:①主动联系潜在的志愿者群体,包括临近社区的居委会,年轻的离退休人员。②与社会上的志愿群体建立联系,如中学、大学、职校、卫生学校志愿者社团等,向其宣传居家养老机构的志愿者项目。③进行媒体宣传,在社区或居家养老服务网页上对志愿者项目进行宣传。④联系平面和立体媒体,如在电视节目中对志愿者项目进行宣传,扩大志愿者项目的社会影响。

2.志愿者招募

志愿者招募即征集志愿者进入养老服务机构进行志愿服务的过程。自愿参与是志愿服务的前提,因此在招募过程中应遵循自愿原则,吸引有爱心、有责任感并有服务意愿的个人或团体,加入养老服务机构的志愿者组织,以饱满的热情和积极的态度投入服务。

与其他志愿者一样,居家养老服务志愿者需达到基本的条件,包括:①年满18周岁,有对自己的行为负责任的能力。②具有志愿精神,有强烈的服务意愿。③认同志愿者的使命及目标,不追求物质报酬或其他任何私利。④具有良好的沟通能力。⑤富有责任感。⑥愿意与他人合作。⑦有参与服务的时间。⑧当前身体状况基本健康,具备提供服务工作的身体素质。⑨有参与相关服务活动的知识水平与能力。对于具体的群体,可能会有一些条件的改动,例如中学生群体可以放宽年龄要求,但是一定要配备相关工作人员进行督导等。

3.志愿者遴选

居家养老服务机构在接收完志愿者申请之后,将资料归总交予负责人员,并对报名者进行面试和遴选,面试中工作人员需要关注志愿者是否具有以下特质:

(1)耐心。由于诸多老年人存在听力问题,以及语言沟通问题,要考虑潜在志愿者是否有耐心与老年人进行有效沟通。

(2)热心。服务老年人是一个长期的过程,需要有一定的恒心,因此要考虑志愿者对养老服务的热心程度。

(3)自控能力。老年人待人对事多有自己的见解,较容易坚持自己的观点和做法,在需求得不到满足时,容易出现各种情绪反应。志愿者在面对老年人的情绪反应时,应该具备积极稳定的情绪和成熟的人格,对不同的环境具有良好的适应性。

(4)工作经验。志愿者以前的工作经验和志愿者服务经验将影响到其服务质量。要考虑潜在志愿者对居家养老服务的了解程度、偏好的工作类型、之前工作和志愿工作的时间模式,兴趣与爱好等,这也是为了更有针对性地培训志愿者,安排适合志愿者的工作内容。

(5)参加志愿者服务理由。了解志愿者申请居家养老服务的动机和理由。

4.志愿者确认

通知符合要求的志愿者,并要求其填写志愿工作承诺书,整理、归档志愿者资料,形成初步的志愿者队伍。

(二)志愿者培训

在志愿者正式进入居家养老机构开始工作之前,安排培训课程,让志愿者接受居家养老服务机构的理念,获得工作所需的知识、技术和积极的工作态度;协助志愿者选择工作,增强志愿者的自信心,促进其发挥潜能;促使志愿者明确其权利和义务。通过阶梯式的能力建设培训与实践,使志愿者获得成长,实现志愿者、居家养老服务机构和社会的共同发展。志愿者培训课程可分为迎新课程和服务培训课程。

1.迎新课程

目的是建立志愿者与居家养老服务机构之间理性的、感性的、实际的关系,使其了解其工作使命、工作场所(包括居家养老服务机构及可能出现的家庭工作环境),以及服务机构的运作方式与流程,使志愿者融入居家养老服务体系当中,增加归属感和自豪感,使志愿者能够长期在机构服务,提高工作效率。课程内容可包括居家养老服务机构的全面介绍和实用信息,帮助志愿者回答三个问题:①使命:我为什么要在这里工作? ②制度:我要如何在这里工作? ③社交环境:我要如何跟这里的人相处?(见表4-1)

表4-1 志愿者迎新课程模板

主题	目标	内容	方式	备注
使命	帮助志愿者明确居家养老服务机构的使命和基本价值观	居家养老服务机构的历史、任务和价值观、服务对象、服务内容、要解决的问题或最终的使命	讨论方式,分享模范志愿者的故事	讨论可以使志愿者从理性和感性两方面,认同居家养老服务机构的使命;提供背景资料,让志愿者能够在需要时,正确地介绍居家养老服务机构;通过讨论,了解每位志愿者价值观是否与居家养老服务机构的利益相一致
制度	帮助志愿者了解居家养老服务机构内社工部的志愿者管理体系	居家养老服务机构结构与工作计划,及志愿者作用;志愿者管理制度,如志愿者政策与规范,工作记录要求等	图表与讲义的方式,问答的方式,可与其他志愿者分享	了解志愿者管理制度及工作内容、角色特点,以及与居家养老服务机构的工作关联
环境	帮助志愿者认识工作团队,协助建立人际关系	介绍志愿者工作的负责人;居家养老服务机构的文化与礼节,例如衣着、习惯等	以欢迎会、录像等形式,加强新志愿者与老志愿者以及部门人员之间的沟通与了解	让志愿者认识其主要负责人,帮助志愿者熟悉以后服务的具体环境

2. 服务培训课程

根据服务培训的目的,可将培训课程分为三种形式:正式培训、一对一指导和咨询顾问。志愿者培训对象存在不同年龄、不同教育背景、不同方向和兴趣的特点,培训方式应多样化,可包括听课、阅读、讨论、参观、观看录影、座谈会、示范、角色扮演、案例研究和模拟操作等多种形式,使志愿者保持高度兴趣。

(1)正式培训。正式培训是系统的、有计划的、有组织的培训,目的是为志愿者开展服务做准备,培养其服务技能和应对技巧,使其能够顺利完成志愿服务工作。培训课程可包括:①工作技能培训:使志愿者明确该做什么,不该做什么。②工作角色与责任培训:认识志愿者即将加入的关系网络、工作伙伴,以及其在工作中扮演的角色、工作责任和其他人的角色等。③角色扮演:以志愿者曾遭遇到的问题为根据,模拟情境,进行角色扮演,引发团体讨论,在深入分析过程中,使志愿者了解可能遇到的问题,以及应该如何应对。

(2)一对一指导。一对一指导是用来教导或增进某种工作技能,可以用在正式的培训课程中,或用在在职培训中。指导者需要有一定的资历,通常是主管人员,或者是经验较为丰富的志愿者。指导通常包括三个步骤:①专人示范要教导或增强的技能,在示范过程中,逐一解说每一个流程。②志愿者学员尝试,指导者观察。③指导者对学员的表现给予评论。

(3)咨询顾问。咨询顾问的目的在于帮助志愿者了解其工作中所存在的困难,指导其如何改进工作,增强其解决问题或增进志愿者的能力。咨询通常不直接告诉志愿者该怎么做,而是授权于志愿者,通过帮助其分析问题,让志愿者自己思考解决办法。

第三节　居家养老服务质量管理

质量是服务的核心,高质量的居家养老服务是保证居家养老老年人生活品质的重要保障。服务质量的高低取决于从业人员的实际能力与水平,包括服务技巧、职业道德以及个人的情商指数,同时也受到环境设施、老年人期望值等因素的影响。因此,同一人的服务,在不同的时间、环境和不同的心理状态下,其服务的结果会有所不同。即使是各种条件完全相同的服务,由于接受服务者的心理期望值的差异以及心理情绪的好坏,对服务的结果也会给出截然不同的评价。按照标准化质量管理体系的要求,建立起完善的服务流程,就可以有效地减少和降低这种服务差别,确保提供合格的服务。

一、服务质量管理意义

服务质量管理不仅关系到养老机构在激烈的市场竞争环境中的生存和发展,而且关系到老年人的权益保障,具体包括以下几个方面。

(一)居家养老服务工作规范化

通过实施质量管理体系,全面规范地建立居家养老机构内部管理制度,按照法律法规、行业规章以及老年人的要求,制定质量方针和质量目标,预先确定各种服务流程和控制程序,明确界定各部门工作职责、接口之间的关系及养老服务员的岗位职责,确保人力资源合理配置,增进各部门工作的透明度及部门间、员工间的相互沟通,减少管理层在处理内部一般事务及突发事务方面的烦琐工作。因各个岗位的工作职责及流程是预先确定的,能够很好地减少因人员流动而带来的不利影响,避免工作的随意性和盲目性。

(二)树立居家养老服务机构品牌

随着养老服务的快速发展,老年人对养老服务的需求也日趋多样化。居家养老服务机构建立以老年人为中心的制度化质量管理体系,建立服务流程,提高质量管理水平和工作效率,杜绝不合格的服务,达到老年人及其家属的期望,增强其满意度。以此,可通过口碑和非价格因素,树立居家养老机构良好的社会形象,提高公信力和美誉度,提高本机构在业界的影响力。

(三)保障老年人权益

服务质量管理标准引导全体员工建立以老年人为中心的服务理念,建立起完善的、系统的、文件化的管理体系,规范和控制所有与服务老年人有关的过程,充分掌握老年人的需要,及时发现不符合要求的有关规定及服务流程,并适时采取自我纠正预防措施,消除不合格和潜在不合格隐患,减小风险,保持服务质量的稳定性,并能够持续改善。执行居家养老服务标准化质量管理,对推动老年福利事业的发展,促进和谐社会的建设,提高入住老年人的幸福指数具有重要意义。

(四)维护居家养老服务机构自身权益

服务质量管理标准要求对所有过程有详细记录,保留原始材料,使养老机构在必要时

(比如被诉出庭)能提供有效的和有说服力的证据,从而降低责任风险。

二、服务质量管理目标

组织质量管理体系的出发点和最终目的均为实现质量目标,质量目标是评价质量管理体系绩效的基本依据,是质量管理体系的重要组成部分和根本基础。质量目标应是可检查、可量化和可实现的,切忌使用"全国一流""世界领先"等空洞无物的口号,防止流于形式。居家养老服务应制定与经济社会发展水平相适应、围绕满足老年人养老服务需求、提升老年人生活质量的服务质量目标。服务质量目标制定过程中,要遵循以下原则。

(一)服务需求导向性

首先要对不同老年人养老服务需求进行调查分析,提出相应的服务质量目标。如对身体状况较好、生活基本能自理的老年人,提供家庭服务、老年食堂、法律服务等服务;对生活不能自理的高龄、独居、失能等老年人提供家务劳动、家庭保健、辅具配置、送饭上门、无障碍改造、紧急呼叫和安全援助等服务;对经济状况较好的居家养老的失能老年人,鼓励他们配置必要的康复辅具,提高生活自理能力和生活质量。

(二)个体导向性

针对具体的每位老年人及家属,居家养老服务机构应详细了解老年人的需求及身体状况,特别应注意餐饮与医疗需求是否有特殊需求,以确定有针对性的、具体的服务质量标准。根据本机构已有的服务模式认真地研究老年人及家属的个别要求,当本机构提供的服务不能满足老年人及家属要求时,或居家养老机构发现自身能力与服务需求之间存在差距时,应与老年人及家属共同协商制订切合实际的质量目标,或终止协议。

三、居家养老服务质量控制体系

质量管理中的质量控制体系是指致力于满足质量要求的管理系统。质量控制体系的构成包括作业标准、作业流程、作业记录以及监督检查组织机构。在居家养老机构中引入质量控制体系,首先要对机构服务工作及流程进行诊断,即以什么样的流程为哪些对象服务,达到什么样的预期目的,然后运用标准化原理,对在管理实践中重复出现、需要协调统一的活动进行科学总结和提炼,形成正式的标准化的文件,并加以宣传贯彻、推广实施和持续改进。

(一)服务质量管理行政机构设置

为推进质量管理,行政机构设置可为分层结构,一级管理为部门管理,二级管理为代表管理。

1. 部门管理

部门管理可分为两种形式:

(1)多个职能部门管理。居家养老机构管理部门按职能分别单独设置,如生活照料、餐饮、医疗照护、后勤等分别设有管理机构,包括生活照料部、餐饮部、医疗部、后勤管理部等,一般适用于较大的居家养老服务机构。

(2)部门合并管理。将多个职能合并为一个部门管理,采用自上而下的分工方式,在每个职能部门再下设工作机构,适用于一般的居家养老服务机构。在部门合并管理模式下,机构设置要体现精简高效的原则,避免职能交叉,有些工作不是一个部门可独立完成的,应确定主控部门与协办部门的接口关系,分清责任。

2.代表管理

行政管理机构二级管理为代表管理,最高管理者应任命一人担任管理者代表,其主要职责是加强对质量管理体系运行的组织领导,对最高管理者负责,并就质量管理体系有关事宜对外联络。

(二)服务质量管理制定过程

制订质量管理体系,首先要明确质量管理的原则,如以老年人为关注焦点原则、过程管理原则、持续改进原则、以事实为依据的决策原则等。运用这些原则引导养老机构按照PDCA循环保证体系进行业绩的持续改进,即计划(plan)、实施(do)、检查(check)、处理(action)四个阶段不断进步和自我完善,实施质量管理的终极目标。PDCA反映了质量管理工作的四个必经阶段,是全面做好养老服务质量管理最基本的思想方法和工作程序,是持续改进业绩的重要工具。

养老机构的服务质量管理体系的制订完善过程可引入第三方服务质量管理体系标准,如国际标准化组织(International Organization for Standardization,ISO)的质量管理体系标准认证,以通过第三方认证作为达到质量管理要求的标志。借鉴已建立且有效实施的质量管理体系的经验,养老服务机构要达到质量管理标准一般包括以下过程:

(1)管理者高度重视,实行"一把手"工程。管理者应明确组织建立和实施质量管理体系的目的主要是为了提高质量管理水平,提高服务质量,提高质量保证能力,最终使老年人和家属满意。在明确目的的基础上,管理者应明确通过第三方认证的时间要求,并分析实现这一目标的前提条件,对整个过程进行策划、控制和管理。

(2)全面充分调查分析机构内部环境。在制订计划前应对机构内部环境做全面的调查和充分的分析,以使质量管理体系既符合质量管理标准的要求,又符合养老机构的实际情况。调查分析不是单向的而是双向的。要整理现有的规章制度和各种表单记录,要了解各部门现有的人力资源安排与工作量,以及医疗康复设备仪器器械等。各个部门的负责人要对上述内容进行自查,找出执行良好的规章制度和形同虚设的规章制度,评估服务对象的满意度,记录执行情况、器械设备仪器的使用情况,并提出改进意见建议。然后,再由质量认证工作小组按标准要求进行调查。

(3)根据调查分析制订认证计划。制订认证计划应依据组织建立和实施质量管理体系的目标,结合以上的调查分析结果,对相关的各项活动在时间上做出适当的安排。一般包括以下一些活动:①质量标准的宣传培训。②质量管理体系文件的编制。③认证机构的选择,认证申请和认证合同的签订。④体系文件的送审及修改。⑤专家咨询。⑥质量管理体系的实施。⑦认证预审和初审。整个计划一般在8~12个月完成。

(4)组织实施和落实认证计划。养老服务质量管理体系的建立和实施的过程,是一个由理论到实践、从人治到法治的过程、从"事后控制"到"事前预防"的转变过程,是一个管理理念和管理方法发生巨大变革的过程。因此,组织实施过程应该是一个由量变到质变、循序渐进的过程。这个过程一般包括:思想的转化阶段,即质量标准的宣传培训阶段;标准的转化阶段,即文件化体系的建立阶段;文件化体系的实施和保持阶段;体系的现场审核阶段。

四、重点环节的质量管理措施

服务质量管理是一个持续无缝隙的过程,居家养老服务的每一个环节都要控制质量,尤其是特定环节。质量的控制直接关系到是否能够达到服务目标。

(一)评估与评审环节

正确有效的评估是了解老年人服务需求的关键。为持续提供合格的服务,确保服务质量的稳定性,评估与评审过程要关注以下几个方面:

(1)合同评审。正式接收老年人为居家养老服务对象后,应当签订协议,详尽规定双方的权利与义务。当约定事由出现时,居家养老服务机构可依法及时终止协议。对合同履行情况应当定期进行评审,确保合同的有效性。

(2)健康评估。对居家养老老年人的健康评估一般以一年为周期(也可根据实际情况随时进行),通过健康评估,甄别老年人健康状况,确定护理等级并确定是否需要调整服务或护理方式。

(3)供方评估。对养老服务的各种产品采购过程实行有效控制,对采购产品的生产厂家、产品质量、价格、供货时间等进行市场调查和比对,评定出合格供方,建立并保存合格供方的质量记录。

(4)管理评审。由管理者代表定期组织管理层评价质量管理体系的持续符合性、充分性、有效性,以及持续改进、预防纠正措施的落实情况。

(二)与服务对象沟通环节

有效的沟通是明确服务不足和改进目标的前提和基础。居家养老服务机构应以多种方式和途径,保持与老年人及家属的充分沟通,了解老年人的需求和建议,满足老年人当前和未来的需求和期望,妥善处置老年人及其家属反馈的问题以及抱怨与投诉。沟通的形式根据老年人特点可多样化,包括召集座谈会、进行满意度测评等,但必须是有效的,能够收集到足够多的信息,了解老年人不断变化的需求,从而使服务得以持续改进。沟通的另一重要作用还在于加强与老年人的情感联系,增强老年人的被尊重感,从而建立对居家养老服务机构的信心。

(三)人力资源与基础设施环节

在机构设置和人员配置上,应充分考虑适岗适才。基础设施多表现为居家养老机构的硬件建设能否满足顾客需求。居家养老机构应研究老年人的需求,重视设施投入,不断改善条件,增进老年人的满意度。

需要注意的是,质量管理体系并不对人员设置等作强制性要求,强调的是符合和满足老年人的需求。但是,由于养老服务当中,人的因素常常具有决定性意义,是建立质量意识和落实质量措施的关键,所以管理层应当特别重视。对不能胜任岗位要求的员工,要进行岗中培训,仍不能满足要求的,要调离岗位。

第四节 居家养老服务安全管理

由于高龄和疾病等原因,老年人是发生跌倒、坠床、压疮、误吸等安全意外的高危群体,因此安全管理是居家养老服务管理的重要内容。安全管理的重点内容包括环境安全和人身安全,在整个居家养老服务过程中需要有针对性的预防和应急管理措施。

一、环境安全评估和安全改造

居家养老服务模式下,老年人长期在家中居住,家庭环境的安全直接影响到老年人日常的安全。因此,对家庭环境进行全面细致的安全评估,并针对发现的安全问题采取必要的环境安全改造,是居家养老服务的重要内容。

(一)环境安全评估

居家养老服务需建立家访环境安全评估制度,定期评估家庭环境的安全情况,评估老年人的生活自理能力及居家安全,并提供老年人及家属有关居家安全可行性的环境改造建议。

(1)评估内容。①房屋周边环境:房间的位置、外部构造、门前地面情况。②入口:入口通道、楼道、扶手、扶手位置和高度、楼道的高矮、斜坡的高度和角度、走廊、大门等情况。③室内:客厅、门厅、卧室、浴室、厨房等。

(2)评估方法。家访安全评估包括询问和观察,重点是实地观察,即通过观察老年人在家中进行的活动,如做饭、穿衣、床上的活动及洗澡等,了解环境的问题所在及可能的解决方案。

(3)评估步骤。根据评估内容,通常包括以下步骤:①收集老年人相关资料包括病史、诊断、主要问题等。②了解老年人居家环境状况,如房屋的情况、屋内空间规格及空间利用的情况等。③实地家访进行评估。④提供建议报告。⑤结合相关专业进行改造。⑥实行再评估以了解改造成果。⑦定期追踪辅导。

(4)评估报告。评估结束后应由访视人员总结评估结果,提出建议报告,其内容包括:①目前老年人使用物品器具存在的问题。②居家环境主要问题所在。③环境改造建议。④辅助工具使用建议。⑤可能利用的辅助资源。

(二)环境安全改造原则

若评估后家庭环境存在安全隐患,根据家访安全评估报告,对居家环境进行改造,应遵循以下原则:①以居家环境原来的规模为主,改造方向需符合老年人需求并考虑安全及舒适性。②改造建议要考虑老年人及家属的期待,以避免造成家属空间使用的不便性。③改造经费应考虑老年人经济状况。④改造的最终目标为建立无障碍空间环境。

(三)环境安全改造具体内容

理想的安全居家环境应从整体空间组合形态着手,再安排其他单元空间,具体规格如下所述。

1. 外部空间

在外部空间设置上,要求整个建筑无障碍,老年人能够顺利进入建筑物内。

(1)入口。通道如果有多个,应考虑选择一个最方便的通行,如有较少阶梯及路面平滑等有利通行的通道;入口走道的路面应平滑无颠簸,去除可能的障碍,并提供遮盖以避免路面湿滑;入口处灯光应明亮。轮椅使用者在入口处应设置足够的水平空间,以便老年人休息及准备进入;平台的设计应考虑开门方向,最好为向内。

(2)阶梯。若有阶梯,阶梯的数量、高度及任何情况都应告知老年人。理想的阶梯高度应小于 17.5cm、深度应小于 27.9cm。阶梯上如果有覆盖物应尽可能去除,以免妨碍通行。

扶手栏杆的设计应考虑使用者的高度,一般至少高于 45.7cm。如果要安置斜坡,应有足够的空间,坡度最好在 1∶12 以下,最好能设置扶手。

(3)门。门锁高度应适当,对于手功能不佳者应提供各种辅助用具及改变开门方式,如用声控或插卡、按钮等。门的开启方向应符合老年人的功能,可在门边放置一支拐杖以方便老年人使用;门口的障碍物或突起应尽可能去除;门的理想宽度为 80～86cm,以便轮椅进出;门的重量不应过重。

2. 内部空间

房间内部是老年人日常生活和活动的场所,设计要符合老年人行动特点。

(1)卧室。家具应简单实用,环境应有条不紊。床应靠墙或角落,以提高稳定性或可在四个床脚上垫上脚垫或吸盘;床的高度要尽量与轮椅一致,以方便移动;床垫的选择以提供稳定舒适的平面为主;有效利用床边桌及橱柜,以安置照明器具、电话及求救铃等;衣柜内挂衣杆的高度要适合老年人,对使用轮椅的老年人应在 132cm 以下;钟和年历应使用大尺寸,方便老年人读取。

(2)洗浴间。浴室门的宽度如果较窄,可在浴室内放置椅子,老年人先移位到椅子上,再移动至所需位置,为使用方便可加高马桶座椅;墙边扶手高度约为 84～91cm,以利安全性移位;老年人洗澡可用浴缸内座椅坐着洗澡,以增加稳定性;热水龙头应有隔热效果以避免烫伤;不能下床的老年人可在卧室内放置移动式马桶及尿壶、便盆;在走廊和厕所安置夜明灯,方便老年人夜间安全上厕。

(3)厨房。厨房空间最好能采取分隔式空间设计,各功能区完全分开,互不干扰。橱柜高度以不高于 79cm 为佳,深度在 61cm 以上,膝盖处最好无障碍;使用带轮子的推车,方便运送冰箱内的食物;餐桌高度要根据使用者的高度进行个性化调节。常用物品尽量放置在随手可拿到的位置,也可以使用储存柜收藏各类常用物品。水槽的水龙头开关宜采用压把式,深度约为 13cm 为佳。另外,厨房内应加装消防设备,如简易灭火器等。

二、老年人健康安全评估和预防措施

由于高龄或疾病等原因,老年人的健康状况可能引发安全问题。为防止意外,保障安全,应为居家老年人提供专业化健康评估,预测可能出现的、易造成老年人意外伤害的危险因素,针对容易发生的安全问题制定应急预案。

(一)老年人健康评估

老年人健康评估可在居家养老服务机构评估室或者老年人家中进行。评估人员应经养老服务行业管理部门培训并获得有关机构的资格认定,为老年人提供专业化健康评估服务。通过对老年人进行健康评估,为居家老年人提供健康状况的系统评价和健康等级的划分。健康状况指老年人躯体健康、精神健康、社会健康等方面的状况。健康等级指居家养老服务机构根据健康评估的结果,对接受居家养老服务的老年人的健康状况做出的等级划分。

老年人健康评估内容包括躯体健康、精神健康、社会健康等方面。①躯体健康评估:包括老年人既往重大疾病史、家族疾病史、外伤史以及正在接受治疗的情况,也包括影响老年人健康状况的重大生活事件和重要因素。②精神状况评估:指老年人在评估时的外表、行为、情绪状态、认知功能等方面的外在表现。③社会健康评估:包括老年人的日常生活功能、社会功能评估及决定能力评估。

基于以上全方位的评估,评估员评估和预测老年人居家养老服务中可能出现的、易造成老年人意外伤害的危险因素,并在健康档案中格式化记录老年人的安全评估结果和有关问题。

(二)常见的老年人健康安全问题隐患及预防措施

针对老年人全方位的安全评估结果,需针对老年人特点做好个性化的预防措施和应急预案。

(1)精神障碍的老年人。非必要时不要对老年人已经熟悉的环境做任何改动;检查药物,避免因服药错误导致安全问题;使用告示牌和提示牌,对已经发生过的危险事故提出警示,提醒老年人记住安全措施。

(2)有攻击性行为的老年人。尽可能取走或藏起房屋里可能被用来伤人的物品,如使用装锁的橱柜放置刀具。居家养老服务人员要有提防突发攻击事件的措施,如计划好在屋内的安全躲避地点,或计划好必要时离开房屋的路径。攻击性行为包括语言性攻击和人身攻击,一旦发生,养老服务人员应向居家养老服务机构汇报并寻求帮助。

(3)患有记忆力障碍的老年人。老年人随时随身携带适当的身份证明,包括姓名、住址及紧急联系电话号码。在适当的地点放置记录册,列出当前发生的事情和需要老年人记住的事情,在电话机旁放置紧急和常用电话号码。

(4)听力有问题的老年人。应常规检查助听器的功能是否正常有效;房屋内要安装可见的烟雾感应器。

(5)视力有问题的老年人。任何东西都要放在老年人熟悉的位置,不要随便移动。家具、电源插座、灯都应放置在原处,如果某件物品一定要拿走,放到的新位置一定要告诉老年人;打扫房屋的时候要特别注意排除吸尘器的电线、湿滑的地板、拖把和水桶等安全隐患;房门应完全打开或完全关闭,半开半闭的门对视力不好的老年人是安全隐患。

三、老年人安全问题的应急准备

自然和人为因素都有可能导致意外状况的出现,老年人应当有自己的个人应急预案,提前安排应对措施,与家人和邻居保持联络,并且将应急准备内容告诉相关人员。

(一)安全应急准备

为确保生命安全,应提前做如下应急准备:

(1)物品。准备好急救用品(如手电筒、电池、收音机、急救药箱、瓶装水),以便老年人紧急撤离携带以及就地避难使用。

(2)交通。预先安排好紧急疏散时需要的交通安排,计划并练习从家里疏散出去的最佳途径。

(3)设备。在必需的设备上,例如轮椅、拐杖等贴上标签,将诸如心脏起搏器这类重要医疗设备的型号和序号逐项写在纸上。

(4)号码。记下本地政府应急管理部门和防灾求救的地点和电话号码,24 小时营业药房的电话号码,医生的 24 小时应急联络电话号码;将应急电话号码贴在电话机旁边,在钱包里放一份重要联络电话号码和老年人的医药资料,并将信息告诉家人、重要邻居、公寓管理人员或物业管理部门。

(5)药物。预先补充日常所需处方药。

(6)对外联系。平时要与附近的邻居建立良好关系,请求附近的家人或邻居在灾难期间常来查探情况,并告知如何使用老年人生活必需的设备。

(二)常见的老年人安全问题应急

制定居家养老服务老年人安全应急预案,内容包括急救应急电话和各类安全问题发生时的具体应急措施。

(1)火灾事故应急。发生火灾立即向 119 消防指挥中心报警,并通知处应急办公室、居家养老管理办公室、居家养老服务部;迅速切断有关电源;将老年人撤离到安全区域。火灾事故中居家养老服务人员应"四懂、三会"。"四懂"即懂得消防法律法规、消防安全制度及安全操作规范,懂得本单位、本岗位的危险性和防火措施,懂得消防设施器材的性能和使用方法,懂得疏散及自救逃生的知识技能。"三会"即会报警(报警按钮 119),会使用灭火器材,会组织人员逃生。

(2)食物中毒应急预案。根据实际情况和老年人的特点分析可能引起老年人食物中毒的几点原因:①食用带有某些病菌、细菌的食物。②食物保存不当或时间过长造成食物的变质。③误食残留有化学药品或农药的食物。一旦发现食物中毒现象,立即采取如下措施:①发现有类似食物中毒症状时,应迅速送医院诊治。②迅速向居家养老管理办公室、居家养老服务部及卫生防疫部门报告。③做好所食用食物取样工作,以备卫生部门检验。④迅速排查食用致毒食物的名单,并检查他们的身体状况。⑤做好家属的思想工作。⑥积极配合上级有关部门做好诊治、调查、事故处理等工作。

(3)触电事故应急预案。如发生触电事故,应立即采取如下措施:①切断电源。②在未切断电源之前,切不可用人体接触伤者,应用绝缘的物体挑开线头。③立即进行人工急救,并拨打急救电话或送医院急救。④查明事故原因并记录。

(4)治安案件应急预案。发现老年人之间或者老年人与服务人员以外的人员发生争吵、斗殴等现象时要及时制止,并先将外来人员劝离,如事态严重及时报 110 处理。制止原则:保护老年人的生命和身体安全;劝阻双方住手、住口;将争吵或斗殴的双方或一方劝离现场;切记不能动粗,不允许恶言相向;有伤员则先送伤员去医院救治。迅速报告居家养老服务机构负责部门,指派相关人员协助调解,查清事件原因并记录,必要时通知家属协助处理。

(5)老年人急症或跌跤、摔倒的处理预案。①最快时间赶到老年人所在现场,判断老年人的实时状态,做第一时间的救护和保护,避免老年人受到二次伤害。②立即通知医务人员赶赴现场,视情况紧急处理。③尽快通知老年人的家属。④若情况危急速打急救电话 120。⑤及时对此事件进行分析,如有居家养老服务人员自身原因,应及时进行改进,避免类似事件的再次发生。

(三)安全问题的必要处置措施

在提供居家养老服务过程中,一旦出现安全问题,应立即启动安全应急预案,并及时向居家养老管理办公室报告情况(1 小时以内),请求做好帮助指导和稳定工作。安全事故发生后应妥善处理,包括:①及时成立事件调查小组,确定专人组织调查,保留第一手资料(原始记录),保护现场或保留物样,不擅自为事故定性,写出事故报告,分别报送有关部门。②召开老年人以及相关人员会议,通报事件经过,并进行安全再教育,稳定老年人情绪,做好事故后稳定和秩序维护工作。③服务部工作人员必须坚守各自岗位,未经允许,不得擅自发布误导信息,共同做好维护稳定工作。④认真分析事故发生的原因、责任以及所产生的后果,对照目前服务部的基本情况,进行必要的整改,避免类似事件的再次发生。

四、居家养老服务人员职业安全保险

居家养老机构应当依照国家和地方规定办理职业安全保险或工伤保险,为本机构服务人员缴纳保险费。养老员工作期间发生事故伤害后,养老员或者现场人员应当立即向用人单位报告。用人单位应当及时向人力资源和社会保障行政部门报告,并向社会保险行政部门提出工伤认定申请。用人单位未按规定提出工伤认定申请的,工伤职工或者其近亲属、工会组织可以直接向有管辖权的社会保险行政部门提出工伤认定申请。

养老员发生工伤经治疗伤情相对稳定后存在残疾、影响劳动能力的,应当进行劳动能力鉴定。劳动能力鉴定由用人单位、工伤职工或者近亲属向做出工伤认定决定的同级劳动能力鉴定委员会提出。申请人初次提出鉴定申请应填写工伤劳动能力鉴定申请表、意见表,提交本人身份有效证明、工伤认定决定书以及医疗机构出具的诊断证明或职业病诊断证明书、相关病历、检查报告等医学材料。后期如果伤情发生变化的,可以向劳动能力鉴定委员会提出复查鉴定申请。

工伤保险待遇包括工伤医疗费、康复性治疗费、辅助器具配置费、住院伙食补助费、就医交通食宿费、一次性伤残补助金、伤残津贴、生活护理费、一次性工伤医疗补助金、一次性工亡补助金、丧葬补助金、供养亲属抚恤金等。

第五节　居家养老服务信息管理

信息管理是指对人类社会信息活动的各种相关因素进行科学的计划、组织、控制和协调,以实现信息资源的合理开发与有效利用的过程。信息管理既包括微观上对信息内容的管理,即信息的组织、检索、加工、服务等,又包括宏观上对信息机构和信息系统的管理。居家养老服务的信息管理需基于老年人信息需求的特点,建立居家养老信息服务与紧急呼叫服务体系,完善养老档案的管理。

一、老年人信息需求特点

随着老年人生理功能的逐渐下降,其对医疗卫生信息的需要大大增加,且更加丰富,主要呈现以下特点。

(一)信息需求多与慢性疾病相关

老年人患有慢性疾病概率较高,健康状况和健康问题会影响其对卫生服务的需求,继而影响对健康信息的需求。随着老年慢性病患者疾病的严重性增加,自理能力的减退,对医疗卫生机构医疗、保健、康复的要求就越强烈,特别是一些常见慢性病的发病原因和用药常识,以及就诊信息。

(二)信息的可获得性要求高

信息媒体包括书本、期刊、报纸、电视、电台、网络等,不同文化背景的老年人对媒体的使用需求也不同。为老年人提供信息的渠道应该多样化,以方便不同的群体根据自身特点,比

较便捷地获取所需信息。在信息爆炸的时代,也要注意提醒老年人注意鉴别公众媒体信息的真假。例如,一些免费医疗信息传单是老年人获取健康相关信息的一个便捷途径,受到老年人欢迎,但传单中的信息可能掺杂一些虚假欺骗性质的医疗信息,应提醒老年人注意。

(三)信息的可读性要求高

随着年龄的增长,老年人的感觉功能、认知功能都有不同程度的下降。如听力、视力的下降,使得其在读取信息的时候存在困难。认知功能方面,老年人记忆力、思考、推理和做决定等存在困难,使得老年人对信息的可读性要求较高。因此,信息的呈现应注意字体稍大、色彩对比明显、突出重点、简洁清晰等细节。

(四)信息的实用性要求高

老年人通过各种途径了解医疗保健知识,获得健康信息。由于相关知识众多,老年人精力有限,对信息的实用性要求常较高,需要在第一时间内获得最新的、自己最需要的、能实际使用的信息。

二、信息服务与紧急呼叫服务

高效快捷的信息服务能提高老年人居家养老服务的品质,许多居家养老服务机构开展了信息化服务,构建"虚拟敬老院""电子保姆"等居家养老服务运作新模式。

(一)构建"养老服务网络管理"平台,提高信息化管理服务水平

采用互联网及移动通信等现代信息手段,应用居家养老服务运营管理系统,将受理申请、对象审批、安排服务、工作评估、考核监督、费用结算等全过程都进行信息化管理;全面使用"信息化办公"理念,使居家养老服务工作的每一项办理程序均可通过网络管理系统及时处理,提高居家养老服务工作的质量和效率,保证居家养老服务系统的高效运转。

知识链接

某养老服务网络管理平台截图

（二）整合社会为老服务资源，构建居家养老服务保障体系

养老服务网络平台通过整合社区资源与企业资源的方式，推进信息和资源的整合，扩大提供服务的内容和形式。提供居家养老信息服务，连接信息中心，老年人可以享受以下服务：①查询周边公共生活信息，如景点、交通、医院、超市、快餐、银行、邮局等位置信息。②提供专家咨询服务，通过电话向老年人提供医疗、法律、心理、理财等方面的专业咨询服务。③健康档案管理，老年人可将每年度的体检报告保存在其个人账号中，以便随时调用或下载历次体验报告，同时，在危急时刻，此健康档案也可协助专业医疗机构进行急救。④举办会员主题活动，根据老年人需求，定期或不定期组织各种会员活动，如邀请养生专家、营养讲解关于养生方面的行业权威知识，为有需要的老年人开具个性化的营养食谱等，或者组织老年人参与重阳节等特别主题活动。

知识链接

某居家养老服务项目规划

项目计划	工作内容
运营机构组织	设置运营管理机构，并根据养老事业的发展，逐步组建一定数量人员的运营营销团队（含呼叫中心话务员）。
信息平台建设	1）建立一套完整的包含养老对象的档案管理、服务机构及社区义工组织管理、养老服务优惠券管理、服务对接及派单管理在内的运营管理平台。 2）开通服务热线和老龄网站。 3）移动公司提供老年人救助移动终端及相关优惠资源。
服务商体系行业标准建设	《服务商加盟条件管理》《服务商规范管理实施细则》《服务质量管理细则处罚标准》《服务项目服务商授权协议书》《社区工作者培训计划》等。
服务机构招募义工及志愿者组织	1）完成一定数量的居家养老服务供应商的招募，建立社区服务供应商招募、管理、监督、淘汰机制；重点扶持有一定基础服务、质量有保障的居家养老服务企业（服务机构信息登录记表、服务机构入网协议书）。 2）依托现有的志愿者组织及居委会，不断地发展和壮大无偿服务体系。
老年人档案的建立	通过行政和市场两种机制和社区渠道，完成老年人信息的采集和组织入网，签订服务协议，完成终端的开发和采购。完善老年人信息登记表、紧急救援服务入网协议书等档案。

（三）使用服务热线或调度中心，构建服务对接及派单管理系统

在接到老年人需求信息后，养老服务网络平台根据"服务对应、就近服务、优质优先"的原则，安排服务机构上门服务，并根据记录完成回访跟踪，每次服务结果作为服务机构的评估依据，达到优胜劣汰，从而保障对老年人的服务水平。

知识链接

某居家养老调度中心照片

（四）开创"主动关怀模式"，满足老年人精神需求

养老服务网络平台通过和通信运营商紧密合作，开发以有声短信为主的主动服务模式。针对老年人视力较差的实际情况，将信息内容通过信息化手段自动转换成声音，通过电话的方式把内容推送给老年人。信息内容如"每日一笑""天气预报""养生保健""活动通知""吃药提醒"等，并可根据老年人的数据进行多维度的分类，做到针对性、精细化的内容推送，做到在日常生活中提供老年人精神层面的关怀。

（五）利用移动技术构建"24小时紧急救援系统"，提高老年人生命保障水平

当老年人在任何地点突发疾病等紧急状况时，通过移动手机的"SOS紧急呼叫按钮"，向援助中心发出呼叫信息，使老年人的亲属、志愿者和社区干部能够在第一时间赶赴现场帮助老年人，为老年人起到"生命救助线"的作用。按照老年人或其亲属的请求，还可以为老年人提供日常的"问安保障服务"，及时掌握老年人特别是"独居老年人"的生活状态，帮助工作繁忙的老年人子女解决后顾之忧。

知识链接

智能救助

常见的智能救助通信终端包括手机、电话、手表等，通过救助通信终端，能帮助救援人员迅速确定老年人需要救助的位置。在非紧急情况下，老年人所许可的亲属或用户也可通过网络或电话，查询其老年人所在的位置坐标，包括最新和历史的位置信息。通过位置查询，亲属可随时掌握老年人的活动信息，给予无处不在的关怀。有一些智能救助通信终端还能提供人工导航服务，当老年用户想去某个地方却不知道怎么走，也不知道公交线路时，只需按下一个按钮，便可以连接信息中心，将自己的目的地告诉中心，信息中心人员就会查询并将最优化的行走路径及公交路线告诉老年人，并指引至目的地。

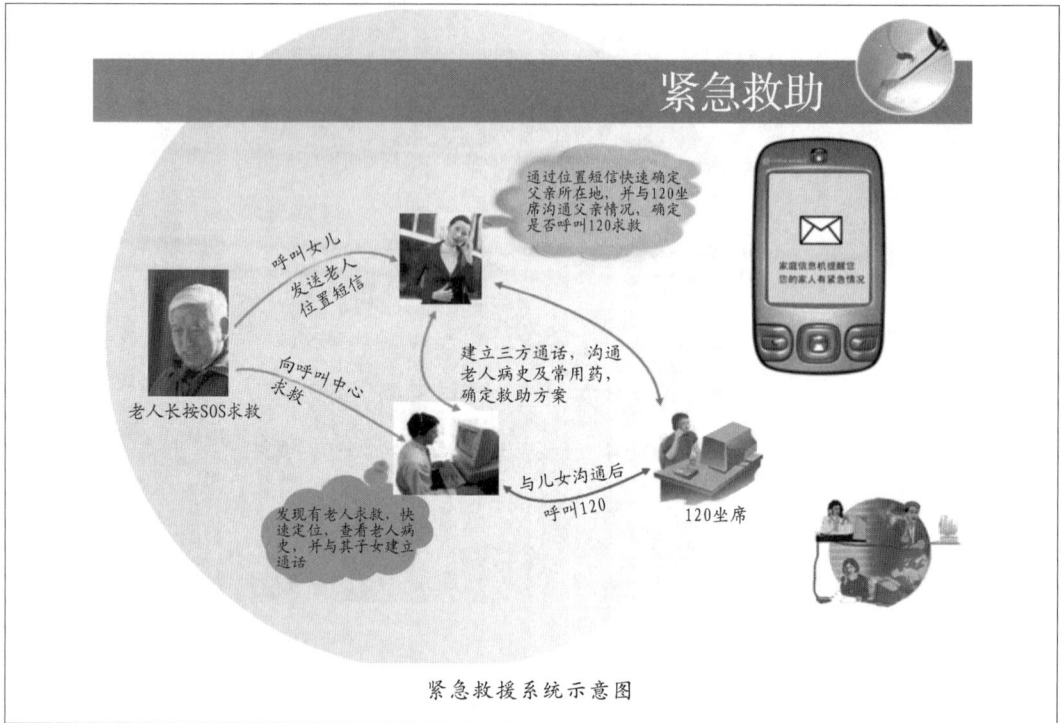

紧急救援系统示意图

知识链接

常见的智能救助通信终端

一键通手机

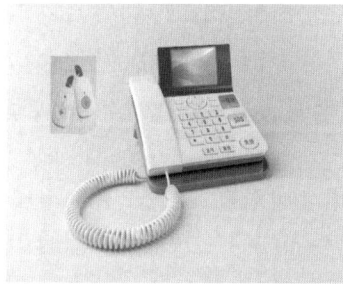

3G 移动电话（3G 时代电子保姆）

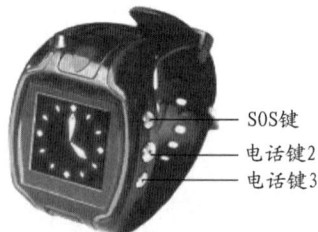

SOS键
电话键2
电话键3

腕表式定位手机

三、养老档案管理

居家养老机构应根据老年人的不同状况,依据签订的养老合同制定养老档案。居家养老服务机构建立养老档案,有利于保障养老年人与养老机构双方的合法权益,并有利于提高新时期养老机构的管理水平。

(一)建立养老档案的意义和作用

(1)为居家养老服务的建设和发展提供支撑。养老档案包含老年人个人居家养老信息、居家养老服务的具体内容以及服务过程等信息。在推进养老服务社会化的进程中,养老档案为居家养老服务机构的服务质量评估提供了依据,也为机构服务信息化奠定了基础,对居家养老服务体系的建设有重要意义。

(2)为居家养老服务提供法律依据。养老档案是原始的信息记录和证据。规范的档案管理能增加养老机构管理透明度,能保证老年人及其家属的知情权,并在出现纠纷时有据可查。

(3)有利于养老机构对养老护理员的规范化、制度化管理。建立养老档案有助于内部管理,减少不必要发生的意外事件与其他纠纷。由于养老护理员的每一项服务都载入档案以备查,对养老护理员的工作是一种有效的监督形式,因此可以避免不必要的意外事件和纠纷,提升服务质量。

(二) 老年人档案内容

老年人档案需有照护老年人完整的记录,具体可包括以下内容:

(1)健康档案。接受居家养老服务前,老年人必须进行全面的身体检查,服务期间也应定期体检。居家养老机构应当制定建立健康档案的制度。健康档案是提供个性化照护的参考,也是解决可能出现纠纷时的参考依据。

(2)沟通记录。老年人在接受居家养老服务时出现特殊情况,如病情变化、服务要求变化等,须载入档案,并且要有养老机构与老年人和家属沟通的记录。

(3)代理签字。对无意识行为能力的老年人(譬如患有严重的老年痴呆症或其他老年精神疾病患者),进行居家养老服务时应有其监护人在场,并要求监护人在要归档的服务记录上签字。

(4)物品检查记录。养老服务人员每次上门服务时要检查老年人的各种物品是否存在,并记录于档案。

(5)服务过程记录。每次提供居家养老服务结束,由提供服务的养老服务人员或其他工作人员汇报填写对老年人的服务情况。有意识行为的老年人阅读服务记录,无异议情况下签字。对无意识行为的老年人,则由其家属核实签字。

(6)代购依据。老年人在委托养老服务人员购买食物、物品、用具等时,养老服务人员应向商家索要票据,并存入档案,以备查阅。

(7)居家养老服务协议书。即居家养老服务合同,是老年人与居家养老服务机构经过讨论协商所达成的总的工作方案,是双方对解决问题的承诺,是老年人与居家养老服务工作人员之间的合作计划,体现了双方的伙伴关系,表明了双方对养老服务的认识与界定、工作的目标及相互责任。养老服务协议的内容包括:①养老服务计划的目的与目标。②协议双方各自的角色与任务。③为达目的与目标所采取的步骤、方法与技巧。④期望达到的结果,以及进行总结、测量和评估的方法。

(三) 档案管理要求

(1)专人专份。养老档案应每位老年人一份,以一人一卷宗管理,对每一卷宗编档案号,并装入正规档案盒内。设置专门的档案室,将档案存放在档案柜里。

（2）规范化管理。要重视档案的管理和收集、整理工作,并有效地保护和利用。健康档案要采用统一表格,在内容上要具备完整性、准确性、严肃性和规范化。

（3）档案安全。老年人的健康档案管理人员应严格遵守保密纪律,确保健康档案安全。健康档案转诊、借用必须登记,用后及时收回放于原处,最好使用电子档案管理系统。为保证老年人的隐私权,未经老年人或家属的准许不得随意查阅和外借。在老年人转诊时,只写转诊单,提供有关数据资料,如诊疗需要方可把原始的健康档案转借给会诊医生。

（4）档案完整。档案要求定期整理,动态管理,不要有死档、空档出现,要科学地运用健康档案,定期对档案进行更新、充实。档案存放处要做到"十防",即防盗、防水、防火、防潮、防尘、防鼠、防虫、防高温、防强光、防泄密。

（余华、晏慧敏）

第五章　居家养老服务评估

本章要点

★养老服务评估概述。

★养老服务评估体系。

★居家养老服务评估。

科学规范的居家养老服务评估是有效开展居家养老服务的前提和基础,包括养老机构评估、养老服务对象评估和居家养老服务质量评估。建立完善的居家养老服务评估体系和评估标准,是居家养老服务的重要建设内容。

第一节　养老服务评估概述

随着我国老龄化的进展及政府对老龄工作的重视,养老产业快速发展,大量社会资本进入养老服务行业。为促进养老服务行业的规范有序发展,需要建立和完善养老服务评估体系。

一、养老服务评估的意义

养老服务评估是保证养老服务资源合理、公平利用的前提,也是促进各种服务资源的有效利用、提升居家养老服务品质的保障。

(一)保证养老服务公共资源公平使用

我国是发展中国家,经济不发达,社会福利机构、日间照料中心等政府财政投资的养老服务公共资源有限。面对庞大的老年人数量,急需建立使有限的养老服务公共资源有序使用的制度。目前一些社会福利机构,由于收费较低、设施设备较好,入住率高,等候入住者众多。目前多按预约的时间来排队,没有结合老年人的具体情况,而且"插队"现象普遍存在,这就导致无序入住现象频发,引发了社会公平问题。因此,需要建立评估制度,结合老年人身体状况、自理能力及家庭与社会资源等情况,制定一定的入住标准,按标准评估,根据轻重缓急排序等候,建立公平透明的入住秩序,确保养老服务公共资源公平使用。

(二)促进养老服务资源高效使用

开展养老服务评估,是指对老年人生理、心理、经济条件、生活状况及社会资源等进行综合评估分析,以便科学确定老年人服务需求类型和照护等级,确定老年人是否需要入住医院、老年护理院、养老机构或者接受居家养老服务。避免需要入住医院的老年人住在养老机构、需要入住养老机构的老年人居家居住,从而带来可能的隐患;或者适合居家的老年人入住机构或医院,造成资源的浪费。通过评估,合理分流,可促进养老服务有序转介,促进养老服务资源高效运行。

(三)提升养老服务品质

评估工作可以使老年人的身心功能状态与入住的机构功能相一致,使服务需求与服务提供相匹配,使老年人得到合适的服务。同时评估也包括对养老服务质量的评价,通过建立质量监管体系,建立质量评价标准,对养老服务实行有效的监管,引导养老服务行业规范建设,提升服务品质。

二、养老服务评估工作推进

(一)政策推进

2011年,浙江省政府出台文件(浙政发〔2011〕101号),将"养老服务评估制度"建设列为社会养老服务体系建设的重要举措,重视养老服务体系的规范化建设。之后,民政部相继出台《关于推进养老服务评估工作的指导意见》(民发〔2013〕127号文件)及《关于探索建立社会组织第三方评估机制的指导意见》(民发〔2015〕89号文件),强调了养老服务评估工作的重要性,提出了评估工作的主要任务和保障措施,同时对建立社会组织第三方评估体系提出了指导性意见。

(二)目标与任务

我国养老服务评估工作刚起步,为使评估体系建设有序开展,结合现状,根据民政部文件,近期养老服务评估的目标、指导思想、工作任务如下所述。

(1)目标。建立起科学合理、运转高效的长效评估机制,基本实现养老服务评估科学化、常态化和专业化。

(2)指导思想。养老服务评估工作的指导思想是:以科学发展观为指导,以保障老年人养老服务需求为核心,科学确定评估标准,认真制定评估方案,合理设计评估流程,积极培育评估队伍,广泛吸收社会力量参与,高效利用评估结果,为建立和完善以居家为基础、社区为依托、机构为支撑的社会养老服务体系,为实现老有所养目标发挥积极作用,逐步实现基本养老服务均等化。

(3)基本原则。养老服务评估工作的原则有:①权益优先,平等自愿。坚持老年人权益优先,把推进养老服务评估工作与保障老年人合法权益、更好地享受社会服务和社会优待结合起来。坚持平等自愿,尊重受评估老年人意愿,切实加强隐私保护。②政府指导,社会参与。充分发挥政府在推动养老服务评估工作中的主导作用,进一步明确部门职责、理顺关系,建立完善的资金、人才保障机制。充分发挥和依托专业机构、养老机构、第三方社会组织的技术优势,强化社会监督,提升评估工作的社会参与度和公信力。③客观公正,科学规范。以评估标准为工具,逐步统一工作规程和操作要求,保证结果真实准确。逐步扩大持续评估项目范围,努力提升评估质量。坚持中立公正立场,客观真实地反映老年人的能力水平和服务需求。④试点推进,统筹兼顾。试点先行,不断完善工作步骤和推进方案,建立符合本地区养老服务发展特点和水平的评估制度,并逐步扩大试点范围。要把推进养老服务评估工作与做好社区居家养老、机构养老服务等工作紧密结合,建立衔接紧密、信息互联共享的合作机制。

(4)主要任务。要达到养老服务评估工作的科学化、常态化和专业化,需要逐步建立养老服务评估体系,主要任务有:①探索建立评估组织模式:依据本地社会养老服务体系建设情况和老年人的实际需求,探索政府购买服务,社会力量参与,合理确定本地区养老服务评估形式。②探索完善评估指标体系:结合行业标准及当地平均生活水平、养老服务资源状况、护理现状和养老服务补贴相关政策等综合情况,制定当地的各类评估标准,逐步建立科学、全面、开放的评估指标体系。③探索完善评估流程:养老服务评估包括申请、初评、评定、社会公示、结果告知、部门备案等环节,坚持自愿原则,兼顾评估效率,严格评估管理。④探索评估结果综合利用机制:评估结果是制定养老服务政策的重要基础资料,是争取财政经费保障,保证各项针对老年人的服务和优待措施落实的主要依据,是不同类型、不同层次养老服务有序转介的保证。充分运用好评估结果,使之在推进居家养老服务社会化、老年人照护等级划分、老年人健康管理、养老机构设立、养老服务补贴等方面提供客观依据,促进相关工作及管理科学、有序进行。⑤探索建立养老评估监督机制:探索建立有效的监督约束机制,畅通评估对象利益表达渠道;通过网络、服务须知、宣传手册等载体,主动公开评估指标、流程,自觉接受社会监督;定期检查和随机抽查等方式对评估指标、评估结果等进行检查,对评估行为不规范的机构和人员,予以纠正并向社会公开;建立养老服务评估档案,妥善保管申请书、评估报告及建议等文档,逐步提高评估工作信息化水平。

(三)第三方评估

民政部《关于探索建立社会组织第三方评估机制的指导意见》(民发〔2015〕89号)明确提出,要着力规范第三方评估的范围、内容、程序,培育和发展第三方评估机构,建立第三方评估的体制机制和政策保障,使第三方评估成为政府监管的重要抓手,成为社会监督的重要平台,成为社会组织加强自身建设的重要动力,促进社会组织在经济社会发展中发挥更大作用。

(1)第三方评估的基本原则。坚持政社分开,管评分离,由独立的社会机构进行专业化评估;坚持分级管理,分类评估,由各级登记管理机关指导和监督;坚持客观公正,公开透明,确保评估公信力;坚持引导激励,以评促建,促进社会组织健康有序发展。

(2)第三方评估工作推进。民政部门作为政府部门,主要负责制定评估政策法规,完善评估标准,监督第三方评估机构,建立优胜劣汰的动态管理机制;社会组织评估委员会主要负责制定方案,审定初评结果,做出终评结论;社会组织评估的具体事务性工作由第三方评估机构承担。推进第三方评估工作,需民政部门、社会组织密切配合,通力协作,加强信息共享,形成联动机制。需要用开放的眼光拓展社会组织第三方评估类型,逐步将承担政府购买服务项目和承接政府转移职能的社会组织纳入第三方评估之中。

(3)养老服务的第三方评估。养老机构建设补助、服务机构运营补贴、居家养老服务补贴、养老机构入住资质及各类政府购买养老服务项目的评估等,为确保公平、高效运行,亟待建立和完善养老服务的第三方评估体系和运行机制。

(四)实践尝试

1.养老服务规范

开展养老服务评估,首先需要建设养老服务行业规范。近年来,各地养老服务地方标准相继出台,对推进养老服务工作起到了较好的作用。

(1)居家养老服务规范:2010年,上海首先发布了地方标准《社区居家养老服务规范》之后,浙江省于2011年发布浙江省地方标准《居家养老服务与管理规范》,该"规范"指出:居家养老服务是由政府主导,依托社区和社会力量,为居家的老年人提供生活照料、家政服务、康复护理和精神慰藉等方面服务的一种服务形式,同时对管理机构、服务机构、服务人员提出了要求,对服务内容与要求做了规定。其中提出的服务内容有:生活照料、助餐服务、助浴服务、助洁服务、洗涤服务、助行服务、代办服务、康复辅助、相谈服务、助医服务、安全守护服务及其他服务,有较简要的服务要求。

(2)养老机构服务规范:近年来,各地相继出台地方标准,制订了养老机构的服务规范。浙江省地方标准《养老机构服务与管理规范》将养老机构分为居养型、助养型和护理型;浙江省宁波地区的地方标准《养老机构服务规范》提出了老年人分级护理规范,将养老机构老年人护理分为1级、2级、3级、特1级、特2级、特3级及特需护理共七级,同时提出了分级的标准和服务规范。各类地方标准基本上将养老机构的服务内容概括为生活照料、膳食服务、医护服务、精神慰藉、休闲娱乐、居室与环境卫生服务等几个方面,并制定了相应的服务要求。

总体来看,不管是居家养老服务还是机构养老服务,还缺乏相应的较为统一和细致的服务细则,行业规范还需进一步建立和完善。

2.评估标准

如前所述,我国养老服务行业规范还没有很好建立,也缺乏养老服务质量监管体系和各类机构的转介评估体系。目前各地陆续开展的养老服务评估主要有为落实居家养老服务补贴政策而开展的居家养老服务需求评估,以及机构养老服务星级评估。各地有不同的评估标准,如浙江省地方标准中,养老机构实行星级评估,有一星级、二星级、三星级、四星级及五星级的评定标准,浙江省宁波市地方标准则按5A级评定,有A级、AA级、AAA级、AAAA级、AAAAA级评估标准,各类标准的内容上也有差别。有学者较系统地梳理和制订了《养老机构老年护理服务规范和评价标准》,对养老服务质量评估和管理有较好的指导意义。

3.评估方法

浙江省地方标准《居家养老服务与管理规范》中提出了服务质量评价方法:①评价主体:管理机构对服务机构的评价、服务机构自评、服务对象或家属、监护人评价及第三方评价。②服务质量评价指标:服务对象满意度、服务时间准确率、服务项目完成率、有效投诉结案率。③评价方法:意见征询(上门、电话、信件、网络)、实地查看、检查考核。

知识链接

杭州市养老机构等级评定

1. 设立等级评定委员会。市民政局主管副局长担任组长,成员单位包括市卫生计生委、考评办、财政局、物价局、人力社保局、审计局、公安消防局、民政局(民间组织管理局),等级评定委员会下设办公室,负责组织等级评定的受理、评审和审批工作。

2. 评定范围及条件。按照自愿原则,杭州市范围内的老年社会福利院、养老院、敬老院等养老机构(不包括农村三无、五保供养服务机构),并取得"杭州市养老机构设立许可"证书,三年内无重大责任事故的均可报名参评。新设立的养老机构在取得养老机构设立许可证书满一年后才能申请等级评定。

3. 评定标准。机构等级采用星级制划分,从低至高分为一星、二星、三星、四星和五星。按照《养老机构等级评定细则》进行评分,总分300分,其中一星为100至199分,二星为200至229分,三星为230至249分,四星为250至269分,五星为270分及以上。

4. 评定流程。机构申请报名并上交自评表和相关资料至区级民政部门;区级民政部门组织一星级和二星级的初评,以及三星级以上机构的资格初审;区级民政部门推荐初审合格的三星及以上机构,并报送相关资料至市等级评定委员会办公室;市等级评定委员会办公室组织评估专家组织初评;初评结果上报等级评定委员会复核;公示评估结果;定级授牌。

5. 评定管理。①证书管理:等级标志和证书有效期为三年,到期前须重新申请、评定;②升等评定:养老机构获得等级资格满两年后,可以根据情况申请高一级的养老机构等级评定;③降等评定:对出现重大责任事故的养老机构降级或取消相应等级资质,等级取消满两年后,才可重新申请评级。

另外,养老服务机构根据自身条件,老年人入住时应对其健康状况、自理能力、服务需求及安全等方面进行评估,评估标准、评估管理也在逐步探索和完善。

第二节 养老服务评估体系

养老服务评估包括对社区居家和机构养老服务的评估。在良好的评估制度下,养老服务评估的开展依托于有较好的评估标准、评估专业人才及评估模式等。

一、相关制度

建立和完善评估制度是居家养老服务评估流程得以顺利展开的重要保障,相关制度包括养老服务机构的资质评估、服务质量等级评估、老年人入住资质评估及老年人服务需求评估和转介评估等。

(一)评估制度

在一些发达国家,养老机构评估结果是养老机构获得政府投入的凭证,对老年人的评估是入住养老机构资格,是获得喘息服务补助、长期照护保险赔付的依据。目前,我国各地已将评估制度建设纳入政府工作中。随着老龄化的进展,需加快建立、健全养老服务评估制度,这对于财政专项资金的落实和监管、养老服务规范建设、养老服务质量提升及保障社会公共资源公平、高效使用,具有十分重要的意义。

1. 养老机构评估

包括养老机构入行的资质评估、品质评估和入住资质评估。

(1)资质评估。为鼓励社会力量开办养老服务机构,各地根据实际情况制定了补助政策。为落实这一政策,设立了相应的标准,根据标准对养老机构设施、运行进行评估,评估结果是提供财政补助的依据。这一评估是最基础的评估,是养老机构是否达到基本要求的评估。另外,设立养老机构还有一个前置评定,在机构设立审批过程中完成,是强制执行的评估。

(2)品质评估。是引导养老机构提升服务质量的评估,如前面所述的"星级评定""5A级评定"。通过设立阶梯式的评估标准,引导养老机构朝最高级别发展。此项评估工作能较好地开展,依赖于一个最重要的因素,即高级别评估证书获得能为养老机构带来社会效益和经济效益。因此,评估组织、评估标准、评估证书必须具备权威效应,有较好的社会影响力;根据评估结果,政府补助政策应向有高服务品质的养老机构倾斜,使高服务品质机构得到更好的发展,进入良性循环,从而引领行业发展(如图5-1)。

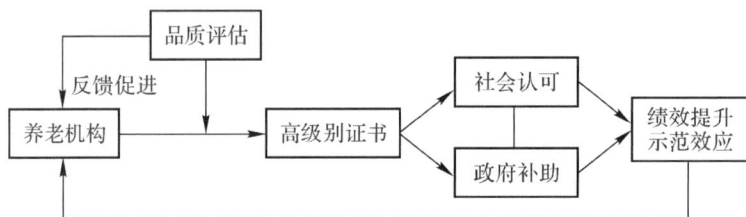

图 5-1　养老服务评估促进品质提升

(3)入住资质评估。政府投入大量的财政经费来建设养老机构,这类国办机构大多设施较好而收费相对不高,入住需求高。为保证这些公共资源高效、公平使用,使真正需要入住的老年人按轻重缓急有序入住,应根据当地资源和老年人情况设立评估标准,开展入住资质评估。为体现公平性,这类评估亦需要以第三方评估方式开展。另外,养老服务机构根据自身条件和特色,如有的只收自理老年人、有的专收失智老年人等,在老年人入住时会根据机构自身设定的标准进行入住评估。此类评估由机构自身设定和执行。

2. 居家养老服务评估

包括对老年人的服务需求进行评估和居家养老服务机构的评估。

(1)服务需求评估。目前我国养老机构床位数在3%左右,也就是说97%的老年人不管自身愿意与否,都必然居家养老。为鼓励居家养老,各地积极开展居家养老服务体系建设,对居家养老提供政策支持,如为居家失能失智老年人的照护者提供免费培训、实行喘息服务补助、政府购买部分服务等。为使这些政策高效有序落实,需要对老年人的服务需求进行界定,同时,居家养老服务需求的评估也是制订居家养老服务政策的依据。一般来说,居家养老服务需求评估标准的设立,需要考虑老年人的经济状况、健康状况、自理能力、心理情况、照护资源及当地的相关政策,如图5-2(陈雪萍,2011)。

(2)居家养老服务机构评估。目前各地政府对居家养老服务机构都采取一定的扶持政策,对其设立、运行进行补助,与养老机构评估相似,居家养老服务机构的设立、运行亦需要进行必要的评估。评估标准应根据各地经济状况和相关政策而定。

(3)居家养老服务品质评估。如养老机构品质评估一样,居家养老服务亦需对其质量进

```
                                     ┌── 工具性日常生活自理能力
                      自理能力 ───────┤
                                     └── 基本日常生活自理能力

                                     ┌── 视力情况
                                     ├── 排泄情况
                      特殊照护需求 ───┤
                                     ├── 伤人和自伤行为
                                     └── 其他麻烦行为

                                     ┌── 疾病诊断
                      疾病情况 ───────┤── 治疗需求
                                     └── 医生评价与建议

   养老服务需求                      ┌── 情绪
   评估指标                 心理情况 ─┤── 认知
                                     └── 行为

                                     ┌── 康复项目需求
                      康复情况 ───────┤── 康复机械需求
                                     └── 康复人员需求

                                     ┌── 家庭照护资源
                      照护资源 ───────┤── 社区照护资源
                                     └── 机构照护资源

                      经济状况        ┌── 优扶政策
                      相关政策 ───────┤── 补助政策
                                     └── 其他政策
```

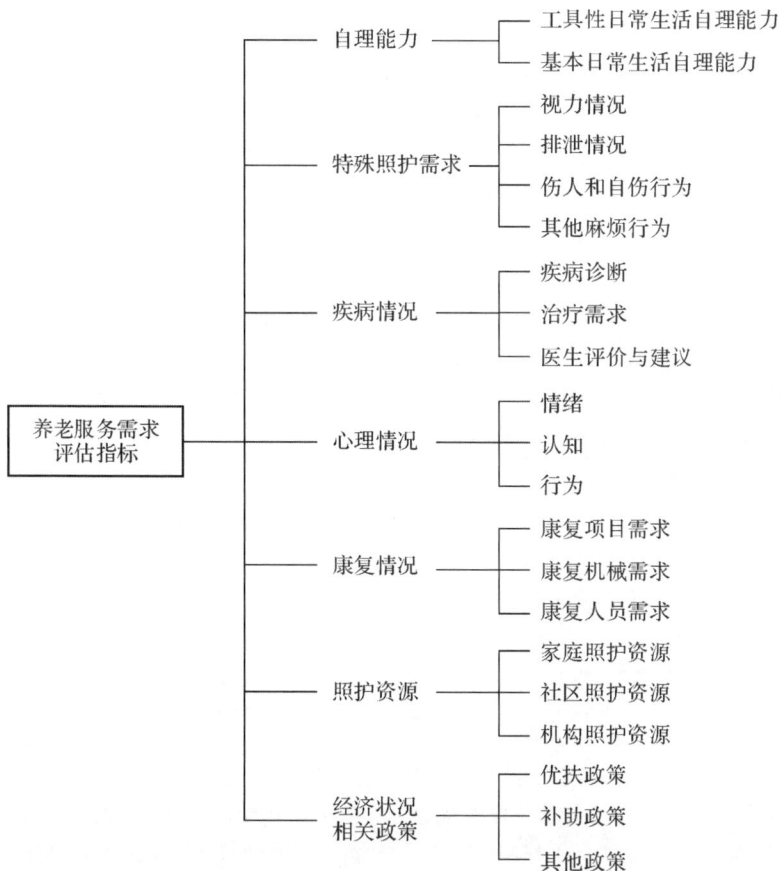

图 5-2 老年人需求评估指标设置

行监管,但评估内涵和评估方式显然不同于养老机构内的评估,目前尚缺乏较好的评估标准和监管模式。

(二)转介制度

目前我国的老年护理服务机构主要有卫生部门管理的老年护理院与民政部门主管的各类养老机构和居家养老服务机构。据报道,各类机构缺乏明确的功能定位,一些养老机构缺乏专业护士,却收住需要提供专业医疗护理的老年人,存在一定的隐患。另外,由于目前医疗护理的护理费可纳入医保,而养老护理的护理费没有纳入社会保障体系,故一些老年人长期住在医院或护理院,"以医代养",浪费医疗资源,同时造成急需入住的老年人又难以入住,使有限资源难以高效使用。一些国办养老机构收住自理老年人,使真正需要入住的老年人难以入住,造成使用效率低下,另外也因"开后门"而造成无序等候,导致公共资源不公平使用,从而带来社会问题。因此,亟待建立居家养老、社区托老、机构养老、老年护理院服务之间顺畅的转介机制。

1.完善各类机构的功能定位

明确各类养老服务机构的功能定位,便于机构在硬件、工作人员、辅助设施等进行规范设置和管理,便于政府主管部门依法对机构进行有效监管,便于老年人的分类管理和合理转介,确保老年人的利益得到有效保障。根据现状,结合国内外经验,各类机构的功能定位与服务规范见表 5-1(陈雪萍,2011)。

表 5-1　各类老年护理机构功能定位与服务范围

机构类别	功能定位与服务范围	主要服务人员
居家养老服务机构	①提供居家生活照料服务。 ②主要针对工具性日常生活活动能力受损的老年人,不需要 24 小时连续护理,或者在家庭非正式照护的基础上提供协助或临时的帮助。 ③服务范围:协助外出,如社交、各类室外活动等;协助家务活动,如环境卫生、备餐、洗衣等;协助医疗活动,如协助就医、配药、定时服药等;协助个人卫生,如定期洗头、定期洗澡等;探访服务,如定时电话联系、定期上门探访、应急呼叫、活动监控等;精神慰藉,如陪聊、心理疏导等心理健康服务;护理辅具的租赁;老年人及家庭照护人员的培训等。	经过培训的家政服务人员、养老护理员、志愿者等
养老机构	①提供持续的生活照料服务。 ②主要针对基本日常生活活动能力受损的老年人,如体位移动、进食、控制大小便功能受限,或者认知功能受损需要持续 24 小时照护,而家庭非正式照护不能承担,居家护理服务难以维持,但不需要持续的医疗护理服务者。 ③服务范围:除医疗护理以外的所有老年人的日常生活照料,包括衣、食、住、行及休闲娱乐活动、精神文化活动、康复锻炼、日常保健服务等。同时在医护人员的指导下,对老年人的病情进行观察,协助治疗活动等。	各级养老护理员,按要求配备一定数量的护士、社会工作者
托老服务机构(以养老护理为主)	①提供日间的生活照料服务,有条件的也可开展全托服务。 ②主要针对基本日常生活自理能力受损的老年人,或者认知功能受损需要照护,而其家庭照护在日间或临时无法维持者,或因其他特殊情况需要临时托管的。 ③服务范围:主要提供日间的生活照料服务,如饮食、服药、排泄、活动、安全保护、病情观察等服务,也可根据机构的设施情况提供沐浴、康复锻炼等其他服务。	养老护理员,经过培训的家政服务人员等,按要求配备一定数量的护士
家庭护理机构	①提供适合居家环境下的医疗护理服务,可以提供居家养老护理服务。 ②主要针对有医疗护理需求而就医不便者,而且护理项目适合于家庭内开展,没有禁忌,风险较小。 ③服务范围:常见的有物理降温、血压监测、尿糖检测、塞剂给予、膀胱训练、器械使用指导、心理护理、健康咨询、照护者指导、血糖监测、心电图、吸氧、辅助吸痰、化验标本采集、小量注射、服药指导、静脉输液、中小换药、伤口拆线、压疮护理、造瘘护理、留置管道护理、灌肠、石膏牵引护理、口腔护理、会阴护理、鼻饲、导尿、膀胱冲洗、康复训练、临终关怀等。另外,根据机构人力资源情况,可以提供所有的养老护理服务。	具有家庭护理从业执照的护士,有养老护理服务内容者可配备养老护理员、经过培训的家政服务人员等
托老服务机构(以医疗护理为主)	①提供日间医疗护理服务为主,兼顾生活照料。 ②主要针对有医疗护理服务需要、家庭无法照护者,也可以涵盖上述以养老护理为主的托老服务的内容。 ③服务范围:主要提供上述家庭护理的内容,根据设施及技术情况,在医疗行政部门许可下可扩大服务的范围,同时提供生活照料服务。	护士为主,配备一定的养老护理员等

续表

机构类别	功能定位与服务范围	主要服务人员
老年护理院	①提供持续的医疗护理服务。 ②主要针对处于疾病恢复期,慢性病病情稳定,不需要较大的用药调整及抢救、手术等医学处理,同时需要较长时期的治疗护理服务的老年人。 ③服务范围:包括上述家庭护理内容、除去综合性医院内各种重症救护、监测和借助于高精尖医疗设备以外的各类基础护理、专科护理、生活护理、心理护理、肢体功能康复、临终关怀等。	护士为主,配备一定的养老护理员、医生(或者由外聘医生负责诊疗工作)

各类机构可在上述基础上,根据自身资源情况再进行细的功能定位,如以家政服务为主、以生活照料为主的居家养老服务机构、以临终关怀为主的老年护理院、以某一类疾病(如老年痴呆、脑卒中后遗症)康复为主的老年护理院等。

2.设立转介条件

在明确各类老年服务机构功能定位的基础上,转介条件设置需要综合考虑一个地区的资源和老年人心身功能及疾病状况,需要组织人员进行深入调研后制定。在专业考虑上,首先要保证护理安全,所以必须明确养老护理员与护士的职责界限,在家庭护理、老年护理院、养老机构、托老服务机构中必须明确哪些操作可以在家庭、养老机构内执行,哪些只能在医疗护理机构执行,还有老年护理院不同于综合性医院,设施有限,护理范围亦须明确。其中最关键的是要明确家庭护理的范围,制定家庭护理规范和相应的风险承担。老年人有家庭内不能执行的医疗护理需求,则必须转介到医疗护理机构;居家养老护理与机构养老护理之间的转介更多的是考虑老年人身心功能状态与家庭和机构的照护资源;护理机构与医院之间的转介则更多考虑病情治疗的需求。

(1)居家与养老机构的转介。居家接受服务还是入住机构,需要考虑老年人的功能状况、疾病状况、家庭照护资源、机构床位等因素。如果老年人进食、行走、如厕等最基础的功能受损,而家庭缺乏专职的照护者,则应入住养老机构。养老机构内老年人情况良好,家庭有一定的照护资源,或者社区良好的居家养老服务能满足居家老年人需要,则应转为居家养老。

(2)养老护理机构与医疗护理机构的转介。两者相互转介同样需要考虑老年人的疾病状况、身心功能状况、医疗护理需求及机构床位等。如果老年人有医疗护理需求,医疗护理项目适合在家庭内开展的,则请护士上门服务(家庭护理项目同样适合养老机构内执行)。如有下列情况之一者,则宜入住老年护理院:持续的管道护理,如留置导尿管、鼻饲管、气管切开;需频繁的伤口换药或带有压疮、下肢溃疡等;需持续呼吸道维护和管理,如吸痰、雾化吸入、给氧等;瘫痪、身体残疾、机体功能衰退需要持续康复护理服务;临终关怀和姑息治疗;认知障碍,如老年痴呆等。如果老年人病情变化,发生急性疾病或慢性病急性发作、慢性病病情不稳定需作较大的用药调整和手术治疗、传染性疾病需要隔离治疗、精神症状持续发作有自伤和伤人行为、严重感染及各类超过护理院服务范围的老年患者,则转介到老年医院。老年人在医疗护理机构治疗护理一段时间后,病情稳定、不需要持续的医疗护理服务或者家庭护理可以满足其需要,则可转入养老机构或居家接受护理服务。

(3)老年护理机构与老年医院的转介。老年人常患有各类慢性疾病,经老年医院或康复医院等治疗后,病情稳定,在医嘱下转入相应的护理机构或居家接受服务;而居家或入住各类护理院的老年人因病情变化或患有各类急性疾病,则根据病情和资源,转入相应的医院治疗。同样,一些老年医院、老年康复医院需要设立住院标准,以使有限的资源高效、公平使用。

3.建立转介机制

目前各类养老服务机构结合自身的条件,有入住评估要求,对入住的老年人有一定的筛选。但是,目前尚缺乏总体的转介系统,不能够在居家养老、养老机构、老年护理院及老年医院之间完成顺畅转介。亟待建立:①转介评估机构。②转介标准。③转介流程与实施模式。

二、评估标准

设立评估标准是评估工作的基础。目前,各地逐步设立了养老机构服务规范和相应的评估标准,如浙江省与杭州市的地方标准分别设立了"星级"评估标准,浙江省宁波市则设立了"5A"级评估的地方标准。每个地区需要综合经济状况及老龄化程度、社会负担等设立符合本地的评估标准,但需要在一定区域范围内相对统一,或者不同层次的评估标准要相互衔接,避免养老服务机构的多头评估,如一个机构要参加市级、省级和国家级的评估,就会造成负担。

1.需求评估标准

根据养老服务需求评估指标(如图5-2),并根据当地经济、养老服务资源、家庭资源及老年人身心状况设立评估指标,确立居家养老服务补助评估标准、喘息服务补助评估标准、机构入住评估标准等。此外,有些地区目前正在试点长期照护保险制度,亦需建立保险赔付的评估标准。

2.服务品质评估标准

养老机构的"星级""5A"评估标准,是对养老机构品质的一次较全面的评估,以不同的级别来标示其服务品质,这样的评估一般周期为3～4年,期间机构可以根据自身发展情况再申请高一级的评估。除此之外,民政部门需要设立养老服务质量的经常性监管机制,包括养老机构的服务质量和居家养老服务质量监管,其服务质量的评估标准是监管的工具和依据。

三、评估机构

第三方评估是政府监管的重要抓手,是社会监督的重要平台。需要以评估促改革、促建设、促管理、促发展,规范第三方评估的范围、内容、程序,培育和发展第三方评估机构,建立第三方评估的体制机制和政策保障。

1.第三方评估机构具备的条件

第三方评估组织必须具备四个方面的资质条件:①能够独立承担民事责任。②具有相对稳定的专业评估队伍。③内部管理规范。④社会信誉良好。其中能够独立承担民事责任的硬性资质是从事社会组织评估的最低要求,人才队伍、管理水平、社会信誉情况等软性资质决定了该机构是否拥有足够的能力、评估的专业认可度及结果的权威性。

2.评估机构要求

社会组织第三方评估机构要严格依照评估标准和程序做好评估工作,并定期将工作进度等情况向民政部门报告。第三方评估机构要客观公正地开展评估工作,不得利用评估谋取不正当利益,要教育引导评估人员严格遵守评估工作纪律,不得弄虚作假、徇私舞弊,自觉接受评估对象和社会的监督。

3.评估队伍组成及要求

养老服务评估的专业人员应由老年护理专家、养老护理员(高级以上)或从事养老服务的护士(中级职称以上)、养老服务管理者、社会工作者、社区工作者等组成。评估人员须具备较高的专业素养和道德素养,参加统一的上岗培训,具有较好的评估能力。

四、评估模式

1.服务需求评估模式

老年人需要入住养老机构或者老年护理院,或者获得养老服务补助、养老服务保险赔付等,通常由老年人或其监护人向所在社区提出申请,再由当地民政部门确定的第三方评估组织根据评估内容选派评估人员,按照评估标准进行评估,形成评估结论并提出建议,再由民政管理部门审核确认,最后由社会工作者协调,根据评估结论落实服务或者提供货币补助,并对具体执行情况及老年人或监护人的满意度进行回访,反馈相关信息。服务需求评估模式如图5-3所示。此外,为确保评估工作公正公平,需建立一定的信息公开制度,接受社会监督。

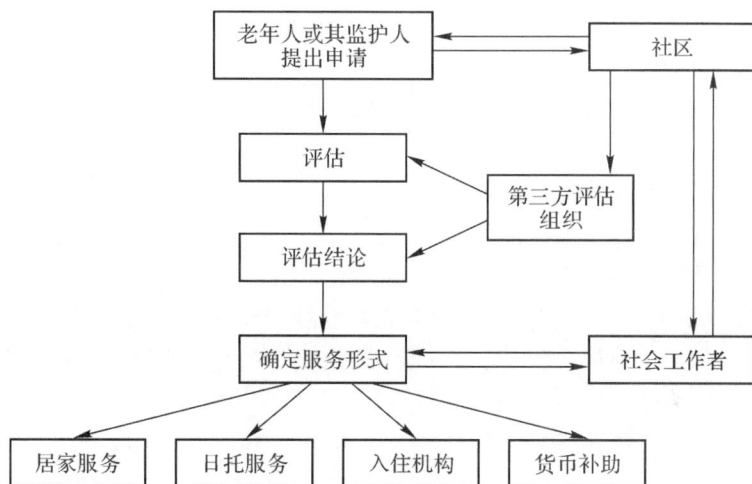

图 5-3 服务需求评估模式

2.服务质量评估模式

养老服务质量评估分为两个层面,一个是对服务主体的服务质量进行定期或不定期的监管评估;另一个是服务机构自愿申请,第三方评估组织根据评估标准对其进行评估,达标者发给"证书",不同级别的"证书"是其服务品质的标志。前者是强制性的评估,后者是自愿基础上的评估;两者应建立一定的互通机制,如前者评估出现重大事件或者服务质量存在严重问题,后者的评估"证书"吊销或者降级;同时,评估结果与政策支持相结合,如政府对机构的运营补助以服务质量的评估结果为依据,实行分类补助,以发挥评估的引导作用。服务质量评估模式如图5-4所示。同样,评估结果应进行公示,接受社会监督和发挥示范、警示作用。

五、评估监管

1.建立信息平台,公开信息

计算机信息技术的发展为养老服务评估工作带来便利,建立区域的养老服务评估网站,对评估组织、评估内容、评估标准、评估程序及评估结果等进行公示,便于公众参与,广泛吸纳意见和建议。民政部门要定期汇总社会组织第三方评估信息,及时公布社会组织评估机构、评估方案、评估标准、评估程序和评估结果,提高评估工作透明度。第三方评估机构要将单位名称、组织机构、章程、业务范围、住所、负责人、联络方式向社会公开,自觉接受评估对象和社会公众对评估工作的咨询,积极回应质疑。

2.推进评估成果应用

建立评估结果综合利用机制,扩大评估结果运用范围。评估结果作为激励政策、承接政府转移职能、接受政府购买服务、享受税收优惠、参与民主协商、优化年检程序、参加表彰奖励的参考条件,鼓励把评估结果作为社会组织信用体系建设的重要内容,促进评估结果的应用。

3.加强对第三方评估工作的领导

第三方评估工作能促进社会组织更好地承接政府转移职能和承担政府购买

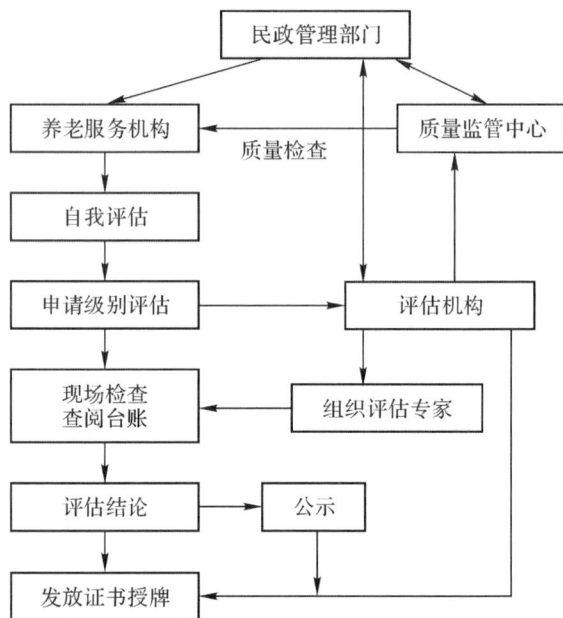

图 5-4　养老服务质量评估模式

养老服务项目,促进操作程序的规范化和体现公开公正透明。同时,政府部门亦需要建立一定的保障政策,提升社会组织第三方评估的规范化、标准化、信息化水平;吸收有关部门代表、人大代表、政协委员、专家学者、市场中介机构和社会组织代表等专业人士的建议,建立信誉好、公信力高的评估委员会和复核委员会,充分发挥委员会在第三方评估中的决策和监督作用。

第三节　居家养老服务评估

我国社区居家养老服务总体水平不高,专业化程度低,区域间发展不平衡。居家养老服务体系有待逐步建立和完善。

一、居家养老服务需求评估

为促进居养老服务体系建设,各地政府均积极出台相应的政策,以政府购买服务的形式来扶持居家养老服务机构,启动相应的服务需求评估工作。现以浙江省杭州市的居家养老服务评估为例,介绍相关工作。

1.评估对象

(1)独居、空巢、孤寡、80岁以上高龄老年人中,生活不能自理或不能完全自理的老年人。

(2)市级以上劳模、重点优抚对象、离休干部等有特殊贡献的老年人中,生活不能自理或不能完全自理的老年人。

(3)工资收入较低(退休金或养老保险金在3000元以下的),生活不能自理或不能完全自理的老年人。

2.评估申请

符合条件的老年人提出申请,所在社区确定老年人是否属于评估对象范围,符合评估对象范围的,老年人或者监护人填写《居家养老服务评估申请表》,提交身份证复印件、户口簿复印件、收入证明及其他必要的证件如"困难家庭救助证""残疾人基本生活保障证"等。申请表见表5-2。

表5-2 杭州市社区(村)居家养老服务需求评估

姓名		身份证号码	
性别		出生年月	
民族		文化程度	□文盲　　　□略识字 □能阅读　最高学历＿＿＿＿＿＿
籍贯		婚姻状况	□未婚 □已婚 □丧偶 □离婚
居 住	□与子女亲友共住　□空巢　□孤寡、独居		
经 济 条 件	□低保 □无社保(非低保、低收入) □低退休工资(夫妻双方的平均退休工资) □退休工资 2000～3000 元(夫妻双方的平均退休工资)		
特殊贡献	□市级以上劳模　□重点优抚对象　□纯居干 □离休干部		
年龄	□80 岁以下 □80～89 岁 □90～99 岁 □100 岁及以上		
户籍所在地	区(县) 街(镇)		
居住地址	区(县) 街(镇)		
邮编		住宅电话	
		手机	
代理人姓名		与申请人关系	
代理人地址	区(县) 街(镇)		
电话		手机	

申请人(代理人)签字:

年　月　日

3.实施评估

(1)评估人员。建立由区民政局统一培训、管理的评估机构,评估人员可为专职或兼职,人员相对固定,避免因评估人员尺度把握不同而产生分值差异过大的情况。首次评估的评估员,应不少于 2 人;对评估有异议的,进行复检评估,复检评估需选择首次评估之外的评估员参加,应不少于 2 人。鼓励探索引入第三方的社会专业机构对老年人居家养老服务需求进行有效评估,建立评估员资格认证机制,统一印发评估资格证件,逐步实行评估员持证上岗制度。

(2)评估标准。主要采用以下八方面的评估参数:①自理能力(见表5-3)。②经济条件(见表5-4)。③居住环境(见表5-4)。④年龄情况(见表5-4)。⑤特殊贡献(见表5-4)。⑥残障情况(见表5-5)。⑦住房情况(见表5-6)。⑧重大疾病。

表 5-3　老年人生活自理能力评估

评估事项	评估内容				评估分
(1)进食	0分 在合理时间内(约十秒吃一口)可用筷子进食		5分 需别人帮助或只会用汤匙进食	10分 无法自行取食或耗时过长	
(2)移动	0分 可独立完成,包括轮椅的刹车及移开脚踏板	5分 需要稍微协助或口头指导	10分 可自行从床上坐起,但移位需帮助	15分 需帮助方可坐起来或移位	
(3)个人卫生	0分 可独立完成洗脸、洗手、刷牙及梳头			5分 需要别人帮助	
(4)如厕	0分 可自行进出厕所,不会弄脏衣物,并穿好衣服		5分 需帮助保持平衡、整理衣物或使用厕纸	10分 需他人帮助	
(5)洗澡	0分 可独立完成			5分 需要别人帮助	
(6)行走于平地上	0分 可独立行走50米以上	5分 需稍微扶持或口头指导,可行走50米以上	10分 虽无法行走,但可独立操纵轮椅并可推行轮椅50米以上	15分 需别人帮助推轮椅	
(7)上下楼梯	0分 独立完成		5分 需要稍微帮助或口头指导	10分 无法上下楼梯	
(8)穿脱衣服	0分 可自行穿脱衣服、鞋子及辅具		5分 在别人帮助下,可完成一半以上动作	10分 不能自行穿脱衣服	
(9)大便控制	0分 无大便失禁,并可自行使用塞剂		5分 偶有失禁(每周不超过一次)或使用塞剂时需人帮助	10分 经常失禁,需要别人处理	
(10)小便控制	0分 日夜皆不会尿失禁,或可自行使用并清理尿套		5分 偶尔会尿失禁(每周不超过一次)或尿急或需帮助处理尿套	10分 经常失禁,需要别人处理	
评估总分					
结论	□ 重度依赖　　□中度依赖　　□轻度依赖　　□正常				

注:评估分值＝总分×1/2。正常(0分)、轻度依赖(0<X≤5分)、中度依赖(5<X≤25分)和重度依赖(25<X≤50分)。

表 5-4 经济条件、居住环境、年龄及特殊贡献评估

指标	分　类	判断评分	收入情况
经济条件	低保	25 分	□低保　　　　□残保 □市级困难家庭　□区级困难家庭
	无社保	20 分	收入＿＿＿＿元/月
	低退休工资(2000 元以下)	15 分	收入＿＿＿＿元/月
	退休工资(2000～3000 元)	10 分	收入＿＿＿＿元/月
居住环境	分类	判断评分	是否有生活照料
	孤寡、独居	25 分	□是　□否
	空巢	20 分	□是　□否
	与子女亲友共住	15 分	□是　□否
年龄情况	出生日期	＿＿＿＿年＿＿月＿＿日(以身份证为准)	
	现有年龄	1.90 岁以上　□10 分 2.80～89 岁　□ 5 分 3.60～79 岁　□0 分	
特殊贡献	1.市级以上劳模　□10 分 2.重点优抚对象　□10 分 3.纯居干　□10 分 4.离休干部　□10 分		

表 5-5 残障情况评估

视力	□ 轻度不健全,但尚能照顾个人安全 □ 重度不健全,只有光感,但在熟悉的环境下,足以照顾自己 □ 失明,需他人护理
听力	□ 需配备助听器 □ 轻度受损 □ 重度受损 □ 失聪
肢体	□ 上肢 □ 下肢
其他	

表 5-6 住房情况评估

住房情况	1.廉租房　□无 □有 2.租赁房　□无 □有 3.经济适用房 □无 □有＿＿＿＿套 4.商品房　□无 □有＿＿＿＿套 5.农村自建房 □无 □有＿＿＿＿套 6.其他

（3）评估流程。社区评估机构接到申请后，初步审核是否纳入评估范围，对符合评估条件的，在规定时间日内组织评估员对申请人进行评估，逐级审核；对不符合评估条件的老年人，当面做好政策宣传和解释工作，并落实责任片社会工作者做好动态跟踪服务。图 5-5 是杭州市某行政区的评估流程。

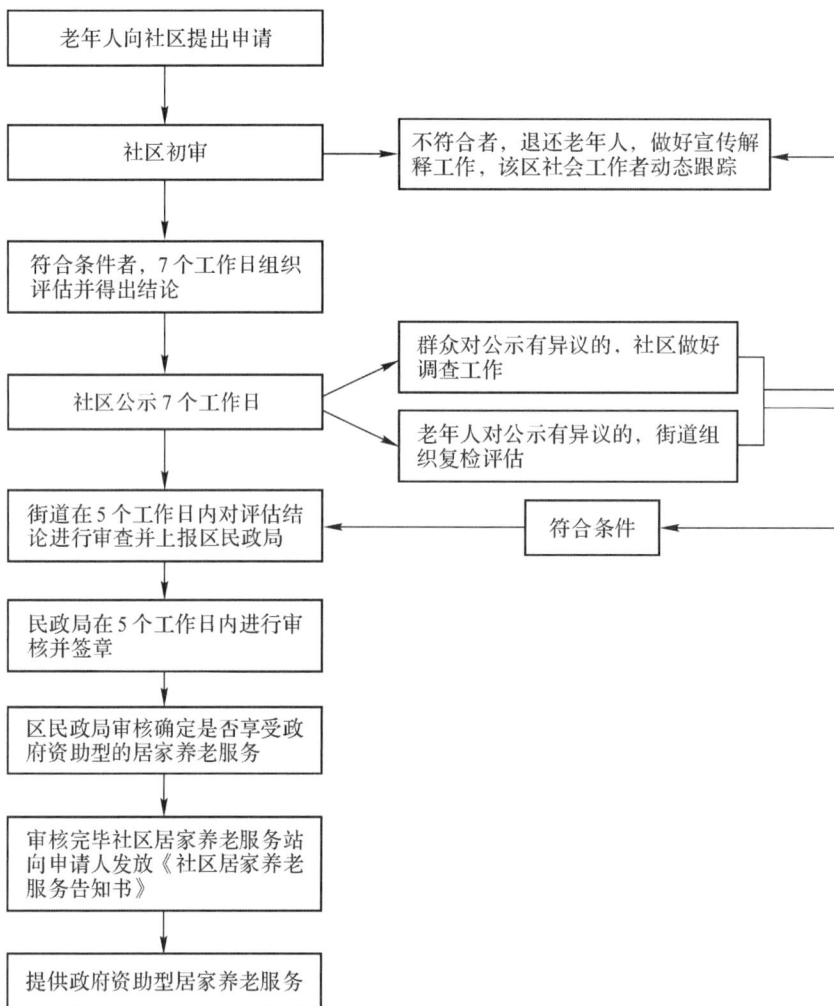

图 5-5　杭州某行政区的评估流程

（4）评估结论。评估员进行评估后，形成评估报告（见表 5-7），填写评估报告确认书（表5-8），并逐级上报，按流程进行公示、审核，最后向老年人提供居家服务告知书。

社区（村）居家养老服务告知书

尊敬的＿＿＿＿＿老年人：

　　您所提交的《杭州市社区（村）居家养老服务申请表》收悉，经评估审核，符合□　不符合□　政府购买居家养老服务条件。

　　从＿＿年＿＿月＿＿日起每月享受＿＿小时免费服务，具体服务由＿＿＿＿＿＿提供。

（盖章）

年　月　日

表 5-7 评估报告

评估参数	判 断 等 级	评估分值
1.生活自理能力 （0～50 分）	□重度 □中度 □轻度 □正常	
2.经济条件 （0～25 分）	□低保 □无社保 □低退休工资 □2000～3000 元	
3.居住情况 （0～25 分）	□孤寡、独居 □空巢 □与亲友、子女共住	
4.年龄情况 （0～10 分）	□90 岁以上 □80～89 岁 □60～79 岁	
5.特殊贡献 （0～40 分）	□市级以上劳模 □重点优抚对象 □纯居干 □离休干部	
6.残障情况		
7.住房情况		
8.重大疾病		
评估总分	＿＿＿＿＿＿＿分	
建议服务标准	＿＿＿＿＿＿小时	
建议服务形式	□ 居家养老 □ 机构养老	

表 5-8 评估报告确认书

评估表基本信息

评估表编号			完成日期	年 月 日
(1)评估员确认	评估员姓名		确认完成	首次评估□ 复检评估□ 变更评估□
	联络电话			
	所属单位			
	评估员签名： （盖章）		日期	年 月 日
(2)社区意见				（盖章） 年 月 日
(3)街镇审查	符合评估标准□ 建议再次评估□			（盖章） 年 月 日
(4)区民政局审核	确认评估结果□ 要求再次评估□			（盖章） 年 月 日

(5)评估监管。主要由各行政区统一对评估人员进行培训,定期对评估对象进行满意度测评,同时将评估投诉、复评情况也作为考核的依据。

二、居家养老护理质量评估

1.居家养老服务规范

各地地方标准提出了居家养老服务的主要内容及基本要求,基本的服务内容有:生活护理、助餐服务、助浴服务、助洁服务、洗涤服务、助行服务、代办服务、康复辅助、相谈服务及就医服务。目前对居家养老服务机构提出了一些基本的要求,包括对服务机构和服务人员的要求。

知识链接

上海居家养老服务规范

1. 服务机构要求。服务机构必须具有与服务项目相符合的服务人员和管理人员;配备与服务项目相符合的相关设备设施和场所;应制定社区居家养老服务的规章制度和工作流程;应使用统一的社区居家养老服务标识;服务机构必须公示以下内容:执业证照、服务项目、收费标准、规章制度、工作流程、服务承诺、投诉方式。

2. 服务人员要求。服务人员必须遵守社区居家养老服务机构规章制度;持有效健康证明;应接受相关专业知识和技能的培训,持有行业认定的证书上岗;应遵守社区居家养老服务职业道德,保护老年人隐私;提供服务时应注意个人卫生、服饰整洁;提供服务时应语言文明、态度热情、细致周到、操作规范。

2.居家养老服务质量评估

各地地方标准对居家养老服务提出了基本的要求,如助餐服务:洗、煮饭菜应干净、卫生,无焦糊;尊重老年人的饮食生活习惯;注意营养,合理配餐,每周有食谱;助餐点应配置符合老年人的无障碍设施,助餐工具应保持清洁卫生,餐具做到每餐消毒;送餐上门应及时,有必要的保温、保鲜设备。对服务质量的评估主要体现在服务对象满意度的测评,区、街道定期对各服务实体进行服务满意度的随机抽样调查,并以此作为结算及选定次年服务供应商的依据,对服务评价低的居家养老服务实体予以淘汰。

目前尚缺乏较好的居家养老服务质量评估的标准,需要逐步建立并完善监管体系和积极探索居家养老服务质量评估的实践模式。表5-9是杭州市老年人满意度调查表。

表5-9 老年人满意度调查

区、县(市)_____街道(乡镇)_____社区(村)_____

调查时间:_____ 被调查者姓名:_____

序号	调查内容	非常满意	满意	基本满意	不满意
1	对服务机构(单位)的管理是否满意?				
2	对服务机构提供的服务内容是否满意?				
3	对服务机构履行协议(合同)的能力是否满意?				
4	对服务机构工作人员的服务态度是否满意?				

序号	调查内容	非常满意	满意	基本满意	不满意
5	对服务机构提供的服务设施是否满意？				
6	对护理员处理应急问题的能力是否满意？				
7	对护理员的工作效率是否满意？				
8	对护理员上门服务时对老年人的关爱程度是否满意？				
9	对护理员上门服务时的语言和行为表现是否满意？				
10	对护理员上门服务时的品德表现是否满意？				
合计					

注：非常满意10分，满意8分，基本满意6分，不满意0分。总分值为100分。

居家养老服务内容、服务规范、质量标准及质量监管体系亟待建立并逐步完善。

（陈雪萍）

第六章　居家养老服务产业化

本章要点

★养老产业化、居家养老产业化概念。

★居家养老服务产业化背景、相关政策法规。

★国外养发达国家老服务产业化发展特点。

★我国当前养老服务产业化现状。

★现代居家养老服务产业化经营与管理模式。

　　我国当前存在老龄人口多、老龄化速度快、未富先老、未备先老的国情,仅依靠政府实现"老有所养"的战略目标挑战严峻。为满足老年群体多元化的养老需要,需要发挥市场在养老服务资源配置中的作用,走产业化道路。

第一节　概　述

　　产业与产业化属于经济学范畴,然而养老服务具有公共物品属性,其产业的发展需兼顾公益和营利。养老服务产业以老年人需求为导向,实现居家养老的社会效益和经济效益。

一、基本概念

　　养老服务和居家养老产业化相关的基本概念有产业、产业化、养老产业、居家养老产业化等。

(一)产业

　　"产业"指在一个经济体中有效运用资金与劳动力从事生产经济物品(不论是实体产品,还是服务)的各种行业,某一产业即指具有某种同类属性的经济活动的集合或系统。一个产业是由利益相互联系的、具有不同分工的、由各个相关行业所组成的业态总称,尽管它们的经营方式、经营形态、企业模式和流通环节有所不同,但是它们的经营对象和经营范围是围绕着共同产品而展开的。"产业"这个概念是居于微观经济的"细胞"与宏观经济的"单位"之间的一个"集合概念",它是具有某种同一属性的企业或组织的集合,又是国民经济以某一标准划分的部分的总和。在经济学上,产业特征的基本要素包括市场需求、产业资本、产业产品、产品质量、成本核算、社会经济效益、价值规律等。

(二)产业化

　　产业化概念从"产业"的概念发展而来,指某种产业在市场经济条件下,以行业需求为导向,以实现效益为目标,依靠专业服务和质量管理,形成的系列化和品牌化的经营方式和组织形式。其中"化"是指要形成社会普遍承认的规模程度、通行法则,从质的规定性上达到提倡的目标。因此,对某一产业的"产业化"的要求是指要使具有同一属性的企业或组织集合成社会承认的规模程度,以完成从量的集合到质的激变,真正成为国民经济中以某一标准划分的重要组成部分。

(三)养老产业

"养老产业",也被称作"养老服务业",是专门为满足老年人特殊需要而提供设施、服务和商品的综合性产业。在我国,养老产业作为新兴的服务产业,是相对于传统养老观念与事业而言的新型的养老服务产业。"国家中长期老龄产业发展规划(2013—2020 年)研究组"将养老产业定义为由企业、社会组织和个人根据市场需求提供的专门针对老年人的产品和服务的集合,并进一步指出,大力推进老龄产业发展是满足老年人多样化、多层次,多方面物质文化生活需要的重要途径,也是调整我国产业结构、转变经济增长方式和扩大内需的重要着力点。

从世界范围内看,养老产业是为实现人类生命长期健康、幸福的各种产业和研究提供的服务。因此,养老产业立足于满足老年人特殊需要,是包括老年人衣、食、住、行、用、医、娱、学等物质和精神文化方面的一个产业链,是多个产业相互交叉的综合性产业,更是由老年市场需求拉动而兴起的新兴产业。

养老产业不是一般的产业,具有一定的特殊性,主要表现在两个方面:①发展必须以老年人的需求为导向:老年人是一个特殊群体,在消费领域、消费对象、消费偏好等方面,均有别于其他消费群体。养老产业所提供的产品与服务,应与老年人的实际需要相适应。②双重性质:与纯粹经济学意义上的产业,如汽车产业、娱乐产业等相比,养老产业不能走"泛市场化"的发展道路,养老产业具有"公益性"和"营利性"的双重性质。所以,发展养老产业既不能用纯粹福利性质的原则来经营,也不能用纯粹营利性质的原则来经营,而应该坚持政府主导与市场化运作相结合,公益性和营利性相统一的发展道路。

(四)居家养老服务产业化

(1)概念。居家养老服务产业化指立足于我国现有的社会经济条件,以服务和满足居家养老的老年人的需求为导向,以全面实现居家养老的社会效益,同时为服务提供者带来一定经济效益为目标,依靠专业的养老服务和相应的质量管理体系,形成养老产业下系列化和品牌化的经营方式和组织形式。经过一定发展,居家养老服务产业将成为社会认可、规模占据国民经济一定份额的产业,提供居家养老服务的企业或组织无论在数量上还是产出服务的质量水平上,完成从量的集合到质的激变,成为国民经济的重要组成部分。

(2)形成原因。居家养老服务是我国养老服务业中非常重要的一种养老服务模式,它依托于政府和社会力量,为居家的老年人提供生活照料、家政服务、康复护理和精神慰藉等方面的服务。它建立在个人、家庭、社区和政府四方基础之上,在家中养老,但又区别于我国传统的家庭赡养方式,专指老年人在家中得到养老专业机构提供的养老相关服务,而非来自家庭其他成员的生活、精神照顾形式。

从经济学角度出发,居家养老服务既具有公共物品的属性,也具有一部分私人物品的属性。根据"市场失灵理论",公共物品或准公共物品不可能完全通过市场的途径解决。然而,在目前条件下,我国社会的居家养老服务完全由政府承担也是不现实的,因为完全由政府负担不仅会造成过重的政府负担,也会导致资源的浪费,不利于社会经济效率的提高。因此,应充分发挥社会组织的力量,即将产业的概念借用到居家养老服务等公共领域,走居家养老服务的产业化道路。

(3)发展阶段。基于国内外养老产业化发展历史与我国社会实际情况,要实现居家养老服务产业化需要经历三个阶段:①起步阶段,政府起主导作用,为居家养老产业化给予政策方面的扶持和资金方面的支持,从而引导民间企业参与到居家养老服务中来,引入市场机制;同时,政府需要引导家庭逐步接受居家养老服务的产业化。②发展阶段,形成居家养老服务产业链,建立居家养老服务企业与老年人及家庭的互动机制,促进双方的良性互动,不断扩大企业服务的覆盖面,提高其服务质量。③完善阶段,建立较为完善的监督和激励机制,保障居家养老服务产业的可持续发展。

二、发展背景

居家养老产业的发展需基于我国老年人口的特点、社会养老服务体系的建设和市场的运作与发展。

(一)人口背景

我国从1999年开始步入人口老龄化社会,2011年之后进入"人口老龄化提速期"。《中国老龄事业发展"十二五"规划》的报告显示,从2011年到2015年,全国60岁以上老年人将由1.78亿增加到2.21亿,老年人口的比重将由13.3%增加到16%(当时的预测数据)。预计到2020年,我国老年人口总量将达到2.43亿,占总人口比例将达到18%,我国将进入"老年型社会"。到2030年,我国老年人口总量将达到4.3亿;到2050年前后,我国老年人口数量将为4.37亿,老年人口比例将达到总人口的31.2%。

与发达国家相比,我国人口老龄化呈现以下特点:①人口老龄化与工业化、城镇化、现代化建设的加速推进相伴随。②人口老龄化与城乡差距、区域差距、收入差距的不断扩大相重叠。③人口老龄化与经济转轨、社会转型、文化领域的深刻变革相交织。④人口老龄化与家庭小型化、空巢化相并存。中国的人口老龄化为目前我国基本国情之一,并具有一种"未富先老"的经济特征。

尽管我国政府借鉴国际上"积极老龄化"和"健康老龄化"的战略思想,提出了"老有所养"为精髓的人口老龄化战略目标。但是,我国老龄人口最多、老龄化速度最快以及未富先老、未备先老的国情,使得实现"老有所养"的战略目标面临严峻挑战。只有进行养老机制创新,增加养老资产储备,丰富养老产品种类,增加养老服务供给,才能满足当下及未来老年群体多元化的养老需要,而发展养老产业正是实现这一目标的根本途径。

(二)社会背景

一个国家要实现"老有所养",必须具备两个基本条件:①健全的退休金保障系统。②完善的养老服务体系。达到这两项基本条件的前提是成熟的政府社会管理体制。然而,在现有的社会条件下,我国社会管理要实现"老有所养",尚有很大的改进空间。

首先,养老保障制度存在缺陷。在"三支柱"养老保障制度体系中,第一支柱(基本社会养老保险)历史欠账较多,保障水平较低,财政压力较大;第二支柱(企业补充养老保险)和第三支柱(个人储蓄型养老保险)的发展相对滞后,释放能量有限。2015年全国社会保险基金预算显示,剔除财政补贴因素后基金收不抵支,且相比此前几年的预算执行情况,"亏空"越来越大。以企业职工基本养老保险为例,剔除财政补贴后,当期保险费收入与支出相减,"亏空"3024.87亿元,比2014年的收支差1563亿元显著扩大。

其次,养老服务体系不够完善。社会养老服务体系是由政府、社会对养老服务有支持意义的各种制度、政策、机构等方面所构成的系统。我国过去一直沿袭着与传统文化相适应的家庭养老服务支持系统。服务提供者主要是老年人本人、配偶、子女以及亲朋好友。但是,如今家庭养老功能正在弱化,仅仅依靠家庭养老服务系统难以满足老年人的养老需求。虽然伴随全球福利社会化的改革浪潮,我国早已提出由"家庭养老"向"社会化养老"转变,但转变的过程过于缓慢。

在社会化养老方面,西方发达国家的经验能够提供较好的启示。早期,一些西方发达国家将养老纳入"社会福利"或"公共福利"的范畴,具有很强的公益属性,基本上采用"大政府"包办的供给模式。虽然这样的模式在一定程度上实现了社会公平,保证了绝大部分公民的基本权利,但却出现了管理效率低下、服务资源浪费和社会腐败滋生等不良现象。显然,这种大政府提供养老服务的模式导致了供给目的与供给效果无法匹配。随后,多元福利主义和公共选择理论进入了西方政府决策者的视野,社会福利社会化和公共服务市场化的改革由此展开。政府逐步转变角色,分离了它的决策行为与执行行为,鼓励社会团体、民营机构、非营利性机构等社会组织作为市场主体参与并承担政府在公共服务方面的部分功能,同时依靠价格机制调节供需平衡,提升公共服务的社会效益,实现资源利用的帕累托最优。

我国社会面对疾步而来的人口老龄化进程,仅仅依靠政府的作用是远远不够的,迫切需要依靠市场的力量,发挥市场在养老服务资源配置中的作用。首先,我国的养老服务供给制度需要经历一场由"一元福利"到"多元福利"的改革。传统的"大政府、小社会"养老模式,已经暴露出区域发展不平衡、经营效率差和专业人员短缺等制度缺陷,仅依靠政府投入,既难以维持社会福利的供给水平,更无法满足日益增长的养老需要。因此,我国养老制度改革迫切需要走市场化的发展道路,由政府与社会、家庭及社区共同承担社会养老责任。要实现这一发展目标,需要完成由"养老事业"向"养老产业"的理念过渡,进而通过产业化的运营,满足老年群体日益出现的多层次、多样化的养老服务需求。

(三)市场背景

我国自20世纪90年代逐步步入老龄化时代,然而居家养老服务产业的发展滞后于老龄化速度。主要有以下原因:

(1)政府扶植力度不够。首先政府层面对养老产业的扶植起步较晚,导致我国养老产业还处于发展初期;其次在政策支持方面,尽管国家颁布了相关政策,但在实际支持养老产业的操作过程中力度不足,而且中央和地方的重视程度也不一。

(2)城乡差异。长期以来的城乡二元结构导致养老领域的城乡差异,在养老产业消费群体中,城乡老年人实际购买力和养老观念开放程度悬殊较大,城市老年人总体购买能力大于农村老年人。然而,农村老年人在老年群体中占有巨大比例,是一个待开发的庞大消费群体。

(3)市场调研不够精准。相关企业对养老产业市场也存在一些误判,供需数据大多基于主观推断和笼统预测,缺乏严谨科学的市场有效需求调研。

（4）尚无成型的商业模式。养老服务产业目前尚无清晰的商业模式和盈利模式，虽可视为"蓝海市场"，但成功案例和退出渠道明显匮乏。

（5）人才缺乏。企业发展离不开强有力的团队支持，而当下我国养老产业又面临着人才瓶颈。

（6）利润有限。养老产业有福利性、微利性的特点，这就导致养老机构难以完全按照市场规则运行，养老投资回收期长且盈利性差，对民间资本缺乏吸引力。

由于以上原因，我国大部分企业对养老产业尚持观望态度。但整体而言，中国养老市场存在很大的空白，市场亟待开发，老年产业潜力巨大。从养老产业市场供求来讲，不仅市场越来越大，消费需求也日趋多样化，而相关企业供给还不能满足市场需求，整个市场的供给处于发展的初期阶段。然而，养老产业市场细分化、发展产业化的趋势显著，养老产业作为"朝阳产业"的特征十分明显。

知识链接

居家养老产业相关政策法规

为了应对我国社会老龄化的问题，以及规范养老服务，自 20 世纪 90 年代以来，国家颁布了一系列涉老的政策和法律法规。其中，包含全国人大及其常委会、国务院及有关部门颁布的相关的一系列法律、行政法规、地方性法规、国务院部门规章、地方政府规章和有关政策，合计达 500 余件。

在围绕解决社会普遍关注的老龄问题上确立了核心政策，其中，养老、医疗和服务是老年人的三大基本要求，作为政策回应，《社会保障"十二五"规划纲要》和《社会养老服务体系建设规划（2011—2015 年）》对这三个方面的问题做出了整体部署，而其他相关政策文件则从具体操作层面对其做出了配套安排。

在发展养老服务产业相关方面，国务院于 2006 年 6 月首次颁布了相关政策意见——《关于加快发展养老服务业的意见》，意见明确指出，"积极支持以公建民营、民办公助、政府补贴、购买服务等多种方式兴办养老服务业"。2012 年，党的十八大提出了"积极应对人口老龄化，大力发展老龄服务事业和产业"的战略方针和目标任务。

2008 年 1 月，全国老龄委办公室、民政部等十部门联合下发了《关于全面推进居家养老服务工作的意见》。这标志着居家养老成为我国养老模式发展的重要方向。2011 年 9 月，国务院发布的《中国老龄事业发展"十二五"规划》，重点强调了发展居家养老服务，要求大力发展家庭服务业，将养老服务特别是居家老年护理服务作为重点发展内容，并积极拓展居家养老服务领域，实现从基本生活照料向医疗健康、辅具配置、精神慰藉、法律服务、紧急救援等方面延伸。

2012 年 12 月，新修订的《中华人民共和国老年人权益保障法》在法律层面提出了建立健全养老服务评估制度的要求。2013 年 7 月 30 日，民政部发布了关于推进养老服务评估工作的指导意见，对居家养老服务的评估标准做出指导，推动建立统一规范的养老服务评估制度。2013 年 10 月，国务院发布的《国务院关于加快发展养老服务业的若干意见》指出，到 2020 年，全面建成以居家为基础、社区为依托、机构为支撑的、功能完善、规模适度、覆盖城乡的养老服务体系。养老服务产品更加丰富，市场机制不断完善，养老服务业持续健康发展。

第二节 国外养老产业化发展经验

大部分发达国家早于我国进入了人口老龄化社会,其养老服务产业相对成熟,养老产业化发展经验能够为我国养老产业化的发展提供借鉴与参考。

一、日本的养老产业模式

日本目前是全球老龄化率最高、老龄化速度最快的国家。1970 年日本 65 岁以上老年人在全国人口中比例超过了 7%,成为联合国标准下的老龄化社会;1994 年,日本老龄人口超过 14%,正式进入"老龄社会"。日本政府建立和完善的养老服务体系,其养老模式在参照西方发达国家的同时,更注重本国孝敬老年人的传统,在实践中逐渐形成以社会保险、社会救济、社会福利和医疗保健为主要内容的多元化养老体系,以解决老年人的收入、医疗、护理等保障问题,并大力发展养老产业,实现老年人福利法制化、运行机制多元化和专业化。

(一)日本养老产业发展之路

在进入老龄化社会之前,日本政府即开始了养老体系建设,其于 1950 年制定的《生活保护法》,明确提出了国家责任、无差别平等、最低保障等养老理念。据此,日本政府开始设立养老院,重点救济无依无靠的贫困老年人。1958 年、1959 年相继颁布《国民健康保险法》《国民年金法》,确保养老和医疗实现全民覆盖。1963 年,日本政府出台《老年人福利法》,确立老年人社会福利制度的基本框架,并规定国家和地方政府承担促进老年人福利的责任。

20 世纪 70 年代,日本进入老龄化社会,仅依靠政府不能满足养老需求,日本的养老产业开始兴起。1974 年,日本厚生劳动省公布"收费养老院设置运营指导方针",明确规定养老机构的属性、设施标准、人员配置、服务标准和优惠贷款制度等。到了 80 年代,日本的老龄商务发展协会制定了《老龄商务伦理纲领》,进一步强化了老年照护服务行业和企业的自律;同期日本政府导入"银色标志"制度,成立"银色标志认证委员会",由消费者代表、厂商代表及学者等组成,对符合相应条件的社会养老机构、老龄相关产品和服务及其厂商进行认证并公布于众。1988 年,随着社会对养老机构的需求更加旺盛,日本政府为民营老年福利设施提供低息甚至无息贷款,并给予税收优惠,以推动养老产业的发展。1989 年,日本推出"高龄者保健福祉十年战略"(黄金计划),推进居家养老服务。

1994 年 12 月,日本政府出台"新黄金计划",即新的《推进老年人保健福利 10 年战略》。1999 年 12 月,日本厚生省、财务省、自治省又共同制定《今后 5 年老年人保健福利政策的方向》,被誉为"黄金计划 21"。至此,日本的养老产业基本上蓬勃发展起来。

日本养老产业的大力发展很大程度上依赖于其介护保险制度,它使得照顾老年人的经济来源有保障。1997 年 12 月,日本政府制定《介护保险法》,2000 年 4 月 1 日开始实施,是日本社会继"全民皆年金"和"全民皆保险"之后最重要的社会保障制度。介护保险制度将养老问题纳入社会保障制度的范畴,以保险的形式解决了资金问题。此外,制度明确了护理保险服务的提供主体由地方自治公共团体(公营)、社会福利法人(公设民营)、医疗法人、农协、支援者团体等民间非营利组织法人、营利组织法人(民间企业)等构成,即允许民间营利团体为老年人提供护理服务。这样做的好处是引进了竞争机制,使得大批民间企业进入老年护理服务市场,催生出大批的民间营利与非营利性养老机构,从而极大地推动了日本养老服务产业的快速发展。

目前,日本养老产业主要分为六大块:老年住宅(老年人公寓等)、老年金融(特殊医疗保险等)、家政服务(家务代劳等)、老年人用品(多功能椅子等)、文化生活服务(老年人旅行等)、老年人介护服务(老年人护理等)。养老产业已成为日本的支柱产业之一。养老产业的蓬勃发展,引导社会组织积极参与养老体系建设,使得养老服务内容和方式更多样化,并提高了服务质量,推进了老年养老服务社会化,较大程度地解决了社会性老年护理问题。

知识链接

日本养老介护保险制度

该法规定,市町村及特别区、都道府县和医疗保险机构等为保险人,40岁以上的人为被保险人。护理保险制度的资金来源以政府投资为主体,公费50%(其中国家负担25%、都道府县负担12.5%、市町村负担12.5%)。被保险人根据年龄要缴纳一定的保险费,其中65岁以上的老年人均是"第1类被保险者",负担17%,在养老金中扣除;40～64岁的被保险人为"第2类被保险者",保险费每月在年金或工资等收入中按比例扣除,负担33%。被保险人需要护理时,可提出申请,经"护理认定审查会"审核确认后,即可享受护理保险制度所提供的不同等级的护理服务,被保险人只需承担护理保险费用的10%,其余部分由护理保险负担。老年人只要经专门机构体检认定,就可得到不同等级(共分2种6级,月额从6.43万日元到37.95万日元不等)的居家护理服务,也可选择入住疗养院、托老所、护理院和养老院等机构。

(二)多元化的老年住宅模式

日本养老体系的重要特色是提倡老年人和家人住在一起,但是根据其国情、人群对居住和服务设施的需求,居家养老服务的场所呈现多元化模式。服务设施则主要围绕社区设置,如日托中心、短期入住设施、小规模多功能服务站、在宅介护支持中心、咨询中心等,全面覆盖了不同阶段老年人群的需求,为老年人的个体化需求提供了多元化保障,使得养老模式从医院和机构养老逐渐向居家式养老过渡。日本老年人住宅模式主要有两代居住宅、养老院、老年住宅、长寿型住宅、利用型老年设施五种。

(1)两代居住宅。"两代居"是日本提出的养老新概念,是专为高龄、体弱多病的老年人设置的居住模式,在公共住宅里特别设计适合老少多代共居的大型居住单元,对厨、厕、门厅和居室分隔功能都作相应考虑,对多代人生活方式和生活规律上的差异在室内空间上作相应处理,方便愿意和子女共同居住的老年人。两代居表现为老年人同子女同住一栋楼或一个街区,即老少两代分开居住,但相距不远,被形象地称为"一碗汤"距离。根据亲子家庭住房空间关系,大致可分为:①同居寄宿型:同门、同厨房、同客厅,老年人房间配厕所。②同居分住型:同门,其他各自配套。③邻居合住型:不同门,同客厅,其他分开使用。④完全邻居型:不同门,客厅相通,其他都分开使用。

(2)养老院。即机构设施(日语称为"施设"),是开发商建造适合老年人居住的设施,设施内配置以护理为主的各种服务,分为四大类:①老年福祉设施:包括护理疗养型老年医疗设施(日语为介护疗养型医疗设施),以医疗服务目的为主;护理型老年保健设施;护理型老年福利设施;养护老年人住家(养护老年人 home);低收费老年人住家(轻费老年人 home);

高龄者护理支援居所。②共同居住老年公寓：老年痴呆症高龄者集体住家（认知症高龄者group home），认知症老年人小规模集中生活，设施在空间、色彩、出入口安全性等方面特殊设计，并且入住老年人尽量自行洗衣、打扫卫生等，达到缓解病情的目的。③收费老年公寓：收费老年人住家（有料老年人home），分为健康型、住宅型和需要护理型三种，健康型不配备护理服务。④高龄者住宅：带护理的高龄者住宅和普通高龄者住宅。

在各种类型设施当中，老年福祉设施服务对象以需要医疗或特别护理的老年人为主，政府在设施建造过程中给予一定的补助，带有较强的福利性，多为公立养老机构，入住老年人是收入偏低或因慢性病、身体、精神障碍等原因需要长期疗养的特殊人群。福利性养老机构不以营利为目的，以福利性质为主导。由于收费低廉，条件受到限制，缺乏各种娱乐设施，医疗条件较差，不能满足所有老年人。到目前为止，国家规定的低收费福利性公立养老机构面向家庭环境不适合及在原先住宅生活有困难的老年人（包括老年夫妇）。老年人入住该类机构只需缴纳低费用，入院老年人年龄为60岁以上，或夫妇的一方为60岁以上者。入院者均享受单间待遇，每天的生活费由本人负担，其事务管理费的收费标准按老年人的年收入不同而不同。

收费老年人住家是日本养老产业的重点发展模式。根据《介护保险法》，服务设施配置相应的护理设施、人员，经营者可以利用护理保险制度向入住老年人提供护理服务，其费用通过护理保险支付，即在一定范围内，由国家买单，确保了经营者的收益。收费老年人住家的收费项目包括入住金、管理费、餐饮费、护理费、清洁费等，其中入住金为老年人入住时一次性支付的费用，购买一个单元的房屋、公共部分、公共设施及设备的"使用权"，其费用金额根据老年人的年龄、健康状况、当地平均寿命等指标进行测算。

（3）老年住宅。根据高龄者（＞60岁）的身体特征建设，在建筑方法、材料、设备、紧急应对措施方面有特殊考虑。常见的是出租型老年住宅，其收费水平要比福利型养老机构高。依据《借地借家法》《高龄者专用租赁住宅登记标准》等法规和标准，老年人与房东签订租赁合同，投资人获得收益，老年人获得权益保障。该模式分为面向高龄者的住宅、年长者住宅（senior housing）、银发住宅（silver housing）和自由产权住宅等四种形式。不同于一般的租赁合同，"住宅"类房东可以配置护理、餐饮、清扫、家政等服务，老年人可根据其需要的服务项目与房东另行签订服务合同，如银发住宅老年人可能需要一定程度的护理服务。住宅类收费项目包括抵押金、租金、管理费、护理费等。

（4）长寿型住宅。即通用住宅，在建筑设计和建造阶段，即考虑老年人的长期需求，方便老年人自己照顾自己。老年人从年轻到年老，直至寿终，都可以使用该住宅，不用经常搬家。这类住宅要求考虑到细节设计，如过道宜宽，扶手应方便老年人抓握等。这些设计并不是一开始都考虑周全，而是逐步实现的。

（5）利用型老年设施。包括老年人日托机构（老年人日间服务中心、老年人日间护理中心）、公共利用设施（老年人福利中心、老年人休闲活动之家、老年人休养之家）、护理支持设施（地区老年支持中心、在家护理支持中心、老年人访问看护站、助手站）和其他设施（老年人短期入住设施，小规模多功能型住宅护理事务所）。

知识拓展

日本老年住宅法律依据

日本老年人住宅的开发和经营必须依据相关法律和政策,包括《建筑标准法》《城市规划法》《消防法》等与建筑相关的法律,《对应长寿社会的住宅设计方针》《福祉性街区规划建设手册》《面对高龄者优良住宅租赁制度》等政策,以及《老年人福祉法》《高龄者安定确保法》《长寿社会住宅设计方针》《介护保险法》等与老年人相关的法律和规定。其中,《介护保险法》规定什么样的住宅条件才有资格申请护理保险,因此在住宅的设计阶段就应考虑到其与介护保险使用的衔接。老年人住宅在各个房间的配置、台阶的高度和宽度、扶手的高度、过道的宽度、墙壁、地面的防滑、厕所、浴室、室内照明、隔热、换气、橱柜设计等方面都需要根据老年人的特点设置。

(三)居家养老产业化模式——连锁经营

在护理保险制度下,日本的居家养老照护服务企业的运作模式一般采取连锁经营的形式。这些居家养老服务提供企业,通常在社区内会设置相应的服务站点,以便更好地为居家老年人提供便利的居家养老照护服务。

连锁经营的居家养老服务机构提供的服务内容主要是针对老年人的医疗保健护理方面的照护服务,如为老年人提供基本的医疗照护护理、慢性病老年人的护理、重病老年人的护理、看护护理和保健康复方面的护理等。

(四)同步发展的居家养老服务政策

日本的养老服务产业之所以得到较大发展,除了内在动力和需求旺盛外,产业政策发挥了重要作用。在迅速发展的老龄化社会背景下,日本国内的许多中小型企业开始进入养老服务市场。日本政府适时地制定了养老服务的行业标准和老年服务市场规范,从而保障了老年人享受养老服务的合法权益,并且极大地推动了日本老年福利事业的社会化和市场化进程。日本老年照护服务发展的经验对尚处于发展初期的我国养老服务产业来说具有一定的借鉴意义。

二、美国的养老产业

美国的养老产业发展多元化,既有以政府主导的普惠性项目,也有以老年人需求为导向的其他类型产业化模式,更加契合老年人多元化的需求,值得我们参考与借鉴。

(一)美国主要的养老产业模式

美国养老产业已发展至一定规模,目前主要有以下六种养老方式。

(1)倒按揭——以房养老。在美国,"倒按揭"是一种为老年人养老获得资金的方式,即国内所熟知的以房养老方式。倒按揭适用于拥有自主房产,但维持生活有困难的老年人。通过以房养老,老年人定期获得维持生活的费用,使其不必离开熟悉的生活环境。另外,部分老年人通过倒按揭改变生活方式,过更积极的生活。

知识链接

美国"倒按揭"以房养老

20世纪80年代中期，美国新泽西一家银行创立"倒按揭"的放贷方式，分为有期和无期，其贷款对象为62岁以上的老年人，需有自主住房。老年人将住房抵押给银行，银行定期给老年人生活费。若为有期倒按揭，到期时老年人可以出售房屋或以其他资产还贷；如果是无期倒按揭，银行通过机构评估房屋价值，估测老年人的预期寿命，每月支付老年人一定的生活费直到其去世，该公寓最后归银行处置。

（2）社区照顾居家养老。居家养老是美国人养老最普遍的方式。在美国，老年人一般比较独立，不喜欢和儿女一起居住，或因儿女工作繁忙无法照顾老年人，老年人单独居住较多。老年人们住在自己家里，需要如烹饪食物、清扫卫生等各方面的照顾。老年人所在社区会有专门的机构提供这类家庭护理服务，费用按时或按家访次数支付，甚至有专人负责上门为用户量身打造服务计划，这些规划性服务通常按小时收费（50～150美元不等）。这种方式只需要老年人支付不多的费用即可，适合于喜欢住在家里但无人照顾的老年人。

（3）集中式社区养老。集中养老是指老年人集中居住在退休社区或老年公寓等老年社区，适合于有较高精神需求，如渴望参与社会活动、结交新朋友的老年人，或者对居住环境有较高要求的老年人。集中老年社区一般建于美国的阳光地带，如佛罗里达、得克萨斯、加利福尼亚等南部各州，以阳光充足、气候温暖、风景迷人等特点吸引美国各地的老年人，在退休后迁徙定居或者在寒冷的冬季暂住。除此之外，也有老年社区兴建于大城市中离儿女较近的地方。在集中式老年社区，老年人可购房定居或者租房居住，根据其需求和经济承受能力，选择高、中、低档户型，无陪护型、陪护型、特护型等不同护理配置。这种养老模式吸引了大量房地产商的投资，养老产业渐成规模，如佛罗里达州养老产业甚为发达，其85%以上的财政收入来自养老产业。

（4）旅游养老。在美国，很多社区养老的老年人选择"候鸟型"旅游养老。在寒冷季节，老年人到温度较高、阳光充裕的南方过冬，春天来了再返回原来的地方继续居住生活；也有部分老年人，爱好旅游且身体状况允许的情况下，将原有住所出售，购买房车，全年各地旅游。这种旅游养老的方式促进了一系列产业的发展，比如房车销售量的激增、旅游过程中的临时住所即客栈迅速发展。路边老年人客栈为自驾游老年人提供泊车、安顿行李、短暂休息的服务，这种服务通常按小时收费。随着老年人需求的增多，客栈服务也随之升级，工作人员多需接受当地风土人情、车辆保养知识、心理学和基本按摩等短期业务培训，为老年人提供温馨、周全的服务。

（5）精神养老。不管何种模式养老，都要考虑到老年人的心理需求。退休后老年人的社会活动会大幅减少，往往需要一个增加社会交往的渠道和场所。美国有很多的老年人协会，如有名的红帽女士协会备受美国老年女士的青睐。此外，随着信息技术的发展，很多企业把网络空间带入了老龄人的生活，随着越来越多教育程度高的老年人退休，虚拟市场将有更广泛的前景。

GeriJoy 公司

GeiJoy 公司于 2012 年 12 月上市,是专门为独居老年人开发聊天宠物的公司。这些宠物都是虚拟的,通过平板电脑软件来运行。当前的软件版本其实就是一只会说话的狗,它不仅可爱,而且能够带着真正的智能和情感与老年人沟通。GeriJoy 致力于解决独居老年人的孤独情绪,为独居老年人提供心灵伴侣。GeriJoy 在全球范围内聘请了一批专业人员,让他们通过公司的专有网络平台为 GeriJoy 的虚拟宠物输送智能。这样一来,凡是注册了 GeriJoy 的服务,均可以体验到真正具有智能和情感的对话,因为所有的 GeriJoy 宠物背后都是有血有肉的人。正因如此,对话可以涉及任何话题。此外, GeriJoy 还提供了一个网络平台,方便家人上传照片和更新。GeriJoy 的虚拟宠物则可以将这些内容展示给老年人,引导他们每天聊聊家人。另外,通过网络界面,家人还可以查看每天的日志和更新,了解自己家的老年人在做什么,以便让他们安心。

(6)老龄超市。美国设有实体和虚拟的老龄超市,为老年人提供法律、保健医疗、异地养老及旅游咨询,并提供各种老年产品的销售、配送等多方面的服务。老龄超市尤其适合于行动不便、不能坐远距离车的老年人,所需产品和服务一应俱全,极大地方便了老年人生活。同时,老龄超市里的设施根据老年人的需要设置,如货架低、商标大、收银台备有拐杖等,且常设有老年咖啡屋,为老年人的沟通交流提供场所。在老龄化社会环境下,老年超市的独特优势使其成为老年人爱去购物和欢聚的地方,在竞争激烈的零售行业脱颖而出。

(二)PACE 项目

1997 年,美国出台《平衡预算法案》,其中提出了美国综合性老年健康护理计划,即 PACE(The Program of All-inclusive Care for the Elderly)。这是政府为体弱多病的老年人提供长期照护服务的一个创新项目。PACE 可追溯到 20 世纪 70 年代 On Lok 老年健康设施,它为虚弱老年人提供全方位的医疗照护和社会支持,获得了美国医疗保险的补助。截至目前,美国有一百余个 PACE 项目。

(1)服务对象。在奥巴马政府主政之前,在医疗保障方面,美国政府只对老年人提供医疗保险。PACE 计划在老年医疗保险基础上发展而来,规定参加者必须在 55 岁以上,并且居住在 PACE 计划服务区内,被州政府的相关机构鉴定为体弱多病,符合入住护理院的条件,即 PACE 以虚弱老年人为服务对象。大部分老年人患有多种疾病(平均 7 种以上),以心血管疾病、糖尿病、高血压居多。

(2)服务团队。PACE 由企业承办,商业运营,政府监督,对老年人实施全面医疗照顾。医疗照护团队包括医生、护士、理疗师、社会工作者等,每人每月获得固定报酬(或者按照护人数获得报酬)。PACE 项目以"PACE 中心"为服务点,包括日间健康中心(Day Health Center)、医生办公室、护士站、社会服务、康复服务和行政服务。

(3)服务内容及方式。PACE 为老年人提供一个全方位的照护服务计划,并且为老年人提供所有相关的医疗照护服务,具体包括初级医疗照顾、看护服务、急性照顾服务、住院治疗、护理院照顾等,以及对老年人提供的预防性的、恢复性的、治愈性的和护理性的照护服务。PACE 模式注重疾病预防和健康促进,通过加强体检、运动项目、饮食监测,增强肌力和平衡性等方式,尽可能地促进老年人健康。老年人根据其与 PACE 工作人员共同制订的护理计划,按照一定的频率来 PACE 中心(很少到一周 7 次,每周 2 次居多)。

(4)经费来源。PACE 项目经费来源主要是医疗保险,以及医疗救助每个月给符合条件的老年人所支付的救助资金。符合医疗保险条件,但不符合医疗救助条件的参加者自行支付服务费中的差额部分。一部分社区内居家养老照护服务项目是政府提供的免费照护服务,收费的照护服务项目由个人付款或者在各种保险计划中开支。

(5)特点。PACE 有如下特点:①适合到护理院居住的老年客户可以选择在社区里接受长期的照顾服务。②通过多种学科的专家组成的团队来进行个案管理服务。③整合成人日常健康中心提供的各种医疗服务。

(6)意义。PACE 计划为患有慢性病的老年人提供了长期有效的医疗照护服务,解决了其需要长期照顾的困难,使体弱多病的老年人可以长期居住在自己熟悉的社区里,尽可能地保持生理和心理的健康,同时使他们能保持一种独立、有尊严、有质量的生活状态。

PACE 项目以外,美国的社区居家养老服务内容也非常丰富,服务内容涵盖很多方面,包括个人照料、杂务服务、家庭健康辅助、病历管理、成人日间照顾等服务项目。在社区内不仅设立了家庭保健中心,为在自己家中居住的老年人提供一些简单的日常生活及护理方面的服务,而且还设立了老年人活动中心,活动中心除了提供养老午餐外,还组织文化娱乐、教育旅游等休闲活动。政府还为在社区内居住的居家老年人安装电子应急系统,用于处理老年人突发的紧急情况。

三、英国的养老产业

英国是世界上最早实行社会保障制度的国家,20 世纪 50 年代以来,英国的社会福利体系经历了从逐步完善、迅速发展到陷入困境而又不断改革调整的曲折过程。英国的社区照顾模式得到了国际性的推广,对我国大力推行的居家养老具有很强的借鉴意义。

(一)英国式的社区照顾

社区照顾在西方社会广泛应用,其概念来源于 1989 年英国政府的《社区照料白皮书》:"社区照顾是指提供适当程度的干预和支持,以使人们能获得最大的自主性,且掌握自己的生活,为老年人提供服务,为老年人家庭成员提供暂托、喘息照料和日间照料,通过团体之家和临时收容所,以增加照料范围,直至提供居家照料。社区照顾主要有'由社区照顾'和'社区内照顾'两种方式。"

"由社区照顾"是指通过道德或血缘关系维系的、没有国家直接干预的非规范性养老照顾。其服务提供者通常包括三类:①家庭成员,主要是子女。②亲属,即兄弟姐妹及远亲等。③非亲属,包括邻居、朋友、慈善机构、非政府组织。其服务对象主要是有一定自我生活照顾能力的老年人。"社区内照顾"是指国家直接干预并有制度和法律体系的规范性的养老照顾。服务单位为社区内政府、公益机构等正式养老服务机构,如老年人日间护理中心、老年人院、老年人福利院、老年人护理院等,服务提供者为经过相关机构培训的专业或半专业人员,其服务对象主要为生活不能自理的老年人。"由社区照顾"是从发展性、预防性的角度为老年人提供照顾服务,"社区内照顾"则是从补救性的角度为老年人提供照顾服务,两者结合能够满足老年人从低龄到高龄,直到生命最后阶段的不同层面的不同需求。

(二)社区照顾的实现方式

社区照顾有许多服务项目和措施,英国社区照顾具体通过下列服务项目实现。

（1）居家服务。对居住在自己家中，有部分生活能力又不能完全自理的老年人提供的服务。具体项目包括上门做饭、洗澡、理发、清洁卫生、购物、陪同去医院等。居家服务可使年老体弱、行动不便、家中无人照顾的老年人生活在自己熟悉的社区环境中和自己家里，便于和他人沟通。从事居家养老服务的人员有志愿者、政府雇员，这些服务或免费或收费较低，一般收费由地方政府决定，在老年人可以承受的范围内，自己支付一部分，不足部分由政府支出。

（2）家庭照顾。对卧病在床、生活不能自理的老年人在家接受家人全面照顾的养老形式。为了鼓励家人全方位照顾老年人，政府规定对在家居住、接受亲属照顾的老年人发给和在专业机构养老相同的津贴，以此鼓励在家养老，这样就可使家人有充足的经济实力照顾老年人，从而不影响家人的生活水平。

（3）老年人公寓。其服务对象是有生活自理能力但无人照顾的老年人。老年人公寓一般为二居室，生活设施非常齐全，厨房、卫生间、电视等应有尽有，公寓内设有紧急呼救装置，与社区的控制中心相连，万一老年人身体不舒服，只要求助紧急呼救装置，社区可迅速派人赶到老年人家里提供帮助。这类老年人公寓收费较低，数量有限，申请入住老年人较多，必须经过政府严格审查确有困难的低收入老年人才能居住。

（4）托老所。包括暂托处和老年人院。暂托处是一种短期护理服务机构，专门针对家人有事外出或家属长年累月护理老年人而身心不堪重负，需要短暂放松休息调整而设置。老年人在暂托处由工作人员代为照顾，时间可以是几小时，也可以是几天，最长一般为两周或者不超过一个月，暂住处照顾时间较短不收费，但超过两周，需要支付相应的费用。老年人院则是针对生活不能自理又无人照顾的老年人而设置的专门机构。英国有许多老年人是单身的或子女不在身边的，当他们还有自理能力时，可在家或老年人公寓接受服务，一旦完全丧失自理能力，需入住老年人院，集中接受照顾。

（5）社区活动中心。多由地方政府兴办、具有综合性功能的社区服务机构，按照社区居民的人数规模而设置，工作人员为政府雇员。社区活动中心为居住在本社区的老年人提供娱乐、社交的场所，对于行走不便的老年人可以由中心派车接到中心，参加相应的活动，活动结束或者晚上再派车送回。

在英国，除了上述这些公立性的服务设施外，还有大量私营的、以赢利为目的的服务机构，老年人可根据自己的经济能力和需求自由购买。总之，英国政府通过一系列措施，把原来由政府包揽的社会福利服务转移到社区和家庭，从而建立起了多元化的社会福利服务体系，以更好地为老年人养老提供服务，在实现养老产业化上给我们提供了一定的借鉴。

第三节　我国居家养老产业化现状

我国居家养老服务产业尚处于初级阶段，其服务产业范畴将不断得到拓展，服务体系将逐渐完善，服务模式将呈现多元化发展态势。

一、我国居家养老产业特征

随着居家养老服务体系的发展，居家养老服务产业的基本内容将不断发展，政府、社区、非营利组织和家庭在产业的发展中起着重要作用。

(一)居家养老服务产业的基本内容

随着居家养老服务体系的逐步发展,居家养老服务内容已经从原先的家政服务发展为全方位的照护服务体系,包括基本生活照料、医疗卫生保健服务、精神慰藉服务等。养老服务产业的发展围绕居家养老服务内容展开,具体而言,居家养老服务产业发展包含以下四大方面:

(1)物质经济保障。老年人的物质经济保障是满足老年人基本需求的前提和基础。然而,目前我国老年人所享受的物质保障不均衡,养老金未实现全覆盖,老年人总体可支配资源少,其生活质量易受经济因素等影响。为提高经济收入水平,金融市场逐渐渗入部分老年人生活。目前,市场上出现多款老年理财产品,在给老年人带来一定经济效益的同时,也存在一定的风险。

(2)日常生活照料。老年人的共同需求是日常生活照料。居家养老服务产业的主要内容是为老年人提供日间照料,通过上门服务的形式开展服务,如上门送餐、洗衣、陪护、居室卫生、医疗康复、购物、理发等。

(3)精神心理慰藉。老年人由于生理和心理的原因,思想负担较重,情绪不稳定,往往容易产生寂寞凄凉、悲观厌世的情绪,给社会、家庭带来不利的影响。精神心理慰藉产业链包括一般老年人群的心理疏导,以及特殊心理问题老年人的专业护理。

(4)医疗保健服务。我国当前居家养老医疗保健服务形式主要有老年家庭病床和老年社区医院两种。

(二)我国居家养老服务的参与者角色

目前,我国居家养老服务的主要参与者包括政府、社区、家庭、非营利组织等。居家养老服务体系中各参与者的具体角色职能如表 6-1 所示。

其中,"社区"作为服务产品的主要供给主体,发挥着重要作用。社区供给模式主要表现为四种:一是政府主办,层级联动模式;二是政府主导,中介组织运作模式;三是政府资助,机构主办,连锁经营模式;四是政府购买服务,公司承办,市场运营模式。此外,还有如股份制的服务运作模式、老年人互助合作的服务模式等。

社区服务形式则主要表现为两种:一是兴建老年人日间服务机构,附近老年人可以进入日托站进行各种娱乐休闲活动,由日托站提供服务,老年人只需支付较低的费用就可以获得就餐、娱乐等基本养老服务;二是通过政策引导,鼓励社会资本投资开展以老年人为服务对象的生活照顾、家政服务、心理咨询、康复服务、紧急救援等业务,向居住在社区(村、镇)家庭的老年人发放服务券,老年人凭券享受商贸服务或到机构接受日间照料服务,实现"老年人床位不离家,服务照样送到家"。

表6-1　居家养老服务体系中参与者的角色职能

主体	角色职能
政府	①对居家养老提供资金支持和政策保障 ②培养与鼓励中介组织参与,建立居家养老管理体制和发展养老服务组织 ③引进专业人才对提供服务的人员进行专业培训,建立以专职为骨干、大量的志愿者为服务主体的服务队伍 ④建立服务的监督和评估系统
非营利组织	①弥补政府和市场不足与失灵,为政府分担大量的社会公共事务 ②为老年人提供专业的服务 ③承担居家养老的组织、管理、实施工作,为政府提供养老服务的购买 ④财务、业务、内容上接受监督
社区	①能够有效地整合社区的资源,包括基础养老设施和社区的民间组织资源 ②平衡老年人的养老需求与供给。社区能够了解到老年人的养老需求,依托信息平台把服务网络与社区内的资源有效衔接 ③承担养老对象的申报、支出,协助政府委托的居家养老服务机构、社区中介组织等开展工作 ④对居家养老政策起着纽带的作用。社区一方面宣传国家的养老政策,另一方面把社区的居家养老实际反馈给相关部门
家庭	①家庭是老年人最终的生活、居住场所 ②家庭成员是老年人最主要的依赖

二、我国居家养老服务体系运行模式

目前,我国居家养老服务运营包括非营利性和营利性两种模式,非营利性以政府购买为主,志愿服务为辅,营利性服务正处于发展阶段。

我国居家养老服务企业有两种传统的营利方式。第一种为提供服务,即通过提供居家养老所需的服务来收取一定的费用,如供应场地、上门服务等。第二种为出售产品,通过出售老年相关产品,如保健品、食品、药品、养生器材等实现盈利。家政服务为家庭提供生活照料、老年人照护等多项服务,已经成为我国居家养老服务的重要实施者,是当前营利性居家养老服务的主要存在形式(见附录3实践案例)。

(1)发展背景。家政服务在我国是新兴发展的行业,起步较晚,目前尚没有规范与标准,并缺少相关法律或法规;家政市场监督机制不健全,行业内部缺少统一的管理机构;从业人员素质偏低,接受培训不够系统化,流动性大。在这样的背景下,家政服务介入居家养老服务需要多方共同努力。首先,政府需制定政策,规范家政服务参与居家养老服务的全过程,包括准入机制、服务标准、评估机制等;其次,社区作为政府加强基层管理的组织,应为家政服务介入居家养老提供良好氛围,引导居民接纳,并为双方构建沟通桥梁,建立信息服务渠道,同时,切实发挥监督职能;最后,家政服务企业方面需以老年人需求为导向,加大人才培养,加强规范化运作,打造服务品牌,以专业化、高质量的服务取胜。

(2)组织形式。当前,我国家政服务主要有三类组织形式:①员工制家政服务企业:家政服务人员作为企业的员工,需经过统一的培训和考核,考核合格后统一持证上岗,企业对家政服务员和雇主实施全面、全程管理,家政服务人员与雇主之间只存在服务与被服务的关系,不存在直接经济关系。该模式下,企业注重员工培训和品质服务,管理较为规范,属于精品型家政服务企业运行模式。②中介制家政服务企业:中介企业通过收集意向家政员工的信息资料,然后推荐给客户,收取中介费,这类公司大部分是以介绍 12 小时或 24 小时制的保姆、月嫂或养老服务人员为主。该类企业成本低,风险小,利润可控,不需要花更多时间去做管理和培训,但是,员工队伍很不稳定,与客户之间的关系相对较弱。③会员制家政服务企业:这是介于中介型家政服务企业和员工制家政服务企业两种模式之间的一种运行模式。员工制家政服务企业具有投入少、收益较高的优势,是未来家政服务行业的发展趋势。

三、我国居家养老产业化面临的问题

居家养老需要社会、社区的扶助,更需要政府的扶持,这种扶助要有可以依托的实体来运行,要有经常且长效的运行机制来保障。但是,我国社区居家养老服务的系统性和规范性还处于摸索阶段,各部门间缺乏统筹规划与协调,缺乏有建树的社区管理队伍,缺乏高素质的社区服务和志愿者,没有形成社区居家养老服务发展的整体合力,许多服务和项目没有开展或未得到充分展开,与老年人的需要还存在相当大的距离。居家养老产业是一个朝阳产业,发展前景好,但目前的发展尚存在较多问题。

(1)企业自身存在缺陷。我国居家养老服务企业大多是小规模经营,资金实力有限,企业的管理不够规范,营销手段不足,服务队伍职业素养不高,缺乏市场竞争力,相当部分企业处于盈亏临界点。

(2)服务内容有限。由于服务人员专业性不足,缺乏护理技巧、社会及心理学以及基础伦理学的相关知识,以及企业自身服务定位不够明确,许多居家养老服务企业服务内容单一,局限于生活照料,对紧急救助、心理护理、陪同医疗保健方面的服务提供较少,不能满足老年人的多元化需求。

(3)服务人员层次低。居家养老服务员多来源于本地下岗工人或外来民工,素质水平偏低,且因工作累、报酬低、人员流动性大,致使家庭护理服务质量难以保证。

(4)社会认知有偏差。部分人群将养老定位为福利性事业,认为其需走公益化道路,对养老的产业化不能够接受,阻碍了养老产业的发展。政府若定位不明确,对养老产业干涉过多,会使居家养老服务市场化机制发展缓慢,限制其发展。

(5)相关政策缺失。有关居家养老产业的发展,目前尚缺少全面而系统的发展战略和产业规划,以及产业发展过程的配套制度和政策,政府对产业发展缺乏有力的引导和扶持,不利于吸引企业进入居家养老服务行业。并且,政府对居家养老服务产业的监管力度不足,影响了产业的健康发展。

第四节　居家养老产业化模式

在我国老龄化进程加快、老龄人口数量增加的背景下,为了给老年人提供更好的养老服务,居家养老服务的产业化是必经发展之路。居家养老服务企业需要借鉴现代服务产业模式,走专业化、标准化、规模化的道路。

一、发展基于连锁经营模式的居家养老产业

连锁经营是指经营同类商品或服务的若干个企业,以一定的形式组成一个联合体,在整体规划下进行专业化分工,并在分工基础上实施集中化管理,把独立的经营活动组合成整体的规模经营,从而实现规模效益。在规模上,连锁经营把分散的经营主体组织起来,具有规模优势,并实现统一化,如统一的连锁门店店貌、统一的广告、统一的质量管理等。在消费者效应上,连锁经营模式更容易获得消费者的信任或依赖。

连锁经营有三种形式:①直营连锁:连锁企业的总部和门店属于同一所有者,各个门店的工作人员、经费收支、物品由总部统一管理和经营。②特许连锁经营:指连锁经营总部将自己所拥有的商标、商号、服务、专利(专有技术)、经营模式等以特许经营合同的形式授予加盟者使用,加盟者按合同规定,在连锁经营统一的业务模式下从事经营活动,并支付相应的加盟费用。③自由连锁:企业之间为了获取共同利益而采取的合作关系,是现有的独立零售商、批发商和制造商之间的横向或纵向的经济联合。

我国居家养老照护服务企业的发展,可遵循现代企业运营与管理规范,采用连锁经营模式,在不同的阶段,采取不同的经营形式。在发展初期,居家养老服务企业的目标是加大市场对品牌的认知度,充分保护连锁店成功的品牌形象,维护连锁店的基本权益,确保连锁经营模式的成功运行及推广,宜对连锁店实行全面、直接的管理,即直营连锁。

在企业推广阶段,由于居家养老照护服务行业目前缺乏统一的行业管理组织和行业管理标准,且缺乏资金支持,在对地方市场状况不是很了解的情况下,如果单独采用直营连锁模式,很难达到公司快速扩张规模、渗透市场、抢占市场、建立营销渠道的目的,因此,在资金、市场两大要素限制的条件下,居家养老照护服务企业在实行直营连锁的同时宜采用特许加盟的连锁模式,即在发展的过程中应实行"直营+特许"的连锁经营模式。

二、直营+特许连锁经营模式的居家养老服务企业的组织结构设计

在直营+特许的连锁经营模式下,居家养老照护服务连锁企业的组织结构由连锁总部、门店构成,其中门店有直营店和加盟店两种形式。总部是直营店的服务和管理机构,直接对直营店进行管理,通过合理组织、分工、协调、规划,达到总部和连锁店运行效率最理想、各自效益最优化的目标。

(一)总部组织结构设计

总部是连锁经营管理的核心,直接关系到连锁企业的运作是否成功。总部能否承担应有的责任,与连锁企业规模的大小及服务人数没有直接关联,主要取决于总部各组织能否有效并适当地发挥其功能。连锁总部除了自身具有决策职能、监督职能外,主要承担连锁企业整体经营的设计功能,其基本职能包括制定基本政策、开发连锁门店、宣传企业品牌以及督导门店营运等。根据不同发展时期的战略需要,居家养老照护服务企业总部组织结构形式也各不相同。

在战略发展初期,由于居家养老照护服务企业在经营上尚未突破地区界限,连锁店不多,适合采用连锁总部作为门店的服务和管理机构,直接对门店进行管理。其具体的组织结构形式为总经理直接运营部、人事部、营销部等职能部门。这些部门可以分别由副总经理或各部门经理负责管理。

居家养老照护服务企业连锁经营发展到一定阶段后,一方面总部必须不断且迅速地发展出新的照护服务,以满足老年客户需求,同时吸引更多老年客户;另一方面,总部还应持续努力研究出更适合门店的各项运作系统,以不断提高总部与门店之间的运作效率,保证并创造门店与总部双方的最大利益。连锁品牌逐步建立形成,开始具备条件吸收加盟商进行加盟连锁时,其组织结构也要发生相应变化,从而形成复合式的连锁组织结构。

(二)门店的组织结构设计

门店是连锁经营的基础,其主要职责是按照居家养老照护企业总部的指示和服务规范要求,为老年客户提供专业化的照护服务。因而,门店是连锁总部各项政策的执行单位,需要完整地把连锁企业总部的目标、计划和具体要求体现到日常的管理服务中。

对于直营店,连锁企业实行的是总部集中性统一管理,直营居家养老服务企业负责人由连锁企业总部招聘委任。加盟的居家养老服务企业可以由加盟者直接管理企业内事务,也可以是由加盟者另聘负责人进行管理。居家养老照护服务企业直营店的组织结构相对于加盟店来说相对比较简单。不管是居家养老照护服务企业直营店还是加盟店都可以在其服务区域的各个社区设立服务点,相当于小型的门店,安排一个行政人员和多个照护服务人员,以方便为更多的老年人提供照护服务。

（宋金柱、倪晓莎）

第七章　老化与居家养老

本章要点

★老化定义、信号和评价指标。

★失能和半失能定义、原因、影响。

★机体各系统生理老化。

★老化心理特点。

★老化预防概念、健康促进。

随着年龄增长，身体会出现各种老化现象，老化是生物生长的基本规律。生理方面，各个系统由于老化出现功能衰退；心理方面，老化可引起认知功能改变、智力变化、社会功能变化、情绪状态改变。年龄与老化并不成正比，通过老化预防，可延缓老化进程，积极老化，减少老化过程中的机体功能下降，提高老年生活质量。

第一节　概　述

老化通过一些外观和功能信号表现出来，但老化程度不与年龄呈正比，可通过老化指标衡量。老化伴随机体生活能力的下降而不断发展，部分老年人出现半失能甚至完全失能，影响自我照护能力，需要不同程度的照护。

一、老化定义

老化（aging）指人体经过成长、发育、成熟之后出现功能的衰退，出现适应环境和外界压力的能力也日益减弱的现象。从细胞代谢角度来讲，人体自出生起就开始了衰老的过程。由于人体在年轻时期，新的细胞生长旺盛，很快取代功能下降的细胞，从而维持身体组织的功能，预防衰老。当人体进入老年阶段之后，细胞的更替速度减慢，直至细胞本身无法更替，组织的功能大幅度降低，从而加快了机体衰老的进程。

人体的老化可以分为两类，即生理性老化（physiological aging）和病理性老化（pathological aging）。生理性老化指机体随着年龄增长到成熟期以后所出现的生理性退行性变化，是机体在体质方面的增龄变化。病理性老化指进行性生理性老化的同时，由于患有某些疾病加速了老化的进程，或者说是由于生物学的、物理学的或化学的因素所致的老年性疾病引起的变化。生理性和病理性的老化很难区分开来，两者常结合在一起加快老化的进程。

二、老化信号和评价指标

老化信号（aging signal）是指老化过程中人体出现的外观上和功能上的变化，这些变化可用生物学、生理学和心理学的指标来衡量其程度。

（一）老化的信号

随着年龄增长，人体各个系统都会出现老化的信号。在外观上，老化常表现为皮肤突起，出现皱纹、色素斑等；毛发变白，出现脱发现象，眉毛及外耳道的毛变长；眼睛呈现凹眼现象，晶状体变得浑浊；牙齿脱落，下颌突出；脊柱弯曲，出现驼背现象；下肢出现静脉曲张；整体体型呈现消瘦或肥胖。

老年人各个系统的功能方面也有较大变化，包括神经系统功能减退，表现为手抖，不能从事精细活动；运动系统老化，动作变得缓慢；呼吸系统功能下降，出现稍微动作即发生喘息的情况；视力、听力等方面均有所下降；心血管系统功能减退，易出现高血压、冠心病等疾病；内分泌系统老化，各类激素分泌紊乱，加速衰老进程；消化系统功能减退，主要表现为消化功能变差，常有便秘等；泌尿系统老化，易出现夜间尿频甚至尿失禁现象（详见本章第二节）。

（二）老化的评价指标

在老化过程中，不同个体在生理、功能、智力、活动和人体外观的老化速度不尽相同，同一个体其各个系统功能的老化速度也不相同。因此，评价一个人的老化及其发展的状态，既要考虑宏观因素，也要衡量微观因素；既要注意形态结构的改变，也要关注功能方面的变化，通常需要一个科学的综合性老化评价指标体系。目前评价老化主要有以下三方面指标：

（1）生物学方法。在细胞水平和分子水平上，可以通过测量成纤维细胞的体外增殖能力、DNA损失修复能力、线粒体DNA片段缺失、DNA甲基化水平、基因表达谱等生物学指标来评价老化。在功能水平上，可以通过分析颈动脉硬化、肾功能、动脉顺应性、炎症（纤维原蛋白）、颈动脉血流动力学状态、心脏舒张功能和左室舒张功能状态这7种生物学标志物，从而建立出生物学年龄公式来评价老化。

（2）生理方法。生理学方面一般通过比较外观形态、运动能力、生理功能、代谢能力、生化免疫指标等表现，如毛发的白化率、牙齿脱落数、血压、视听觉敏感度、基础代谢率、24小时尿急酸酐水平等来评价老化程度。此类方法的表现较为直观，且相关数据比较容易测量，易于推广，是目前用于评价老化程度最常用的方法。

（3）心理学方法。在心理学方面，可以通过心理量表测量、韦氏智力测验以及瞬时记忆指数、记忆广度指数、复杂动作反应时间、图片回忆、联想学习、图像再认等来评价老化的程度。

知识链接

常用老化评价指标

1. 生物学方法。评价老化的最常用方式是成纤维细胞的体外增殖能力，这是由于人体二倍体成纤维细胞在体外培养的寿命有限，细胞增殖能力逐渐丧失，且成纤维细胞体外增殖能力与供体的最长寿命相关。

---

2. 生理学评价。老化的方法主要有骨龄、齿龄、第二性征等,其中以骨龄推算最为常用。通常可以通过拍摄手腕部关节骨的 X 光骨龄片,根据分析骨化中心出现的时间、数量及骨密度等来进行评价。例如,某 40 岁的人,其骨密度测定值与 60 岁人的平均骨密度值相等,则表示这个人的骨龄为 60 岁。

3. 心理学方面。主要以韦氏智力测验为测量方式,通过对老年人的智力年龄测定来反映其相应的心理年龄。

三、完全失能与半失能

老化过程中,身体结构和功能的变化直接导致老年人生活能力的变化,从而对其自身生活质量、家庭功能和社会产生不同程度的影响。

(一)定义

失能指的是在心理、生理、人体结构上某种功能不正常或丧失,全部或者部分丧失以正常方式从事某种活动能力的状态。目前评价老年人日常生活能力的主要工具为日常生活能力量表,简称 ADL 量表(ability of daily life),包括六项指标,即吃饭、穿衣、上下床、上厕所、室内走动和洗澡。

国际上一般将六项中一到两项"做不了"定义为"轻度失能";三到四项"做不了"定义为"中度失能";五到六项"做不了"定义为"重度失能"。我国将三到四项"做不了"定义为"半失能",表现为日常生活、行动需要借助扶手、拐杖、轮椅、升降设施或他人帮助;五到六项"做不了"定义为"完全失能",表现为日常生活、行动完全需要依赖他人帮助。

知识链接

我国老年人口失能和半失能状况

第四次中国城乡老年人生活状况抽样调查发现,我国老年人口数量不断增加,老龄化程度进一步加深。老年人的健康状况不容乐观,全国失能、半失能老人达 4063 万,占全国老年人口的 18.3%。据预测,我国 80 岁以上高龄老年人将于 2020 年达 2900 万,于 2030 年达 4300 万,于 2050 年达 1.08 亿;而失能老人将于 2020 年达 4200 万,于 2030 年达 6168 万,于 2050 年达 9250 万。

——国家老龄办,2015 年"第四次中国城乡老年人生活状况调查"

(二)原因

失能与半失能老年人多数患有高血压、糖尿病、冠心病、呼吸系统疾病、肿瘤、中风等疾病。导致失能与半失能的原因有很多种,主要可分为:①脑血管疾病:可分为脑血管阻塞的"脑梗死"和脑血管破裂的"脑出血",具体表现在脑部血液循环恶化,出现意识障碍、手足麻木及说不出话等现象。②人体老化的现象:主要为因老化而衰弱、跌倒和骨折、痴呆和关节疾患等表现。不同性别、不同年龄的老年人,其失能和半失能的原因各有侧重,男性以脑血管疾病原因居多,女性则多由人体老化所致。65～74 岁的老年人失能和半失能的主要原因为脑血管疾患,75 岁以上老年人的主要原因为人体的老化。

(三)失能与半失能的影响

失能与半失能老年人多数行动不便或卧床不起,需要依赖他人照护才能满足基本的生理需求,老年人的养老生活品质明显下降。家庭成员长期照护失能老年人与半失能老年人,其工作生活节奏被打乱,甚至易产生被拖累感,无形中增加家庭成员的精神压力。失能和半失能老年人的医疗费用、各种照护费用会增加家庭经济的负担以及医疗照护负荷。

四、老年人自我照护分级

老年人失能与半失能的状态需要不同程度的照护,根据《老年人建筑设计规范》,可以按照老年人生活行为的自理程度将老年人分为自理老年人、介助老年人和介护老年人三类。

(一)自理老年人及其自我照护

自理老年人(self-care elderly)指日常生活行为可以完全自理,不需要依赖他人照护的老年人。自理老年人生理方面不需要额外照护,但不能忽视其心理层面的自理能力,尤其是"空巢"老年人,即身边无子女共同生活的老年人,容易缺乏安全感及自我实现感,易出现各类心理疾病,应该特别关注其心理层面的照护,帮助其建立良好的自我实现能力。

(二)介助老年人及其自我照护

介助老年人(device-aided elderly)指日常生活行为需要借助扶手、拐杖、轮椅等设施帮助的老年人。介助老年人的自我照护能力有所缺乏,故应积极支持和帮助老年人完成其可以完成的事,使介助老年人充分发挥仍然具有的部分自我照护能力,同时也不能忽视介助老年人精神层面的需求,适当地给予帮助,使其自我照护能力有一定程度的恢复。

(三)介护老年人及其自我照护

介护老年人(nursing-cared elderly)指日常生活行为依赖他人护理的老年人。介护老年人的自我照护能力基本丧失,尽管身体性自理无法恢复,但仍应尽可能地保持老年人心理层面的自立,以维持介护老年人的养老生活品质。

第二节 老化生理变化

人体神经系统、运动系统、循环系统、内分泌系统、消化系统、泌尿系统等各个系统的组织、器官老化和功能减退都有其特有的表现,因此,研究老化的发生机制及发展规律具有重要意义。

一、神经系统功能的减退

人类神经系统的细胞出生后就停止分裂增加,中年期后开始老化,老年期后老化的程度进一步加深。

(1)脑重量的变化。脑重量在中年期后随年龄增长逐渐减轻,老年期后变化更为明显,具体表现为脑部供氧减少,脑神经细胞数减少,脑供血量也大为减少,易使老年人的领悟力、记忆力等明显下降。

(2)脂褐素的积聚。随着年龄增长,脂褐素在体内积聚增多,老化程度加重。脂褐素在大脑皮质和海马神经元胞质中的不断积聚,使脑细胞的代谢出现障碍,神经元数目逐渐减少;脂褐素在皮肤细胞内积聚,即形成老年人斑;脂褐素在心、肝、肾等脏器里积聚,这些器官的代谢功能就会降低。

知识链接

脂褐素

脂褐素(lipofuscin)又称老年素、衰老色素、脂色素、血褐素、类蜡、致密体、残余体等,直径为 $1\sim3\mu m$,为不溶性的棕色颗粒,是脂质代谢的最终产物。脂褐素为沉积在神经、心肌、肝脏等组织衰老细胞中的黄褐色不规则小体,主要积聚在老年的大脑皮质和海马部分。脂褐素的积聚将破坏环磷脂膜结构,损伤脑线粒体,导致脑细胞能量代谢障碍。

---

(3)神经元纤维缠结。神经元纤维缠结是导致神经元纤维退化的主要原因,老年人大脑的海马区细胞最易形成神经元纤维缠结,可作为大脑老化的标志。

(4)神经元数量及结构的改变。随着年龄增加,神经元数量不断减少,而神经胶质细胞数量逐渐增加,神经细胞的化学结构出现不同程度的改变,主要表现为胆固醇增加、多聚不饱和脂肪酸减少,从而使受体的亲和力和酶的活性发生改变。大脑中神经元的数量减少和结构改变,使老年人的大脑功能等受到较大影响,表现为记忆力显著下降,动作协调性变差,容易出现跌倒等意外。

(5)神经递质的改变。随着年龄增长,中枢神经系统发挥调节作用的神经递质逐渐减少,如乙酰胆碱是中枢神经系统最主要的神经递质,乙酰胆碱转移酶是维持乙酰胆碱正常水平重要的酶,其活性随年龄增长呈线性下降。乙酰胆碱不足是老年人记忆力下降的重要原因。此外,多巴胺等儿茶酚胺类递质、氨基酸类递质及神经肽的含量都会随着年龄增长而不断下降,使老年人神经系统调节功能减弱,对事物的反应速度随之减慢。

二、运动系统的老化

组成人体运动系统的骨骼、关节、肌肉等都会随着年龄增长出现不同的老化现象,使老年人出现体力减退、行动障碍、骨质疏松等情况,对日常生活产生不同程度的影响。

(1)骨骼的老化。骨骼在中年后即开始出现骨萎缩,老年后进一步发展为骨质疏松,尤其是女性,绝经后,其与骨骼代谢有关的卵巢激素分泌迅速减少,极易出现骨质疏松的情况。因此,老年女性常在股骨颈、腕、肱骨近端等部位发生骨折。

(2)骨骼肌的老化。随着年龄增长,骨骼肌肌肉力量逐渐减弱,65 岁以下下降更为明显,到 80 岁则会减少 $30\%\sim40\%$。同时,肌肉力量的降低使老年人易感疲劳。

(3)关节的老化。老年人关节软骨由于缺少蛋白质、软骨细胞及水分,弹性变差,易致椎间盘突出、骨刺形成。这是老年人多发颈椎病、骨性关节炎的主要原因。关节腔内的润滑液随着年龄增长不断减少,关节周围韧带出现纤维化等退行性改变,易致变形性关节炎、关节痛、关节活动受限制等症状的发生,也是老年人常跌倒的重要原因。

三、心血管系统功能的减退

心脏和血管是心血管系统中最重要的器官。随着年龄增加,心血管系统在解剖学、组织学、生物化学等方面会发生一系列退行性改变,从而导致其功能降低,对外界的适应能力也逐渐减退。

(1)心脏的老化。心肌细胞随着老化变得肥厚,左心室室壁的厚度也随之增加,从而导致其容量逐渐减少,心脏难以扩张,使得老年人极易出现心力衰竭的情况。同时,伴随着人体的老化,心脏的瓣膜会出现纤维化及钙化,容易引发闭锁不全以及狭窄等瓣膜病。

知识链接

老年心脏的组织和生物化学变化

老年人心脏的组织学变化:①心肌棕色萎缩,是脂褐素在逐渐减少的心肌细胞内积聚的结果,是心肌细胞老化的典型表现。②胶原变性及纤维化增加。③淀粉样变性,发生率可高达40%～70%,百岁以上老年人几乎100%发生。④纤维支架、瓣环及冠状动脉钙化。⑤心肌纤维灶性肥厚造成局部皱缩。⑥线粒体减少并发生心肌细胞膜的退行性改变。⑦心肌细胞核与心肌纤维的比值缩小。

老年心脏的生物化学变化:①蛋白弹性降低。②去甲肾上腺素合成减少。③乙酰胆碱(Ach)合成减少。④其他心肌酶谱组成及其受代谢影响酶活性的改变。⑤自主神经系统改变。

---

(2)血管的老化。血管是运输血液的管道,其结构的稳定是维持循环系统稳定的前提。随着年龄增长,血管的结缔组织增加,从而导致钙化及动脉硬化,管壁也随之增厚,动脉壁变硬失去伸展性,大、中动脉扩张性降低,高血压发生率增高,血压调节功能下降,易使老年人出现"体位性低血压"等血压不稳定现象。血压上升增加心脏负担,可引起心脏肥大,影响调节心脏活动节律的传导系统,导致心律不齐等情况的发生。

四、内分泌系统的老化

内分泌系统包括下丘脑、脑垂体、甲状腺、甲状旁腺、肾上腺、胰腺、卵巢和睾丸等,其与神经系统、免疫系统组成一个复杂的网络,维持内环境的稳定。

(1)下丘脑。随着年龄增长,下丘脑重量逐渐减轻,血供逐渐减少,结缔组织不断增加,垂体的高度和体积明显缩小,组织结构发生纤维化及囊性改变,可引起下丘脑功能减退,使各种促激素释放激素分泌随之减少,相应的靶器官功能也逐渐减退。

(2)甲状旁腺。由于老年人肾功能减退,肠道对钙的吸收减少,血钙降低,使甲状旁腺激素分泌增加,血浓度增高,易致骨质疏松的发生,尤其是老年女性,绝经后雌激素水平降低,机体对甲状旁腺激素的敏感性增加,其骨质疏松的发生率增加。

(3)性腺。随着年龄增长,身体的性腺分泌逐渐减少。到50岁左右,女性由于卵巢分泌雌激素与孕激素(主要是孕酮)的功能急剧下降,出现绝经现象,可引发不同程度的更年期症状,如机体发热、心率过快、出现抑郁症等,同时会引发各种老年疾病。男性体内的雄激素,即睾酮,它的浓度会在男性20岁左右达到最大值,此后不断减少,但其减少的速度总体比较缓慢,且易受个人体质的影响,因此男性更年期症状不如女性明显。但是,若男性在更年期同时有压力增大、环境突然发生变化等情况时,睾酮低的男性更年期症状会加重,出现与女性缺乏雌激素时相似的症状,会导致一些生活习惯病和老年病的产生。

五、消化系统功能的减退

在老化过程中,消化系统功能逐渐减退,主要表现为味觉减退、消化液分泌减少、动力减弱、吸收变差等。

(1)味觉减退。口腔黏膜组织随着老化而变薄、弹性不足,唾液淀粉酶活性也相应减弱,老年人易患口腔炎、舌炎、牙周病等,使味觉逐渐减退,出现食之无味的情况。

(2)消化液分泌减少。唾液、胃液、胰液及胆汁都是人体消化吸收必不可少的消化液,各消化液随着年龄增加分泌减少,因此老年人口腔易干燥、食管黏膜易受损、萎缩性胃炎好发、血清胆固醇水平提高,从而进一步导致老年人胆石症、冠状动脉疾病发生率的增加。

(3)消化道动力减弱。老年人消化道动力减弱,极易引起误吸(食物没有进入食管而进入气管的现象),引发肺炎的发生。另外,食管下侧肌肉松弛或食管蠕动变弱,易使胃液或胃内的食物反流入食管,而肠道动力不足易使老年人发生便秘增多。

(4)消化吸收功能变差。老化过程中,消化液减少、消化道动力减弱,使消化吸收功能相应变差,人体对病原体的抵抗力下降。如胃的消化吸收能力减弱会使人体对铁和维生素的吸收能力减退;小肠的消化吸收能力变差会使油腻的食物及蛋白质等难以被消化吸收,使老年人容易出现营养不足。

六、泌尿系统功能的下降

随着年龄增长,人体在 40 岁以后肾脏的各种功能即开始下降,老年人的肾脏的各种结构和功能进一步发生改变。

(1)肾小球的老化。肾小球数目随着年龄增长逐渐减少,肾内血管发生硬化,肾小球基底膜逐渐增厚。同时,肾小球毛细血管发生透明变性,毛细血管襻逐渐减少,系膜组织逐渐增加,导致老年人肾小球滤过率随增龄降低,老年人容易出现尿量减少,甚至发生少尿等情况。

(2)肾小管的老化。在老化过程中,肾小管细胞不断减少,上皮出现萎缩,脂肪变性,尤其近曲小管最为明显,导致近端小管重吸收功能减退,葡萄糖、氨基酸、磷酸盐等的重吸收功能均减弱;尿浓缩、稀释功能、酸化功能、电解质平衡功能、肾脏内分泌功能等均发生减退,易使老年人的尿液中糖、蛋白质等含量增高。

(3)肾血管的老化。随着年龄增长,肾动脉、肾小动脉硬化,肾血管内膜增厚使血管弹性逐渐下降,同时出现玻璃样变、动脉粥样硬化等现象。肾小动脉在肾皮质发生进行性纤维堆积、内膜增厚,累及肾小球毛细血管丛,引起管腔狭窄闭塞,导致肾小球血流减少,甚至闭塞,使老年人水钠调节能力受损,容易导致水钠潴留和急性肾衰竭的发生。

七、免疫系统功能的减退

免疫反应在不同年龄的个体之间存在着差异,这种差异随着年龄增大而增大,即免疫衰老。免疫衰老包括某些免疫活性缺失而另一些免疫活性增强,导致渐进性的免疫系统功能紊乱。

(一)免疫器官

(1)胸腺。胸腺是免疫系统的中枢器官之一,是 T 淋巴细胞分化、发育和成熟的场所。

在青春期后胸腺的形态和功能开始变化,呈现出以下衰老特征:体积缩小、胸腺激素合成和分泌减少,孵化成熟 T 细胞的能力逐渐下降,到 50 岁时,胸腺体积缩小大约 95%。

(2)骨髓。骨髓也是中枢免疫器官之一,是人类 B 细胞分化、发育、成熟的场所,同时也是造血场所。造血的骨髓随着增龄逐渐减少,重建免疫功能的能力随之下降。

(3)淋巴结、脾。淋巴结和脾脏是外周免疫器官,是 T、B 淋巴细胞滞留与增殖的场所。淋巴结和脾脏的体积随着年龄增长变化不大,但结构组成变化明显,主要表现为生发中心减少,结缔组织、浆细胞、巨噬细胞增多。

(二)免疫细胞

(1)T 细胞。衰老过程中 T 细胞数量减少,T 细胞各亚群之间比例失调,免疫功能减退。

(2)B 细胞。淋巴结和脾脏内以及循环中的 B 细胞的数量没有明显变化,但 B 细胞亚群之间的比例发生了显著性的改变,主要表现为 T 细胞非依赖性抗原刺激的 B 细胞减少,对 T 细胞依赖性抗原的反应下降。

(三)细胞免疫

细胞免疫功能随着衰老而下降,IL-2、IL-10、IL-12、INF 减少,IL-6、IL-4 增加,NK 细胞功能下降,辅助细胞数量减少、功能下降,迟发型超敏反应(DTH)减弱,细胞毒作用下降。

(四)体液免疫

体液免疫的水平随着衰老而变化,免疫应答能力明显下降,血清中 IgG、IgA 产生增加,IgM、IgD、IgE 含量均有不同程度减少,单克隆抗体增加。

(五)非特异性免疫

非特异性免疫功能随着增龄而下降。非特异性免疫系统包括 NK 细胞、K 细胞、单核细胞、巨噬细胞等免疫辅助细胞以及补体系统和白细胞介素系统等。衰老过程中,NK 细胞的活性下降。衰老对单核、巨噬细胞的影响不明显,而对补体、白介素等其他非特异性免疫的影响在整个免疫系统的衰老中具有重要作用。

八、生殖系统功能的减退

随着老化进程,男性和女性生殖系统的形态有所改变,其生殖功能逐渐下降。

(一)男性生殖系统的老化

男性生殖系统随着年龄增长,其组织学形态发生改变。50 岁以后,睾丸的曲细精管间质细胞减少,生殖细胞的数目减少,生精能力逐步下降,输精管变窄,附睾、精囊、前列腺上皮随增龄出现萎缩性变化。

(二)女性生殖系统的老化

卵巢为女性生殖系统中的主要性器官,35 岁后开始缩小,绝经后开始萎缩,随着卵巢功能的停止,雌性激素的浓度逐渐下降。

第三节 老化与心理健康

心理健康是居家养老服务的重要内容。随着老化进程,老年人的心理、智力、社会功能呈现出一定的特点。认识到老年人的这些特点,是提升心理健康服务质量的前提和基础。

一、老年人的心理特点

老化进程中,机体器官形态和功能等生理的改变会导致心理层面的变化。同时,老化过程中角色和社会功能的变化也会影响老年人的心理状态,呈现出一定的心理特点。

(一)认知功能下降

随着老龄化进程,老年人大脑功能发生改变,中枢神经系统递质的合成和代谢减弱,导致老年人感觉能力下降,容易出现反应迟钝、意识性差、注意力不集中等问题。老年认知功能下降除了听力减退、视力下降、皮肤感觉功能减退等改变外,还常伴有动作协调性差、灵活性下降、反应迟缓等行为动作改变。认知功能评估是明确居家养老老年人认知功能水平的重要前提。简易智能精神状态量表(mini-mental state examination,MMSE)是目前最常用的认知功能评估工具,包括定向力、记忆力、计算能力与注意力、语言能力、视空间能力等方面,总分范围为0~30分。MMSE的结果解释需与老年人的教育年限相结合,文盲组分界值为17分,教育年限≤6年组为20分,教育年限>6年组为24分,低于分界值即认为存在认知功能缺损。

知识链接

认知功能其他评定工具

认知功能筛查量表(cognitive abilities screening instrument,CASI)是与MMSE类似的认知评估工具,包括对定向力、注意力、心算能力、瞬时记忆、短时记忆、结构模仿、语言能力(命名、理解及书写)、类聚流畅性及概念判断等9个方面的评估。

其他量表包括老年认知功能量表、洛文斯顿认知评定量表、认知障碍简明评价量表等,客观评价如事件相关电位方法,也可用于居家养老老年人认知功能的评定。

除了上述普适性评估工具与方法,还可以选择特异性的评估工具与方法,如对于居家养老康复中较多见的脑卒中后老年人,偏侧忽视是其最常见的行为认知障碍,可通过绘图测验、Albert线段划消测验等方法进行认知功能评估。

(二)容易产生消极情绪情感

老年人由于体弱多病、行动不便等原因,易出现孤独感、冷落感、忧郁感、疑虑感,也常出现老朽感或不满等消极情绪。由于老年人对消极情绪情感的缓冲能力下降,积极应对方式不足,其消极情绪情感常深刻而持久。

常见消极情绪有三种形式:①存在退行性心理:部分老年人由于年轻时阅历丰富,或者权位高,自尊感强,退休后出现经济收入及社会联系减少、社会地位改变等情况时,容易出现自我价值感丧失,表现出郁郁寡欢。②对身体状况过分关注:部分老年人多度关注自身躯体状态的变化,对一些既往注意不到的轻微变化十分敏感,经常夸大这种变化的严重性,对自身健康状况评价较差,从而减少活动、在家静养,或是采取不恰当的自行服药、不合理就医等行为,容易产生消极情绪,严重影响老年人的身心健康。③逃避死亡:部分老年人不愿面对死亡,对于死亡有着强烈的恐惧感,不愿谈及与死亡相关的话题,害怕与家人或朋友分离时的孤独,这种焦虑与担忧在老年人接近死亡阶段时尤为强烈。

(三)心理发展具有潜能性

虽然老年人认知功能、应对能力等都有下降的趋势和表现,但其心理发展仍具有潜能性。在居家养老康复工作中,要用积极心理学的视角对待老年人的心理发展问题,合理安排老年人接触社会的机会,使老年人的智慧和才能得以发挥。积极心理学关注人性中的积极方面,提倡对个体实施更有效、更积极的干预,以此促进个人、家庭及社会的良性发展。对于居家养老的老年人,可通过挖掘、激发老年人的积极人格特质,提高老年人应对生活压力的能力,从而提升老年人的幸福感水平。

知识拓展

积极心理学的发展

20 世纪的心理学研究多侧重于精神病、抑郁、焦虑、死亡等消极、负面问题,对于人类的心理问题大多持悲观态度。20 世纪 60 年代人本主义心理学以及由此产生的人类潜能研究奠定了积极心理学发展的基础。塞利格曼(Martin E Seligman)于 2000 年在其《积极心理学导论》一文中正式提出了积极心理学的概念,现已发展成为一门致力于研究人的积极品质的科学。积极心理学旨在促进积极的主观体验以及积极个性特征的发展。积极心理干预并不以消除异常心理症状为主要目标,而是最大限度地挖掘利用个体自身的潜能,从而促成个体固有技能的最佳化。积极心理学干预是促进居家养老老年人积极老龄化、成功老龄化的重要措施。

(四)心理变化的个体差异较大

由于生活经历、情感体验的差异,老年人在情绪、意识等方面存在的个体差异较大,尤其是在遭受重大生活事件等应激时,这种差异表现更加明显。此外,由于老年人对环境变化的适应速度下降,不同老年人间常产生不同程度的失落感和恐惧感。

二、老化引起的智力变化

智力指的是人脑对客观事物反映的能力,即对客观环境适应和改造的能力。随着老化进程,老年人神经系统表现为脑组织萎缩,体积变小,脑重量减轻,加之老年人实践活动减少,从而引起老年人智力降低。

根据智力的后天习得性,可以将智力分为流动性智力和结晶性智力。流动性智力与个体神经系统的生理结构和功能有关,指的是获得新观念、洞察复杂关系的能力,如识别图形关系、机械记忆、知觉速度等方面的能力。随着老化进程,流动性智力下降趋势明显,导致老年人出现近事记忆力差,思维敏捷和反应速度下降,影响老年人对于日常生活有关工具的使用和对突发问题的正确处理。结晶性智力与个体后天的知识、文化和经验积累有关,是指通过学习、经验等外在的影响而得到的智力,包括对常识、词汇等的理解能力和抽象概括能力、分析和解决问题的能力等。对于老年人来说,一般经验知识、语言能力、理解能力几乎没有明显的下降。

三、老年人的社会功能变化

由于离退休等原因,老年人的社会角色随之改变,生活节奏也由离退休前的有序、紧张的职业生活,突然变为松散、清闲的离退休生活,从而造成老年人社会生活减少,人际关系发生改变。另一方面,长期居住于城市的高层闭合式住宅的老年人,与外界的接触相对较少,平日有较少的户外活动,从而引起一系列生理和心理上异常的反应,即高楼住宅综合征。这在一定程度上影响了老年人的社会功能。

知识拓展

高楼住宅综合征

　　高楼综合征指的是因长期居住于城市高层闭合式住宅中,与外界很少接触,也较少到户外活动,导致老年人出现一系列生理和心理上异常反应的疾病或不适状态。高楼综合征多见于久住高楼而深居简出的退休老年人。由于社会角色期望等原因,尤其是男性退休老年人更容易出现这一问题。高楼综合征容易造成老年人产生孤独感,常会出现四肢无力、脸色苍白、体质虚弱、消化不良、不合群等症状。

　　高楼住宅综合征的老年人较少主动采取策略减轻、消除其孤独感。在居家养老康复工作中,应通过多途径健康教育,提高老年人对高楼综合征的认识,并通过干预提高高楼综合征老年人有效消除孤独感的调节技巧,从而维持或促进老年人的社会化功能。

四、居家养老心理健康服务

　　心理健康服务是居家养老康复的重要组成部分。居家养老心理健康服务包括老年人心理健康促进,抑郁症、痴呆等患病老年人的心理康复。

(一)老年人心理健康标准

　　心理健康指的是在身体、智能及情感上将个人的心境发展成为最佳状态,表现为个体能适应环境,人际关系能和睦相处,对工作和生活具有信心,拥有幸福感。

　　老年人心理健康的标准通常包括:①热爱生活,正确对待人生:老年人能够对衰老、离退休等持积极态度,对生活充满信心。②无精神障碍:性格健全,情绪稳定,保持愉快和平衡的心境。③合理对待家庭和社会人际关系:老年人能够理解、关心家庭成员,积极参加社会活动,建立与维持良好的社会关系。④适应环境:能坚持正常的生活、工作和活动,有效地适应社会环境的变化。⑤具有一定的学习记忆能力:具备学习某一方面或几个方面知识的技能。

(二)老年人心理健康促进

　　老年人的心理问题不容忽视,负性情绪有损老年人的健康,可通过自我保健、家庭支持、专业健康教育和社会大环境促进等四个层面进行健康促进。

　　(1)老年人心理健康自我保健。老年人需通过认知、情绪、社会交往、兴趣爱好多个方面来自我促进心理健康,包括:①科学用脑、合理用脑:勤用脑,积极有效地参加脑力劳动,可以延缓大脑衰老,降低老年性痴呆症发生率。②保持稳定、乐观的情绪:老年人应树立正确的人生观,要根据客观现实,合理对待疾病、离退休、丧偶、死亡,适当调整对于社会、家庭的期望,保持良好的心境。③积极参加力所能及的社会活动和体育活动:老年人应根据自身身体状况,积极参与社区等组织的老年活动和体育活动,通过参与活动增进人际交往,扩大社会联系与支持。④培养健康的兴趣与爱好:鼓励老年人培养和发展适合自身的兴趣与爱好,使老年的生活重心由工作转移到离退休后的业余兴趣与爱好上,充实离退休后的生活。

（2）大力开展老年人心理健康教育。对于老年人进行有计划的心理健康教育活动,教会老年人维护身心健康的知识,建立心理健康日常行为,是帮助老年人解除心理压力、调节消极情绪的有效手段。对于离退休的老年人,可适时开展离退休前教育,使老年人能客观预计离退休后生活即将发生的改变,使之有充分的心理准备适应离退休后的生活。

（3）完善家庭支持。家庭是老年人晚年生活的主要场所,老年人的心理健康与家庭关系密切相关。可通过以下措施发挥家庭支持作用:①与家庭成员共同讨论,协助家庭为老年人提供表达情感的机会,营造融洽的家庭氛围,促进老年人与家人的沟通交流。要在平等的基础上,处理好老年人与家庭成员的关系,尤其是处理好代际关系,增强家庭成员间的亲密度。②教会空巢老年人正确面对子女成家后离开家的现实,帮助老年人适当调整对于子女依赖的期望,鼓励老年人学习利用现代通信手段与子女沟通。③丧偶对于老年人来说是重大的负性生活事件,甚至可能是一种致命打击,在条件成熟情况下,应支持丧偶老年人再婚。丧偶老年人再婚后,生活上能够相互关照,有助于消除老年人情感上的孤独、寂寞,也有利于减轻子女负担。④鼓励家庭成员积极参与老年人的居家养老康复。

（4）创造良好的社会支持。①应继续加强宣传教育,大力倡导养老敬老,广泛开展尊敬老年人的社会活动,形成尊敬、关心、照顾老年人的社会道德风尚。②社区应进一步为老年人提供娱乐、休息的服务场所和福利设施,大力开展老年人就餐服务、外出照护服务等项目,充分满足老年人的合理需求,健全社会保健服务。③尽快完善相关立法,现行的《老年人权益保障法》中的个别条款操作性不够强,应尽快完善相关法律法规,尤其是针对老年虐待等方面的立法工作,增强老年人的安全感,为老年人安度晚年提供良好的社会保障。

（三）老年人心理康复

（1）老年抑郁症患者的心理康复。主要有:①帮助老年人和家庭正确认识和对待疾病,正确评估导致老年人出现抑郁的不良生活事件与行为,根据评估结果对老年人进行针对性的劝解、疏导,与老年人家庭成员共同讨论,增强其应对心理压力的能力。②及时评估老年人的用药依从性,因对治疗效果缺乏信心或不愿接受药物治疗,部分抑郁症老年人表现为藏药或拒绝服药,要重视老年人可能出现的藏药后积存一次吞服问题,教会家庭成员督促检查。③自杀是抑郁症患者最危险的行为,应严格检查老年人居住环境中可能出现的刀、绳索、电器、农药等物品,对于有强烈自杀企图的老年人要有专人全天看护,必要时给予合理约束。④保持良好的休息与睡眠,要避免抑郁症老年人独处,为其创造舒适、安静的睡觉、休息环境,尽量减少日间睡眠,教会老年人和家庭成员促进睡眠的方法。

（2）老年痴呆患者的心理康复。主要有:①尽可能维持老年人的记忆力,鼓励老年人参加力所能及的社交活动,通过图像、动作等刺激,延缓老年人记忆力下降;对于记忆障碍严重的老年人,应协助其制定作息计划、日常生活活动安排表等,并对容易忘记的事情设立醒目标志。②针对患者行为障碍,积极利用熟悉数字、日历的定向治疗,以及体育疗法、群体疗法等,改善抑郁、激怒等症状。③在老年人外出或参加户外活动时,需随身写明居住地址和紧急联系人联系方式的卡片,或是借助二维码等现代通信技术,以便老年人走丢时能够及时得到他人的帮助。

第四节　老化预防与居家养老

人体老化是自然发展规律,其进程和发展无法阻止,但可以通过各种手段和方法,将老化的进程延缓和推迟,减少老化过程中失能和半失能状态的出现,提高老年人的生活质量。

一、定义及意义

老化预防(aging prevention)即推迟老化进程,指通过人为干预的手段延缓老化或有老化趋势人群的生理和心理老化。

老化预防对个人、家庭和社会都具有积极的意义。个人层面,通过积极开展老化预防,可以延迟老化带来的生理和心理变化,以及随之而来的各种慢性病和功能障碍,使老年人老而不残,老而不弱,提高其独立生活的能力,维护其自尊,维护其社会参与能力。老年人的独立自主可减轻家庭的老年人照护负担,提高家庭幸福程度。从社会宏观层面考虑,老化预防应体现"养护结合"的理念,预防或改善老年人的失能和半失能状态,减少老年人因病入院率,减轻医疗照护负担。

二、老化预防项目

老化预防需要尽早开始,从广义上来讲包括青年、中年时代的体能锻炼;从狭义上来讲,是早期发现生活功能下降、有失能半失能危险的老年人,根据老年人的情况展开全方位的老化预防。

(一)提高运动功能

随着年龄的增长,中老年人各器官组织将出现不同程度的退行性变化及功能衰退,健康水平逐渐降低。提高运动功能可预防机体多系统功能老化,如改善大脑功能,增强呼吸和心血管系统功能,加大关节活动度,增强肌力,增强免疫功能,调节情绪,减缓各种慢性病的发展进程。

提高运动系统功能的老化预防项目主要分三种:①不使用器械的锻炼方法,如慢跑、散步、爬楼梯、广播体操等。②使用器械强化肌肉的锻炼方法。③使用器械的活动能力康复训练法,如体操棒、抛接球、步行练习用双杠或称平行杆。

老年人在锻炼过程中需要遵循一定的原则:①安全第一:由于身体功能上的老化,老年人更易在运动中受伤,因此参加运动不可过度,需要循序渐进。②持之以恒:由于适合老年人的锻炼方法要求简单易行,一般不容易在短时间内有明显的效果,故老年人锻炼贵在坚持。③能够达到提高身体活动能力的效果:锻炼要使老年人能够从中获益,全面提高或者提升老年人部分身体功能,如身体协调性、机体灵活能力等。老年人需要选择合适的、有针对性的体育锻炼项目,提高运动功能。

知识链接

适合于老年人的常见不使用器械的运动方式

由于不使用器械的锻炼方法负荷量小,且容易实施,是老年群体最受推荐的运动方式,常见的包括慢跑、健走、广播体操、太极等,其中,慢跑是最常见的体育运动之一,是锻炼身体、锻炼心肺功能的首选方法。中老年人的慢跑应该与行走相结合。腿脚不便、不适合慢跑的老年人可选择散步这种更易实施的运动方式。运动速度可以根据自己的身体状况进行适当的调整,慢速60~70步/分,中速80~90步/分,每次30~60分钟。慢跑属于有氧运动,有氧运动可使人体吸入比平常多几倍的氧气,促进组织新陈代谢,使机体营养物质充足,肌肉力量和耐力、身体免疫力都得到增强。同时大肌肉群持续地做有韵律、有节奏的运动,既锻炼了肌肉,又加强了人体的循环系统运作,能明显改善心脏的营养和脂质代谢,从而增强心肺功能,使心肺耐力得到锻炼。有氧运动也是一种积极的情绪调节方式,它可以通过机体神经系统兴奋性的转移和调节,缓解精神压力,起到平衡精神心理状态和改善睡眠的作用。

除以上介绍的运动项目以外,广播体操、民间舞蹈等全身运动都可以锻炼心血管系统以及调节心境。在有效锻炼全身肌肉的同时,集体活动降低了老年人的孤独感,丰富了老年人的生活。

(二)改善营养

人体内有一种致衰老的物质——自由基,它能引起细胞膜损伤,使细胞失去弹性而老化,还能诱发衰老色素。人体随着年龄的增长,体内自由基增多,脂质过氧化作用增强,组织器官易受冲击而引发衰老。中老年人应注意补充抗氧化、抗衰老的营养物质。

(1)核酸。核酸是组成人体细胞的重要物质。当体内核酸不足时,容易导致各种器质性退化性疾病,如心脏病、精神性疾病、皮肤性疾病、关节炎以及免疫力系统功能下降等。核酸可保证细胞的正常代谢,保证遗传基因的自由修复,强化机体对自由基的清除能力。中老年人可进食富含核酸的食物来预防老化,如鲱鱼、沙丁鱼、鲑鱼、虾、甜菜、芦笋、萝卜、洋葱、青葱、蘑菇、菠菜、菜花、芹菜以及动物肝、豆类等。

(2)超氧化物歧化酶。超氧化物歧化酶是人体内特有的抗氧化酶,可阻止脂质过氧化,使氧自由基发生歧化反应,以保护细胞免遭侵害。随着年龄的增长,尤其是40岁以后,人体内超氧化物歧化酶含量不足,人体的神经元和心肌细胞等处于分裂后期的细胞有明显的脂褐素积累,使得中老年人细胞容易受损或被破坏,机体加速衰老。为预防老化,应多食富含超氧化物歧化酶的食物,如芹菜、韭菜、茄子、黄瓜、番茄、红豆、四季豆、土豆、鲜刺梨等。

(3)微量元素。锌、硒等元素具有抗氧化、清除自由基和提高免疫功能的作用。这两种微量元素含量较高的食物有海产品、动物内脏、肉类、芦笋、蘑菇、洋葱、大蒜、蛋类等。

(4)抗氧化维生素。维生素在体内有广泛的生理功能,尤其是维生素E、维生素A、维生素C,能增强抵抗力、调整机体代谢和延缓衰老。其中,维生素E可防止脂肪氧化,具有强抗氧化、抗衰老性能,还能与维生素C协同作用抗氧化。为促进居民健康,美国农业与卫生部门提倡每日吃5份蔬菜水果,每份要>100g,这一点对中老年人尤为重要。富含维生素的食物主要有刺梨、猕猴桃、酸枣、番茄、橘子、胡萝卜等。

(5)蛋白质。中老年人器官功能减退,尤其是消化功能下降,会明显影响机体对营养素的吸收利用,加剧营养不良的发生。目前我国中老年人热能摄取达供给量标准,但蛋白质尤其是优质蛋白质摄入不足较明显。中老年人应注意蛋白质尤其是优质蛋白质的摄入,如动物蛋白质中的蛋、奶、肉、鱼等以及大豆蛋白质等,以使蛋白质更容易被人体吸收利用。

(三)提高口腔功能

随着人体老化的发展,老年人口腔组织会发生一系列退行性变化,如牙齿咬合面牙釉质磨耗或损坏、牙颈部暴露与磨损、牙槽骨退缩、牙龈萎缩、牙根暴露、唾液腺分泌减少、口腔黏膜干燥、弹性降低等,会导致老年人龋病、牙周病等发病率上升,严重影响口腔咀嚼功能、外观形象、发音和社会交往能力。

机体的咀嚼力和吞咽力会逐渐减退,唾液和消化液分泌减少,肠蠕动减慢,味觉减退,各种因素综合容易导致老年人营养缺乏。然而,很多老年人认为牙齿脱落和牙口使用不方便是人老化的自然现象,并没有意识到口腔保健的重要性,或者存在着各种口腔保健的误区。

提高老年人口腔功能包括加强口腔卫生保健工作、预防和治疗口腔疾病。具体措施包括:①要养成良好的口腔卫生习惯,重视口腔卫生。②防止用硬毛刷剔牙,应多用牙线来清除邻面的牙菌斑。③用较软的毛刷轻轻地竖刷并按摩牙龈。④每天坚持叩齿数十次,增加牙周组织的血液循环,有利于固齿。⑤注意饮食,少食用酸性食物及刺激性食物,避免损害牙齿和牙龈而导致牙齿早脱落。⑥出现牙齿问题时应及时就医。

(四)预防自闭症

自闭症(autism)是一种广泛性发展障碍,是以严重的、广泛的社会相互影响和沟通技能的损害以及刻板的行为、兴趣和活动为特征的精神疾病。简单来说,就是交往障碍、交流障碍、兴趣和活动的局限、智力发育障碍。老年自闭症是老年人卧床不起、进而发展到失能和半失能的原因之一,需要引起足够重视。

老年人容易发生自闭症的主要因素有:①衰老或脑卒中、器质性身体障碍等生理方面原因。②活动欲望下降等心理方面原因。③缺少陪伴居住环境和气候不利于外出等客观环境方面原因。一旦自闭于家中,由于生活活动空间进一步变得狭窄,身体活动性降低,同时由于缺乏来自外界的精神方面的刺激,精神功能也会逐渐下降,形成恶性循环。因此,居家养老的高龄老年人,尤其日常生活中外出次数逐渐减少或外出范围过小的老年人,要预防老年自闭症的发生。

预防老年自闭症,首先要早期发现,可以根据"外出次数""外出范围"这两个方面判断可能会出现自闭症风险的老年人;其次,应多鼓励老年人尤其是有自闭风险的老年人多参加室外活动,保持良好的人际关系,培养业余兴趣爱好。同时,老年人的亲属应多重视、多关爱老年人,降低老年人的孤独感。

三、居家养老健康教育与促进

健康促进是指运用行政的或组织的手段,广泛协调社会各相关部门以及社区、家庭和个人,使其履行各自对健康的责任,共同维护和促进健康的一种社会行为和社会战略。居家养老健康促进是利用社区服务资源,以居家的老年人为健康促进对象,通过宣传健康生活理念,明确并纠正不利于健康的行为方式,促进老年人养成健康的生活方式,从而提高生活质量。老年健康促进要符合老年人的生理和心理特点,目前常见的项目有高血压的预防与保健、糖尿病管理、老年人心理健康促进(见本章第三节)等。

(一)高血压的预防与指导

高血压病在老年人中是最常见的心血管疾病,是导致冠心病、脑卒中的最危险因素。预防老年人高血压的重要措施之一是健康教育,即针对有高血压危险的人群,如肥胖、高盐饮食、高脂血症、吸烟、长期过量饮酒等进行重点预防,控制危险因素。主要方式有组织知识讲座,指导老年人培养健康的生活习惯。要对高血压患者进行定期随访指导,使血压维持在正常范围,减少心、脑、肾并发症的发生,降低致残率和死亡率。

(二)糖尿病健康指导

针对老年糖尿病患者,糖尿病饮食治疗是进行临床药物治疗的基础,患者必须注意营养比例的分配,根据病情和全天热能消耗确定患者每日允许摄入的食物总热量。应定期对患者进行随访和血糖监测,并开展讲座或上门指导患者正确使用胰岛素笔,合理服用口服降糖药。此外,还可以对老年糖尿病患者进行运动指导,运动可以使血浆总胆固醇、甘油三酯、低密度脂蛋白降低,对病情也有一定的缓解作用。

(徐璐、李现文)

第八章 老年常见慢性病健康管理与居家照护

本章要点

★老年慢性病定义及其特点。

★老年高血压患者健康管理与居家照护。

★老年冠心病患者的特点及药物和非药物相结合的强化健康管理过程。

★老年糖尿病健康管理与居家照护。

★老年脑卒中患者肢体功能训练措施。

★慢性阻塞性肺疾病老年患者的健康管理与居家照护指导。

★骨关节疾病老年患者居家照护指导。

★老年肿瘤患者居家照护指导。

★老年痴呆症患者的照护原则。

★临终关怀模式与内容。

老年人是慢性病的高危人群,具有患病率高、伤残率高、医疗利用率高等特点,易导致各种并发症和功能障碍,不仅严重损害老年人的健康与生活质量,而且给家庭、社会带来沉重的经济和照护负担。慢性病的健康管理和照护是老年人居家照护的重要内容,其目的是通过早期预防和控制,减少和控制症状,改善功能,减轻或限制病情的发展,提高老年人的生活质量。

第一节 概　述

随着社会经济的快速发展、居民生活水平的提高及生活方式的转变,我国人群主要疾病模式及死因构成已由原来的传染性疾病、急性病为主,转变为慢性非传染性疾病(又称慢性病)为主,慢性病已严重威胁人群健康和生命。

一、慢性病的特点

世界卫生组织将慢性病定义为:病情持续时间长、发展缓慢的疾病。美国慢性病委员会将慢性病定义为:具有下述一种或一种以上特征为慢性病,即患病时间长、会成为残疾、起因于不可恢复的病理状态、根据病情需要进行不同的康复训练、需要长期医疗指导。

(一)起病隐匿,易出现危象

由于老年人机体功能减退,对疾病的敏感性及反应降低,起病初期并无明显症状,且病情发展缓慢。但是,由于老年人免疫功能降低、应激能力减退,一旦病情发作,病情会迅速发生变化,短时间内呼吸、循环、肾脏等器官功能出现衰竭,出现危象。

(二)多种疾病同时并存,易发生并发症

老年人由于免疫功能减退,在慢性疾病的基础上容易并发诸如呼吸道、胆道及泌尿系统感染等疾病,也会由于衰老导致各器官的储备功能减退,从而引起并发症;老年人运动量减少或长期卧床,易发生运动减少性疾病,如废用性肌肉萎缩、血栓或栓塞、骨质疏松、浮肿、心衰等多种并发症。

(三)病程长、康复慢

老年患者免疫力低下,抗病能力和修复能力减弱,导致病程长、康复慢、容易出现多种并发症,如电解质和酸碱平衡紊乱、感染、血栓形成和栓塞、多器官功能障碍综合征等。

(四)临床表现不典型,药物不良反应多

老年人反应性降低,疾病症状表现轻微,又可出现衰老与疾病并存现象,导致老年慢性病的临床表现不典型,如老年人肺部严重感染时并不会出现高热等典型症状,多为低热,甚至不发热;心绞痛部位或不在胸前区,表现为胃部胀痛、牙痛或肩背痛等;由于肝肾功能减退导致药物不良反应率高,药源性疾病增多。

二、老年慢性病患者健康管理和居家照护的必要性

由于老年慢性病病程长、预后差、病情反复和并发症多,患者需要长期甚至终身的治疗和照护。慢性病给老年人身心健康带来危害的同时,还消耗了大量有限的社会资源,给家庭、社会、国家造成巨大的经济负担。慢性病健康管理,以及在家庭为患者提供照护,可节约医疗资源,且具有方便性、经济性、灵活性的特点,目前已受到越来越多的关注。

健康管理是指对个体或群体的健康进行全面监测、分析、评估,提供健康咨询和指导,以及针对健康危险因素进行干预的全过程,其指导理念是现代健康概念(生理-心理-社会适应能力)、现代医学模式(生理-心理-社会)和中医的"治未病"思想。慢性病早期即开始健康管理,可利用少量的资源,达到更高的健康效益。

居家照护为老年患者提供安全而熟悉的社会心理环境,并可保持对各种健康问题的健康责任的连续性,具有地理位置接近、病情熟悉以及心理上亲密的特点。居家照护还可通过规范化照护、良好的疾病管理,减少并发症,防止病情复发和降低再住院率,降低医疗费用,是改善老年慢性病患者生活质量的重要措施。

第二节 老年高血压患者健康管理与居家照护

在我国,老年高血压存在着患病率、致残率和死亡率较高,而防治知识知晓率、高血压规律治疗率和控制率较低的"三高、三低"问题。提高老年人的高血压相关知识,强化以居家照护为主的保健模式,是有效控制老年人血压的前提。

一、概述

我国老年人群(年龄≥65岁)高血压患病率高达49%。早期人们认为老年高血压是血

压随年龄增长而升高的生理现象,不必治疗,但长期研究表明,老年高血压是危害老年人生存和生活质量的重要因素,积极治疗可明显降低脑卒中等重要心血管事件的危险性。无论年龄大小,都应该在医生的指导下控制血压,使之尽量降至正常范围。

(一)定义

老年性高血压是指年龄大于 65 岁,在未使用降压药物的情况下,非同日 3 次测量血压,收缩压≥140mmHg 和(或)舒张压≥90mmHg。如患者既往有高血压史,目前正在使用降压药物,血压虽然低于 140/90mmHg,也应诊断为高血压。收缩压≥140mmHg 和舒张压＜90mmHg 为老年单纯收缩期高血压。根据血压升高水平,又可进一步将高血压分为 1 级、2 级和 3 级(见表 8-1)。由于诊室血压测量的次数较少,血压又具有明显波动性,在不能进行24 小时动态血压监测时,需要数周内多次测量来判断血压升高情况,尤其对于轻、中度血压升高者。如有条件,应进行 24 小时动态血压监测或家庭血压监测。

高血压分为两类:①原发性高血压(primary hypertension),又称高血压病,是指原因不明的以体循环动脉血压升高为特征的伴有心、脑、肾等脏器受损的一种全身性疾病,约占高血压的 95%。通常所指的高血压就是指原发性高血压,是健康管理的重点。②继发性高血压(secondary hypertension),又称症状性高血压,约占高血压的 5%,是由其他疾病引起的、有明确的病因,经过治疗后高血压症状能得到一定程度的控制或者完全缓解。继发性高血压的主要病因包括肾脏疾病、某些肝脏疾病(肝硬化)、内分泌系统疾病(甲状腺功能亢进、肾上腺素肿瘤等)、免疫系统疾病(红斑狼疮、结节性动脉周围炎)或服用某些药物(可的松、泼尼松、雌激素、布洛芬、阿司匹林等)。

(二)流行病学概况

我国高血压流行病学有三大特点:①患病率呈逐年上升趋势:2002 年全国营养与健康调查结果显示,我国人群高血压患病率达 18.8%,比 1991 年增加了 31%,至 2012 年全国高血压患者已达 2.36 亿。②患病率存在明显的地区差异:患病率北方高于南方,城市高于农村,沿海高于内地。③患病率男女性之间差别不大,但随年龄增加而升高,并具有年轻化趋势。

(三)危险因素

原发性高血压病因不甚清楚,目前认为是遗传与环境因素相互作用的结果,其中遗传因素占 40%,环境因素占 60%。

1. 遗传因素

有高血压家族史的人发生高血压的概率是无家族史的 15 倍。

2. 环境因素

包括生活与工作环境以及生活行为方式等因素。

(1)饮食因素:高钠、低钾膳食是我国大多数高血压患者发病最主要的危险因素。过量饮酒(每日超过 50g)可使血压明显升高,且血压上升幅度随着饮酒量增加而增大。

(2)超重与肥胖:尤其是腹型肥胖者,腰围男性≥90cm 或女性≥85cm,发生高血压的风险是腰围正常者的 4 倍以上。

(3)精神应激:从事脑力劳动者、精神高度紧张、长期生活在噪声环境中听力敏感性减退者高血压患病率明显增加。

(4)其他因素:缺少体力活动、吸烟等也是高血压发病的危险因素。

(四)临床表现

原发性高血压大多起病缓慢,一般在开始几年或十几年没有明显症状或缺乏特征性的临床表现,老年人表现为头痛、头晕、烦躁、心悸、失眠等。原发性高血压使血管与心脏长期处于紧张和高负荷状态,可引起心、脑、肾等重要脏器损害,产生相应的临床表现,少数可表现为恶性急进型高血压,病情急骤发展,如不及时有效降压治疗,预后很差,常于数月或数年死于肾功能衰竭、脑卒中或心力衰竭。

老年高血压患者有一定的特征,包括:①血压调节能力减弱:血压波动大,容易受运动、情绪、季节以及体位的影响,如一年之内冬季偏高,夏季偏低;易发生体位性低血压;夜间血压可以持续增高。②单纯性收缩期高血压多见:主要原因为老年人动脉老化,动脉的顺应性下降,常表现为收缩压增高,舒张压不变或下降,脉压增大。③假性高血压发病率高:由于老年人肱动脉过度硬化(如硬橡皮管一样),测量血压时肱动脉间接测量血压数值可以明显高于实际血压值。④多种疾病同时存在:常伴有糖尿病、血脂异常、代谢综合征等,一人多病的现象常见,或多个脏器同时患病,这些疾病可相互影响,互为因果,使病情更加复杂。⑤易出现并发症,临床表现不典型:易发生心力衰竭、心律失常、脑卒中、肾功能不全等并发症。由于老年人多有反应性低下的特点,各种并发症的临床表现经常不典型,易造成漏诊和误诊。⑥易发生水、电解质平衡紊乱:老年人代谢能力减退,对缺水的耐受性明显减低,应用利尿剂治疗时,容易出现水和电解质紊乱。⑦病情进展快:老年人的各种器官稳态功能减退,一旦发生并发症,病情常迅速恶化,如一些老年人一旦受到感染或发生严重疾病,可顺次发生心脑肾肺等两个或多个脏器的衰竭。⑧用药疗效欠佳,易产生副作用:由于老年人的肝肾功能下降,对药物的分解、排泄能力减弱,对降压药的敏感性及耐受性均降低,治疗效果减弱,易出现副作用和药物毒性反应。

二、健康监测

高血压发生的背景因人而异,有的和饮食有关,有的则以肥胖、运动不足为主。因此,明确每个个体的健康危险因素是健康管理的第一步。

(一)一般健康人群的监测

(1)一般情况调查。年龄、性别、文化程度、经济收入、婚姻状况。

(2)既往史、家族史调查。注意询问有无高脂血症、糖尿病及早发的心血管病家族史。

(3)生活习惯调查。包括饮食、烟酒嗜好、生活与工作环境、体育活动、性格等。

(4)体检信息调查。包括心率、血压、身高、体重、腰围的测量。

(5)实验室及器械检查。①血、尿、粪常规检查。②肾功能检查,包括尿蛋白、微量白蛋白尿、血肌酐、尿素氮。③血糖测定。④电解质测定,尤其是血钙、血钾浓度测定。⑤血尿酸水平测定。⑥血脂检查,尤其是血浆胆固醇和甘油三酯水平的检测。⑦肝功能检查。⑧心电图。⑨X线胸片,部分患者根据需要和条件可进一步检查眼底血管、超声心动图、动态血压等。

(二)高血压高危人群的监测

(1)高危人群的定义。符合下列任何一项及以上条件者为高危人群:①收缩压为120~139mmHg 和(或)舒张压为 80～89mmHg。②超重或肥胖,即体质指数(BMI)≥24kg/m^2 或≥28kg/m^2,和(或)腹型肥胖:腰围男≥90cm,女≥85cm。③有高血压家族史

（一、二级亲属）。④长期过量饮酒（每日饮白酒≥100ml，且每周饮酒4次以上）。⑤长期高盐膳食，每日摄盐量10g以上。

（2）监测周期。对辖区内35岁及以上常住居民，在其第一次就诊时为其测量血压。对血压正常的人建议定期测量血压，年龄在20～29岁，每2年测量1次；35岁以上人群每年至少测1次；高危人群每半年至少测量1次血压。

（三）高血压确诊患者的监测

对高血压患者每年提供至少4次面对面的随访，除检测和收集上述项目外，重点询问：①是否有高血压病史。②一般情况及近期症状。③有无并存的临床情况，如脑脑血管、心脏疾病、肾脏疾病、血管疾病、肝脏疾病和眼病。④生活方式，包括吸烟、饮酒、体育锻炼、饮食、睡眠和心理状态。⑤询问并记录最近一次各项实验室检查结果。⑥了解患者服药情况，同时开展有针对性的健康教育和患者自我管理技能指导。

三、健康评估

高血压健康评估包括对高危人群进行高血压风险预测与评估、对高血压患者的诊断性评估及心血管疾病综合风险和药物疗效的预测与评估。

（一）健康人群与高危人群的评估

主要针对生活行为进行评估，发现高血压危险因素，开展相应的健康教育与指导。

（二）高血压患者的诊断性评估

（1）高血压诊断步骤。①首先明确是否高血压：三次非同日测量血压超过正常标准，可确定为高血压。②是否原发性高血压：必须排除继发性高血压后才能诊断为原发性高血压。③估计靶器官受损的程度，明确有无并发症，进行高血压分级及危险度分层。

（2）高血压诊断和分级标准。目前我国采用的高血压诊断标准为收缩压≥140mmHg和（或）舒张压≥90mmHg，并根据血压升高水平，又进一步将高血压分为1～3级（见表8-1）。

表8-1　血压的定义和分类（中国高血压防治指南2010年修订版）

级别	收缩压（mmHg）		舒张压（mmHg）
正常血压	<120	和	<80
正常高值	120～139	和（或）	80～89
高血压	≥140	和（或）	≥90
1级高血压（轻度）	140～159	和（或）	90～99
2级高血压（中度）	160～179	和（或）	100～109
3级高血压（重度）	≥180	和（或）	≥110
ISH	≥140	和	<90

注：ISH：单纯收缩期高压。若患者的收缩压与舒张压分属不同级别时，则以较高的级别为准；ISH也可按照收缩压水平分为1、2、3级。

（3）高血压危险分层依据和标准。根据高血压患者的血压分级，结合心血管病的危险因素、靶器官损害以及并存的临床情况等预后的影响因素，将危险量化为低危、中危、高危和很高危四层，对高血压患者的心血管疾病综合风险进行预测与评估。影响高血压预后的因素及高血压危险分层见表8-2、表8-3。

表 8-2　影响高血压患者心血管预后的重要因素

心血管危险因素	靶器官损害（TOD）	伴临床疾患
• 高血压（1～3 级） • 男性＞55 岁；女性＞65 岁 • 吸烟 • 糖耐量受损（2 小时血糖 7.8～11.0 mmol/L）和/或空腹血糖异常（6.1～6.9 mmol/L） • 血脂异常 　TC≥5.7mmol/L（220mg/dl） 　或 　LDL-C＞3.3mmol/L（130mg/dl） 　或 　HDL-C＜1.0mmol/L（40mg/dl） • 早发心血管病家族史（一级亲属发病年龄＜50 岁） • 腹型肥胖（腰围：男性≥90cm，女性≥85cm） 　或肥胖（BMI≥28kg/m²） • 高同型半胱氨酸≥10μmol/L	• 左心室肥厚 　心电图： 　Sokolow-Lyons＞38mV 或 Cornell＞2440mm·mms 　超声心动图 LVMI： 　男≥125g/m²，女≥120g/m² • 颈动脉超声 IMT≥0.9mm 或动脉粥样斑块 • 颈-股动脉脉搏波速度≥12m/s • 踝/臂血压指数＜0.9 • 估算的肾小球滤过率降低（eGFR＜60ml/min/1.73m²）或血清肌酐轻度升高： 　男性 115～133μmol/L（1.3～1.5mg/dl）， 　女性 107～124μmol/L（1.2～1.4mg/dl） • 微量白蛋白尿： 　30～300mg/24h 或 　白蛋白/肌酐比： 　≥30mg/g（3.5mg/mmol）	• 脑血管病： 　脑出血 　缺血性脑卒中 　短暂性脑缺血发作 • 心脏疾病： 　心肌梗死史 　心绞痛 　冠状动脉血运重建史 　充血性心力衰竭 • 肾脏疾病： 　糖尿病肾病，肾功能受损。血肌酐： 　男性≥133μmol/L（1.5mg/dl） 　女性≥124μmol/L（1.4mg/dl） 　蛋白尿（＞300mg/24h） • 外周血管疾病 • 视网膜病变： 　出血或渗出 　视乳头水肿 • 糖尿病 　空腹血糖≥7.0mmol/L（126mg/dl） 　餐后血糖≥11.1mmol/L（200mg/dl） 　糖化血红蛋白（HbA1c）＞6.5%

注：LVMI：左室质量指数；LMT：颈动脉内膜中层厚度；TC：总胆固醇；LDL-C：低密度脂蛋白胆固醇；HDL-C：高密度脂蛋白胆固醇；BMI：体质量指数；PWC：脉搏波传导速度；eGFR：估算的肾小球滤过率。

表 8-3　高血压患者心血管危险分层标准

其他 CVD 危险因素和病史	高血压（mmHg）		
	1 级 SBP 140～159 或 DBP 90～99	2 级 SBP 160～179 或 DBP 100～109	3 级 SBP≥180 或 DBP≥110
Ⅰ 无其他 CVD 危险因素	低危 非药物 6～12 个月	中危	高危
Ⅱ 1～2 个 CVD 危险因素	中危 非药物 3～6 个月	中危	很高危
Ⅲ ≥3 个 CVD 危险因素靶器官损害或糖尿病	高危	高危	很高危
Ⅳ 并存的临床情况	很高危	很高危	很高危

注：(1)CVD：心血管病；SBP：收缩压；DBP：舒张压。(2)1mmHg＝0.133kPa。(3)暂沿用 1999 年指南的危险分层及定义，但量化估计预后应根据我国队列人群 10 年心血管发病的绝对危险，若按低危患者＜15%、中危患者 15%～20%、高危患者 20%～30%、很高危患者＞30%，作为中国人的标准，将高估我国人群的危险，故尚待对上述标准进行评估，以最终确定适合我国的危险度的定义。

四、健康干预

高血压健康干预主要针对高危人群,通过改变不健康的生活行为方式,积极主动地控制各种危险因素,从而达到预防高血压的目的;对已确诊为高血压的患者,进行综合干预,降低心脑血管疾病的风险,减少并发症,降低死亡率,提高生活质量。

(一)非药物干预

针对高血压危险因素进行健康干预,开展生活方式指导,合理膳食、适量运动、戒烟限酒、心理平衡是防治高血压的关键。非药物干预原则:①非药物干预应终身进行,循序渐进,持之以恒。②除高血压急症和继发性高血压外,应在开始药物治疗前首先应用或与药物治疗同时应用。③干预措施应具体化和个体化,并与日常生活相结合。④针对各种不健康生活方式进行综合干预。非药物干预的目标及措施见表8-4。

表8-4　非药物干预的目标及措施(中国高血压防治指南 2009 年基层版)

内容	目标	措施
减少钠盐摄入	每人食盐量逐步降至6g/d	1.日常生活中食盐的主要来源为烹饪用盐以及腌制、卤制、泡制的食品,应尽量少用上述高盐食品。 2.建议在烹调时尽可能用量具称量加用的食盐量,如特制的盐勺,如普通啤酒瓶盖去掉胶皮垫后水平装满可盛6g食盐。 3.用替代产品,如代用盐、食醋等。 4.宣传高盐饮食的危害,高盐饮食易患高血压。
合理饮食	减少膳食脂肪	1.总脂肪占总热量<30%,饱和脂肪<10%,食油<25g/d,瘦肉类50～100g/d,鱼虾类 50g/d。 2.新鲜蔬菜 400～500g/d,水果 100g/d。 3.蛋类 3～4 个/周,奶类 250g/d,少吃糖类和甜食。
规律运动	强度:中等量 频次:3～5 次/周 持续时间:持续30min/次左右	1.运动的形式可以根据自己的爱好灵活选择。 2.步行、行走、慢跑、游泳、气功、太极拳等项目均可。 3.运动的强度可通过心率来反映,运动时上限心率=170-年龄。 4.对象为没有严重心血管病的患者。 5.应注意量力而行,循序渐进。
控制体重	BMI<24kg/m² 腰围:<90cm(男) 　　　<85cm(女)	1.减少油脂性食物摄入,不吃肥肉及动物内脏。 2.减少总的食物摄入量。 3.增加新鲜蔬菜和水果的摄入。 4.增加足够的活动量,至少保证每天摄入能量与消耗能量的平衡。 5.肥胖者若非药物治疗效果不理想,可考虑辅助用减肥药物。 6.宣传肥胖的危害,肥胖者易患高血压和糖尿病。

续表

内容	目标	措施
戒烟	坚持放弃吸烟 提倡科学戒烟	1. 宣传吸烟危害,吸烟有害健康,让患者产生戒烟愿望。 2. 采取突然戒烟法,一次性完全戒烟,对烟瘾大者逐步减少吸烟量。 3. 戒烟症状明显的可用尼古丁贴片或安非他酮。 4. 避免吸二手烟。 5. 告诫患者克服依赖吸烟的心理及惧怕戒烟不被理解的心理。 6. 家人及周围同事应给予理解、关心和支持。 7. 采用放松、运动锻炼等方法改变生活方式,辅助防止复吸。
限制饮酒	不饮酒:如饮酒,则少量。 白酒<50ml/d 葡萄酒<100ml/d 啤酒<250ml/d	1. 宣传过量饮酒的危害:过量饮酒易患高血压,如饮酒,则少量。 2. 不提倡高血压患者饮酒,鼓励限酒或戒酒。 3. 酗酒者逐渐减量:酒瘾严重者,可借助药物戒酒。 4. 家庭成员应帮助患者解除心理症结,使之感受到家庭的温暖。 5. 成立各种戒酒协会,进行自我教育及互相约束。
心理平衡	减轻精神压力,保持平衡心理	保持乐观情绪,减轻心理负担,克服多疑心理,纠正不良性格,抵御不良社会因素,进行心理咨询、音乐疗法及自律训练或气功等。

(二) 药物干预

(1) 药物干预对象。①高危和重度高危高血压患者。②2 级及以上高血压患者。③1 级高血压患者在改善生活行为 3 个月后血压仍未获得有效控制者。

(2) 降压药物种类。常用的降压药物主要有五大类,即利尿剂、β 受体阻滞剂、钙通道阻滞剂(calcium channel blockers,CCB)、血管紧张素转换酶抑制剂(angiotension converting enzyme inhibitors,ACEI)和血管紧张素 Ⅱ 受体拮抗剂(angiotension receptor blockers,ARB)。每一类药物有各自的作用特点和毒副反应,必须严格掌握适应证和禁忌证。另外还有一些复方制剂,如 RAS 阻滞剂、联合利尿剂、复方制剂等。

(3) 药物干预原则。①小剂量开始,以减少不良反应。②合理联合:合理的联合用药可以最大限度地降低血压,同时使不良反应减至最低限度,常用的联合用药包括利尿剂+钙通道阻滞剂、利尿剂+ACEI/ARB、ACEI/ARB+钙通道阻滞剂、钙拮抗剂+β 受体阻滞剂。三种降压药合理的联合治疗方案中必须包含利尿剂。③用药个体化:选择药物时必须考虑患者的年龄,兼顾并存的相关疾病及其他危险因素。④平稳降压:应逐步平稳降压,避免短时间内血压急骤下降,即开始 24 小时内使血压降低 20% ～ 25%,使血压不高于 160/100mmHg,然后在 1～2 周内,使血压逐步降到正常范围或目标水平。⑤长期用药,持之以恒。

(4) 血压控制目标值。①一般主张血压控制目标值至少<140/90mmHg。②合并糖尿病或慢性肾病患者血压应控制在<130/80mmHg。③老年收缩性高血压降压目标收缩压<150mmHg,舒张压<90mmHg(≮65～70mmHg)。

(5) 高血压分级管理及服务流程。一级管理针对 1 级高血压无其他危险因素者,以健康教育和非药物干预为主;二级管理针对 1 级高血压伴有 1～2 个危险因素和 2 级血压伴有 2 个及以下危险因素者,以健康教育和用药指导为重点;三级管理除纳入一、二级管理以外的患者,重点是加强规律降压治疗,注意药物疗效和副作用,提出靶器官损害的预警与评价。高血压分级管理内容见表 8-5,高血压筛查流程见图 8-1,高血压患者随访流程见图 8-2。

表 8-5　高血压分级管理内容与频度

随访内容	一级管理	二级管理	三级管理
血压测量间隔时间	<3 个月	<2 个月	<1 个月
24 小时动态血压监测	初诊、确诊、血压波动、调整降压药物时		
非药物治疗和健康教育	全程	全程	全程
药物治疗指导	<3 个月	<2 个月	<1 个月
自我管理指导	<3 个月	<2 个月	<1 个月
了解患者自觉症状	全程	全程	全程
测量身高、体重、腰围	1~2 年一次	6 个月一次	3 个月一次
检查血脂	1~2 年一次	1 年一次	1 年一次
检查空腹血糖	1~2 年一次	1 年一次	1 年一次
检查尿常规	1~2 年一次	1 年一次	发现靶器官损害与并存相关疾病,视病情决定检查频度,及时转诊
检查肾功能	1~2 年一次	1 年一次	
检查心电图	1~2 年一次	1 年一次	
检查眼底检查	选做	选做	
超声心动图检查	选做	选做	

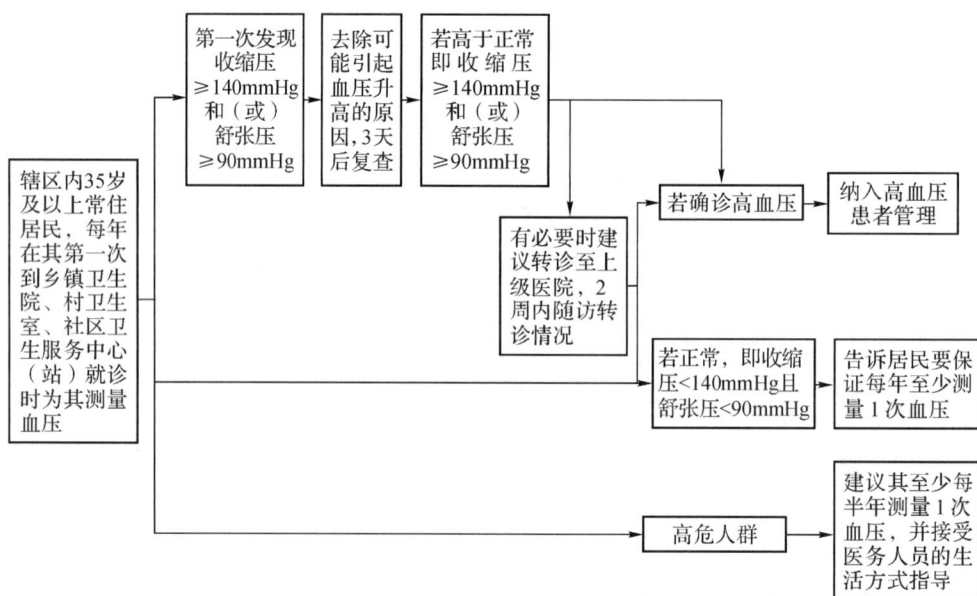

图 8-1　高血压筛查流程

160

辖区内35岁以上确诊的原发性高血压患者

1.测量血压
2.评估是否存在危急情况：
- 收缩压≥180mmHg
- 舒张压≥110mmHg
- 意识改变
- 剧烈头痛或头晕
- 恶心呕吐
- 视力模糊、眼痛
- 心悸胸闷
- 喘憋不能平卧
- 心前区疼痛
- 血压高于正常的妊娠期或哺乳期妇女

有上述情况之一紧急处理后转诊，2周内主动随访转诊情况

- 评估上次随访到此次随访期间症状
- 评估并存的临床症状
- 评估并记录最近一次各项辅助检查结果
- 测量体重、心率，计算BMI
- 评估患者生活方式，包括吸烟、饮酒、运动、摄盐情况等
- 评估患者服药情况

根据评估结果进行分类干预

血压控制满意即收缩压<140mmHg，且舒张压<90mmHg，无药物不良反应、无新发并发症或原有并发症无加重 → 按期随访

初次出现血压控制不满意，即收缩压≥140mmHg和（或）舒张压≥90mmHg，下同，或有药物不良反应 → 调整药物，2周时随访

- 连续2次随访血压控制不满意
- 连续2次随访药物不良反应没有改善
- 有新的并发症出现或原有并发症加重
→ 建议转诊，2周内主动随访转诊情况

告诉所有接受随访的高血压患者
- 出现哪些异常时应立即就诊
- 进行针对性生活方式指导
- 每年应进行1次较全面健康检查

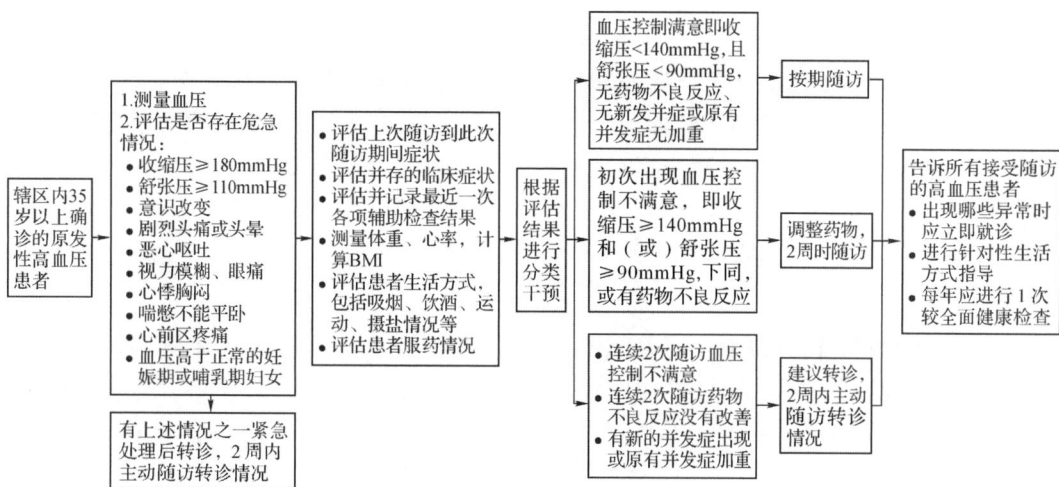

图 8-2　高血压患者随访流程

五、居家照护

大多数老年高血压患者需长期甚至终生治疗,其居家照护主要有以下内容。

(一)家庭血压监测

家庭血压监测主要用于监测一般老年高血压患者的血压变化,识别白大衣性高血压(又称单纯性诊所高血压,即老年人见到医护人员因紧张而引起的高血压),鉴别难治性高血压,评价长时血压变异,评价辅助降压疗效,预测心血管风险及评估预后等。家庭血压监测还有助于增强患者的参与意识,改善患者的治疗依从性。家庭血压监测值一般低于诊室血压测量值,高血压的诊断标准为≥135/85mmHg,与诊室血压 140/90mmHg 相对应。

(1)家庭血压监测需选择使用经过验证的上臂式全自动或半自动电子血压计。

(2)每天早晨和晚上测量血压,每次测 2~3 次,取平均值。血压控制平稳者,可每周测 1 天血压。对初诊高血压或血压不稳定的患者,建议连续家庭测量血压 7 天(至少 3 天),每天早晚各 1 次,每次测量 2~3 次,取后 6 天血压平均值作为参考值。

(3)应详细记录每次测量血压的日期、时间以及所有血压读数,而不是只记录平均值,应尽可能向医生提供完整的血压记录。

(4)对于精神高度焦虑患者,不建议自测血压。

(二)膳食

为老年人准备食物应尽可能清淡,控制钠盐摄入,尽量减少味精、酱油等含钠盐的调味品用量,少食或不食含钠盐量较高的各类加工食品,如咸菜、火腿、香肠以及各类炒货,增加蔬菜和水果的配比;肾功能良好者可适当使用钾盐。

(三)控制体重

超重老年人可通过适当降低体重降低血压,注意减重的速度因人而异,通常以每周减重 0.5~1.0kg 为宜。

(四)建立良好的生活方式

建立良好的生活方式不仅可以去除不利于身体和心理健康的行为和习惯,预防或延迟高血压的发生,还可以降低血压,提高降压药物的疗效,从而降低患心血管疾病的风险。由于老年人睡眠浅,易惊醒,故应保证室内环境的安静与舒适,避免周边环境的嘈杂,给老年人营造一个健康舒适的睡眠休息环境;指导老年人注意根据天气变化增减衣物。由于老年高血压患者的血压波动比较大,早8～9点形成第一波高峰期,因此建议老年人起床动作以适度缓慢为主,以免因动作过大过快导致血压的骤然升高。

(五)运动

老年人运动可以减少高血压药物的使用量,降低药物不良反应,稳定血压,增强心肺及运动系统功能,缓解心理压力。运动开始两周后血压会有所下降,一旦停止运动,血压又会恢复到原来水平。由于运动只是高血压病治疗的辅助方法,特别是2级以上患者,不应轻易撤除药物治疗。运动心率一般不超过120次/分钟,停止活动后心率应在3～5分钟内恢复正常。

(六)用药

不同老年人降压目标有差异,降压过程宜循序渐进,逐步使降压达标,避免过快降压。

(1)预防首次用药出现的症状。老年人第一次使用某种高血压药物(如哌唑嗪)时,可能会产生心慌等不良反应,甚至感到服药后症状加重。因此,刚开始服降压药时剂量宜小,防止低血压综合征。

(2)逐渐加量。根据降压效果调节剂量,缓慢降压,以达到最合适的剂量。禁用胍乙啶、美加明、阿方那特等,以免引发体位性低血压。

(3)勿擅自停药。有些老年人服用降压药物后,血压恢复正常,便擅自停药,导致血压又出现回升,且伴有出汗、头痛、失眠、易激动等停药后出现的症状。

(4)入睡前不宜服用降压药。入睡后机体新陈代谢减慢,血压相应降低,如在睡前服用降压药,2小时后药物达到高效期,可导致血压大幅度下降,血流量进一步减少,血流中的某些凝血物质极易黏附在血管内膜上,聚集成凝块,易引发缺血性脑卒中、心绞痛及心肌梗死等疾病。

(5)体位改变需缓慢。使用某些降压药可引起体位性低血压,从坐位或卧位起立时动作应尽量缓慢,特别是夜间起床小便时更应注意,以免血压骤降引起晕厥而发生意外。

(七)其他

吸烟和长期大量饮酒是心血管病的重要危险因素,应建议并督促老年高血压患者戒烟和控制饮酒量。长期、过度的心理反应,尤其是负性的心理反应会明显增加心血管风险,应采取各种措施帮助患者缓解精神压力,必要时建议寻求专业心理辅导或治疗。

第三节　老年冠心病患者健康管理与居家照护

冠心病是65岁以上老年人最常见的死亡原因。70岁以上老年人患有冠心病的比例高,其中约有一半的患者出现一支或多支冠状动脉血管阻塞;75岁以上老年人中,男性和女性的患病率和新发冠脉时间的发病率相近,但在75岁以下的人群中男性则要高于女性。

一、概述

冠心病是中老年人常见的一种心血管疾病,其老年冠状动脉病变程度严重,多支血管病变、复杂病变、弥漫病变、钙化病变多。在这些情况下,冠状动脉代偿性扩张能力下降,心肌需求增加,血液供给难以保证,会出现各种临床表现,严重影响老年人的生活和健康质量。

(一)定义与分型

(1)定义。冠状动脉粥样硬化性心脏病(coronary atherosclerotic heart disease)指冠状动脉粥样硬化,使血管腔狭窄或阻塞,或(和)因冠状动脉功能性改变(痉挛)导致心肌缺血缺氧或坏死而引起的心脏病,统称冠状动脉性心脏病(coronary heart disease),简称冠心病,又称缺血性心脏病(ischemic heart disease)。

(2)分型。世界卫生组织曾将本病分为 5 型。近年趋于将本病分为急性冠脉综合征和慢性冠脉病(或称慢性缺血综合征)两大类。急性冠脉综合征包括不稳定型心绞痛、非 ST 段抬高性心肌梗死和 ST 段抬高性心肌梗死。慢性冠脉病包括稳定型心绞痛、无症状性心肌缺血和缺血性心力衰竭(缺血性心肌病)。

(二)流行病学概况

本病在欧美发达国家多见。2013 年统计显示,美国冠心病患者大约有 1540 万人,每死亡 6 个人中就有 1 人死于冠心病。本病在我国虽不如欧美多见,但也呈逐年增长趋势。从 2004 年到 2010 年,我国居民冠心病死亡率由 71.15/10 万增至 97.71/10 万,年增幅为 5.05%。

(三)危险因素

冠状动脉粥样硬化的病因尚未明确,目前认为是多种危险因素作用于不同环节所引起。主要的危险因素有:

(1)年龄与性别。多见于 40 岁以上的中老年人,但近年来发病年龄有年轻化趋势,女性绝经期前发病率低于男性,绝经期后与男性相似。

(2)高血压。高血压患者患冠状动脉粥样硬化者较血压正常人高 3~4 倍,冠状动脉粥样硬化患者 60%~70% 有高血压。

(3)血脂异常。血总胆固醇(TC)、甘油三酯(TG)、低密度脂蛋白(LDL)、极低密度脂蛋白(VLDL)、载脂蛋白 B(ApoB)、脂蛋白(a)增高,而高密度脂蛋白(HDL)、载脂蛋白 A(ApoA)降低是冠状动脉粥样硬化最重要的危险因素,其中尤以 TC 及 LDL 增高最为重要。

(4)吸烟。吸烟增加冠状动脉粥样硬化的发病率和病死率达 2~6 倍,且与每日吸烟支数呈正比。

(5)糖代谢异常。糖尿病患者动脉粥样硬化的发病率较无糖尿病患高 2~4 倍。

(6)其他危险因素:①缺少运动。②心理压力大。③高热量、高动物性脂肪、高胆固醇、高糖和高盐饮食。④超重或肥胖。⑤A 型性格者。⑥遗传因素。

(四)临床表现

(1)心绞痛(angina)。典型心绞痛的特点为:①多由体力活动或情绪激动等诱发。②疼痛部位常在胸骨后,可波及心前区,放射至左肩、左上肢或上腹部、颈部、下颌及咽部。③疼痛性质多为闷痛或紧缩感,严重者呈压榨感、窒息感和濒死感。④持续时间一般 3~5 分钟,很少超过 15 分钟,经原地休息或舌下含服硝酸甘油可以在数分钟内缓解。

(2)心肌梗死(myocardial infarction,MI)。急性心肌梗死时胸痛是最早出现的症状,疼痛部位和性质与心绞痛相同,但诱因多不明显,常发生于安静时,呈压榨样或濒死感,难以忍受,持续时间长,含服硝酸甘油后不缓解;常伴有大汗、恶心呕吐、头晕和发热;可有各种心律失常、低血压、急性心力衰竭和休克的表现;少数患者无胸痛,以糖尿病患者和老年人多见;还有部分患者疼痛部位可位于上腹部或颈部、背部等,易造成临床误诊。

(3)老年冠心病患者特点。①多病史长,病变累及多支血管,常有陈旧性心肌梗死,且可伴有不同程度的心功能不全。②可表现为慢性稳定性心绞痛,也可以急性冠状综合征(不稳定性心绞痛、急性心肌梗死、冠心病猝死)为首发症状;老年不典型心绞痛比中年人多见(典型症状者只占 20%～40%),且无症状性心肌缺血也比中年人常见。③急性心肌梗死发生后并发症多、病情严重,极易发生严重心律失常、心源性休克等情况,死亡率增高。④冠心病老年患者常伴有高血压、糖尿病、阻塞性肺气肿等慢性病,多存在器官功能退行性病变。

二、健康监测

项目与内容可参考高血压相关章节,实验室及器械检查重点包括:①血脂检查,尤其是血浆胆固醇、甘油三酯和低密度脂蛋白胆固醇的检测。②空腹血糖测定和葡萄糖耐量试验。③肾功能检查,包括尿蛋白、血肌酐、尿素氮。④肝功能检查。⑤血尿酸水平测定。⑥心电图。⑦X 线胸片。⑧腹部 B 型超声检查。

如怀疑是冠状动脉粥样硬化性心脏病,应转入上级医院进一步筛查以明确诊断。筛查的项目包括动态心电图、心电图负荷试验、超声心动图、放射性核素检查、多排螺旋 CT、冠状动脉造影。

如果怀疑是急性心肌梗死,应紧急转入上级医院,立即进行心电图和(或)血心肌坏死标志物检测,以明确诊断。

三、健康评估

冠心病的健康评估包括对健康人群的评估、对高危人群冠心病患病风险的预测与评估及对冠心病患者严重程度及预后的预测与评估。

(一)健康人群的评估

主要是针对生活行为进行评估,发现冠心病危险因素,开展相应的健康教育与指导。

(二)高危人群冠心病患病风险评估

查评分表法。采用"国人缺血性心血管病(ICVD)10 年发病危险度评估表"预测冠心病10 年的患病风险。

(三)冠心病患者的诊断性评估

(1)心绞痛诊断和严重程度分级。根据心绞痛的临床特点,结合心电图等检查,可以做出心绞痛初步诊断,冠状动脉造影可以明确诊断。心绞痛严重程度分级见表8-6。

表 8-6　心绞痛严重程度分级(加拿大心血管病学会 CCS)

分级	表现
Ⅰ级	一般体力活动不引起心绞痛,例如行走和上楼。费力、快速或长时间用力才引起心绞痛
Ⅱ级	日常体力活动稍受限制,行走或快步上楼、登高、饭后行走或上楼、寒冷或风中行走、情绪激动易发作心绞痛,或仅在睡醒后数小时内发作。以一般速度在一般条件下,平地步行 200~400m 以上的距离或上一层以上的楼梯时受限
Ⅲ级	日常活动体力明显受限,以一般速度在一般条件下,平地步行 100~400m 或上一层楼梯时受限
Ⅳ级	不能无症状地进行任何体力活动,休息时即可出现心绞痛综合征

(2)急性冠脉综合征诊断和危险性评估。根据心电图特征性(病理性 Q 波、ST 段弓背向上抬高、T 波深倒)的动态改变,可以将 ST 段抬高型心肌梗死分为超急性期、急性期、亚急性期和慢性期(陈旧期)。非 ST 段抬高型心肌梗死的明确诊断有赖于血心肌坏死标志物,如肌钙蛋白 I(cTnI)、肌钙蛋白 T(cTnT)、肌酸磷酸激酶同工酶(CK-MB)的检测。不稳定型心绞痛患者死亡或非致死性心肌梗死的短期危险见表 8-7。

表 8-7　不稳定型心绞痛患者死亡或非致死性心肌梗死的短期危险
(中华医学会心血管病学分会 2007)

项目	高度危险性(至少具备下列一条)	中度危险性(无高度危险性但具备下列任何一条)	低度危险性(无高度、中度危险特征但具备下列任何一条)
病史	缺血性症状在 48 小时内恶化	既往心肌梗死,或微血管或冠状动脉旁路移植术,或使用阿司匹林	
疼痛特点	长时间(>20 分钟)静息性疼痛	长时间(>20 分钟)静息性疼痛日渐缓解,并有高度或中度冠心病可能。静息胸痛(<20 分钟)或因休息或舌下含服硝酸甘油缓解	过去 2 周内新发 DCS 分级 Ⅱ级或Ⅳ级心绞痛,但无长时间(>20 分钟)静息性剧痛,有中度或高度冠心病可能
临床特点	缺血引起的脑水肿,新出现二尖瓣关闭不全杂音或元杂音加重,S3,或新出现啰音或原啰音加重,低血压,心动过缓,心动过速,年龄>75 岁	年龄>70 岁	
心电图	静息性心绞痛伴一过性 ST 段改变(>0.05mV),新出现束支传导阻滞或新出现的持续性心动过速	T 波倒置>0.2mV,病理性 Q 波	胸痛期间心电图正常或无变化
心脏标记物	明显增高(即 cTnT >0.1μg/L)	轻度增高(即 cTnT >0.01μg/L 但<0.1μg/L)	正常

注:评估 UA 短期死亡和非致死性心脏缺血事件的危险是一个复杂的多变量问题,在此表中不能完全阐明。因此,该表只是提供了一个总的原则和解释,并不是僵硬的教条,标准不一致时以最高为准。

四、健康干预

冠心病健康干预主要针对高危人群,控制危险因素,防止动脉粥样硬化的形成(一级预防);针对现患者,防治并发症,延长生存期,提高生活质量(二级预防)。

(一)非药物干预

主要包括合理饮食、适量运动、戒烟限酒和心理平衡四个方面,积极保持血压正常,控制血糖、血脂等(参见本章第一、四节)。具体干预的目标及措施详见表 8-4。

(二)药物干预

(1)冠心病高危人群(≥2 个危险因素)。推荐长期服用小剂量阿司匹林(100mg/d),应注意阿司匹林的禁忌证。

(2)心绞痛发作时的干预。①立即原地休息。②舌下含化硝酸甘油 0.6mg 或硝酸异山梨醇酯。③变异型心绞痛者,可服用钙通道阻滞剂(CCB)和长效或短效的硝酸酯类药物。④及时转送医院。

(3)急性心肌梗死的干预。一旦怀疑为急性心肌梗死,应紧急送诊,在送诊过程中,应加强生命体征如血压、心率、呼吸的监测,积极防治各种心律失常、心力衰竭和休克。

(4)心肌梗死恢复后的康复指导。原则是:①平衡膳食为基础,包括调节饮食结构、低脂、低盐饮食等。②运动训练为核心,进行心脏康复体疗运动训练。③心理支持为重点,通过心理状态测试、心理放松,减轻疾病所带来的精神压力。④健康教育是根本,包括心脏病基本知识、内外科药物使用及手术治疗常识等的教育。

(三)冠心病健康管理流程

见图 8-3。

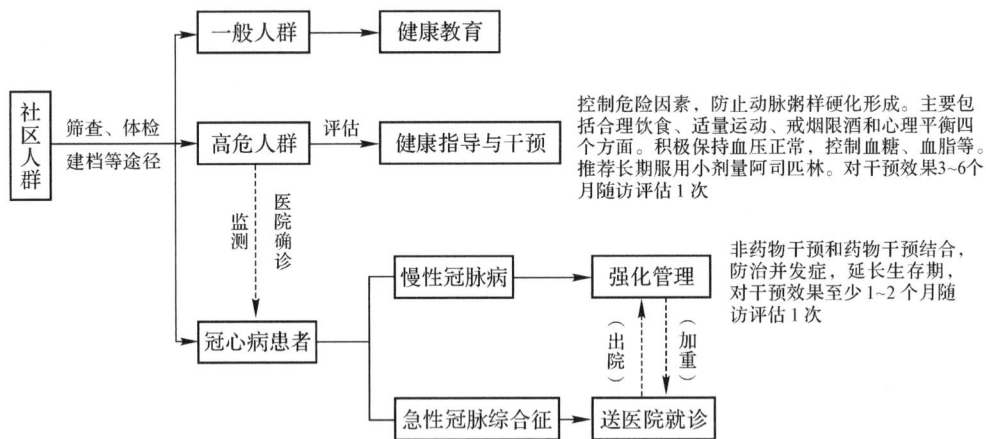

图 8-3　冠心病健康管理流程

五、居家照护

老年冠心病患者居家照护的目标是减少危险因素,需从饮食、运动、精神多方面进行管理。

(一)膳食

老年冠心病患者饮食原则为"四少三多",即少吃糖、盐、脂肪、淀粉,多吃蔬菜、水果和蛋白质。控制摄入量,少吃多餐,不宜过饱,且不暴饮暴食,每天食盐的摄入量应限制在 5g 之内。味精的钠含量是食盐的 80% 左右,故应尽量避免使用。

由于动物性脂肪、动物内脏、蟹黄、肥肉等胆固醇含量高,也应尽量少食用或不食用。植物性脂肪不含有胆固醇,有改善血脂的作用,故烹饪时尽量选择植物油,用量控制在每天 25g 以内。鱼类含胆固醇较少,且鱼油中含有丰富的不饱和脂肪酸,有防止血管粥样硬化的作用,可酌情食用。

(二)保暖

寒冷季节冠心病发病率会增加,持续低温、阴雨和大风天气也容易发病。在寒冷、潮湿和大风天气,由于寒冷刺激,特别是迎风疾走,易使交感神经兴奋,使心率加快,血压升高,可诱发冠状动脉痉挛,也可导致急性心肌梗死。因此,在高发季节里,冠心病患者应注意保暖,出门时最好戴口罩,以防冷空气刺激;避免迎风疾走;预防接种流感疫苗,减少冬季感冒。

(三)洗澡

老年人洗澡应注意时间选择,饭后人体血液集中于胃肠道,此时立即洗澡可加剧心脏缺血,应选择饭后 2 小时或饭前 1 小时左右洗澡。洗澡前可喝杯温开水,以补充全身血液容量。洗澡水温不应过高,以 37℃ 为宜,因水温过高可导致全身皮肤血管扩张,血液集中于皮肤表面,易出现心血管缺血现象。洗澡时应有照护人员陪同或由他人助浴,动作需舒缓,避免体力消耗过大,且时间不宜长。洗澡后应缓慢站立,休息 3 分钟左右,以恢复体力。

(四)防止便秘

排便用力过大可导致机体腹压上升,血压升高,心率加快,增加心脏负荷,心肌耗氧量增加,易诱发心绞痛或心肌梗死。因此,应采取多种措施预防便秘:①养成每天定时排便的习惯。②平衡膳食,多吃富含纤维素的食物和水果,如芹菜、韭菜、苹果等。③多喝水、多运动,进行自我按摩。④便秘者可使用润肠药、番泻叶或开塞露。药物应在医生的指导下使用。

(五)运动

老年人运动时应从低强度运动开始,并逐渐增加运动量。其中,步行是最便捷的运动方式,尽量避免奔跑、纵跃等(有引起直立性低血压的可能)。在气温高、湿度高的天气应暂停运动。心绞痛发作时,应立即停止原有活动,采取舒适体位休息。有条件者及时给予氧气吸入。

(六)保持心情舒畅

心情舒畅是维持心身健康的保证,大怒和紧张可使交感神经高度兴奋,引起血管收缩压上升,心肌氧耗量增加,原有冠心病患者可突然诱发心绞痛。因此,老年人应尽量避免情绪激动、精神紧张以及大喜大悲,在日常生活中尽量保持情绪稳定。

(七)用药

(1)硝酸酯类。硝酸盐类药物可扩张血管,扩张冠状动脉,增加心脏的血流量,使心绞痛在几分钟之内得到缓解,是老年心绞痛患者的常备药。由于老年人常有口干感,口服此类药物前应先用水湿润口腔,再将药物嚼碎置于舌下,有利于药物快速溶化生效,有条件可使用硝酸甘油喷雾剂,以喷雾形式给药。首次使用时宜采取平卧位,以防止因减压反射导致的血容量降低。

(2)其他药物。应遵循剂量个体化的原则,从小剂量开始,逐渐加量,使心率维持在 55 次/分以上。老年人发生药物副作用概率较高,服用药物后应密切观察药物反应,如出现异常反应需及时减量或停药,及时报告医生。

(八)其他

乙醇(酒精)有扩张血管的作用,老年冠心病患者可少量饮用低浓度酒,但应杜绝饮用大量烈性酒。可适量饮茶,但不可饮浓茶及咖啡。

第四节　老年糖尿病患者健康管理与居家照护

糖尿病是老年人最常见的慢性病之一,可以造成预期寿命缩短、引发多种并发症,也增加了老年病(如尿失禁、跌倒、认知功能障碍、抑郁症、慢性病)、功能障碍和残疾的危险。因此,联合国于 2006 年 12 月将世界糖尿病日(11 月 14 日)确定为联合国日,以督促各国加强对糖尿病的防治工作。

一、概况

我国糖尿病患者人数多,以 2 型居多,与多种因素有关。老年糖尿病的发生具有隐匿性,并发症多,急性发病危险性大,需早发现和早治疗。

(一)定义与分型

(1)定义。老年糖尿病(diabetes mellitus)是指年龄在 65 岁以上的老年人,由于体内胰岛素分泌不足或胰岛素作用障碍,引起碳水化合物、蛋白质、脂肪、水与电解质等紊乱的代谢性疾病,临床以慢性高血糖为主要特征。长期糖、蛋白质和脂肪代谢紊乱可引起多系统损害,导致心血管、肾脏、神经及眼等组织器官的慢性进行性病变、功能减退及衰竭,病情严重或应激时可发生严重急性代谢紊乱,如糖尿病酮症酸中毒、高血糖高渗状态等。

(2)分型。我国目前采用 WHO(1999 年)的糖尿病病因学分型体系,分为四型:1 型糖尿病、2 型糖尿病、妊娠糖尿病和其他特殊类型糖尿病。老年人常见糖尿病为:①1 型糖尿病(胰岛素依赖性糖尿病,T1DM):机体缺乏胰岛素分泌能力,需要每天注射胰岛素,目前病因尚不清楚。②2 型糖尿病(非胰岛素依赖性糖尿病,T2DM):占糖尿病总数的 90% 以上,是由多个遗传基因和多种不良生活习惯相互作用引起的胰岛素分泌不足和(或)胰岛素抵抗所导致的,因此可通过改变生活行为进行预防和改善,是健康管理的重点。

(二)流行病学概况

根据世界卫生组织 2016 年《全球糖尿病报告》,2014 年全球估计有糖尿病患者 4.22 亿,成人患病率为 8.5%。中国成人糖尿病患病率为 9.4%,男性(10.5%)高于女性(8.3%)。基于我国的庞大人口基数,我国或已成为世界上糖尿病患者数最多的国家。

(三)危险因素

糖尿病的病因极为复杂,至今未完全阐明。目前认为是遗传因素与环境因素共同参与其发病过程。目前公认的 2 型糖尿病的危险因素主要有:①遗传因素:2 型糖尿病亲属中的患病率比非糖尿病亲属高 4～8 倍。②超重或肥胖:尤其是腹型肥胖,更容易引起胰岛素抵抗以及代谢紊乱,被认为是代谢综合征的基础病变。③膳食因素:高能量饮食是明确的 2 型糖尿病的重要膳食危险因素。④体力活动不足。⑤高血压。⑥生物源和化学因素,病毒感染是重要因素,已知与 2 型糖尿病相关的病毒有柯萨奇 B4 病毒、腮腺炎病毒、风疹病毒等。⑦老年人常用的药物如利尿药、雌激素、糖皮质激素和奥氮平等,可以改变碳水化合物的代谢,升高血糖。⑧其他危险因素,如高龄、长期精神紧张、出生及 1 岁时低体重等。

(四)临床表现

糖尿病的典型临床表现为"三多一少",即多尿、多饮、多食和体重减轻。但 2 型糖尿病患者症状往往不典型,有部分患者无任何症状,仅于健康检查或因其他疾病就诊时发现血糖升高。糖尿病病程迁延,常可发生慢性并发症,包括大血管病变(如冠心病、脑卒中等)、微血管病变(如糖尿病肾病、糖尿病视网膜病变等)、眼部病变(如白内障、青光眼等)、神经病变和糖尿病足。此外,可发生各种感染,尤其是皮肤感染。部分患者可发生急性并发症,表现为糖尿病酮症酸中毒或高血糖高渗状态。

老年糖尿病患者呈现以下特征:①起病隐匿且症状不典型:仅有 1/4 或 1/5 的老年患者出现"三多一少"症状,有的老年糖尿病患者症状很轻,甚至完全没有症状。②慢性并发症多且严重:多数患者是在体检或治疗其他疾病时发现患有糖尿病,诊断和治疗常被延误,致使有些患者常常在诊断糖尿病之时就已发生多种并发症,尤其以心血管并发症多见,高血压和脑血管患病率明显升高,常并发视网膜病变、糖尿病肾病。③急性并发症死亡率高:由于老年人代偿功能低下,口渴中枢不敏感,当血糖升高尤其是感染发烧或应用多种利尿药、皮质激素及静脉高营养剂时,不能及时补充失去的水分,往往导致高渗性昏迷、糖尿病性酸中毒等。

二、健康监测

具体项目与内容可参考高血压相关章节。

(一)实验室及器械检查

重点检测:①空腹血糖测定和口服葡萄糖耐量试验。②糖化血红蛋白(HbA1c):反映的是过去 2～3 月血糖的平均水平,在糖尿病的健康管理中更有意义。③空腹血胰岛素和胰岛素抵抗指数。④血脂检查。⑤肾功能检查。⑥肝功能检查。⑦血尿酸水平测定;必要时,可行心电图、X 线胸片、超声心动图、腹部 B 型超声和眼科检查。

(二)自我血糖监测(SMBG)

用以了解血糖的控制水平和波动情况,是糖尿病健康教育和管理方案的一部分。采用便携式血糖仪进行毛细血管血糖检测是最常用的方法。自我血糖监测频率取决于治疗的目标和方式,使用口服药和生活方式干预的患者每周监测 2～4 次;使用胰岛素治疗患者在治疗开始阶段每日至少监测 5 次,达到治疗目标后每日监测 2～4 次;血糖控制差或病情危重患者应每天监测 4～7 次,当病情稳定或血糖控制达标时可每周监测 1～2 次。

三、健康评估

糖尿病健康评估主要包括对高危人群进行糖尿病患病风险预测与评估、对糖尿病患者进行严重程度及预后的预测与评估。

(一)健康人群的评估

主要是针对生活行为进行评估,发现糖尿病危险因素,开展相应的健康教育与指导。

(二)高危人群的糖尿病患病风险评估

(1)高危人群。①有糖调节受损史;②年龄≥45岁。③超重、肥胖(BMI≥24kg/m²),男性腰围≥90cm,女性腰围≥85cm。④2型糖尿病患者的一级亲属。⑤高危种族。⑥有巨大儿(出生体重≥4kg)生产史、妊娠糖尿病史。⑦高血压(血压≥140/90mmHg),或正在接受降压治疗。⑧血脂异常(HDL-C≤0.91mmol/L(≤3mg/dl)及TG≥2.22mmol/L(≥200mg/dl),或正在接受调脂治疗。⑨心脑血管疾病患者。⑩有一过性糖皮质激素诱发糖尿病病史者。⑪BMI≥28kg/m²的多囊卵巢综合征患者。⑫严重精神病和(或)长期接受抗抑郁症药物治疗的患者。⑬静坐生活方式。

(2)筛检周期与方法。建议对高危人群每年检测1次空腹血糖和餐后两小时血糖;空腹血糖受损(impaired fasting glucose,IFG)和糖耐量减低(impaired glucose tolerance,IGT)者三个月复查1次;45岁以上血糖检测正常者建议进入社区中老年健康管理。

(三)糖尿病患者的诊断性评估

(1)糖尿病诊断标准(见表8-8)。

表8-8 我国糖尿病和其他类型高血糖诊断标准

诊断类型	血糖水平
正常血糖	空腹血糖<6.1mmol/L,餐后2小时血糖<7.8mmol/L
糖尿病	空腹血糖≥7.0mmol/L及(或)餐后2小时血糖≥11.1mmol/L
糖耐量受损	空腹血糖<7.0mmol/L及餐后2小时血糖≥7.8mmol/L,但<11.1mmol/L
空腹血糖受损	空腹血糖6.1~6.9mmol/L及餐后2小时血糖<7.8mmol/L

注:近年国际上更推荐用糖化血红蛋白(HbA1c)>6.5%诊断糖尿病,但由于测定方法需要标准化以及价格较昂贵,故国内尚未正式列入诊断标准。

(2)糖尿病严重程度和预后的评估。对于新发现的糖尿病患者,尤其是2型糖尿病患者,通过糖尿病并发症筛查做出严重程度和预后评估。筛查项目应包括:①眼:视力、眼底检查。②心血管:标准12导联心电图、卧位和立位血压检查。③肾脏:尿常规、24小时尿白蛋白定量或尿白蛋白与肌酐比值、血肌酐、尿素氮。④神经系统:四肢腱反射、振动觉和触觉检查。⑤足:足背动脉、颈后动脉搏动情况和缺血表现,皮肤色泽、有否破溃、真菌感染、胼胝、毛发脱落等,并询问相关症状。⑥血液生化检查:血脂(TC、TG、LDL-C、HDL-C)、糖化血红蛋白(HbA1c)尿酸、血电解质。如发现有异常可转送医院做进一步检查。原则上,对于无并发症的2型糖尿病患者应每年筛查1次;1型糖尿病患者如首次筛查正常,3年后应每年筛查1次。

四、健康干预

糖尿病健康干预主要针对高危人群,控制危险因素,防止糖尿病的发生(一级预防);针对糖尿病患者做到早诊断、早治疗,控制血糖水平,防止与延缓并发症的发生(二级预防);对已发生的糖尿病并发症者,延缓并发症的进展,延长生存期,降低致残率和死亡率(三级预防)。

(一)健康人群与高危人群的干预

主要包括三项关键内容:控制饮食、适量运动和减肥(参见表 8-4)。建议糖尿病前期(包括糖耐量受损和空腹血糖受损)患者通过饮食控制和运动来减少发生糖尿病的风险,并定期随访,确保上述措施能持之以恒;定期检查血糖;同时密切关注心血管疾病危险因素(如吸烟、高血压和血脂紊乱等),并给予适当治疗。

干预的具体目标:

(1)使肥胖或超重者 BMI 达到或接近 $24kg/m^2$,或体重至少减少 5%～10%。

(2)至少减少每日饮食总热量 400～500kcal。

(3)饱和脂肪酸摄入占总脂肪酸摄入的 30% 以下。

(4)体力活动增加到 250～300min/w。

(5)空腹血糖受损(IFG)人群干预目标:①一般要求:主食减少 100～150g/d,运动增加 150min/w,体重减少 5%～7%。②改变生活方式的目标是:使 BMI 达到或接近 $24kg/m^2$,或体重至少减少 5%～7%;至少减少每日总热量 400～500kcal;饱和脂肪酸摄入占总脂肪酸摄入的 30% 以下;体力活动增加到 250～300min/w。

(二)糖尿病患者的干预

糖尿病患者的干预目的是通过控制血糖水平来降低出现近期和远期并发症的危险。糖尿病的干预是综合性的,包括自我管理教育、饮食控制、运动、药物治疗和血糖监测。

(1)非药物干预。生活方式干预是糖尿病,尤其是 2 型糖尿病的基础治疗措施,应该贯穿于糖尿病治疗的始终,参见图 8-4 及第二、三节相关内容。

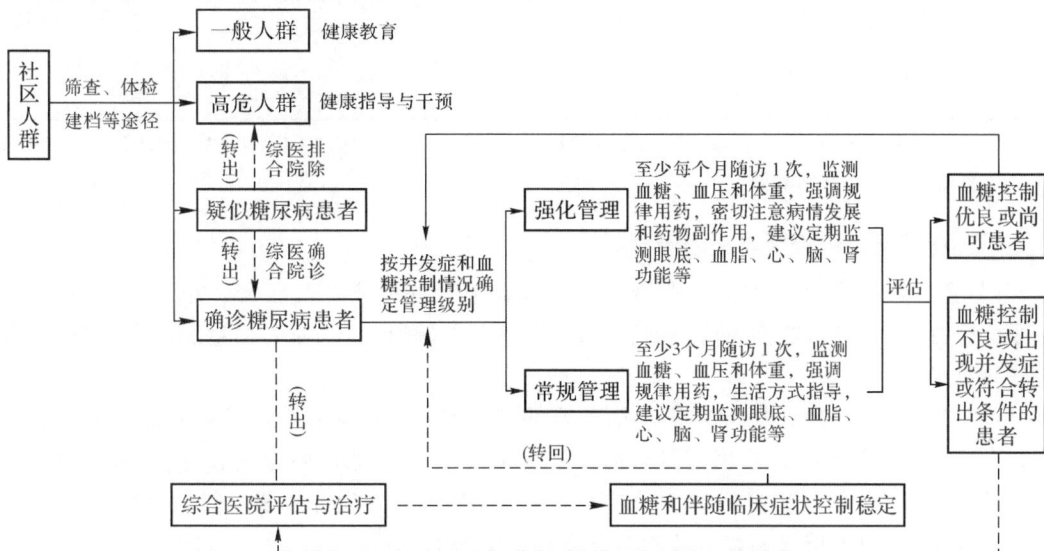

图 8-4　糖尿病综合防治工作流程

(2)药物干预。目前常用 2 型糖尿病治疗的口服降糖药物有 5 大类:磺脲类、双胍类、糖苷酶抑制剂、格列酮类、格列奈类。①体重正常的糖尿病患者,可首选胰岛素促分泌剂类降糖药物,或 α-糖苷酶抑制剂。②肥胖或超重的 2 型糖尿病患者,应首选非胰岛素促分泌剂类降糖药物治疗,有代谢综合征或伴有其他心血管疾病危险因素者优先选用双胍类或格列酮类,α-糖苷酶抑制剂尤其适用于餐后高血糖的患者。③经过饮食控制、运动及单独使用一种药物血糖控制不满意者,应当采用不同制剂的口服降糖药物联合用药。④两种药物联合使用仍不能满意控制血糖的患者,可采用胰岛素补充治疗。⑤口服降糖药物联合使用胰岛素仍不能控制血糖的患者,需转送医院调整治疗方案。在重视患者血糖控制同时,应重视对血脂异常、高血压以及超重或肥胖等的调控,以降低微血管和心血管并发症发生风险。糖尿病治疗控制目标见表 8-9。

表 8-9 2 型糖尿病的控制目标(中国 2 型糖尿病防治指南 2010)

检测指标		目标值
血糖*(mmol/L)	空腹	3.9~7.2
	非空腹	≤10.0
HbA1c(%)		<7.0
血压(mmHg)		<130/80
HDL-C(mmol/L)	男性	>1.0
	女性	>1.3
甘油三酯(mmol/L)		<1.7
HDL-C(mmol/L)	未合并冠心病	<2.6
	合并冠心病	<2.07
体重指数(kg/m²)		<24
尿白蛋白/肌酐比值(mg/mmol)		
	男性	<2.5(22mg/g)
	女性	<3.5(31mg/g)
或:尿白蛋白排泄率(μg/min)		<20(30mg/24h)
主动有氧活动(min/w)		≥150

注:*毛细血管血糖;1mmHg=0.133kPa;HbA1c:糖化血红蛋白;HDL-C:高密度脂蛋白胆固醇;LDL-C:低密度脂蛋白胆固醇。

(三)糖尿病分级管理与服务流程

(1)常规管理。针对血糖控制达标、无并发症或合并症或并发症及合并症稳定的患者,至少 3 个月随访 1 次,监测病情控制和治疗情况,开展健康教育、非药物治疗、药物治疗和自我管理指导。

(2)强化管理。针对血糖控制不达标、有并发症或合并症或并发症及合并症不稳定的患者,至少 1 个月随访 1 次,严密监测病情控制情况,有针对性地开展健康教育、行为干预和自我管理技能指导,督促规范用药,注意疗效和副作用,提出并发症预警与评价。糖尿病分级管理内容见表 8-10,糖尿病综合防治工作流程见图 8-4。

表 8-10 糖尿病患者分级管理内容和频度

随访内容	常规管理	强化管理
空腹/餐后血糖测量间隔	<3 个月	<1 个月
血压测量间隔	<3 个月	<1 个月
了解患者症状和体征	全程	全程
健康教育和非药物治疗	全程	全程
药物治疗指导	<3 个月	<1 个月
自我管理指导	<3 个月	<1 个月
身高、体重和腰围测量	3 个月 1 次	3 个月 1 次
足背动脉检查	3 个月 1 次	3 个月 1 次,视病情需要
监测糖化血红蛋白	6 个月 1 次	3 个月 1 次,视病情需要
监测尿常规	每年 1 次	每年 1 次,视病情需要
测量血脂	每年 1 次	每年 1 次,视病情需要
肝肾功能检查	每年 1 次	每年 1 次,视病情需要
心电图检查	每年 1 次	每年 1 次,视病情需要
神经病变检查	每年 1 次	每年 1 次,视病情需要
视力与眼底检查	每年 1 次	每年 1 次,视病情需要

五、居家照护

老年糖尿病的管理重点是使血糖维持在一个适宜水平,1 型糖尿病主要通过注射胰岛素来控制血糖,2 型则结合有规律的运动和健康饮食来进行有效的控制。

(一)膳食

合理饮食是糖尿病管理的基本措施,持之以恒的饮食是控制疾病进一步恶化的必要条件。饮食管理应根据患者的身高、年龄、性别和身体状况决定,以维持理想体重。

(1)个体化饮食方案。糖尿病及糖尿病前期的饮食管理应在专业人员指导下进行。在评估患者营养状况、满足个体饮食爱好的前提下,合理、均衡分配各种营养元素。超重或肥胖者应配合体育锻炼适度减重,定期测量体重,以达到减重效果;消瘦者如有增重现象,应适当调整饮食方案,避免体重增加。

(2)营养物质合理搭配。膳食应由高碳水化合物、低脂肪、适量蛋白质和高纤维食物组成。碳水化合物是影响血糖水平的重要因素,应占饮食总热量的 50%～60%,需限制单糖(糖果、水果)、增加多糖(粗制米、面、杂粮、蔬菜和豆类)的摄入。蛋白质摄入量约为 0.8g/(kg·d),提供 10%～20%热量,且至少有 1/3 来自动物蛋白(鱼类优于肉类)。脂肪约占总热量的 20%,饱和脂肪不超过 7%,体重不超标和血脂水平正常的脂肪摄入量为 30%。食用纤维含量以 40～60g 为宜。

(3)进食应定时定量。病情稳定的 2 型糖尿病患者每天可进 3 餐,按 1/5、2/5、2/5 或各 1/3 标准分配;注射胰岛素或口服降糖药且病情有波动的可每天进食 5～6 餐,从 3 次正餐中匀出 25～50g 主食作为加餐。

(4)严格限制糖分摄入。各种食糖、糖果、甜点心、饼干、水果及各种含糖饮料等摄入量应严格控制。为满足患者甜味口感,可使用甜味剂,如蛋白糖、木糖醇、甜菊片等。血糖控制较好的可在两餐间或睡前加食含果糖或蔗糖的水果,如苹果、橙子、梨等,同时,应定期监测体重变化,每日盐摄入量应少于6g。

(5)戒烟控酒。吸烟可增加患有脑卒中和心脏病并发症风险。饮酒应适度,避免空腹饮酒,由于酒精可使机体泌胰岛素分泌增加,易引起低血糖。同时,酒类热量较高,可导致体重增加。

(二)运动

(1)运动方式。以有氧运动为主,如散步、慢跑、骑自行车、太极拳等,运动时间以餐后1小时(以进食开始计时)为宜。

(2)运动量。适宜的运动强度为:心率＝170－年龄。运动时间为30～40分钟(包括准备运动和整理运动)。肥胖患者可适当增加活动次数;注射胰岛素或口服降糖药者应每天定时运动;有心、脑血管疾病或严重微血管病变者,应按具体情况选择运动方式。

(3)注意事项。①运动前评估糖尿病的控制情况,依据患者状况决定运动方式、运动时间及运动量。②运动要适时适量,避免过量运动,以防止低血糖发生;运动中应注意补充水分;应随身携带糖果,以便低血糖时及时食用;若出现胸闷、胸痛、视力模糊等症状时应立即停止运动,并及时处理。③随身携带糖尿病卡以备急需。④做好运动日记,以便观察疗效和不良反应。

(三)药物

如果通过运动和饮食无法控制血糖水平,可进行药物治疗,但仍需调节生活方式。药物需按医嘱服用,定时定量,不应擅自加大或减少药物剂量或随意调整服药时间。注射胰岛素患者时间过早、量过大都易引起低血糖;磺脲类等口服药物也易引发低血糖,可通过注射葡萄糖和进食甜点来缓解。胰岛素皮下注射时,宜选择皮肤疏松部位,如腹部、上臂、臀部等部位。如长期注射同一部位可引起局部皮下脂肪萎缩或增生、局部硬结,应经常更换;如在同一区域注射,须与上一次部位相距1cm以上、无硬结处;如有硬结,可采用热敷。

知识链接

胰岛素的保存

未开封的胰岛素应放冰箱4～8℃冷藏保存,正在使用的胰岛素在常温下(不超过28℃)可使用28天,避免过冷、过热、太阳直晒及剧烈晃动等,否则可因蛋白质凝固变性而失效。

(四)预防低血糖

当老年人出现饥饿感、乏力、头晕、心慌、出虚汗、双手颤抖、手足口唇麻木、视力模糊、面色苍白等症状时应怀疑低血糖。有血糖检测条件者,立即测定血糖以明确病情;无血糖检测条件时,应先按低血糖处理。

低血糖紧急处理包括:①清醒的老年人,应尽快吃一些含糖高的食物或饮料,如糖果、果汁、蜂蜜、饼干等。②意识不清的老年人,则应使其侧卧,并拨打急救电话,尽快送医院抢救,有条件者先静推50%葡萄糖20～40ml,此时不应给患者喂食或饮水,以免引起窒息。

(五)足部护理

糖尿病老年人足部溃疡和坏疽是致残、致死的重要因素之一。在日常生活中,糖尿病患者应重视足部护理,防止足部发生外伤,或发生之后及时处理,以免足部感染和病情进一步发展。

(1)每天检查足部。了解足部有无感觉减退、麻木、刺痛感;观察足部皮肤有无颜色、温度改变及足背动脉搏动情况;检查双足有无皮肤破损、裂口、水疱、青紫、溃疡、红肿、鸡眼、坏死等损伤。

(2)保持足部清洁,避免感染。指导老年人每天清洗足部一次,水温不宜太冷或太热,一般不超过 40℃;泡脚时间不宜过长,以 10～15 分钟左右为宜;洗完后用柔软的浅色毛巾(以便于观察)擦干,尤其是脚趾间。皮肤干燥的情况下可适当涂羊毛脂,但应避免皮肤过度浸软。老年糖尿病患者不宜赤脚走路,以防刺伤;外出时不宜穿拖鞋,以免踢伤。袜子以浅色、有弹性、吸汗、透气性好及散热性好的棉毛质地为佳,袜口不宜太紧,如袜子有破损,应尽快更换。穿鞋前应检查鞋子,清除异物和保持里衬平整。选购鞋子尽量在中午或下午,鞋子不宜过紧;新鞋第一次穿 20～30 分钟,之后再逐渐增加穿鞋时间。

(3)防止冻伤、烫伤、外伤。糖尿病患者足部感觉神经病变,感觉不敏感,易发生创伤、感染。帮助视力不好的老年人修剪指甲,指甲修剪与脚趾平齐,并挫圆边缘尖锐部分;冬天注意保暖,但不宜使用热水袋、电热毯或烤灯取暖,谨防烫伤,并注意防止冻伤;夏天注意避免蚊虫叮咬。

(4)积极控制血糖,说服患者戒烟。发生足部溃疡的危险性及足部溃疡的发展均与血糖密切相关,足部溃疡的预防应从早期控制和监测血糖开始,同时说服患者戒烟,防止因吸烟导致局部血管收缩而进一步促进足部溃疡的发生。

(5)促进肢体血液循环。指导和协助患者采用多种方法促进肢体血液循环,如步行和腿部运动。

第五节 老年脑卒中患者健康管理与居家照护

脑卒中是严重危害老年人健康和生命安全的常见的难治性疾病,存在着发病率高、致残率高、死亡率高的"三高"现象。脑卒中给老年人健康和生命造成极大威胁,给患者带来极大痛苦,加重了家庭及社会负担。

一、概述

脑卒中是脑血管循环发生阻塞或出血,与多种因素相关,致残率高,需积极预防。老年人是脑卒中高发人群,需重点监测。

(一)定义和分类

1.定义

脑卒中(stroke)又称急性脑血管病(acute cerebrovascular disease)或脑血管意外,俗称中风,是因急性脑血管阻塞或破裂引起的脑血流循环障碍所致的脑组织功能或结构损害的一组疾病。

2.分类

脑卒中可分为两大类。

(1)缺血性脑卒中。占脑卒中总数的60%～70%,主要是由于供应脑部血液的动脉出现粥样硬化和血栓形成,使管腔狭窄甚至闭塞,导致局灶性急性脑供血不足而发病。包括短暂性脑缺血发作(transient ischemic attack,TIA)、脑血栓形成(cerebral thrombosis)和脑栓塞(cerebral embolism)。脑血栓形成和脑栓塞统称为脑梗死(cerebral infarction)。短暂性脑缺血发作可以产生症状但没有长期影响,但却是即将发生缺血性脑卒中的一个警示信号。

(2)出血性脑卒中。占脑卒中总数的30%～40%,根据出血部位的不同分为脑出血(ICH)和蛛网膜下出血(SAH)。出血性脑卒中的死亡率高于缺血性脑卒中。

(二)流行病学概况

脑卒中是全球致残率、致死率最高的疾病之一。我国的脑卒中发病率远高于欧美国家,每年新发脑卒中约200万人,死于脑卒中约150万人,存活的患者600万～700万,其中50%～70%留有不同程度的后遗症。脑卒中的发病率和死亡率与地理分布、性别、年龄等因素有关,北方高于南方,男性高于女性,并且随年龄增长而增加。

(三)危险因素

(1)不可干预的因素。①年龄:随着年龄的增加,动脉粥样硬化程度增高,脑卒中患病的风险就越大。55岁之后,每增长10岁脑卒中的发病率将增加一倍。②性别:脑卒中在男性中更常见,但女性的死亡率更高,这与女性脑卒中发生年龄较晚、绝经期激素改变有关。③种族等。

(2)可以干预的危险因素。高血压和动脉粥样硬化是脑卒中最主要和常见的病因。①高血压:高血压患者发生脑卒中的概率是血压正常人的6倍,大约80%的脑出血患者是由高血压引起的,治疗老年人单纯收缩压增高性高血压可以使发生脑卒中的危险降低40%。②心脏病:尤其是冠心病或风湿性心脏病合并心房颤动,可引起栓子脱落造成脑栓塞。③糖尿病:糖尿病患者患脑卒中的年龄要提早10年,患者数比血糖正常的人高2～4倍。④血脂异常和肥胖:促使动脉硬化,在动脉硬化的基础上进而发生脑卒中。⑤吸烟与酗酒:吸烟可以使脑卒中危险性增加3倍。⑥血液流变学紊乱:特别是全血黏度增加时脑血流量下降,其中血细胞比容增高和纤维蛋白原水平增高是缺血性卒中的主要危险因素。⑦地域和气候:脑卒中在极度炎热或极度寒冷的地区更易发生。⑧家族史:有脑卒中家族史者,其发病率更高。

(四)临床表现

脑卒中的症状和体征直接反映大脑某区域的受损状况(组织坏死或血管破裂),影响到一侧大脑(大脑半球)的脑卒中比较常见,是发生在脑干部位的5倍,大脑某一半球的卒中会在对侧肢体出现症状。

1.老年脑梗死

脑梗死是局部脑组织因血液灌注障碍而发生的变性坏死,发病率占脑血管疾病的60%～70%,是老年人致死致残的主要疾病之一。

(1)脑血栓形成表现。约25%的老年人发病前有短暂性脑缺血发作史,多在睡眠或安静状态下起病。发病时一般神志清楚,局部神经系统损伤的症状多在数小时或2～3天内达到高峰。因动脉阻塞不同,其症状表现也各异。大脑中动脉闭塞最为常见,可出现典型的"三偏"症状:对侧偏瘫、偏身感觉障碍、同向偏盲;若主干急性闭塞,可发生脑水肿和意识障碍;

若在优势半球常伴有失语。

(2)脑栓塞表现。多在活动中突然发病，无前期症状，主要表现为意识障碍和癫痫。

(3)无症状性脑梗死。约28%的65岁及以上老年人出现无症状性脑梗死。

2.老年脑出血

脑出血是指原发于脑实质的非外伤性血管破裂出血。

(1)神经功能缺失严重。老年人一旦发生脑出血，多出现意识障碍、癫痫等。

(2)颅内高压症不典型。颅内小到中等量的出血一般不会出现典型的颅内高压现象。

3.特征

大脑内不同部位受损，机体就会有相应的部分受累。如果大脑前部卒中，可能会产生人格改变和难以控制的情绪异常（如在不恰当的场合发笑或哭泣）。如果大脑左半部受影响，则语言中枢可能受损。大脑半球运动区域（控制肌肉自主运动的区域）受损，会影响到对侧肢体运动的控制，会引起上、下肢或上下肢同时无力或瘫痪。如果大脑内主管感觉的区域受损，则会影响到痛觉、触觉及关节的定位，后者会导致平衡失调而引起跌倒。

二、健康监测

脑卒中发生与高血压、冠心病及糖尿病等关系密切，因此健康监测与基本信息收集的内容与方法和这些疾病基本相同。参见本章第二、三、四节。

三、健康评估

脑卒中健康评估包括对高危人群进行脑卒中风险预测与评估，或对现患者进行严重程度及预后的预测与评估。

（一）健康人群与高危人群脑卒中患病风险的预测与评估

(1)危险因素评估。针对生活行为进行评估，发现脑卒中的危险因素，开展相应的健康教育与指导。

(2)十年脑卒中风险预测与评估。采用 Framingham 研究预测 10 年脑卒中概率量表评估，危险评估所用的参数包括年龄、收缩压、服用降压药、糖尿病、吸烟、心脏病史、房颤病史、心电图上有左室肥大的证据。

（二）脑卒中患者的诊断性评估

根据患者肢体功能、语言能力、意识状态神经反射等结合颅脑 CT、磁共振检查，可以明确脑卒中的诊断，并结合相关神经状态检查量表全面评估其严重程度及预后。

四、健康干预

脑卒中健康干预针对高危人群，通过早期积极主动地控制各种危险因素，从而达到使脑卒中不发生或推迟发病年龄的目的（一级预防）；针对已发生过脑卒中的患者，寻找脑卒中事件病因并加以纠正，从而达到降低脑卒中复发率与死亡率的目的（二级预防）。

（一）高危人群的干预

(1)积极防治高血压、糖尿病和血脂异常。具体措施见本章第二、三、四节。

(2)戒烟戒酒，改变不良的生活行为方式。见表8-4。

(3)处理心房颤动。对无其他卒中危险因素、年龄不足 65 岁者,建议使用阿司匹林口服治疗;对无其他卒中危险因素、年龄超过 75 岁的患者,建议华法林抗凝治疗。

(二)脑卒中幸存患者的干预

(1)病因预防。基本与对高危人群的干预相同。

(2)缺血性脑卒中。常规抗血小板聚集及抗凝治疗。

(3)短暂性脑缺血发作。对反复短暂性脑缺血发作者,应积极寻找并治疗其病因。

(三)康复干预

脑卒中引发肢体运动障碍,患者经过正规的康复训练可以明显减少或减轻瘫痪的后遗症。

(1)康复干预原则。康复应尽早进行。在发生缺血性脑卒中时,只要患者神智清楚,生命体征平稳,病情不再发展,48 小时后即可进行康复治疗。高血压、实质性脑出血宜在 10～14 天后进行。

(2)康复干预措施。应因人制订康复计划,循序渐进,持之以恒,同时要改善与纠正存在的其他躯体性疾病,如心血管病、营养不良、肝肾疾病、关节功能障碍及精神异常等。除运动康复外,还应注意言语、认知、心理、职业与社会康复。严密观察患者有无抑郁、焦虑。康复是一个持续的过程,要重视社区及家庭康复的重要性。参见第九章相关内容。

(四)脑卒中健康管理流程

见图 8-5。

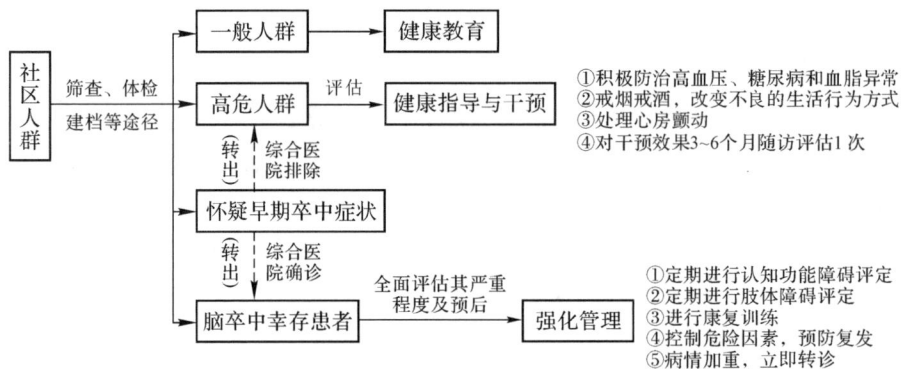

图 8-5　脑卒中健康管理流程

五、居家照护

脑卒中病程长,治疗效果差,恢复慢,并发症多,良好的居家照护对患者的康复起着重要的作用。

(一)饮食

患者饮食要以清淡而富有营养、低盐、低脂肪、低胆固醇、高蛋白、高维生素为原则,多吃粗纤维食物和蔬菜水果,早餐前半小时喝一杯温开水,刺激排便,防止便秘。另外,还应根据患者的体质和活动程度来调整热量的供给,进食要有规律,定时、定量,少食多餐,选择松软、半流质或糊状、胶冻的黏稠食物,避免粗糙、干硬、辛辣等刺激性食物;给患者提供充足的进餐时间,以利于充分咀嚼;戒烟、限酒、限钠盐,控制食物热量,忌暴饮暴食,注意粗细及荤素搭配,保持理想体重。

> **知识链接**
>
> ### 脑卒中老年人喂食方法
>
> 体位:不能自行进食者,需照护人员喂食。喂食时,老年人体位因人而异,一般采取床头抬高30°~60°,坐位或半坐位,颈前倾,或将头部转向偏瘫侧,这种体位可使患侧咽部阻塞,健侧咽部增大,有利于食物从健侧进入食管,防止食物逆流。
>
> 喂食方法:照护人员应坐在老年人身旁,每口的喂食量应从少到多,循序渐进,直至找到适合老年人的量,一般为5ml。喂食时从健侧进入,速度宜慢,食物在舌上停留时,鼓励老年人自己咽下食物,以促进舌的运动。等待老年人完全吞咽完毕后,再喂食下一口。餐后用温开水漱口,防止食物残留在口腔内引起误吸。每天用清水清洁口腔和鼻腔,进行口腔护理或选择合适的漱口液漱口,防止口腔感染。

(二)预防压疮

偏瘫老年人长期卧床不能自主翻身,易发生压疮。应保持衣物及床单清洁、干燥、平整、无皱褶。由于老年人皮肤常受大小便、汗渍浸蚀而抵抗力下降,需勤用温水清洗皮肤,保持皮肤清洁,并适当使用护肤品,防止皮肤干裂,增加易感染性。卧床的老年人每1~2小时更换卧位1次,翻身时应轻柔,避免拉、拽、推;骨突出部位可涂红花乙醇,给予受压部位按摩;使用便器不可硬塞、硬拉,应协助老年人抬高臀部,必要时在便器边缘垫以软纸、布垫或撒滑石粉,防止擦伤皮肤。老年患者温度觉差,使用热水袋时,要注意别烫伤皮肤。

> **知识链接**
>
> ### 脑卒中老年人排泄照护
>
> 1.预防便秘。训练老年人养成按时排便的习惯,形成定时排便的规律;饮食成分中,注意给予纤维素、维生素和水分的补充。
>
> 2.尿失禁者。使用收尿器并做到定时清洁和及时更换。
>
> 3.训练排泄动作自理。在老年人具备坐位平衡能力、衣物整理能力以及身体移动能力后开始训练其自主排泄动作。

(三)预防肺炎

为老年人创造一个安静、舒适、温馨的家庭休养环境,室内温度宜20~25℃,相对湿度宜50%~60%。保持室内空气新鲜,开窗通风,但应避免老年人对着风口。天气冷暖转变时应注意适时加减衣服,以预防上呼吸道感染。卧床老年人每次翻身后应轻拍背部,帮助排痰,预防肺炎。老年人应早日下床锻炼,不能下床者常可在床上采取坐位。

(四)预防泌尿系统感染

鼓励老年人多喝水,并鼓励自行排尿,以预防尿路感染。尿失禁的男性老年人可用阴茎套接一尿管集尿,女性老年人要及时更换尿布,每次小便后用温水擦洗会阴部。若发生尿路感染,应积极治疗。

(五)功能锻炼

(1)肢体功能训练。脑卒中患者发病6个月为最佳康复训练时间,应在医护人员指导下循序渐进地进行训练。①Bobath 握手:患者双手十指相扣,偏瘫侧拇指在上面,前臂尽量向前伸直,以健侧手带动患侧手上举,在 30°、60°、90°、120°时,可根据患者情况停留 5～15 分钟,手部不要晃动,不要憋气或过度用力。②桥式运动:待患者情况平稳时可做桥式运动训练。患者平躺在床上,双手平放于身体两侧,双下肢并拢,用双腿支撑使臀部离开床面,每天训练 3 次,每次抬臀 5～30 次,训练时循序渐进,以患者能耐受为宜。③床上移动:患者以健手为着力点,健肢为支点在床上进行上下移行。患者坐在床上,健手握紧床栏,以健肢为重心使下肢立于床旁,身体顺势往上或往下移动,即可自行完成床上移动。若患者健手肌力提高,可鼓励患者以健手抓住床边护栏,健足插入患肢膝关节下自行翻身,每天 2～3 次。④日常生活活动训练:扣扣子、持筷子、用勺子、坐起、站立等。此外,还可以进行一些趣味性的训练,以引起患者的兴趣,如下棋、打扑克、捡黄豆等,鼓励患者尽量做力所能及的家务。协助患者借助拐杖练习迈步行走时,注意纠正步态、步姿,应有人陪伴,防止跌倒。

(2)语言恢复训练。对语言不利和失语的患者可采取口语表达、阅读、听写及使用替代工具(手势语、画图、交流册)等方式训练患者的语言表达能力。应根据患者的情况进行发音训练,由易到难,由短到长。开始,由简单的音节,如 a,o,e 开始,进行口唇肌肉运动和声门的闭锁训练,照护人员发音,患者复述,然后再到简单的单词、词组、语句。当患者能说出简单的单词、语句时,可进一步采取中心内容讨论法,即找一主题,与其进行讨论,鼓励患者发言;对话时讲简短易懂的话语,清楚而且缓慢,并给充分时间回答问题;训练过程中鼓励患者多说话,大声说话,通过张口动作和声门开闭,促进语言功能的恢复;要多与患者交流最感兴趣的事情,并反复强化,启发记忆。

(3)吞咽困难训练。脑卒中患者常因吞咽障碍而导致各种并发症,如脱水、吸入性肺炎和营养不良,并产生各种不良影响,甚至直接造成死亡。吞咽功能训练主要包括直接训练和间接训练。直接训练即患者自主做吞咽动作训练以达到改善吞咽功能的目的,一般在对患者进行喂食或患者自行进食时完成,适用于意识清醒、生命体征平稳、能形成有效吞咽反射和咳嗽反射的患者;间接训练指患者不主动做吞咽动作,而是通过其他肌肉的动作训练,从而达到训练吞咽神经控制能力的方法,包括感觉刺激、口腔周围肌肉运动训练、声带内收训练、喉上提训练、空吞咽训练、吸吮及喉抬高训练、呼吸道训练等。

(六)药物

在医生的指导下,遵医嘱按时服药,不可私自增减药量和加服其他药物,过多、过乱的用药会对胃、肝、肾及造血系统产生不良反应,不但不能加快恢复,反而可能引起其他不良反应。了解不良反应及用药注意事项,发现异常应及时通知医生处理。

(七)心理护理

脑卒中后抑郁是以情绪低落、睡眠障碍、兴趣下降、活动减少为主要特征的心理障碍,发病率约占脑卒中患者的 21%～50%。对于不愿意表达的患者,照护人员应耐心、细心,帮助矫正其心理障碍;对于失语的患者,可鼓励其用纸笔写下自己的想法和需求,并及时对其表示肯定,帮助其减轻失语的痛苦;对于过分依赖亲属,不愿做肢体功能训练的患者,要对患者讲明肢体功能训练的重要性,鼓励其运动以帮助肢体功能的恢复;对于在进行功能锻炼时,没有耐心、急于求成的患者,应告知患者康复训练要循序渐进,只有坚持不懈、持之以恒的训练才会取得良好的效果。

第六节　老年慢性阻塞性肺疾病患者健康管理与居家照护

慢性阻塞性肺疾病(chronic obstructive pulmonary disease,COPD)简称慢阻肺,是呼吸系统疾病中的常见病和多发病,由于其患病率高,死亡率高,致残率高,社会经济负担重,已成为一个重要的公共卫生问题。在世界范围内,COPD 的死亡率居所有死因的第 4 位,且有逐年增加趋势。老年 COPD 患者肺功能进行性减退,严重影响患者的劳动力和生活质量,因此需进行早期健康管理,辅以规范化的居家照护,其目的在于改善通气功能,延缓病理进程,提高生活质量,延长生存时间。

一、概述

COPD 是进行性疾病,与个体和环境因素相关,以呼吸系统症状为主。

(一)定义

COPD 是一种以不完全可逆性气流受限为特征,呈进行性发展的肺部疾病,与肺部吸入烟草烟雾等有害气体或颗粒的异常炎症反应有关。

(二)危险因素

确切的病因不清,引起 COPD 的危险因素包括个体易感因素以及环境因素两个方面,两者相互影响。

1.个体因素

某些遗传因素可增加 COPD 发病的危险性,如 α_1-抗胰蛋白酶缺乏;其他个体因素有支气管哮喘和气道高反应性。

2.环境因素

(1)吸烟。吸烟为 COPD 重要发病因素,被动吸烟也可能导致呼吸道症状以及 COPD 的发生。孕期妇女吸烟可能会影响胎儿肺脏的生长及在子宫内的发育,并对胎儿的免疫系统功能有一定影响。

(2)职业性粉尘和化学物质。职业性粉尘及化学物质(如二氧化硅、煤尘、棉尘、蔗尘等)的浓度过大或接触时间过久,均可导致 COPD 发生。接触某些特殊的物质、刺激性物质、有机粉尘及过敏原能使气道反应性增加。

(3)空气污染。化学气体如氯、氧化氮、二氧化硫等,对支气管黏膜有刺激和细胞毒性作用,使气道清除功能遭受损害,为细菌入侵创造条件。空气中的烟尘或二氧化硫明显增加时,COPD 急性发作显著增多。烹调时产生的大量油烟和生物燃料产生的烟尘与 COPD 发病有关,生物燃料所产生的室内空气污染可能与吸烟具有协同作用。

(4)感染。呼吸道感染是 COPD 发病和加剧的另一个重要因素,肺炎链球菌和流感嗜血杆菌可能为 COPD 急性发作的主要病原菌。病毒也对 COPD 的发生和发展起作用。

(5)社会经济地位。COPD 的发病与患者社会经济地位相关,社会经济状况会影响个体所处环境的空气污染程度、个体营养状况等,从而导致 COPD 发病的差异。

(三)症状与特征

COPD 表现为呼吸系统症状为主,随着疾病发展出现全身性症状。其发病有一定的规律性,可出现胸廓形状的改变。

1.症状

(1)慢性咳嗽。通常为首发症状,初起咳嗽呈间歇性,早晨较重,以后早晚或整日均有咳嗽,但夜间咳嗽并不显著,也有部分病例有各种明显气流受限但无咳嗽症状。

(2)咳痰。咳嗽后通常咳少量黏液性痰,部分患者在清晨较多。合并感染时痰量增多,并可有脓性痰,少数患者咳嗽不伴咳痰。

(3)气短或呼吸困难。这是 COPD 的标志性症状,也是使患者焦虑不安的主要原因。早期仅于劳累时出现,后逐渐加重以致日常活动甚至休息时也感气短。

(4)喘息和胸闷。不是慢阻肺的特异症状,部分患者特别是重度患者有喘息;胸部有紧闷感,通常于劳累后发生,与呼吸费力肋间肌等容性收缩有关。

(5)全身性症状。在疾病的临床过程中,特别是较重患者,可能会发生全身性症状,如体重下降、食欲减退、外周肌肉萎缩和功能障碍、精神抑郁和(或)焦虑等;合并感染时可咳血痰或咯血等症状。

2.特征

COPD 早期体征可不明显。随疾病进展,常有以下体征:

(1)COPD 具有好发人群、好发年龄及好发季节。患者多有长期较大量吸烟史,或者职业性或环境有害物质接触史,多于中年以后发病,症状好发于秋冬寒冷季节,常有反复呼吸道感染及急性加重史。

(2)可发展为慢性肺源性心脏病史。COPD 后期出现低氧血症和(或)高碳酸血症,可并发慢性肺源性心脏病和右心衰竭。

(3)有胸廓形态异常。包括胸部过度膨胀、前后径增大、剑突下胸骨下角(腹上角)增宽及腹部膨凸等;常见呼吸变浅,频率增快,辅助呼吸肌如斜角肌及胸锁乳突肌参加呼吸运动,重症可见胸腹矛盾运动;患者不时采用缩唇呼吸以增加呼出气量;呼吸困难加重时常采取前倾坐位;低氧血症者可出现黏膜及皮肤发绀,伴右心衰竭者可见下肢水肿、肝脏增大。

二、健康监测

个体若有呼吸困难、慢性咳嗽或慢性咳痰增多,有危险因素暴露史(如吸烟、家庭烹饪、职业灰尘或化学品)、COPD 家族史,应考虑 COPD。主要监测手段为肺功能检查,若吸入支气管扩张药后,$FEV_1/FVC < 70\%$,则可确定存在气流受限,即 COPD。对于老年人使用 70% 的标准容易导致过度诊断,有学者提出 65%,但仍有待统一。

三、健康评估

COPD 的评估目标包括三个方面,即疾病的严重程度、患者健康状况受影响程度、患者急性加重、住院治疗等的风险。评估内容包括症状、气流受限程度、急性加重风险和合并症。

(一)症状评估

COPD 症状评估可基于公认的问卷,如 COPD 评估测试(COPD assessment test,

CAT），从咳嗽、咳痰、胸闷、睡眠、精力和情绪六个方面评判 COPD 对日常生活的影响程度（见表 8-11）；COPD 临床问卷（COPD clinical questionnaire，CCQ）评估患者症状的严重程度、机体功能及精神状态。

表 8-11 COPD 评估测试（CAT）呼吸问卷

	分 值		得分
我从不咳嗽	⓪①②③④⑤	我一直在咳嗽	
我一点痰也没有	⓪①②③④⑤	我有很多很多痰	
我没有任何胸闷的感觉	⓪①②③④⑤	我有很严重的胸闷	
当我爬坡或上一层楼梯时，没有气喘的感觉	⓪①②③④⑤	当我爬坡或上一层楼梯时，我感觉非常喘不过气	
我在家里能做任何事情	⓪①②③④⑤	我在家里做任何事情都受影响	
尽管我有肺部疾病，但我对离家外出很有信心	⓪①②③④⑤	由于我有肺部疾病，我对离家外出一点信心都没有	
我睡眠非常好	⓪①②③④⑤	由于我有肺部疾病，我睡眠相当差	
我精力旺盛	⓪①②③④⑤	我一点精力也没有	

合计总分：

COPD 肺功能检查用以评估气流受限程度，通过评估 FEV_1 值，将肺功能分为 1、2、3、4 级，分别对应轻度、中毒、重度、极重度（见表 8-12）。

表 8-12 COPD 气流受限严重程度分级（基于舒张后的 FEV_1 值）

$FEV_1/FVC < 0.70$		
GOLD 1	轻度	$FEV_1 > 80\%$ 预计值
GOLD 2	中度	$50\% \leqslant FEV_1 < 80\%$ 预计值
GOLD 3	重度	$30\% \leqslant FEV_1 < 50\%$ 预计值
GOLD 4	极重度	$FEV_1 < 30\%$ 预计值

注：慢性阻塞性肺疾病的全球倡议（the global initiative for chronic obstructive lung disease，GOLD）；用力呼气量（forced expiratory volume，FEV），FEV_1 为 1 秒的用力呼气容积，正常时，FEV_1 约为用力肺活量（forced vital capacity，FVC）的 83%（FEV_1/FVC）。

（二）急性加重风险评估

COPD 急性加重是指患者呼吸道症状恶化，超出日常变异，并导致药物治疗方案的改变，不同患者急性加重频率差异很大。若患者一年内急性加重发作 2 次及以上，或病情加重 ≥1 次而住院治疗，其风险加大。评估急性加重发作的严重程度，包括以下指标：①动脉血气分析：当呼吸室内空气时，$PaO_2 < 8.0\text{kPa}$（60mmHg），伴或不伴 $PaO_2 > 6.7\text{kPa}$（50mmHg），提示为呼吸衰竭。②胸部 X 线检查。③心电图：判断是否合并心脏疾病。④全血细胞计数、浓痰、生化检查等。

（三）合并症评估

评估患者是否出现心血管疾病（包括缺血性心脏病、心衰、房颤和高血压）、骨质疏松、抑郁、焦虑、骨骼肌功能下降、肺癌、重症感染等合并症,会影响患者死亡率和预后。

(四)COPD 综合评估

对 COPD 患者综合评估,需从症状、肺功能分级和(或)急性加重风险三方面进行评估,以确定分级(见图 8-6)。首先进行症状评估,可用 CAT<10 或改良呼吸困难指数(modified medical research council,mMRC)为 0~1(见表 8-13),则为 A 或 C 级;如果 CAT≥10 或 mMRC≥2,则为 B 或 D 级;再次评估急性加重风险,若 GOLD 3 级或 4 级,或者每年加重≥2 次,或者每年有一次及以上加重入院,则为高风险(C 或 D 级);若 GOLD 1 级或 2 级,或者每年加重 0~1 次(没有入院),则为低风险(A 或 B 级)。两者结合评估,风险的判断应按照指示为高风险的方法进行评估。

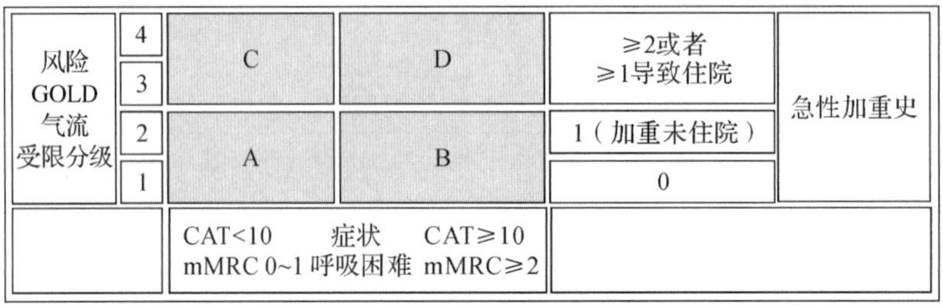

风险 GOLD 气流受限分级	4	C	D	≥2或者 ≥1导致住院	急性加重史
	3				
	2	A	B	1（加重未住院）	
	1			0	
		CAT<10 症状 CAT≥10 mMRC 0~1 呼吸困难 mMRC≥2			

图 8-6 COPD 综合评估分级

表 8-13 改良呼吸困难指数(mMRC)

mMRC 分级 0	我仅在费力运动时出现呼吸困难
mMRC 分级 1	我平地快步行走或步行爬小坡时出现气短
mMRC 分级 2	我由于气短,平地行走时比同龄人慢或者需要停下来休息
mMRC 分级 3	我在行走 100m 左右或数分钟后需要停下来休息
mMRC 分级 4	我因严重呼吸困难以致不能离开家,或在穿衣服、脱衣时出现呼吸困难

四、健康干预

COPD 是一种可防可治的疾病,针对不同的人群应采取不同的健康干预方案。健康干预措施的制定遵循个性化、综合性和动态性原则。COPD 健康干预采取患者、高危人群、亚健康人群和一般健康人群防治相结合的方案,针对影响发生 COPD 的多种因素进行综合干预。

(一)健康人群和亚健康人群的健康干预

健康人群是指未患 COPD,意识到健康的重要性,但对 COPD 相关知识认识不足的人群。对该类人群的健康干预重在知识宣教,提高该人群对 COPD 的认知水平,如 COPD 的危险因素、症状和体征、预防措施等。

亚健康人群是指暴露于 COPD 危险因素当中的人群,如吸烟者、职业接触粉尘者。针对该类人群,需定期进行健康和疾病危险性评估,进行认知干预,使其认识到常见的危险因素,并能够避免或减少危险因素,如戒烟等。

(二)高危人群的健康干预

高危人群指常年吸烟,曾经从事高危险职业(如矿工、建筑工、化工工人等)的老年人。

针对该类人群,需建立健康档案,定期进行疾病危险性评估,做肺功能监测,提高老年人对COPD危险因素及预防措施、主要临床表现、就医时机等的认知。

(三)COPD患者健康干预

针对COPD患者,通过症状、肺功能检测、BODE指数(体重指数BMI、气流受限程度、呼吸困难及运动能力)等综合判断病情。稳定期的目标是减轻当前症状,降低未来风险,干预需联合药物和非药物治疗。A、B、C、D组患者均应进行非药物治疗,包括:①避免烟雾吸入,包括个人吸烟和吸入二手烟。②减少室内和室外空气污染,如烹饪和燃烧烟雾要保持通风。③增强体育活动,保持一定的运动量。药物治疗的目的是减轻患者症状,减少急性发作频率和严重程度,改善其健康功能状态。药物使用应遵循个体化原则,常用药物包括β_2受体激动剂(如沙丁胺醇)、抗胆碱能制剂(如异丙托溴铵)、甲基黄嘌呤类药物(如氨茶碱)、吸入糖皮质激素(布地奈德)等。所有患者根据各地指南,可适当进行流感或肺炎疫苗注射,B、C、D组应积极进行肺康复。

急性加重期患者应进行病史、体征和实验室检查等评估,以决定院外、入院或者ICU治疗,干预手段包括药物治疗(主要包括支气管扩张剂、糖皮质激素、抗生素)、呼吸支持(包括氧疗和机械通气等)和其他治疗(如维持液体平衡、治疗合并症、改善营养状况等)。

五、居家照护

COPD的居家照护目标在于改善顽固和持续的气道功能下降和体力活动能力下降,尽可能恢复有效的腹式呼吸,改善呼吸功能;采取多种措施,减少和治疗并发症;提高肺功能和全身体力,尽可能恢复活动能力;提高生活质量,降低住院率,延长生命。居家照护措施主要包括急性期照护、长期家庭氧疗、康复锻炼、促进有效排痰、日常生活指导、健康教育和管理等。

(一)急性期照护措施

在COPD急性期,老年人应积极配合用药治疗

(1)病情观察。注意观察老年人的生命体征、呼吸型态;痰的颜色、性状、黏稠度、气味及量的变化;有无脱水状况,如皮肤饱满度、弹性、黏膜的干燥程度等。

(2)坐位。帮助老年人取端坐或半坐位,以利于其呼吸,减轻呼吸肌做功。

(3)有效咳嗽。鼓励老年人咳嗽,指导老年人正确的咳嗽方法,促进排痰。痰液较多不易咳出时,向医疗求助,使用祛痰剂或超声雾化吸入,必要时吸痰。

(4)合理用氧。急性加重期采取鼻导管给氧或文丘里面罩给氧,吸氧浓度为$28\%\sim30\%$,可以降低发生二氧化碳潴留的风险。

(5)抗感染。遵医嘱给予抗感染治疗,观察药物治疗效果,有效控制呼吸道感染。

(6)膳食。指导老年人多饮水,给予高热量、高蛋白质、高维生素的流质、半流质或软食,少量多餐,少吃产气食品,防止产气影响膈肌运动。

(7)心理照护。应聆听老年患者的叙述,疏导其心理压力,必要时请心理医生协助诊治。

(二)长期家庭氧疗(LTOT)

长期家庭氧疗(long term oxygen therapy,LTOT)是指慢性低氧血症患者脱离医院环境,返回社会或家庭后,每日实施低浓度吸氧(常用鼻导管吸氧,氧流量为$1.0\sim2.0L/min$),

使患者在平躺、静息状态下，达到 $PaO_2 \geqslant 60mmHg$ 或 SaO_2 升至 90%，并持续较长时间的长期氧疗。LTOT 可提高 COPD 慢性呼吸衰竭者的生活质量和生存率，对血流动力学、运动能力、肺生理和精神状态均有有益的影响。标准的 LTOT 为每日 24 小时吸氧，即持续氧疗。大部分患者由于各种原因难以完成 24 小时吸氧，一般要求吸氧时间＞15 小时/天。在氧气使用过程中主要应防止火灾及爆炸，在吸氧过程中应禁止吸烟。

（三）康复锻炼

COPD 在稳定期应及早进行康复护理和居家照护，重视自身的康复锻炼，提高肺功能代偿能力，减少急性发作次数。

1. 呼吸训练

腹式呼吸是一种低耗高效的呼吸模式，吸气时腹肌放松，腹部鼓起，膈肌下降，保证最大的吸气量；呼气时，腹肌收缩帮助膈肌松弛，膈肌上抬，增加呼气量、潮气量。腹式呼吸通过增加膈肌活动度提高通气功能，降低呼吸肌耗氧量。呼吸训练包括以下四个环节。

（1）放松练习。气短、气急常使老年人精神和颈背部肌肉紧张，采用放松练习可以减少呼吸肌耗氧量，减轻呼吸困难症状。放松练习首先采取放松体位，常用方法有前倾依靠位、椅后依靠位、前倾站位。①前倾依靠位：在身体前的桌上放被子或枕垫，头向前靠于被上或枕上以放松颈肌，两手放于被子内或枕垫下以固定肩带并放松肩带肌群。前倾位可降低腹肌张力，并且使膈肌更好地收缩，从而有助于腹式呼吸模式的建立，是 COPD 老年人最适合的放松体位。②椅后依靠位：老年人坐于有扶手的椅或沙发上，头向后靠于椅背或沙发背上，完全放松坐 5～15 分钟。③前倾站位：自由站立、两手置于身后十指交叉并向下拉以固定肩带，同时身体向前倾放松腹肌，或两手支撑于体前桌上，身体前倾站立，放松肩部和腹部肌群，有利于训练腹式呼吸。

（2）腹部加压暗示呼吸法。用触觉的方法来诱导老年人恢复腹式呼吸。常用方法有双手加压法、下胸布带加压法、下腹部沙袋加压法、抬臂呼气法，通过增加腹压，使膈肌上抬，改善和提高通气效率。

（3）缩唇腹式呼吸法。缩唇呼吸又称吹笛样呼气法，患者经鼻吸气，然后通过缩唇（吹口哨样）缓慢用口呼气（图 8-7）。该呼吸模式可延长呼气时间，增加二氧化碳排出。

> **知识链接**
>
> ### 缩唇腹式呼吸
>
> 缩唇腹式呼吸是在缩唇呼吸的基础上结合腹式呼吸，是一种更有效的呼吸训练。方法为：全身放松，取立位、坐位或卧位，先均匀呼吸 3 分钟，一手放于前胸，另一手放于腹部。鼻子吸气 2 秒，并尽量挺腹，手感到腹部向上抬起，胸部不动。吸气结束开始由口徐徐呼气 4～6 秒，缩唇，同时收腹，腹肌收缩，膈肌松弛，身体可稍前倾，手感到腹部下降。深吸慢呼，每日 2～3 次，每次 10～20 分钟（图 8-8）。

（4）缓慢呼吸。COPD 老年人常有吸气短促，呼气深长而费力，缓慢呼吸有助于提高肺泡通气量，吸呼之比 1∶2，每分钟呼吸频率控制在 10 次左右，对 COPD 患者十分有利，并可提高血氧饱和度。

（5）呼吸训练注意事项。呼吸训练时避免情绪紧张，选择放松体位；避免憋气；训练时和训练后均不应出现明显气促或剧烈咳嗽；务必避免疲劳；合并心血管疾病的老年人训练时要

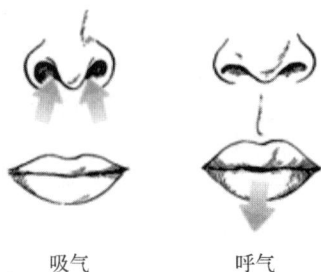

图 8-7 缩唇呼吸

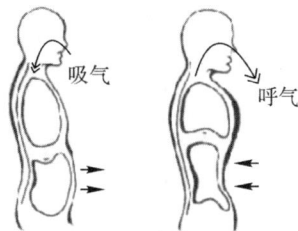

图 8-8 缩唇腹式呼吸

充分考虑心血管功能的承受能力,有不适变化时需及时调整方案。

2. 姿势训练

COPD 合并桶状胸、驼背等胸廓畸形可采取下列康复训练矫正姿势,扩大胸廓活动度。每次动作重复 5～10 次,每日可练习多次。

(1)一侧胸廓活动训练。坐位,以扩展右侧胸为例,先向左体侧屈,同时吸气,然后用握拳的手顶住右侧胸部,做右侧屈,同时吸气。

(2)上胸运动及胸大肌牵张训练。两肩向前、低头含胸,呼气,转为吸气时用力挺胸,两手向后。亦可取卧位练习。

(3)上胸及肩带舒展训练。取坐位或站位,吸气时两上臂上举过头,呼气时弯腰屈膝,双手向下触地,无法触地者双手尽量向下伸。

(4)头前倾和驼背姿势矫正训练。面对墙壁站于墙角,两臂外展 90°,手扶于两侧墙面(牵张锁骨部)或两臂外上举扶于墙(牵张胸大、小肌),同时身体前倾,做扩胸练习;或两手持体操棒置于后颈部以拉伸胸大肌,并做挺胸练习。

3. 全身性运动和呼吸肌训练

COPD 老年人常因为体力或心理等因素惧怕活动会出现呼吸困难,从而减少运动,使活动能力明显低于实际肺功能所能耐受的程度。全身性运动可改善机体运动耐力和气体代谢,呼吸肌训练可改善呼吸肌耐力,缓解呼吸困难(见图 8-9)。

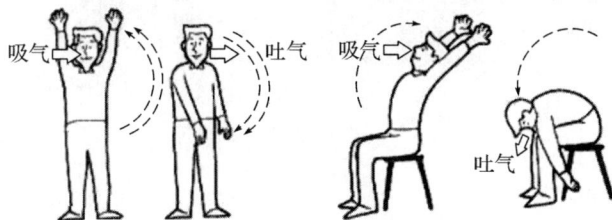

图 8-9 康复锻炼

(1)测定实际运动耐力。COPD 老年人运动过程中要注意控制最大心率和呼吸症状。对于有条件的 COPD 老年人,可以先进行活动平板或功率车运动试验,得到实际最大心率及最大心脏功能容量(MET)值,然后根据表 8-14 确定运动强度。对于没有条件进行运动试验的 COPD 老年人,可做 6 分钟或 12 分钟行走距离测定,以判断老年人的运动能力,然后采用定量行走或登梯练习来进行训练。除控制心率外,COPD 老年人运动后还需要控制呼吸症状,即运动后不应出现明显气短、气促(即以仅有轻度至中度气短、气急为宜)或剧烈咳嗽。

表 8-14　运动试验与运动强度安排关系表

运动试验终止原因	靶心率(最大心率％)	靶 MET 值(最大 MET％)
呼吸急促,最大心率未达到	75％～85％	70％～85％
达到最大心率	65％～75％	50％～70％
心血管原因	60％～65％	40％～60％

(2)全身肌肉训练。可采取步行、登楼梯、踏车、上下肢训练等方式,以老年人安全、可耐受为基础,采取低强度、渐进的康复训练方法为原则。每次运动训练应分为三部分进行:①准备活动:以步行和体操为宜,时间为 5～10 分钟,在活动中注意呼气时必须放松,不应用力呼气。②训练活动:可短时间分次进行,起始时间 5 分钟为宜,直至老年人每天能耐受 20 分钟的训练,也可 1 次持续训练 20 分钟,依据老年人的病情而定,每次活动后心率至少增加 20％～30％,并在停止活动后 5～10 分钟恢复至安静值,或活动至出现轻微呼吸急促为止。对于稍活动即出现呼吸短促的老年人,首先应消除其对运动的紧张心理,并在活动时给予吸氧。③结束活动:训练后以肢体牵张或体操结束。

训练频率可从每天 1 次至每周 2 次不等,达到靶强度的时间为 10～45 分钟;训练持续时间通常为 4～10 周,时间越长效果越明显,为保持训练效果,应在家中继续训练。

(3)呼吸肌训练。呼吸肌训练可以改善呼吸肌耐力,缓解呼吸困难症状。①增强吸气肌的练习:用抗阻呼吸器(具有不同粗细直径的内管),使在吸气时产生阻力,呼气时没有阻力。开始练习 3～5 分钟,一天 3～5 次,以后练习时间可增加至 20～30 分钟,以增加吸气耐力和吸气肌肌力。②增强呼气肌的练习:COPD 老年人常有腹肌无力,无力腹肌常使腹腔失去有效的压力,从而减少膈肌的支撑及减少外展下胸廓的能力。常用方法有腹肌练习、吹瓶法(如图 8-10)、吹蜡烛法。

图 8-10　吹瓶法呼吸肌锻炼

(四)促进有效排痰

尽快控制感染,积极清除呼吸道分泌物,始终保持呼吸道通畅是治疗和控制 COPD 病情的有效手段。

1.湿化气道

针对老年人痰液黏稠、咳痰困难的问题,需要加强气道湿化。首先,应鼓励老年人多饮水,保持体液充足,使呼吸道黏膜湿润,并起到稀释痰液的作用;其次,要老年人配合使用祛痰药和雾化吸入治疗,以湿化气道。

知识链接

雾化吸入法

雾化吸入法是通过超声的高频振荡将液体及药物变成直径为 $0.5\sim3\mu m$ 的微小颗粒,弥漫散布附着于支气管乃至细支气管内。在雾化吸入过程中配合深呼吸、腹式呼吸、咳嗽,可使雾化物更深、更广地分布到肺底部。

2.胸部物理疗法

通过胸部物理疗法(chest physical therapy,CPT)即有效咳嗽、体位引流、叩背、震动等方法,积极清除呼吸道分泌物,始终保持呼吸道通畅,促进最有效呼吸,以提高血氧浓度,降低二氧化碳浓度。

(1)指导有效咳嗽排痰。COPD 老年人有效排痰能力降低,使痰液更不易咳出,影响通气功能,增加感染风险。应指导老年人进行有效咳嗽,在晨起时咳嗽,排出夜间积聚在肺内的痰液;就寝之前咳嗽,有助于老年人的睡眠。

知识链接

有效咳嗽方法

协助老年人取坐位或立位,双肩放松,头及上体稍前倾前屈,双臂可支撑在膝上,以放松腹部肌肉。先做 5～6 次深呼吸,深吸气后保持张口,并连续轻咳,待痰液咳到咽部时,指导老年人以腹式呼吸深吸气,然后屏气 2～3 秒钟后突然开放声门,运用腹肌的有力收缩,爆破性地将痰液咳出。

(2)体位引流。适用于呼吸道分泌物过多的老年人。该方法是依病变部位不同,使病肺处于高处,引流支气管开口向下,利用重力原理将肺叶内的分泌物引流到较大的呼吸道,从而排出。引流频率视分泌物多少而定,引流时间渐进式增加。分泌物少者,每天上、下午各引流一次,痰量多者,宜每天引流 3～4 次,宜在饭前 1 小时或饭后 2 小时进行,以避免发生呕吐。每一部位引流 5～10 分钟,当有两叶以上肺叶需要引流时,从上叶开始,总时间不宜超过 30～45 分钟,以免引起疲劳。

(3)胸部叩击和震颤。通过对胸壁的叩击,起到震动气道的作用,使痰液松动,利于咳出,同时也减轻老年人呼吸肌做功,减少氧耗,多为体位引流的辅助治疗手段。胸部叩击时应双手五指并拢,手掌空心成杯状,掌指关节自然成 $120°\sim150°$,肩部放松,以手腕的力量按 45 次/分钟的频率叩击背部,利用手掌大鱼际肌、小鱼际肌或整个手掌缘紧贴皮肤震动

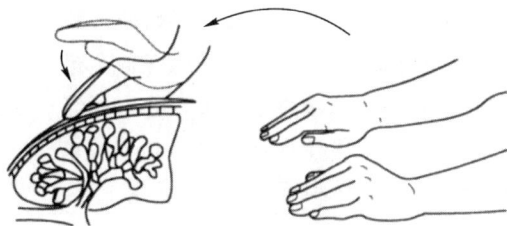

图 8-11　胸部叩击

(图 8-11),相邻两次拍背震动的部位应重叠 1/3,自下而上,自外而内,可单人、双人或单人双手交替叩击。在叩击过程中,应避开肾区、肝区和脾区、脊柱、胸骨、女性乳房、切口和引流管处;叩击逐肺叶进行,每一肺叶叩击 2～3 分钟,每次 10～15 分钟;避免直接在裸露的皮肤上操作,可在叩击部位垫薄毛巾;有禁忌证者不宜叩击。

(五)日常生活指导

1.能量节省技术

在日常生活中,应指导老年人强调省力,以便完成更多活动。活动前先做好计划安排,工作节拍快慢适度,轻重工作交替进行,活动间歇休息,以尽量节省体力,避免不必要的耗氧,这样可以减轻或避免呼吸困难。原则如下:

(1)事先准备好日常家务杂事或活动所需的物品或资料,并放在一处。

(2)把特定活动所需的物品放在紧靠活动开始就要用的地方。

(3)尽量取坐位,家里的日用品要尽量随手可取,减少不必要的伸手或弯腰。

(4)移动物品时用双手,搬动笨重物体时用推车。

(5)活动过程中尽量左右活动,避免不必要的前后活动。

(6)活动要缓慢而连贯地进行。

(7)活动或者做家务时要经常休息,至少每小时10分钟,轻重工作要交替进行。

2.营养

约25%的COPD患者有体重指数下降,影响COPD预后。COPD老年人应通过加强锻炼,提高机体抵抗力,减少身体慢性消耗。饮食原则为高蛋白、高热量、高维生素低脂易消化食物,如瘦肉、蛋、奶、鱼、蔬菜水果等,同时少食多餐避免加重喘憋。患者每天摄入的热量应是休息时能量消耗的1.7倍,其中蛋白质应当每天至少摄入1.7g/kg。

3.预防呼吸道感染

可通过体育锻炼增强体质,也可用中医中药对机体进行调理,提高免疫力。

4.戒烟

停止吸烟是防治COPD的重要措施,各期的COPD患者均应戒烟,鼓励患者制订书面戒烟计划。

知识链接

戒烟方法

戒烟可应用针灸、戒烟糖和可乐定片,并借助以下方法:①和戒烟成功的朋友交流。②尽可能避开那些爱劝人吸烟的人和环境。③饮食热量要低,多吃蔬菜水果。④将准备吸烟的钱存入银行。⑤将所有储备的烟全部清除掉。⑥第一周多饮汤水一类的饮食以排除血液中积累的尼古丁。⑦安排好生活、娱乐,有条件时可安排一次旅游。⑧急性发病住院时是最好的戒烟时机。一般第一周最难过,只要坚持度过此阶段即易成功,同时要避免被动吸烟。

5.避免或减少有害粉尘、烟雾或气体吸入

加强卫生宣教,避免环境污染,改善工作条件,加强劳动保护。在无法避免与污染的大气接触时更要注意个人保护,可佩戴口罩并尽量缩短接触时间,以避免或减少有害粉尘、烟雾及刺激性气体的吸入。

第七节　老年骨关节疾病患者健康管理与居家照护

骨关节炎患病率随着年龄的增长而增加,女性比男性多发,60岁以上的人群患病率可达50％,75岁以上的人群则达80％。骨关节炎好发于负重大、活动多的关节,如膝、脊柱(颈椎和腰椎)、髋、踝、手等关节,以关节肿痛、骨质增生及活动受限为常见症状,影响中老年患者的生活质量,致残率可高达53％。

一、概述

骨关节病以局部病变和症状为主,其发生与机体老化、遗传、关节使用强度、损伤史等因素有关。

(一)定义

骨关节病是一种以局部关节软骨退变,骨质丢失,关节边缘骨刺形成及关节畸形和软骨下骨质致密为特征的慢性关节疾病,又称骨关节炎(osteoarthritis,OA)。退行性骨关节病、增生性关节炎、老年性关节炎均指一种病,国内统一使用骨关节炎。

骨关节炎可分为原发性和继发性两类。原发性骨关节炎多发生于中老年,无明确的全身或局部诱因,与遗传和体质因素有一定的关系,多见于年龄超过50岁的肥胖患者,特别是负重关节。继发性骨关节炎可发生于青壮年,可继发于创伤、炎症、关节不稳定、慢性反复的积累性劳损或先天性疾病等。原发性骨关节炎的预后比继发性的好。

(二)危险因素

目前病因尚不明确,但认为骨关节病主要与年龄增长和肥胖引起软骨退变有关。

(1)年龄。年龄是骨关节病变的最大危险因素,随着年龄的增长,关节退变,是一种自然衰老的表现。

> **知识链接**
>
> ### 老年人骨关节改变
>
> 退变首先发生在软骨,软骨开始肥大增厚,营养供应不足,出现软骨变性、软骨细胞减少、软骨撕裂,强度大的Ⅰ型胶原,透明软骨变成纤维软骨,关节软骨的黏滞性下降。软骨细胞分裂增殖功能逐渐减弱;软骨细胞合成软骨蛋白多糖质和量下降,胶原蛋白降解,承重软骨面从正常的光滑状态变为破棉絮状,软骨下骨露出,由于不断摩擦,骨面变得很光滑,呈象牙样骨,而非承重软骨面出现修复,新骨形成,在关节缘形成骨刺。

(2)性激素。50岁以前男女患OA的概率无明显差异,50岁以后女性发病明显高于男性,约3倍,这可能与性激素的分泌有关。由于老年人雌激素水平低下,成骨细胞不活跃,造成退行性骨关节病。

(3)遗传倾向。骨关节炎患者多有家族聚集的倾向。髋关节、腕掌关节骨关节炎在白种人多见。

(4)关节过度磨损。关节负荷过重(如肥胖)、关节负荷不均(不协调的运动)或关节过量活动(如关节经常剧烈活动),任何原因引起的关节形状异常都可对关节软骨面局部负荷和磨损增加,关节受力不均匀,均可造成关节表面软骨的损伤,导致骨关节病的发生。

(5)骨密度下降。当软骨下骨骨小梁变硬时,其承受压力的能力下降。因此,骨质疏松者出现骨关节病的概率较高。

(6)损伤与感染。凡能损伤软骨的病变如感染、毒素、损伤等,均能继发骨关节病。

(7)肌肉支持力度不足。常见原因为老年人活动量急剧下降,造成肌肉力量降低,对关节的支持及协调能力减低,促使骨关节病的发生。

(三)临床表现

骨性关节炎主要表现为受累关节的疼痛、肿胀、晨僵、关节积液及骨性肥大,可伴有活动时的骨擦音、功能障碍或畸形。

(1)关节疼痛及压痛。最常见的表现是关节局部的疼痛和压痛。负重关节及双手最易受累。一般早期为轻度或中度间断性隐痛,休息时好转,活动后加重,随病情进展可出现持续性疼痛,或导致活动受限。关节局部可有压痛,在伴有关节肿胀时尤为明显,部分关节疼痛可有放射痛,如髋关节疼痛可放射到腹股沟、大腿内侧及臀部。

(2)关节肿胀。早期为关节周围的局限性肿胀,但随病情进展可有关节弥漫性肿胀、滑囊增厚或伴关节积液;后期可在关节周围触及骨赘。如手部骨性关节炎以远端指间关节受累最为常见,表现为关节伸侧面的两侧骨性膨大,称赫伯登(Heberden)结节;近端指间关节伸侧骨性膨大则为布夏尔(Bouchard)结节。

(3)晨僵。患者可出现晨起时关节僵硬及黏着感,经活动后可缓解,晨僵时间较短,一般数分钟至十几分钟,很少超过30分钟。

(4)关节摩擦音。主要见于膝关节的骨关节炎。由于软骨破坏,关节表面粗糙,出现关节活动时骨摩擦音(感)、捻发感,或伴有关节局部疼痛。

(5)关节畸形。关节炎症后出现骨质增生可致关节畸形,例如手指关节增生及侧向半脱位可致蛇样畸形,膝关节受累后可出现膝内翻或膝外翻畸形,跖趾关节可出现踇外翻等畸形。

(6)其他压迫症状。脊柱骨性关节炎可有椎体、椎间盘以及后突关节的增生和骨赘,压迫局部血管和神经时可出现相应的放射痛和神经症状。颈椎受累压迫椎-基底动脉,引起脑供血不足的症状。腰椎骨质增生导致椎管狭窄时可出现间歇性跛行以及马尾综合征。

二、健康监测

骨关节疾病检查以影像学检查为主,实验室检查为辅。

(一)骨关节 X 线片

结果显示非对称性关节间隙变窄,软骨下骨硬化和(或)囊性变,关节边缘增生和骨赘形成或伴有不同程度的关节积液,部分关节内可见游离体或关节变形。

(二)实验室检查

监测指标主要包括血常规、蛋白电泳、免疫复合物及血清补体等,伴有滑膜炎的老年人可出现 C 反应蛋白和血细胞沉降率轻度升高。继发性 OA 患者可出现原发病的实验室检查异常。

三、健康评估

骨关节疾病的健康评估分为高危人群和患病人群评估。前者的主要目的是通过明确可改变因素,进行早期预防;后者的主要目的为早确诊、早治疗。

(一)高危人群评估标准

依照美国老年学会骨关节炎和运动专业小组对膝关节 OA 常见危险因素的分类,结合 OA 危险因素的作用机制,可将危险因素分为三类:①可改变危险因素:肥胖、重体力劳动、肌力减退、制动。②潜在可改变危险因素:创伤、本体功能减退、生物力学因素(关节松弛)。③不可改变危险因素:年龄、女性、遗传因素等。

(二)患病人群健康评估标准

国内常用的骨性关节炎评估标准为美国风湿病学会 1995 年修订的诊断标准,包括手、膝、髋骨性关节炎的分类标准,主要依靠临床症状(关节疼痛、肿胀、膨大、畸形、骨摩擦音、晨僵)和影像学检查(X 线显示骨赘形成、关节间隙狭窄)。

四、健康干预

骨关节病的健康干预以"预防为主、防治结合"的理念为先导,实现"三级预防"。一级预防为病因预防,针对骨关节病的危险因素,通过社区健康教育,降低骨关节病的患病风险;二级预防为临床前期预防,通过基层医院实行"三早"预防;三级预防为残疾预防,通过综合性医院积极治疗,减少并发症的发生。

(一)一级预防——健康人群的干预

随着年龄的增长,骨关节病发生率升高,中老年人为一级预防重点干预人群。社区在一级预防过程中起主导作用,应通过健康讲座、社区宣传等健康教育途径,使中老年人了解骨关节病的危险因素,具备骨关节病的预防理念,掌握一定的关节保护技巧和方法。

(二)二级预防——高危人群的"三早预防"

二级预防为临床前期预防,旨在通过"早期发现、早期诊断、早期治疗"的"三早"措施,控制骨关节病的发展和恶化。早期发现需对高危人群进行档案管理和定期检查,包括高龄老年人、围绝经期妇女、曾从事关节受损高危职业者、严重关节外伤史、有家族遗传倾向的老年人;早期诊断需老年人在出现关节活动不变时,尽早到医院就诊,通过辅助检查确诊;早期治疗以物理治疗为主,通过热疗、肌肉锻炼等保护关节。

(三)三级预防——个体干预

三级预防为临床期干预,目标为控制骨关节病进展,改善症状,减少各种并发症的发生。临床期干预需结合老年人的病情、体质、临床分期分型等特点,实施个体化干预,干预手段包括非药物干预、药物干预和手术干预。非药物干预包括:①自我保健:控制体重,适当锻炼,保护关节。②物理治疗:热疗、水疗、超声波、针灸等。③关节支撑:使用手杖或步行器,避免关节过度负重;穿有很好鞋垫的鞋等。药物干预包括:①口服药物:使用对乙酰氨基酚,选择性环氧化酶-2(clycloosygenase,COX-2)抑制剂或非选择性非甾体类抗炎药(nonsteroidal antiinflammatory drugs,NSAIDs)以减轻疼痛,使用盐酸氨基葡萄糖或硫酸软骨素等保护软骨。②局部治疗:包括局部使用 NSAIDs 乳剂、贴剂等,严重者使用局部封闭治疗,关节腔注射糖皮质激素,黏弹性补充剂如透明质酸等。对非手术干预无效的老年患者,可选择关节镜下关节腔灌洗清理、关节置换、关节融合等手术干预。

五、居家照护

骨关节病有一定的致残率,且病程漫长,易反复,因此,加强对老年 OA 患者的居家照护,对疾病的康复有很大的作用。老年 OA 患者的居家照护目标在于缓解疼痛、阻止和延缓疾病的发展及保护关节功能,改善或维持患者的自理能力,提高自信及活动能力,减轻心理压力。

老年骨关节病居家照护措施主要包括急性期护理、改变生活方式(控制体重、日常生活指导)、用药护理、康复护理(运动疗法、物理治疗、使用辅助器械)、健康教育和管理等。照护应个体化,结合患者自身情况,如年龄、性别、体重、自身危险因素、病变部位及程度等选择合适的居家照护方案。

(一)急性期照护措施

1. 病情观察要点

注意观察老年人生命体征,评估关节肿胀和活动受限的程度,有无畸形,晨僵的程度;评估关节疼痛的起因、部位、性质、持续时间、发作情况,询问既往是否关节扭伤史、脱位史、服药史等。

2. 疼痛照护

(1)急性期理疗以止痛、消肿和改善功能为主。疼痛较轻者,可给予关节按摩、热敷或嘱患者稍做休息。

(2)疼痛较重者,首先要让老年人卧床休息,用支架或石膏托固定患肢,防止畸形,给予缓解疼痛关节的理疗或遵医嘱给予非甾体抗炎药。

(3)急性期缓解疼痛的姿势。指导腰部疼痛患者长时间处于同一体位(如仰卧)或下肢抬高时,应在膝关节下垫毛巾或小软枕,将患肢置于屈膝功能位,减轻腰部张力,还可以利用枕头、棉被支撑疼痛部位;卧床时要保持正确的体位,床垫不宜太软,仰卧时枕头不宜过高,前臂保持旋后位,髋关节、膝关节尽量保持伸展位,踝关节保持零度位置,避免被褥压迫。

3. 休息

在 OA 症状发作期,休息可以减轻炎症反应及关节疼痛,限制受累关节活动,保持关节功能位。

4. 用药照护

非药物治疗无法缓解疼痛时,遵医嘱用非甾体消炎镇痛药,应注意药物对胃肠道的损害,须饭后服用,并注意止痛药的成瘾性。

5. 借助辅助器械

受累关节应避免过度负荷,膝或髋关节受累患者应避免长久站立、跪位和蹲位。可利用手杖、步行器等协助活动。

6. 膳食

多饮水,给予高热量、高蛋白质、高维生素的流质、半流质或软食,少量多餐,少吃产气食品,防止产气影响膈肌运动。

7.心理照护

照护人员应聆听老年患者的叙述,疏导其心理压力,必要时请心理医生协助诊治。

(二)改变生活方式

1.控制体重

肥胖是 OA 发生的重要原因。身体超重者由于下肢承重多,关节长时间负重,易加速关节退化。老年人应节制饮食,坚持体育锻炼,保持适当的体重,避免肥胖,体重下降后能够防止或减轻关节的损害。

2. 饮食均衡

老年 OA 患者饮食多摄取富含抗氧化剂的食物,如杜果、木瓜、甜瓜、葡萄、橘子、凤梨、香蕉、草莓、番茄、包心菜、马铃薯等含有丰富的维生素,而生物类黄酮可以预防自由基的破坏,减缓炎症反应,加速运动伤害的复原及强化胶质的形成。

骨质疏松老年人应补钙,以食补为基础,要注意营养的平衡,多食奶制品(如鲜奶、酸奶、奶酪)、豆制品(如豆浆、豆粉、豆腐、腐竹等)、蔬菜(如金针菜、胡萝卜、小白菜、小油菜)及紫菜、海带、鱼、虾等海鲜类。同时应多见阳光及补充维生素 D,以促进钙吸收。必要时,适量补充钙剂,但应注意一定要在医生指导下补钙。

3.合适的鞋子

老年人需要选择合脚的鞋子,试鞋宜在下午或接近傍晚,双脚均要试鞋。老年人选择鞋子有"鞋前宽、鞋中韧、鞋跟硬"的原则。鞋前宜能让脚趾自由活动;鞋子中段韧度宜适中,即用手扭转鞋底,如果鞋子过于坚硬不能扭动或轻易能扭成"麻花状",则都不适宜;鞋跟应有一定的硬度,有 2～3cm 的高度,以分散老年人脚后跟的压力,但不宜穿高跟鞋;脚后跟一定要服帖,通过往前踮脚尖或往后踮脚跟,看鞋子是否能完全包裹住脚。

4.戒烟

香烟中的尼古丁会使脊椎椎间盘的功能逐渐退化,同时抽烟引起咳嗽加重腰椎负担,所以经常抽烟的人比不抽烟的人,背部酸痛的情形要高出 2～3 倍。

5.日常生活注意保护关节

减少下蹲、弯腰作业;避免长时间固定姿势;尽量不要让人去适应不良环境,保持正确的姿势,包括使用家具、操作用具和操作平台的高度适合老年人的身高(图 8-12、图 8-13);注意关节保暖,防止关节受凉和潮湿(图 8-14)。睡眠时的枕头不能太高,床垫不能太软、太硬;若要抱小孩,注意抱孩子的姿势,不要弯腰抱小孩,长时间抱小孩时可使用抱带或背小孩;正确的取、抱物姿势:低位取物时,屈膝下蹲,身体靠近重物、腰挺直,抓住重物紧贴胸腹,避免弯腰提物;高处取物时,脚下垫踏台,抱物时紧贴胸腹,膝微屈(图 8-15)。

6.保持心情愉快

颈肩腰腿痛不仅影响老年人的行动,也给老年人带来心理上的障碍,常常伴发焦虑、害怕、忧郁、紧张、烦躁不安等不良情绪。帮助老年人进行疼痛的有效管理,减少疼痛的影响,鼓励老年人主动获取外界支持和关怀,如医护人员和家庭等的支持和帮助;获取正确的疾病相关知识,改变不良行为;调动积极性,克服焦虑、抑郁、恐惧等不良情绪,调整好情绪;掌握简单自我放松与调节的方法,如深呼吸、听音乐、看电视、放松训练、想象法。

7.减轻关节负荷,保护关节功能

(1)膝关节。受累关节应避免过度负荷,避免长期、反复的剧烈运动,膝或髋关节受累老

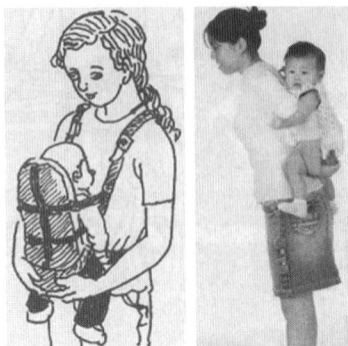

√ 长时间抱孩子可使用抱带
√ 背孩子

× 不要弯腰抱孩子
× 尽量避免抱孩子、照料孩子

√ 吸尘器、拖布长度适合，避免弯腰干活

× 切忌下蹲的姿势

√ 穿鞋袜时应坐在椅子上

× 不要站着弯腰穿

图 8-12　日常家务正确和错误的姿势

年人应避免长久站立、跪位、蹲位及长距离行走。

（2）脊柱。长时间保持同样的姿势会使固定部位肌肉处于紧张状态，血液循环不畅，排泄物堆积，积劳成疾。①正确睡姿：使用合理的、符合健康要求的寝具，尽量避免长时间的侧卧、俯卧。②端正坐姿：调整好工作、生活环境，腰背挺直有支撑，尽量避免坐地上或炕上盘腿坐，最忌半靠着沙发、枕头长时间看书。要注意看书、写字、使用电脑间的休息，一般半个小时就应改换姿势或站起来活动一下；同时要防止空调和电扇正吹后背，注意保暖。避免久坐久站，每小时起身活动两三分钟，舒展舒展筋骨。③正确站姿：脊柱自然仰伸状态，耳、肩、

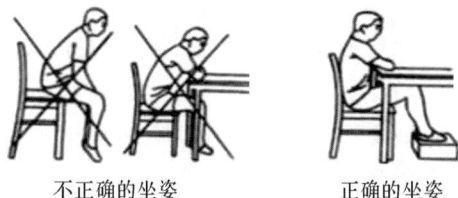

不正确的坐姿　　　　　正确的坐姿

图 8-13　日常保健姿势

图 8-14　关节保暖

不正确提起地　　　　　正确提起地
上物品的姿势　　　　　上物品的姿势

图 8-15　正确取物、抱物姿势

膝盖、踝关节、外踝在一条直线上,有一种头上放有苹果的感觉,肩放松,下巴内收,一脚稍前伸,膝关节微曲。④避免长时间低头、仰头、歪头,可以适当做颈部活动,最好每半小时就放松颈部肌肉一次,缓解一下颈部肌肉疲劳;避免弯腰提物,必要时先蹲下靠近再提物品。弯腰这个动作,对脊椎是一个很大的负担,应养成屈膝蹲下的习惯,以减少脊椎的负担。正确走姿是挺胸,手上下摆动,脚后跟着地。

(三)用药照护

药物治疗为 OA 老年患者常见治疗方法,其主要作用是减轻疼痛及肿胀症状,改善关节的活动,延缓骨性关节炎发展,保护软骨。用药过程中应注意遵医嘱,药物剂量应个体化,观察药物可能引起的不良反应。

(四)康复照护

康复照护可以保护患者关节功能,强调三个阶段照护原则,即预防、恢复和维持。药物治疗主要为了防止畸形出现,康复照护可以防止关节功能恢复不良。如果已有残疾,康复照护的重点则应放在增强舒适程度,减少合并症的发生。

OA 康复照护的目标是:①控制疼痛,疼痛可使肌肉活动减少、肌肉萎缩和骨密度下降而影响运动功能,造成关节活动度下降,影响睡眠和形成心理压力。②保持肌力和关节活动度,保持关节功能水平,防止进一步的疼痛、虚弱和残疾发生。③提供支持治疗,或者利用支具或者对患者丧失的部分功能进行替代。④储备能量,即教会老年人保持功能状态,避免肌肉疲劳。⑤帮助老年人根据目前的功能状态和残疾程度采取相应行为措施。康复的手段包括运动疗法、热疗、冰疗、超声疗法、电刺激、支具和辅助器械等物理治疗。

1.运动疗法

有规律的运动可加强肌肉、肌腱和韧带的支持作用,从而有助于保护关节,维持关节灵活度。锻炼应尽量在关节不负重的情况下进行屈伸活动,若老年人可自行站立,可采取健肢着地负重、患肢屈伸关节的活动,或者坐位进行关节屈伸锻炼;或者卧位进行针对髋关节、膝关节的运动,如仰卧起坐、直腿抬高等,次数越多越好;尽量不要做下蹲等会加重关节负荷的活动。在老年人身体允许的情况下,可进行游泳运动,由于浮力作用,机体各关节所承受压力和拉力比地面运动要轻,可减少关节负荷,改善关节功能。

在骨关节炎急性期,症状缓解消退后,只要老年人可以耐受,也要早期有规律地做主动或被动的锻炼活动,通过对有关肌肉或肌群的锻炼,以增强肌肉的力量和增加关节的稳定性。肌力锻炼的方式包括:①被动活动:老年人不能主动运动时,通过治疗师或者器械辅助机体锻炼。②主动或者辅助性主动活动:老年人在(不在)康复师帮助下主动运动;关节在非负重状态下进行活动,以保持关节活动度。

2.辅助器械

辅助器械及用具(如拐杖、开门器、坐便器扶手等)可以短期应用,以帮助患者暂时缓解疾病疼痛和肿胀,在急性症状缓解后不再应用;也可以长期应用解决慢性问题。正确应用手杖可以减少受累关节承受的负荷,减轻疼痛,并且达到功能改善。

3.物理治疗

物理治疗包括热疗、水疗、经皮神经电刺激疗法、针灸、按摩、推拿、牵引等,均有助于减轻疼痛和缓解关节僵直。慢性期还可应用红外线、超短波、针灸、蜡疗、按摩等,目的在于用热疗以增加局部血液循环,使肌肉松弛,达到消炎、去肿和镇痛作用,同时采用锻炼以保持和增进关节功能。理疗后同时配以按摩,以改进局部循环,松弛肌肉痉挛。

第八节　老年肿瘤患者健康管理与居家照护

老年人是肿瘤的高发人群,随着人们寿命的延长,老年人患肿瘤的概率增加。同时,随着诊疗技术的进步,很多肿瘤得以早诊断早治疗,肿瘤患者长期生存,同时带来了新的照顾问题。

一、概况

肿瘤的发生是内外因长期共同作用的结果,老年人是肿瘤易发人群,有一定的特殊性。

(一)定义

肿瘤(tumour)是指机体在各种致瘤因子作用下,局部组织细胞增生所形成的新生物(neogrowth),因为这种新生物多呈占位性块状突起,也称赘生物(neoplasm)。根据新生物的细胞特性、病理学特点、生长方式及对机体的危害性程度不同,肿瘤分为良性肿瘤和恶性肿瘤两大类,而癌症为发生于上皮细胞的恶性肿瘤的总称。恶性肿瘤相对生长迅速,并且呈侵袭性生长,与周围组织粘连,边界不清,易发生转移,治疗后易复发,对机体危害大。

（二）流行病学特征

国内常见而又严重威胁居民生命健康的恶性肿瘤有肺癌、胃癌、食管癌、肠癌、肝癌、宫颈癌、乳腺癌、白血病、恶性淋巴瘤、鼻咽癌等十大肿瘤。老年人是癌症高发人群,60％的新发癌症病例为 65 岁以上人群,老年人癌症发病率为非老年人群的 10 倍,死亡率为其 16 倍。

（三）危险因素

肿瘤的发生是经过多因素参与的多阶段病理过程,危险因素包括外在环境因素和机体内在因素,大多数肿瘤的发生是环境致病因素积累暴露,结合机体内在因素综合作用的结果。

（一）环境因素

引起肿瘤发生的环境危险因素包括化学因素、物理因素、生物因素、行为因素。国际癌症研究中心(international agency for research on cancer,IARC)为世界卫生组织下属癌症研究机构,自 1971 年,该中心对 900 多个因素进行分析,其中 400 多个因素已证实对人类致癌或可能致癌,这些因素包括辐射、化学品、混合物、物理和生物因子、生活行为和病毒等。IARC 将致癌因素分为五类四级:致癌、可能致癌、未知和可能不致癌。其中 118 种为一级,即对人类有致癌性(carcinogenic to humans, group 1),80 种对人体致癌可能性较高(probably carcinogenic to humans, group 2A,在动物研究中已证实),289 种有可能对人类致癌(possibly carcinogenic to humans, group 2B,对人和动物研究均证据不足)的肿瘤风险,502 种对人体致癌性尚未归类(Not classifiable as to its carcinogenicity to humans, group 3),1 种为对人体可能没有致癌性(probably not carcinogenic to humans, group 4)。

1. 化学致癌物

凡是能引起人或动物肿瘤形成的化学物质称为化学致癌物。化学因素是最主要的肿瘤危险因素,主要包括烷化剂类、多环芳烃类、芳香胺类、偶氮染料、亚硝基化学物等几类化学致癌物。根据化学致癌物的作用方式可将其分为直接致癌物、间接致癌物、促癌物三大类。化学相关致癌有白血病(甲醛)、肺癌(石棉)、乳腺癌(己烯雌酚)、肝癌(黄曲霉素)、胃癌(吸烟、橡胶制造业)、皮肤癌(多氯联苯)、泌尿系统肿瘤(三氯乙烯)等。

2. 物理因素

物理因素的范围很广,包括各种波段的电磁波、紫外线、热辐射、石棉等矿物纤维机械刺激等。电离辐射是最主要的物理性致癌因素,主要包括以短波和高频为特征的电磁波辐射及电子、质子、中子等的辐射。X-射线和 γ 射线对多个器官致癌,如血液系统肿瘤、乳腺癌、皮肤癌、骨肉瘤、胃肠道肿瘤等。其他危险因素,如皮肤癌(太阳辐射)、肺癌(钚)、甲状腺癌(碘 131)。

3. 生物因素

生物性致癌物包括细菌、真菌、病毒及寄生虫。例如,幽门螺杆菌感染与胃癌的发生密切相关,EB 病毒感染与鼻咽癌相关,HBV 与肝癌相关,HPV 与宫颈癌有关,血吸虫感染与膀胱癌高发有关等。

（二）机体内在因素

大多数肿瘤的发生与环境因素有关,但暴露于同样致癌因素的一个群体,仅有少数人罹患肿瘤。目前认为,环境因素是肿瘤发生的始动因素,而个人的机体特征决定肿瘤的易感性。

1.遗传因素

通过对遗传性或家族性肿瘤综合征的研究,目前已发现一些肿瘤致病基因,其携带者增加患癌风险。如乳腺癌、胃癌、肺癌、子宫颈癌等患者的一级亲属发生同类型癌症的概率要明显高于群体发病率。但是,遗传性肿瘤只占肿瘤的极少部分,大部分肿瘤是基因-环境因素交互作用的结果。

2.行为因素

越来越多的研究表明,肿瘤的发生与个体的生活方式密切相关。

(1)吸烟。肺癌发病率与吸烟有关,戒烟后肺癌危险度渐趋下降,5 年后可保持在比一般人略高的水平。吸烟除导致肺癌外,还可导致口腔、咽、喉、食管、胰腺、膀胱等多种癌症。

(2)饮酒。饮酒与口腔癌、鼻咽癌、喉癌、直肠癌有关。长期饮酒可导致肝硬化,继而可能发展为肝癌。饮酒又吸烟者可增加某些恶性肿瘤的危险性。

(3)饮食。男性癌症的 30%～40%、女性癌症的 60%可能与饮食有关。天然食物或食品添加剂中存在致癌物,如亚硝胺有强致癌作用;长久储存的蔬菜、水果中易存在高浓度的亚硝酸;食用色素中具致癌性的有二甲氨基偶氮苯(致肝、胆管、皮肤、膀胱癌)、邻氨基偶氮甲苯(致肝、肺、膀胱癌、肉瘤)、碱基菊烃(致肝癌、白血病、网状细胞肉瘤)等;香料及调味剂中具致癌作用的有黄樟素(致肝、肺、食管癌)、鞣酸(致肝癌、肉瘤);食物霉变可产生致癌物如黄曲霉毒素,常污染米、麦、高粱、玉米、花生、大豆等;食物烹调过程中可产生致癌物,如烟熏、炙烤及高温烹煮食物时由于蛋白质热解,特别在烧焦的鱼、肉中可产生有致突变和致癌性的多环有机化合物;油被连续和重复加热,及添加到未加热的油中都会促进致癌物生成。

(4)其他。缺乏体育锻炼、肥胖、不安全性行为、空气污染、家庭使用固体燃料产生的室内烟雾和使用被污染的注射器等不良生活方式与肿瘤的发生有密切关系。

3.免疫因素

机体免疫功能低下或受抑制时,机体的肿瘤发生率明显升高。如器官移植术后应用大剂量免疫抑制剂的患者,其恶性肿瘤的发生率是正常人的 100 倍,并且以淋巴瘤居多。

4.营养因素

肿瘤的发生与营养因素也有密切关系。

(1)核黄素的缺乏。核黄素又称维生素 B_2,是人体两种酶,即黄素单核苷酸和黄素腺嘌呤二核苷酸的重要组成部分。该两种辅酶通过与多种蛋白结合,形成黄素蛋白,是机体生物氧化反应及能量代谢的重要辅酶。核黄素缺乏可引起消化道上皮组织炎症、萎缩、角化过度,甚至溃疡,易诱发各种癌症,尤其与食管癌的发生关系密切。

(2)维生素 C。维生素 C 为一种水溶性维生素,人体自身不能合成,需通过饮食获取。当血液中维生素 C 达到 1mmol/L 以上,即药理浓度,可产生活性氧类自由基,可对大多数肿瘤细胞产生杀伤作用。大剂量静脉注射维生素 C 已用于癌症治疗的辅助手段。

(3)维生素 A 缺乏。维生素 A 又称视黄醇,其体内代谢衍生物为视黄醛和视黄酸,前者与视觉有关,后者参与机体生长发育、生殖功能、免疫功能和造血功能等。维生素 A 缺乏可增加疾病严重程度,增加病死率,需要及时补充。

(4)微量元素钼的缺乏。钼是人体必需微量元素,是 3 种钼金属酶(黄嘌呤氧化酶/脱氢酶、醛氧化酶和亚硫酸盐氧化酶)的辅基而发挥其生理功能。钼缺乏与食管癌、鼻咽癌、肝癌、胃癌等有一定的相关性。

（5）微量元素锌的缺乏。锌的缺乏可引起食管上皮细胞角化不全,增加食管对致癌物的敏感性,干扰正常组织的愈合。

（6）微量元素硒的缺乏。硒的抗癌作用近年来引起医学界的广泛重视,食道癌的高发可能与硒相对不足有一定关系。

4.激素水平

某些肿瘤的发生、发展依赖于一定的激素环境,否则难以继续自主的生长,称为激素依赖性肿瘤,常见有乳腺癌、子宫内膜癌、卵巢癌、前列腺癌。

(四)老年癌症患者临床特点

肿瘤的表现分为局部表现和全身性症状。由于老年人的生理、心理特点,老年癌症患者呈现一定的特点。

1.局部表现

与其他年龄癌症患者一样,老年癌症患者的局部表现包括有肿块、疼痛、溃疡、出血、梗阻等。不同于年轻人,老年人对疼痛敏感度下降,不容易察觉异常表现。

2.全身症状

良性及早期恶性肿瘤,多无明显的全身症状,或仅有非特异性的全身症状,如贫血、低热、消瘦、乏力等。如肿瘤影响营养摄入(如消化道梗阻)或并发感染出血等,则可出现明显的全身症状。恶病质常是恶性肿瘤晚期全身衰竭的表现。不同部位肿瘤,恶病质出现迟早不一,消化道肿瘤患者可较早出现。老年人由于自身功能状况较差,机体储备力下降,容易出现恶病质。

3.特征

（1）老年癌症患者症状不典型。由于老年人常伴有其他疾病,其所经历的症状与癌症相似,不容易被察觉。例如,前列腺癌常表现为尿频、尿急、排尿困难、夜尿次数增多等,与前列腺肥大症状比较相似,由于症状不典型,老年癌症患者容易漏诊、误诊。

（2）老年人癌症潜伏期癌较多。老年人尸检癌症患病率要高于临床诊断患病率,说明有部分老年人有潜伏癌。主要原因是癌症发展缓慢,症状出现较晚。

（3）老年人易患多发性癌症。即老年人容易同时患不同癌症,或先后患不同组织、器官的原发癌。

二、健康监测

肿瘤早期诊断和早期治疗可明显改善预后,在出现肿瘤早期信号后应予以重视,进一步确诊。例如身体任何部位出现肿块,日益增大;长期治疗而不愈的溃疡应警惕相应部位的癌症;耳塞、耳闷、头痛、回抽性鼻血应警惕鼻咽癌;刺激性咳嗽,且久咳不愈或血痰要注意肺癌;乳房皮肤出现凹陷,两侧大小不等,乳头溢液或破溃,乳头内陷应警惕乳腺癌;稀便与干结便交替且常有血,警惕结直肠癌;阴道不规则出血,或性交、妇科检查后出血,并有分泌物增加要注意宫颈癌;吞咽食物时有哽噎感、疼痛、胸骨后闷胀不适、食管内有异物感或上腹部疼痛常为食管癌信号;长期不明原因的发热可能为血液系统恶性肿瘤。

三、健康评估

不同的恶性肿瘤有不同的危险因素,其发展过程及预后也均有较大差异,目前尚未建立完善的恶性肿瘤风险评估体系。

(一)健康人群和高危人群评估

恶性肿瘤健康评估可分为危险因素筛查和目标人群风险评估。危险因素筛查通过问卷调查、健康体检等手段,筛查肿瘤发生危险因素,对高危人群进行进一步检查。肿瘤的检查手段包括患者的自我检查,医生视、触、叩、听等一般检查,以及实验室检查、放射学检查、放射性核素检查、超声波检查、内镜检查、手术探查等,其中病理学检查为确诊手段。不同肿瘤高危人群或有疑似症状人群,应进行相应肿瘤筛查,如乳腺钼靶检查、子宫颈刮片、大肠肛门指检和大便隐血试验、胃癌胃镜检查、肝癌甲胎蛋白指标和 B 超检查等。

(二)老年肿瘤患者评估

老年肿瘤患者需全面、持续动态评估,包括肿瘤专科特点,原发肿瘤、转移灶、非特异性全身症状等资料,具体如下:

(1)病种特点。即系统症状,呼吸系统、消化系统、神经系统、泌尿生殖系统、皮肤等症状。

(2)一般症状。疼痛、乏力、恶心、睡眠障碍、便秘、焦虑等。

(3)老年患者的个体特殊性。老年患者身心特点、自理能力、压疮危险因素、跌倒评估等。

(4)肿瘤患者特殊副作用。手术、放化疗后给老年患者带来的毒副作用,比如形象改变、骨髓抑制、器官缺失等患者造成的影响。

(5)合并症。多种疾病共存影响老年肿瘤患者预后,如可应用老年疾病累计评分表(cumulative illness rating scale-Geriatric,CIRS-G)评估老年人是否同时存在其他疾病。

(6)功能状况。受损的功能状态会影响老年肿瘤患者预后,可应用 KPS 评分、ADL 量表等评估老年人的功能状况。

(7)认知功能。老年人的认知功能可影响治疗顺从型和并发症,评估内容包括老年人的记忆力、定向力、理解力及逻辑思维能力等,可使用简明精神状态量表。

(8)营养状态。老年人营养状况普遍偏差,会影响其治疗耐受性和预后,常用评估手段包括体重指数和血红蛋白、白蛋白等检查指标。

(9)心理社会状态。老年人工作情况、经济状况、家庭责任、社会角色等,关注老年患者的生活质量。

四、健康干预

WHO 提出三个 1/3,即 1/3 的癌症可以预防,1/3 的癌症可通过早期发现治愈,1/3 的癌症可通过有效的综合治疗,减轻痛苦,延长生命,提高生活质量。

(一)健康人群健康干预

对于健康老年人群,强调 1/3 的癌症可以得到预防。通过健康教育的形式,提高老年人对肿瘤的认知,改变不良生活方式,如饮食不均衡、频繁食用腌制品、运动过少、吸烟、酗酒、心理压力过大等,消除肿瘤危险因素。

(二)高危人群健康干预

对疑似癌前病变人群,结合老年人身体状况,应积极治疗。例如,对于多发结肠、直肠息肉,可考虑手术切除;萎缩性胃炎和胃溃疡应积极治疗,定期随访。

(三)肿瘤患者健康干预

对确诊癌症患者,治疗手段包括手术治疗、化学疗法、放射治疗、生物治疗、介入治疗、中医疗法等。由于老年人的体质原因,其手术耐受力降低,化疗等手段副反应增加,存在降低生活质量和危及健康等风险。因此,老年癌症患者的干预方案选择,需结合循证医学指南、老年人具体病情、老年人及家庭的治疗选择。

五、居家照护

由于早诊断、早治疗,以及治疗技术的进步,越来越多肿瘤老年患者得到长期生存,需要回到家中休养并继续门诊治疗,居家照护对肿瘤老年患者的康复十分重要。

(一)家庭的支持作用

良好的治疗、休养气氛和环境有助于老年患者的康复。

1.养成良好的生活习惯

有规律的生活习惯,形成良好的适合老年人具体情况的生物钟,有助于其恢复体力。可通过多种途径提高睡眠质量,包括睡前喝牛奶、听舒缓音乐、泡脚、中医保健疗法,如艾灸足三里、天柱、气海、关元、膻中等穴位。

2.饮食平衡

饮食上尽量做到色、香、味、形俱佳,少量多餐,平衡膳食,适当增加营养,避免盲目忌口,多为老年人准备一些富含高热量、高蛋白以及高维生素的流质食物,使老年人顺利地完成手术、放疗、化疗等治疗过程。避免过多烟酒及辛辣油煎等刺激性饮食。在饮食过程中,需注意少量多餐的原则,避免多食,以能够消化为原则,同时为老年人提供良好的进食环境。

3. 家庭布置合理

很多老年肿瘤患者体质虚弱,活动能力下降,居家环境应有利于老年人活动。

(1)房间的色调。协调的颜色创造温馨的生活环境,要根据老年人的爱好来布置房间,但不要反差太大,力求柔和。

(2)房间的家具。最好为老年肿瘤患者安排单独的房间,家具不宜过多,讲究实用、安全,为老年患者留出足够的室内活动空间。

(3)房间的音响。家庭成员在做家务、走路、说话、娱乐、开关门时,不要产生过大音响。

(4)房间的清洁与消毒。①定时开窗通风。②禁止吸烟。③避免异味刺激:做饭时将老年患者房间的门窗关好。④采用湿扫、湿擦:门、窗、桌、椅可用 0.5%的 84 消毒液,每日擦拭。⑤温度 18～22℃,相对湿度 50%～60%。

(二)疼痛的护理

药物镇痛是目前治疗癌痛的主要手段,心理护理可缓解老年患者的疼痛。

(1)正确使用止疼药。应用数字评分法或脸谱法评估老年人疼痛程度,在评估基础上,配合医护人员应用世界卫生组织推荐的三阶梯镇痛法。轻度疼痛可选择阿司匹林、消炎痛

（吲哚美辛）、布洛芬等；中度疼痛可选择可待因、双克因等；重度疼痛选择吗啡、芬太尼、布桂嗪（强痛定）等。老年人害怕药物成瘾或害怕副作用，不敢用药而导致不能充分止痛，使老年人容易出现焦虑，寝食难安，影响其生存质量，而且由此引起的消瘦、衰竭，使老年人不能耐受原发病治疗（如手术、放化疗）。因此，为达到有效的疼痛管理，需告知老年人定时、按时服用止痛药更安全，而且所需的剂量也较低。按医生指示的剂量和方法服用，切勿自行增减用量，并且需与医护人员沟通，说出疼痛减轻或加重的情况及其他不适。

（2）陪伴老年人。聆听及体会老年肿瘤患者的心声，让其说出自己的担心和忧虑，有助减轻其内心的痛楚。

（3）暗示疗法、放松疗法。暗示老年人如何进行自身调节，可增强老年人自身战胜疾病的信心。可做深呼吸运动，做一些轻巧的消遣活动。全身肌肉松弛可阻断疼痛反应，如让老年人闭上双目，做叹气、打哈欠等动作，随后屈髋屈膝平卧、放松腹肌、背肌，缓慢做腹式呼吸。

（4）使用冷敷、热敷方法。通过刺激疼痛周围皮肤或相对应的部位可缓解某些部位的疼痛，但使用前必须先请教医护人员。刺激方法可采用按摩、涂清凉止痛药等，也可采用各种温度的刺激，或用 65℃ 热水袋放在湿毛巾上做局部热敷，每次 20 分钟，可取得一定的止痛效果。

（5）分散注意力。在老年人体能允许的情况下，可通过打麻将等群体活动分散老年人的注意力。独处时，可通过听音乐、看电视、回想等分散注意力，应根据老年人的喜好选择音乐，宜快声调，使老年人可边欣赏边随节奏做拍打、拍手等动作；电视节目可选择相声、小品等让身心愉悦的节目，或者老年人喜欢的节目类型；应用回想法时，应让老年人坐在舒适的椅子上，闭上双眼，回想自己童年有趣的乐事，或者想自己愿意想的任何事，每次 15 分钟，一般在进食后两小时进行，事后要闭目静坐两分钟。

（6）适当改变体位。对于长期卧床患者，可替其变换姿态，并用软枕垫着受压部位。

（7）按摩。做一些简单的肢体按摩，以减轻因长期卧床而引起的不适。

（三）康复锻炼

适当的锻炼对肿瘤患者具有双重意义，一是可以明显改善体质，二是通过锻炼中的人际交往，对自身的情绪产生积极影响。锻炼应遵循由简到繁、循序渐进的原则。癌因性疲乏是肿瘤患者积极参与锻炼的重大阻力，需引导克服。肿瘤手术后的老年人，术后如无禁忌证，在医护人员指导下可早期离床活动，可由家人搀扶在家里走动，促进身体各部功能的恢复，但只可做轻微正常活动。如果卧床不起的老年人，体力较差，不能下床时，可在床上做肢体运动和翻身动作，或选择按摩；病情好转能起床后，可逐步加大运动量，变换锻炼内容，改散步、慢跑、打太极拳、习剑、气功、游泳等活动项目，运动量以不感到疲劳为度；对于放化疗后的老年人，锻炼没有太多禁忌，在身体一般情况许可的情况下，可尽早开始锻炼，包括在治疗期间就可做轻微活动。治疗后则应逐步加强锻炼程度，但要避开严重骨髓抑制期，即白细胞降低时锻炼可暂停。

（四）持续性治疗及护理

癌症的治疗周期较长，化疗患者通常需要长期外周静脉置管，需要长期照护。

（1）严格遵守医嘱按时、按量、按顺序服药，避免和减少副作用。

（2）静脉化疗老年癌症患者需维护中心静脉外周置管,尽量避免穿刺手臂用力,避免淋湿,避免改变针头位置,引起药液外漏。用药过程及拔针后,禁止局部热敷,一旦发现药物已漏出血管外,或出现疼痛、烧灼感,立即请医护人员处理,立即停止注药,局部冰袋冷敷或作封闭,以防药物扩散。

（3）带有化疗泵、止痛泵和各种造漏袋的患者,应遵医嘱进行护理,防止局部感染。

(五)症状照护

很多癌症患者出院后有治疗相关症状,在短期内需要特别的照护。

（1）恶心呕吐。①饮食要清淡,温热适中,过分甜腻或脂肪过多的食物以及热食均易引起呕吐。②偏酸性的水果、硬糖及酸泡菜可缓解恶心症状。③避免强烈的阳光、嘈杂的声音以及强烈气味(如香水或其他老年患者的呕吐物)的刺激。④分散老年人的注意力,减少恶心呕吐;在与老年人的谈话中,不能渲染化疗引起的恶心呕吐,以免加重心理负担。⑤化疗间隙期,鼓励老年患者到室外散步,呼吸新鲜空气,做适宜的运动,如气功等。⑥老年人出现恶心呕吐时,应作短暂休息;呕吐严重时暂禁食,呕吐停止后从汤水开始逐步恢复饮食。⑦遵医嘱用药减少化疗性恶心呕吐的发生。

（2）腹泻。食物不要太烫,少吃甜食及富含纤维类食物,以免产气过多引起腹痛腹胀。应多补充水分,一般以开水、淡茶为宜,不宜饮用咖啡、浓茶和酒类等,同时多食用含钾丰富的食物,如土豆、橘子、桃、杏等,注意个人卫生,预防肛门周围皮肤损伤。

（3）便秘。长期卧床容易导致老年患者腹胀、便秘,可通过以下措施促进排便。①早上空腹饮一杯温水,多饮水和进食蔬菜水果。②养成定时排便习惯,可鼓励老年人在早餐后一小时内排便。③按顺时针方向为老年人进行腹部按摩,以利肠道蠕动增快,缓解症状,如有便意,应立即排便。④每天有适量活动,如步行。⑤必要时按医嘱服用通便药。

（4）失眠。失眠是老年肿瘤患者常见的症状之一,失眠的发生可严重影响老年患者的生活质量,可通过以下措施改善睡眠状况:①消除不良心态,做好心理调节。②改善睡觉环境,并尽快适应新的环境。③积极防治不能耐受的疼痛或不适,采用多种镇痛方法缓解或消除疼痛,使老年患者趋于平静,很快入睡。④积极治疗引起睡眠障碍的其他疾病。⑤根据治疗和康复计划合理安排并调整作息时间,建立能适合于疾病治疗及康复的生活规律。⑥白天应进行适当的娱乐活动或体育锻炼。⑦注意减少睡前饮食。⑧合理使用镇静安眠药。

（5）呼吸困难或气促。对晚期癌症患者来说,气促是普遍的症状,病情和心理因素都会影响气促的程度。可通过以下措施缓解:①协助患者在舒适位置休息,如坐在椅子或床上,可以用数个枕头支持背部和头部。②家人平和的安慰和陪伴,保持患者心境平和,可轻轻为患者捶背,减轻焦虑。③注意空气流通,保持室内空气清新、环境安静。④避免穿着紧身衣物。⑤按医嘱服药,如支气管扩张剂。⑥保持大便通畅,避免用力排便。⑦如有缺氧现象(口唇紫绀),有条件的可给予适量吸氧。⑧气促是因为痰液黏稠阻塞气道,可饮用温开水稀释痰液,翻身拍背以助痰液咳出。

(六)预防感染

老年患者由于放疗、化疗及多种原因,食欲低下,容易引起营养缺乏,抵抗力降低,易发生感染,应从以下方面进行预防:

（1）居室经常通风,保持空气清新。

（2）适当控制探视人数，化疗期间尽量不到人多的公用场所。

（3）注意用品消毒及口腔卫生。

（4）发现感染症状，及时就医。

（七）定期复查

急性期治疗结束，肿瘤患者需定期复查，为提高复查效率，需注意以下情况：

（1）常见异常症状。出血、消瘦、梗阻症状、发热、疼痛、肿块等。

（2）病情变化记录。老年人和照顾家属应将异常情况详细记录。

（3）定期复查时间。复查的时间根据医生意见而定，异常情况随时就医。

（4）家庭护理病历。妥善保存患者就医的相关病情资料和家庭护理记录。

第九节　老年痴呆症患者健康管理与居家照护

随着人均寿命的延长，老年人特别是高龄老年人的比例不断上升，老年期痴呆症的发病率日益增高。痴呆症患者在疾病进展过程中出现认知障碍、精神行为症状及日常生活能力下降，导致生活质量下降、费用增加、照护者负担加重等，成为当前老龄化社会所面临的重要公共卫生问题。

一、概述

老年痴呆症呈现进行性的智力和认知功能障碍，伴以精神行为症状，引起自主生活能力下降。

（一）定义

老年痴呆症是指老年人出现持续时间较长的智能损害，主要表现为记忆、计算、思维、语言、定向力和情感障碍及人格的改变，并有社会活动能力和自身生活能力的减退，持续时间达 4 个月以上。

老年痴呆症主要包括阿尔茨海默病（简称老年性痴呆）、血管性痴呆、混合痴呆和其他类型痴呆，如帕金森病、酒精依赖、外伤等引起的痴呆。其中以阿尔茨海默病和血管性痴呆为主，约占全部痴呆的 70%～80%。

（二）危险因素

阿尔茨海默病主要危险因素是年龄的增长。90 岁以上的老年人半数以上患有此种疾病。此外，有家族史的患病率明显高于无家族史者；脑外伤、受教育水平和晚年心理、生理活动减少等也是阿尔茨海默病的危险因素。血管性痴呆主要与糖尿病、高血压、高脂血症和既往脑卒中等血管性疾病有关。

（三）临床表现

痴呆症是一种渐进性恶化的脑部疾病，尽管不同患者症状和体征差异较大，但通常有逐渐加重的记忆力、逻辑思维、日常生活能力的丧失。在疾病的最早期，与老化带来的影响难以区别。

（1）认知功能障碍。认知指的是人类各种有意识的神经活动，从简单地对自己和周围环境的感知、确认、理解、判断到复杂的数学计算、逻辑推理等都属于认知范畴,时刻存在于人们的觉醒状态下。认知功能障碍是痴呆患者的核心症状,以记忆障碍为最突出的首发症状,伴有失语、失用、失算,并随着病情进展,解决问题能力、人际交往技能、逻辑和推理都进行性受损和加重,最后较高智能完全丧失。

（2）精神行为症状。患者常出现紊乱的知觉、思维内容、心境及行为等,可能出现于疾病进展过程中的各个阶段。早期,患者除了出现短期记忆功能减退外还会出现情感异常,如对新的事物缺乏兴趣、动机缺乏、与他人交流减少、较为自私等;精神行为异常较多出现于中晚期,也是患者送往精神科或被送往医院的主要原因,常见妄想、焦虑、幻觉、抑郁、异常行为、睡眠紊乱、饮食状况改变等;在终末期,随着大量脑神经元的死亡,精神行为症状会逐渐减少,最终处于类植物人状态。

（3）日常生活能力下降。日常生活能力下降是由认知功能降低（特别是执行功能障碍）、感知觉能力、行为、运动技能、现患疾病等多种复杂因素相互作用导致,职业能力的丧失是首发表现,随之使用日常生活工具的能力降低,最终基本日常生活能力丧失。

二、健康监测

阿尔茨海默病与血管性痴呆发病有所差异,前者起病缓慢,记忆力等功能呈进行性下降,后者发病与原发病相关。

(一)阿尔茨海默病

起病隐匿,并出现缓慢的进行性认知功能下降。轻度或早期患者主要表现为近期记忆减退,远期记忆尚保持良好。患者可能对名字、近事或近期所阅读资料的记忆下降。失语发生较早,主要表现为找词困难或语言冗长,即需用很多词描述简单的想法。有时可突发视觉空间能力丧失,在陌生环境中失去方向感和频繁地错放物品。在记忆力受损之前,也可能有轻微的人格改变,表现为情感淡漠、脱离社会及时空,甚至敌意等。

中度痴呆老年人先出现远期记忆障碍,如对当前居住的地址、家庭成员姓名等信息的遗忘,但仍会保留自身信息,如姓名、生日等,同时老年人会出现难以完成简单的算术,不能选择适合季节的衣服或扣衣扣等简单的日常生活行为,可能会伴随一些精神行为症状,如怀疑、妄想、徘徊和幻觉等。

重度痴呆症患者日常生活都需要他人的帮助才能完成,包括吃饭等。除了偶尔词汇或词组外,言语难以辨认,最终运动功能丧失导致吞咽困难,不能行走、说话甚至坐起、抬头等。笑的功能是最后丧失的几项功能之一。但是,患者接受关爱的能力不会丧失。因此,对患者的友爱和关爱对于控制病情十分重要。

(二)血管性痴呆

由于脑局部缺血,通常突然发病。当再次缺血发作时,会出现病情恶化。血管性痴呆主要表现为以记忆力下降为主的局限性痴呆。新发病之时,会出现记忆力丧失、智力下降、情绪不稳定,也会有短暂阵发性抑郁或谵妄、无缘无故地哭笑,但患者能够意识到自身病情变化。当脑组织的修复功能发挥作用时,会出现一部分功能恢复的时期。

三、健康评估

痴呆症的早期识别尚存在困难,其评估包括对危险人群的早期征兆评估和工具筛选评估,对痴呆症患者的日常生活能力评估、症状评估、照料者需求评估等。

(一)危险人群评估

针对痴呆症高危人群,如高龄、受教育程度低、女性、有痴呆症家族史者,应注意评估是否出现认知功能下降、情节记忆障碍等。例如,阿尔茨海默病10个重要的警告标志包括:①记忆力改变:常忘记新近的事物。②完成熟悉的任务出现困难:突然不知道每天要做的事情。③言语出现问题:谈话突然中断或简单重复。④时间和地点的失定向:弄乱季节、时间和地点。⑤判断能力的下降或缺失:不假思索地做出决定。⑥抽象思维有问题:对阅读等出现障碍。⑦乱放东西:常找不到家中的物品。⑧情绪或行为变化:很容易情绪波动;⑨个性的变化:出现逃避工作和社会责任等;⑩主动能力的缺失:很难集中注意力。

评估可基于量表筛查,评估工具包括简易精神状态检查(mini-mental state examination,MMSE)、简易认知评估工具(mini-cognitive,Mini-Cog)、蒙特利尔认知功能量表(Montreal cognitive assessment,MoCA)、画钟试验(clock drawing test,CDT)等,或基于知情者评估的老年痴呆症筛选测试(Alzheimer's Disease-8,AD-8)。为尽可能达到评价的客观性,可将量表结合使用,如 MMSE 结合临床痴呆评定量表(clinical dementia rating scale,CDR)使用。

(二)老年痴呆症患者评估

老年痴呆症患者日常生活能力评估包括基础的 ADL 能力评估和工具性 ADL 评估。老年痴呆症症状评估包括行为症状、精神病症状、抑郁病症状评估,常用工具有神经精神问卷(neuropsychiatric inventory questionnaire,NPI),痴呆分级(functional assessment staging,FAST)等。老年痴呆症的照顾需要有照顾者的合作,因此需对照顾者的状态和社会支持系统进行评估。痴呆症生物学检查包括脑脊液 β-淀粉样蛋白浓度检测、淀粉样蛋白 PET 成像技术、CT 和磁共振早期测量内嗅皮质等。

四、健康干预

老年痴呆症目前尚缺乏有效的干预手段逆转其进展,需早期预防,综合使用药物和非药物手段。

(一)健康和高危人群早期干预

针对老年痴呆症发病的血管性因素(如糖尿病、脂代谢异常、高血压、肥胖)、生活方式因素(如吸烟、酗酒、不健康饮食、缺乏运动、社交缺乏)、教育因素(如教育水平低等),进行早期干预。干预措施包括从事智力运动(如阅读、棋盘游戏、填字游戏、定期参加社会互动活动)、饮食疗法(地中海式饮食)、刺激疗法(如怀旧、音乐、宠物疗法等)、心血管疾病防治等。

(二)老年痴呆症干预

由于老年痴呆症的发病机制尚未明确,缺乏特效药物治疗。目前使用药物包括胆碱酯酶抑制剂(如他克林、多奈哌齐、利斯的明等)、N-甲基-D-天冬氨酸(NMDA)受体拮抗剂(如美金刚)、促脑功能恢复药(如吡拉西坦)、钙通道阻滞剂(如尼莫地平)、天然产物药物、抗精神病药物、保护神经药物等。

老年痴呆症非药物干预的目的为维持和促进患者的生活质量,其健康干预包括认知功能训练、日常生活活动能力训练、运动干预、音乐与娱乐活动干预、游戏干预、创造性故事疗法、回忆疗法等。

五、居家照护

老年痴呆患者的居家照护是一项长期而艰巨的任务,对照护者体力要求高,同时照护者需要了解痴呆症的特点,心理上接受其认知能力逐渐下降的事实。

(一)照护原则

(1)不要突然改变生活环境,确保日常活动有规律、有秩序。

(2)对话时尽量使用简短、易懂、清楚明确的语句。

(3)如有必要,应根据需要尽可能地随时重复重要的信息。

(4)记忆时间、日期、地点及名字对患者有帮助。

(5)对待老年痴呆患者要有耐心,耐心等待他们做出反应(以分钟计,而非秒)。

(6)虽然有时存在困难,但应尽量使他们能够理解自己所说话语和意思。

(7)避免无意义的争论。不要坚持自己的意见,而应该忍让老年痴呆患者或转变话题。

(8)称赞比批评更有效。尽量避免指责他们,如反应正确,应该给予关爱的语言和手势或一个微笑。

(二)膳食

(1)尽量在相同的时间、地点,利用经常使用的器皿进食。

(2)饮水困难时可使用吸管、大勺子或固定在手上的勺子。

(3)老年痴呆患者会对温度不敏感,在进食时应防止烫伤。

(4)每口吃的量要少,缓慢进食。

(5)食物要切碎,易于患者咀嚼和吞咽。

(6)重度老年痴呆患者可采用流食。

(三)生活照护

1.脱换衣裤

(1)老年痴呆患者经常会出现忘记穿脱衣的方法、穿与季节不符的衣服。因此,应准备更换方便的衣物,衣物应按穿着顺序放置。

(2)老年痴呆患者如拒绝穿脱衣服,应挑选平时喜欢的颜色或样式的衣服。

(3)尽量让老年痴呆患者自己换穿衣裤。

(4)反复教老年痴呆患者穿衣服的方法。

(5)准备防滑鞋子。

2.洗澡

(1)养成经常洗脸或洗澡的习惯,让患者认为洗澡是一件愉快的事。

(2)在患者身体状况良好或情绪稳定时洗澡,并向患者说明洗澡的过程。

(3)不情愿或拒绝洗澡时应暂停,在情绪良好时再洗。

(4)空腹或饱食后不宜洗澡。

(5)尽量让老年人自己洗澡,但应注意安全。

(6)尽量不要在夜间洗澡,早上最佳,每周1～2次。

(7)异食症者,香皂等物品应放置在患者拿不到的地方。

3.大小便管理

(1)按大小便间隔时间制成时间表,定时督促。

(2)在卫生间门上用大的字体做标记。

(3)让患者多食蔬菜、水果,以防止便秘。

(4)睡觉前尽量限制患者饮水。

(四)沟通

老年痴呆患者理解能力、注意力都下降,在沟通过程中应注意:

(1)走近患者时可握着患者的手,叫名字。

(2)在对话之前最好集中患者的注意力。

(3)注意倾听患者所述,并给予尊重。

(4)避免在散漫或嘈杂的环境中对话。

(5)与患者面对面,眼光接触,也可利用文字、图画、照片或身体接触等非语言性交流方式。

(6)尽量使用患病前使用的语言或易理解的语言。

(7)如没有攻击性行为,双方距离最好在1米以内。

(8)句子要简短,一个句子里不包含两个信息。

(9)每次见面时就当是第一次见面,先介绍自己,称呼姓名,尽量避免"你认识我吗"等提问式语言。如没有反应,稍等一会儿,再次询问。

(五)居住场所

(1)避免过多的家具和装饰物,使患者能够自由活动,以增加其独立性,减轻自身苦恼及照护人员的负担。

(2)避免电视或收音机等不必要噪声,因为患者可能会迷失方向,并会干扰与他们的交流。

(3)镜子和闪光的表面会使患者产生恐惧感。有的患者可能会将自己的镜像看成为陌生人,以引起焦虑;有些患者也可能会判断不出一个玻璃门或窗子是开着还是关着。

(4)杂乱会增加定向力的混乱。在房间里最好只放置日常需要的物品,并尽量确保每一样东西都在原来的位置上。

(5)患者可能需要帮助来辨认房间和识记如何在房间中找到出路。为提醒壁橱、抽屉等里面装有什么东西,可以借助于图形说明,这对有定向力障碍的人来说是很有益的,可使他们获得安全感。

(6)用黑板或便条纸将每天需要做的事情列举出来,可以帮助患者安排自己的时间,减少混乱感。

(7)选用大字清楚显示日期、容易识读的挂钟和日历,对短时间内的发作者来说会有很大帮助。

(六)药物护理

(1)不应让患者自己服用药物,照护者应对其所服用的药物进行管理,特别是治疗糖尿病的药物、抗癌药物、免疫抑制剂等药物。

(2)防止发生药物误服、多服、重复服用等。

（3）服用药物期间充分摄入水分。老年人容易出现脱水症状,而痴呆的老年人不会准确表达口渴,更容易出现脱水。为预防脱水,除进餐时的水分摄入,老年人应额外摄入 500ml 左右的水。

第十节　居家养老临终关怀

1988 年天津医学院首次创办国内临终关怀研究中心,目前全国各地建立的临终关怀机构已有百余家。2006 年 4 月,中国生命关怀协会成立,作为全国性行业管理的社会团体,该协会的成立标志着我国的临终关怀事业进入了一个新的发展时期,临终关怀的专业性将不断增强,其所覆盖的人群将不断扩大。

一、概况

临终关怀是居家养老照护的重要内容,以提高老年人生命质量为目的,需要多学科团队和家属的共同参与。

(一)定义

临终关怀(hospice care),又称善终服务、安宁照顾,是一项符合人类利益的崇高事业,也是人类文明发展的标志。临终关怀是一种特殊的缓和疗护服务项目,关怀的本质是指对救治无望患者及其家属提供的临终照护。它不以延长临终患者生存时间为目的,而是以提高患者临终生命质量为宗旨,由临终关怀团队对临终患者进行生活照护、心理疏导、姑息治疗,重点在于对临终患者的疼痛控制及情绪支持,以及对患者家属的心理辅导。

(二)临终关怀模式

临终关怀以不同的形式开展,以居家为基础的临终关怀符合中国的文化传统,尊重老年人的心理特点。

1. 服务模式　目前我国老年临终关怀模式主要有三种:①临终关怀专门机构,如北京松堂关怀院、浙江老年关怀医院等。②附设的临终关怀机构,即综合医院内的专科病房或病区,这是目前主要的形式,如中国医学科学院肿瘤医院的温馨病房、北京市朝阳门医院的老年临终关怀病区。③家庭临终关怀病床,一般是以社区为基础、以家庭为单位开展临终关怀服务,如香港新港临终关怀居家服务部。

2. **家庭式临终关怀病床**

(1)定义。家庭式临终关怀病床以家庭为主要服务场所,在家庭病床基础上,专业临终关怀团队为临终老年人进行症状管理,提高其生活质量,并且为老年人和家属提供心灵舒缓、灵性照顾的全人照护。

家庭式临终关怀病床将成为居家养老临终服务的主要模式,临终老年人在家中得到关怀,从心理上使老年人感到亲切、信任,并排除适应环境的过程,既可满足老年人的愿望,又可维护老年人的尊严,完成大部分老年人在家中去世的心愿。并且,老年人亲属在家庭临终关怀中成为参与照护的重要角色,符合中国人守孝的传统,使亲属从精神上、心理上能获得安慰和补偿。居家姑息照护还可以减轻家庭经济负担,节约社会资源,缓解医院床位紧张状况,保持照护连续性,优化医疗资源配置。

(2)服务方式。提供家庭式临终关怀病床的服务机构应实行 24 小时服务,内容包括电话洽谈、咨询及定期或紧急访视。家庭访视即定期或随时到老年人家中访视,开展临终关怀,其内容除了必要的治疗及护理,如生命体征的观察、并发症的预防和指导、压疮的处置和预防、家庭康复指导、饮食指导、家庭医疗器械使用方法的指导,还需给老年人及家属心理上支持及关怀。负责家庭临终护理的护士应及时向医生报告病情变化,并负责必要的门诊检查治疗的陪护。在非访视期间,要定期开展电话洽谈,主要是帮助家属对病情变化进行观察和处理,以及老年人所用器械故障的排除等。临终期由于病情不稳定,家属可随时电话咨询,临终照护团队应对老年人家属提供必要的心理支持和帮助,使亲属在老年人临终阶段及去世后尽量保持正常心态。

二、临终关怀内容

临终关怀涉及临终医学、临终护理学、老年医学、临终心理学、临终关怀伦理学、临终关怀社会学、临终关怀管理学等多学科领域。临终关怀主要包括死亡教育、心理照护、症状管理和家属照护。

(一)死亡教育

如何正确地面对自我之死和他人之死,理解生与死是人类自然生命历程的必然组成部分。科学的死亡观可以减轻人们对死亡的恐惧、焦虑等心理现象,使人们更坦然面对死亡。我国传统文化对死亡更多地采取避而不谈的态度,这是阻碍临终关怀的开展的重要障碍。临终关怀的实施首先需要经历一场有关死亡观念的思想变革,只有人们坦然地讨论死亡、面对死亡,临终关怀才能得到专业发展的土壤。死亡教育是引导人们科学、人道地认识死亡,对待死亡,以及利用医学死亡知识服务于医疗实践。

1. 老年人面对死亡的心理

老年人对待死亡的态度受许多因素的影响,如文化程度、社会地位、宗教信仰、心理成熟程度、年龄、性格、身体状况、经济情况和身边重要人物的态度等。

(1)理智型。该类型老年人意识到死亡即将来临时,能从容地面对死亡,并在临终前安排好自己的工作、家庭事务及后事。这类老年人一般文化程度比较高,心理成熟程度也比较高,他们能比较镇定地对待死亡,能意识到死亡对配偶、孩子和朋友是极大的生活事件,因而总尽量避免自己的死亡给亲友带来太多的痛苦和影响,往往在精神还好时,就已经认真地写好了遗嘱,交代自己死后的财产分配、遗体的处理或器官(如角膜)等捐赠事宜。

(2)积极应对型。该类型老年人有强烈的生存意识,他们能从人的自然属性来认识死亡首先取决于生物学因素,但也能意识到意志对死亡的作用。因此能用顽强的意志与病魔作斗争,如忍受着病痛的折磨和诊治带来的痛苦,寻找各种治疗方法以赢得生机。这类老年人大多属低龄老年人,还有很强的斗志和毅力。

(3)接受型。这类老年人又可分为两种类型,一种是无可奈何地接受即将死亡的事实,多为农村老年人,到了一定年龄其子女即开始为其做后事准备,如做寿衣、做棺木、修坟墓等,老年人对于这些准备沉默接受;另一种老年人由于有宗教信仰,认为死亡是到天国或者另一个世界去,因此积极地自己参与后事准备。

(4)恐惧型。该类型老年人对死亡有着极大的恐惧,往往表现为不惜代价,寻找起死回生的药方,全神贯注于自己机体的功能上,如大量服用一些滋补和保健药品。

(5)解脱型。此类老年人大多有着极大的生理和心理问题,如长期遭受疾病折磨,或者没有受到子女照顾导致心理孤独,没有很强的生存意愿。

(6)无所谓型。有的老年人不理会死亡,对死亡持无所谓的态度。

2.老年人的死亡教育

老年人与其亲属是死亡教育中比较特殊的对象,亦是最需要立见效果的对象。对老年人进行死亡教育并不是让他们去掌握生死学的深奥理论,而重点在于了解他们的文化素养和宗教背景,其原先对死亡有什么看法,现面对死亡或即将丧亲的情况下,最恐惧、担心、忧虑的究竟是什么? 根据他们的有关情况,运用生死学的知识,帮助老年人解决对死亡的焦虑、恐惧和各种思想负担,使其能坦然面对可能的死亡,同时使老年人家属有准备地接受丧亲之痛。

(1)引导正确认识和面对死亡。死亡是生物生命的停止,是人生旅途中不可避免、不可逆转的生物学现象。死亡是最公平的事情,无论是富贵贫穷,还是高低贵贱,当人们步入老年期后,都将面临生命的终点——死亡。死亡是生命的必然结果,死亡教育首先要引导老年人心理上坦然接受死亡的必然性这个事实,怎样尽量使自己剩余的时间过得有意义,认识和尊重临终的生命价值,这对于临终的老年人是非常重要的,也是死亡教育的真谛所在。

(2)克服怯懦思想。既然死亡不可避免,在死亡面前,就不该采取避讳、逃避的态度,而是勇敢、坦然地面对。

(3)正确地对待疾病。积极的心理活动有利于提高人的免疫功能,良好的情绪、乐观的态度和充足的信心是战胜疾病的良药。

(4)树立正确的生命观。唯物主义观点认为生命有尽,这可以使人们认识到个人的局限性,从而思考怎样去追求自己的理想,怎样去度过自己的岁月。从这个意义上说,对"死"的思考,实际上是对"整个人生观"的思考。

(5)做好跨文化的死亡教育。宗教信仰者在面临死亡时,内心能够拥有较多安全感、毅力和稳定性,他们对待生命和死亡更为豁达,可以平静而较少害怕死亡的来临。对有宗教信仰者可允许临终者接受法师、牧师指导,作为老年照护人员重要的是用一颗温暖的心来面对临终者,使之感到温暖和安全。

知识链接

怀旧法

临终照护员要善于发现老年人生活中的事业、亲情、友情、爱情、人情的闪光点,有系统地协助老年人以一种崭新的观点回忆其一生经历的痛苦或快乐,寻找生命中各种经历的意义,如工作的辉煌与艰辛,创造过的精神财富和物质财富,亲情、友情的美好片段,生活的柳暗花明,最高兴的事和最波折的经历,探讨人生价值的另一种诠释,来体验生命的丰富意义。称赞老年人的善心善为,点明老年人已品尝了种种人生百味,告诉老年人能在死亡来临之际没有遗憾,向亲朋好友告别,向人世间的烦恼告别,毫无恐惧,心安理得,并为自己即将永久地安息而欣喜,这就达到了生死两相安的最佳境界。

(二)老年人的临终心理照护

临终照护是临终关怀的重要组成部分,是指对已失去治愈希望的患者在生命即将结束时所实施的一种积极的综合照护。老年人的临终照护是对处于临终状态的老年人在生理、心理、社会等方面给予精心照护。正确评估临终老年人的身心变化是提供全面照护的前提。老年人的临终反应与其信仰、社会经济状况、心理成熟度、应对困境的能力、病理生理变化过程，以及医务人员和其他重要亲属的态度等均密切相关。

1. 临终心理特点

临终患者的心理反应非常复杂，针对不同心理过程及反应，予以特殊心理护理及照护，才能使临终患者保持平静心态。国内外很多学者通过研究，对临终患者的心理反应及变化进行了分期与分类，其中，比较具有代表性的是美国医学博士库伯勒罗斯的五阶段理论，包括否认期、愤怒期、祈求期、抑郁期、接受期五个阶段。针对临终不同心理过程及反应，予以特殊心理护理及照护，才能使临终患者得到真正需求的心理安慰和疏导，以保持平静心态。

（1）否认期。此期老年人可能已经知道自己即将面临死亡的事实，但不愿从别人的口中加以证实，自己也对之回避，同时，该阶段老年人也经常希望得到最先进的医疗护理技术、渴望治愈疾病。在该阶段，照护人员应满足患者的心理需求，不必急于将实情告诉患者，以达到不破坏老年人防御心理的目的，但也不要有意欺骗患者。根据老年人的接受程度，应用不同的方法，或可以用"渗透"的方法慢慢地告诉老年人实情，必要时让老年人回避到最后。

在这个阶段，照护人员应仔细地倾听老年人的谈话，让其有机会谈论自己的想法及感受，并让其感受到他没有被抛弃。注意关心及支持老年人的家属及重要关系人，使他们也同临终关怀人员一起，共同满足老年人的需要。

（2）愤怒期。当老年人意识到死亡最终即将来临，表现为愤怒、生气等反应，遇到一些不顺心的小事就发脾气，甚至有的老年人固执己见，不能很好地配合治疗护理，擅自拔掉各种管道。作为临终照护人员，应明确老年人的愤怒、生气不是针对个人的，而是由于其对死亡的害怕、无助、悲哀的一种发泄。因此，应持有包容态度，尽量提供发泄机会，让老年人表达及发泄其情感及焦虑，可以应用治疗性的沟通技巧，适时地聆听、沉默、触摸，以缓解老年人的怒气。对有过激行为的老年人，应采取安全措施，保护老年人免受伤害。

（3）祈求期（磋商期）。祈求的过程是一种老年人自己内心与命运讨价还价的过程，因而一般不易被别人觉察。照护人员需要仔细观察老年人的行为，并知道其祈求的目的是准备合作，以接受诊断、治疗及护理，希望出现奇迹让自己的生命延长。此时尽量维持老年人内心的希望，并及时满足其各种需要。

（4）抑郁期（忧郁期）。当进入临终期时，身心日益衰竭，精神和肉体上忍受着双重折磨，感到求生不能，求死不能，这时心理特点以抑郁、绝望为主要特征，老年人已接受事实，哀伤其生命将走到终点，应允许老年人有表达哀伤、失落的机会。有时老年人可能会以哭泣表达哀伤，但有些老年人可能会掩盖自己的抑郁及哀伤，尤其是男性老年人很难公开说出自己的哀伤反应，因为他们的社会化形象是"勇敢、坚强"。对此类老年人，应为其创造一个安静的环境，鼓励老年人及时表达自己的哀伤与抑郁，使其能顺利度过自己的死亡心理适应期。

（5）接受期。老年人已经从心理及行为上完全接受了将要死亡的现实，可有盼望延长存活时间、希望减轻肉体痛苦、能有一个安静舒适的环境、甚至采用医学手段加速死亡等心理需求。有部分老年人明显表现为留恋亲友，思虑后事，关心身后的遗体处理方式，思考是否器官捐献等；考虑家庭安排，遗产分配；担心配偶生活及儿孙的工作、学业等。在该阶段，应为老年人提供安静舒适的环境，允许其保持冷静、安静及孤立的态度，不要强求与其他人接触。继续陪伴老年人,并给予适当的支持,以维持老年人安静、祥和的心境,帮助老年人做好工作、家庭的安排,协助其完成未了的心愿,使其平静地度过生命的最后时光。

2.临终老年人的心理照护原则

(1)亲情护理。像亲人一样重视和问候老年人,发自内心地关心安慰是重点。耐心倾听老年人诉说,鼓励说出已有的恐惧和不安,然后给予触摸、适当解释和诱导使其得到解脱。

(2)宽容理解。不要把老年人的发怒看成是针对某人,不辩解老年人盛怒之下的批评,充分表示理解、关心其痛苦,多进行床边交谈和倾听,包容老年人的批评。将老年人喜欢的人叫到身边或最喜欢的物品拿出来,转移情感情绪,因势利导,创造温馨场面,共同克服心理障碍。

(3)注重心灵需求。尊重老年人的民族习惯和宗教信仰。根据老年人不同的职业、心理反应、性格等,在适当的时机,用同情和婉转的方法解释,谨言慎语地与老年人及其家属共同探讨生与死的意义,使老年人理解医护人员和家属都在尽最大可能提高其生命质量,但生命是有限的,死亡是个体的最终归宿,谁都逃不出这种自然规律,帮助老年人正确认识和对待生命,从对死亡的恐惧与不安中解脱出来,既然死亡来临了,就坦然接受,平静地走,有尊严地走。对有宗教信仰者,可安排宗教人士,借由宗教力量,给予老年人心灵上的安慰及支持。

(4)维护尊严。给老年人清洁皮肤、会阴部时先征求老年人意见,在尽可能保护老年人隐私环境下,小心护理,增加其舒适感。与其家属商量如何安排照顾老年人,协助老年人完成未尽事宜,向亲朋好友道别。尽可能将老年人打扮得体,居室空气新鲜,光线适宜,播放优雅轻松的音乐,布置老年人喜爱的花和画等,使老年人享有被爱、安全感和尊严感以达到心理上的安稳,让其在安详中死亡。

(三)临终老年人的常见症状照护

临终老年人主要症状有疼痛、恶心呕吐、躁动与谵妄、焦虑和失眠、呼吸困难、尿潴留、腹痛、腹泻、便秘以及痉挛等。

1.疼痛

疼痛是很多临终老年人经历的症状,尤其是患有癌症的老年人。帮助老年人减轻疼痛,使之无痛苦地走过人生的最后阶段,是临终照护的主要内容之一(见本章第八节疼痛的护理相关内容)。

2.呼吸困难

痰液阻塞、呼吸困难是临终老年人出现的另一常见症状。

(1)减少发作。指导并协助老年人祛除或减少诱发因素,如避免突然增加活动量。

(2)及时排痰。避免痰液过于黏稠,并配合医生给予药物及非药物治疗,如支气管扩张剂、祛痰剂、镇静剂、雾化吸入等。

(3)晚期癌症患者服用阿片类药物,可以减少呼吸困难的感觉并减少呼吸频率。

(4)非药物治疗手段。①抬高床头或协助其改变体位。②保持呼吸道通畅,尽可能开窗通风,被子轻柔。③持续低流量氧气吸入,以缓解呼吸困难现象。④运用深呼吸放松技巧及转移注意力等方法降低耗氧量。⑤给予翻身、拍背,多喝温开水。

(5)床旁备好吸引器,严重呼吸困难或有气管造瘘口,及时小心地吸出痰液和口腔分泌物。

3.恶心呕吐

(1)预防为主。如果恶心呕吐症状可以预防,在老年人饭前和睡觉前定时服用止吐药来预防恶心呕吐。

(2)饮食注意。饮食上给予高营养、清淡、少油腻的饮食,少吃多餐,避免吃过甜的食物。

(3)注意口腔护理。首先是预防性护理,因为干净、清新、没有排泄物和沉积物的口腔能预防恶心,增强食欲;在呕吐后进行口腔护理,减轻或祛除异味,让患者感到舒适;在进行口腔护理时要特别注意,因为这些操作本身有可能引起恶心造成呕吐。

(4)焦虑与疼痛管理。如果恶心是因为焦虑或疼痛引起,可根据情况给患者服用抗焦虑药和止痛药。

(5)控制便秘。患者便秘可引起恶心呕吐,应积极预防便秘。

(6)采用非药物处理方法,如放松、呼吸练习、减少噪音和异常气味、音乐、安慰患者。

4.日常生活问题

(1)普通卫生护理(基础护理)。老年人由于长期卧床,皮肤容易受损,每日需做好普通卫生护理,维持患者良好的自我感觉。在进行基础护理时,注意保护老年人隐私,尊重和同情患者,细致周到。

(2)皮肤护理。每天给老年人清洁面部、颈部及手脚,经常擦拭身体,同时要注意以下三点:①对于脱水和皮肤干燥的患者,如有可能,每天努力保持一定量的饮水;使用润肤脂使之渗入皮肤;在洗澡水里加入润肤油。②对营养缺乏和消瘦的老年人使用预防性的特殊床垫和垫子,进行皮肤按摩,可以改善皮肤毛细血管的血液循环,减少局部组织缺血,还可促进淋巴回流,从而减少周围组织水肿。③大小便失禁时,及时更换污染衣服,清洗干净,保持局部干燥。

(3)压疮的预防和护理。预防压疮的发生比治疗更重要。对老年人存在的可能导致压疮的因素进行评估后,应根据患者的活动能力、卧位和卫生情况采取如下措施:①经常更换卧位:在临终阶段老年人由于身体极度虚弱等常常不愿意或拒绝活动,照护人员需要和家属反复强调活动的重要性,并列出翻身时间表以达到经常更换卧位的目标。②保持适当的卧位:可以用一些辅助物品来减轻或分散压力,如各种气垫、胶垫、枕头、水垫等。③最好不要采取半坐卧位,如有必要,时间尽可能缩短。④使用特制褥子,有助于预防压疮发生,如电动预防压疮气垫。⑤当老年人从卧位下滑需要往床头方向移动患者时,应该使用专门的垫子,以避免上移过程中造成摩擦。⑥如在按摩时发现局部有红肿现象,应在红肿周围按摩,而不要触及那些很脆弱的红肿皮肤。⑦良好的清洁卫生,对皮肤定期护理,出现大小便失禁应及时更换被污染的衣服。干净的床单位和衣服有助于增加皮肤组织对外来侵蚀的抵抗力。

(4)其他日常护理(身体形象、自理能力、安全、关爱)。①身体形象:鼓励老年人自己穿衣服,给予患者良好的清洁卫生护理,做好口腔护理,消除异味。②自理能力:帮助老年人自理和尊重老年人自理,为此准备有利的环境条件。如将老年人喜欢和常用的物品放到其伸手能及的地方;向老年人推荐合适的餐具,使他能自己进食。如果患者愿意,尽可能让他做自己还能做的事,但有责任将患者的身体状况和实际能力告诉他。③安全:临终关怀期老年人的身体条件使他们很容易发生事故,必须采取措施保证患者的安全。④关爱:对老年人体贴入微,显示爱心的举动能使老年人愉快、感动。

(四)对临终老年人家属的照护

1. 对家属给予支持和关怀

临终老年人的家属往往承受着巨大的痛苦和压力,照护人员应给予家属支持和关怀,提供适当的帮助,以减轻其悲痛。

(1)心理支持。照护人员要与家属建立真实感情,使家属在每个时刻都能将其内心真实思想及痛苦诉说出来。临终照护人员要通过交谈对家属进行慰藉,同时也随时渗透病情变化,使之有思想准备,必要时亦可选择适当时机和场所让他们痛哭,以进一步宣泄他们心中的悲痛。

(2)体力保存。由于要照顾临终老年人,满足其众多的需要,家属不仅要承受巨大的心理压力,同时又要付出许多艰辛的劳动,他们自身的生理需求难以得到满足,因此照护人员应主动给家属以关怀,提供实际的帮助,指导他们如何保持自身健康和保存精力,尽可能减少无谓的体力和精力的消耗。

2. 指导家属参与老年人护理

家属参与护理有助于老年人症状缓解和减轻老年人孤独无望的悲观情绪。

(1)指导家属学会一些基础护理技术,如擦浴、喂饭、翻身、服药等。

(2)对家属提出的对老年人有利的要求尽量予以满足,以求得其心理满足。

(3)尽量为老年人与家属提供一个共度有限时光的安静环境,让家属与老年人在一起多处些时候,使其能为老年人多做一些事情,也可使其得到心理满足。

(4)医护人员应事先向家属说明临终阶段老年人的征象和症状,及家属能做的事情,如握住老年人的手、帮老年人清洁、整理环境等,都能让家属了解他们能一起陪老年人度过最后一刻,使其减少害怕和担忧。

(5)可以让家属参与做好尸体料理,进行认真妆容、着装,并安排向遗体告别,也是对家属的莫大的安慰。

(李冬梅、王飞)

第九章 老年康复与居家养老

随着康复医学的不断发展，人们对康复的认识也在不断深化。居家养老康复是在社区康复基础上发展起来的康复途径，也是老龄化背景下我国社区康复的重点发展方向。

第一节 老年康复概念及意义

世界卫生组织倡导的全面康复措施包括医疗康复、教育康复、社会康复、康复工程以及职业康复。居家养老康复是在康复医学和社区康复基础上发展起来的。积极开展居家养老康复，能够促使居家养老老年人获得最大程度的日常生活自理能力，对于提高老年人生活质量具有积极意义。

一、居家养老康复的定义与范畴

居家养老康复拓宽了社区康复的工作范畴，成为社区康复的重要组成部分，大力开展居家养老康复是促进我国老年康复工作的重要举措。

(一)康复的概念

康复(rehabilitation)是指为减轻残疾带来的影响和使残疾人重返社会而采取的各种有效的措施。世界卫生组织根据康复工作开展场所的不同，将康复划分为基于机构的康复(institution-based rehabilitation，IBR)、延伸的康复服务(out-reaching rehabilitation service，ORS)和基于社区的康复(community-based rehabilitation，CBR)三种类型。

(二)社区康复

基于社区的康复(CBR)简称社区康复，是指在社区层面上，利用和依靠社区的各种资源和条件(人力、物力、财力、技术等)而采取的康复措施，包括依靠有残损、残疾和残障的服务对象本身、他们的家庭以及所在的社区等。社区康复是我国社区卫生服务的中心任务之一，它以社区康复人群为对象，以解决本社区各类康复疑难问题为工作目标，相比于基于机构的康复以及延伸的康复服务,更加突出康复对象的能动性。除此之外,社区康复还要求同时具有固定的转介、转诊系统,是康复体系中重要的环节。

(三)居家养老康复

居家养老康复是针对居家养老的老年人群开展的康复活动,但这并非仅是简单地将康复场所界定在居家环境中,而是根据康复对象需求与特点而开展的针对性康复措施。例如,老年偏瘫患者,在急性期和恢复期是以抢救生命、完成坐位平衡、日常生活动作训练以及协调性训练等基于机构的康复和延伸的康复服务为主。对于慢性期的老年偏瘫患者,其目标是学习健侧代偿并进行适应性训练,从而实现最大程度的生活自理,并回归社会。居家养老康复途径是实现这一目标的最佳选择。

二、居家养老康复的意义与特点

居家养老康复适应老年人需求,利用社区服务的便利性,突出对老年人的实用性。

(一)意义

随着我国老龄化趋势的不断加剧,老年人的康复需求日益增加。由于目前我国的康复医疗服务系统尚不健全,大部分老年人在疾病急性期后无法利用机构康复服务,出院后的康复服务需求无法满足。居家养老康复是机构康复的延续,通过居家养老康复能够改善老年人康复的远期效果。老年人是慢性病高发群体,通过开展居家养老康复,针对慢性病老年人身体状况尽早进行康复评定,可以把握最佳的康复锻炼时机,从而使老年人保持最大程度的日常生活自理能力,有助于提高老年人生活质量。

(二)特点

(1)实用性。居家养老康复不仅包括躯体的功能康复,更加重视康复训练对于老年人日常生活的实用性,因而在居家养老康复过程中常将康复训练与老年人的日常活动训练相结合,实现维持或恢复老年人最大程度自理能力的目标。

(2)可及性。居家养老耗费较少的人力、物力和财力,成本低,这样就可使更多的居家养老对象享受到专业医疗服务。由于居家养老康复可惠及大多数服务对象,因而具有成本低、覆盖率高的特点。

(3)广泛性。参考世界卫生组织的社区康复矩阵框架(CBR matrix),居家养老康复的工作内容应包括健康、教育、生活、赋权、社会化等五个领域,其中健康领域又包括了预防、促进、一级和二级医疗保健、三级医疗保健与康复、辅助器具的使用等元素,在工作内容上具有广泛性的特点。

(4)参与性。不同于传统的机构康复服务,康复对象及其家庭在居家养老康复中应是积极主动参与的一方,要求康复服务对象主动转变角色,在确立康复目标、制定康复计划、实施康复训练、回归社会等全部环节都树立自我康复意识。

三、服务对象与服务提供者

居家养老康复人群包括各类有康复需求的老年人群,不同人群根据其生理、心理特点有相应的康复项目。康复服务提供者包括专科康复师、全科社区卫生服务人员,并且需要发挥老年个体及家庭的作用。

(一)居家养老康复服务对象

居家养老康复的工作对象主要包括慢性非传染性疾病患者、残疾人、失能老年人及其他存在康复需求的老年人等人群。

(1)慢性非传染性疾病患者。慢性非传染性疾病也称慢性病,是指一种由多因素长期影响造成的慢性疾病。居家养老康复的慢性病患主要包括呼吸系统疾病(如慢性支气管炎、慢性阻塞性肺疾病)、心脑血管疾病(如脑卒中、冠心病、心肌梗死等)、代谢性疾病(如糖尿病、骨质疏松症等)、各种慢性疼痛(如慢性下腰痛、颈椎病等)。

(2)残疾人。根据《中华人民共和国残疾人保障法》中对于残疾人的界定,残疾人包括听力残疾、视力残疾、肢体残疾、言语残疾、精神残疾、智力残疾、多重残疾以及其他残疾类型。居家养老康复的残疾人主要是肢体残疾、智力残疾和精神残疾、多重残疾的老年人。其中,肢体残疾较常见的包括因颅脑损伤、脑卒中导致的偏瘫老年人、周围神经损伤或骨关节损伤的老年人等;智力残疾主要是老年痴呆症患者;精神残疾主要是抑郁症、孤独症患者;多重残疾多见于高龄老年人。

(3)失能老年人以及其他存在康复需求的老年人。失能指的是在心理、生理、人体结构上某种功能不正常或丧失,全部或者部分丧失以正常方式从事某种活动能力的状态。我国城乡老年人的失能率为 $10.48\%\sim13.31\%$。我国失能老年人总数超过 2000 万人,该部分人群是社区居家康复的重要服务对象。

(二)居家养老康复服务提供者

(1)康复专业人员。如物理治疗师、听力康复师、辅具/假肢矫形师等。这些专业人员多是综合性医院或康复专业医院的康复专业人员,通过开展社区延伸康复服务等途径提供康复服务。

(2)全科医生及社区护士。社区卫生服务中心是组织开展居家养老康复的核心力量。康复训练作为社区卫生服务的重要组成部分,除康复治疗师外需要全科医生及社区护士的积极参与。

(3)经过培训的居家养老老年人及其家庭。对存在居家养老康复需求的老年人及其家庭进行一对一或小组形式培训,可以将康复训练知识与技能、慢性病自我管理、居家养老等主题教育活动结合起来开展,经过培训的居家养老老年人及其家庭是开展社区居家养老康复工作的重要成员。

四、居家养老康复场所

居家养老康复的主要场所是老年人家庭。选择在家中这一熟悉环境进行康复训练,可以缓解老年人的紧张情绪,并避免交通劳累等问题。同时,在家庭中开展康复训练,可以尽可能获得家属的支持,并能充分利用家庭资源,如利用废弃吸管制作简易训练器具等。居家养老康复也可以选择在社区卫生服务中心进行,借助社区卫生服务中心的康复器材和场所,利用团体讲座、示教、个体化咨询相结合的方式,开展肢体功能锻炼、康复器具的使用、语言功能训练等老年人及家属康复健康教育。

五、居家养老康复现状

在我国,出院后恢复期或维持期的康复服务尚是康复系统的薄弱环节。目前,居家养老康复的主要模式是融入初级卫生保健范畴,依托社区卫生服务中心或服务站。康复服务提供者主要为全科医生或社区护士,实施对象主要包括骨折、脑卒中等老年常见疾病的居家养老康复,尤其是肢体功能训练、日常生活活动能力、康复心理等方面。第二种模式为医院与社区联动模式,处于试点阶段,部分地区开展由综合性医院对社区康复进行指导,或实行家庭病床模式,即由康复师、责任医师与责任护士、患者及家属共同制订出院后的康复计划,出院后由家属监督协助执行,由责任护士进行定期电话随访,从而形成一定的居家养老康复工作流程。但总体来看,并没有形成成熟的居家养老康复服务网络,尚需要更多的社会支持,服务内容与服务流程的规范性还有待进一步完善和优化。

第二节　老年康复评定

老年康复评定强调方法多元、内容全面,既是开展居家养老康复的基础,也是评价居家养老康复服务的重要工作手段。

一、老年康复评定定义与特点

老年康复评定指的是对老年人功能状况及潜在能力进行判断的过程,包括能力障碍评定、功能形态障碍评定、社会因素障碍评定等方面。其中,能力障碍评定主要包括老年人的日常生活活动能力、作业疗法能力等;功能形态障碍评定包括肌力、关节活动度、认知能力、平衡功能与协调功能等;社会因素障碍评定则主要包括自然环境、家庭环境以及职业环境等。

老年康复评定存在以下特点:①内容全面:包括躯体一般状况评定、日常生活活动能力评定、运动功能评定、康复心理评定等方面。②应用广泛:可用于评定存在的康复问题,也可应用于确定康复方案的优劣和康复预后的评估。③动态化:在康复措施制定前可通过评定为制定、修改康复措施提供科学依据,在康复措施实施后可以评定康复治疗的效果。

二、老年康复评定方法

康复评定的方法常与所评定的内容密切相关。对于老年人能力障碍评定、功能形态障碍评定主要采用体格检查、观察法、神经影像学检查等方法,而社会因素障碍评定多采用访谈法等。

(一)体格检查(body examination)

康复师、全科医生、社区护士等专业人员可以通过视诊、触诊、叩诊、听诊等方式,或借助辅助检查仪器进行运动、循环、呼吸等方面的体格检查,如利用活动平板运动试验评定老年人的心肺功能。

(二)观察法(observation method)

观察法是指利用直接或间接(如通过摄像、录像等设备)的途径,对被评定者的行为表现进行观察或观测的评定方法。在居家养老康复工作中,摄像、录像等设备观察法可用于直接观察和记录康复对象的行为活动,分为自然情景中的观察和特定情景中的观察。其中,自然情景中的观察指的是对被观察对象的行为活动进行直接观察并记录,并剖析观察对象行为表现和变化的规律,如对老年人行走、变更体位、上下楼梯等日常生活活动能力的观察。自然情境的观察所收集的资料可靠性较强,其数据具有较大的现实意义。特定情境中的观察指的是将被观察对象置于预先设立的情境中进行观察,即通过人为地施加外部影响后进行观察,如老年人模拟跌倒后对其处理的观察。

(三)自陈法(self-report method)

自陈法是指通过与康复对象的沟通来获取资料的方法,包括问卷法和访谈法。问卷法主要是利用成熟的量表等工具进行结构式收集资料。访谈法主要利用半结构式、非结构式收集资料。使用成熟的评定量表可以在短时间内获得康复对象的客观情况,由于量表标准化,所收集到的结果易于比较与分析,如采用汉语失语症成套测验评定老年人的言语功能。访谈法多用于收集康复对象观念性、事实性的信息,如对于康复措施的观点、态度等。

(四)神经影像学检查(neurological imaging)

用于康复评定的神经影像学检查方法包括计算机 X 线扫描断层摄影技术(computer tomography,CT)、磁共振成像技术(magnetic resonance imaging,MRI)等结构性脑影像技术,以及功能性磁共振成像技术(functional magnetic resonance imaging,fMRI)、单光子发射计算机断层扫描(single photon emission computed tomography,SPECT)等功能性脑影像技术等。

三、肌力评定

肌力指的是肌肉收缩时的力量,是运动功能评定的重要方面。肌力评定可以判断个体肌力减弱的程度和范围,评定肌力增强训练的效果。肌力评定对于存在肌肉、骨骼、神经系统病变的老年人具有重要意义。

(一)徒手肌力评定

肌力评定最常采取徒手肌力检查(manual muscle test,MMT)的方法,即检查者用双手凭借自身技能和判断力,观察肢体主动活动的范围,并感觉肌肉收缩的力量,从而根据一定标准判断肌力等级的检查方法。徒手肌力检查是一种科学、实用、操作简单的评定方法。在评定时,通过检查肌肉或肌群全关节活动度范围内移动身体节段的能力,观察或触摸肌肉有无收缩,或是基于重力和检查者施加的阻力,最终判断肌力的等级。常用的分级标准将肌力分为六个级别(见表9-1)。

表 9-1　常用的肌力分级标准

级别	名称	相当于正常肌力的百分比(%)	分级标准
0 级	0 零级	0	无法扪及肌肉收缩
1 级	T 微缩	10	可扪及肌肉收缩,但无动作产生
2 级	P 差	25	解除重力影响,能完成全关节活动度的动作
3 级	F 尚可	50	能抗重力做了关节活动度内完整动作,但不能抗阻力
4 级	G 良好	75	能抗重力及轻度阻力做出关节活动度内的完全动作
5 级	N 正常	100	能抗重力及最大阻力做出关节活动度内的完全动作

(二)肌力评定的注意事项

在对居家养老老年人进行肌力评定时需注意以下几点:①对于存在明显心血管疾病的老年人须慎用,以避免等长收缩造成血压明显升高。②避免反复改变体位导致老年人疲劳等可能影响评定结果的干扰因素。③对于存在中枢神经系统疾病的老年人,由于其运动模式异常、肌肉的控制发生障碍,使用徒手肌力检查难以判断肌力等级,不宜采用。

四、关节活动度评定

关节活动度(range of motion,ROM),也称关节活动范围,指的是关节运动时所通过的运动弧度,常以度数表示其大小。ROM分为主动关节活动度(active range of motion,AROM)和被动关节活动度(passive range of motion,PROM)两种类型。AROM指的是作用于关节的肌肉随意收缩引起关节运动时通过的弧度,PROM指的是由于外力作用使关节运动时通过的弧度。在使用量角器测量ROM时,读取的是通过关节的近端和远端骨运动弧度的大小。在测量时,常以解剖学立位时的体位定为"0"起点。常见关节活动度的测量体位及正常范围见表9-2。

表 9-2　常见关节活动度的测量体位及正常范围

关节	运动	评定时体位	轴心	正常活动范围
肘	伸、屈	立位或仰卧位	肱骨外上髁	0°~150°
	旋前旋后	坐位,上臂置于体侧,屈肘90°	中指尖	各0°~90°
膝	伸、屈	俯卧或仰卧位,下肢伸展	股骨外侧髁	伸0° 屈0°~150°
肩	内收、外展	立位或坐位,上臂置于体侧,肘伸直	肩峰	内收0°~75° 外展0°~180°
	伸、屈	坐位或立位,上臂置于体侧,肘伸直	肩峰	伸0°~50° 屈0°~180°
腕	桡侧、尺侧外展	立位或坐位,屈肘90°,前臂旋前,腕中立位	腕关节	桡侧偏屈0°~25° 尺侧偏屈0°~55°
	伸、屈	立位或坐位,屈肘90°,前臂置于中立位	腕关节	伸0°~70° 屈0°~90°

五、日常生活活动能力评定

日常生活活动能力(activity of daily life,ADL)指的是个体为了实现独立生活而每天必须反复进行的、最有共同性的、基本的身体动作群,主要包括进行衣、食、住、行、个人卫生等方面的基本动作及技能。日常生活活动能力与居家养老老年人的自理能力、康复目标的制定及康复计划的效果评价等均密切相关,是常用的功能状态评定指标之一。

(一)日常生活活动能力的层次划分

日常生活活动能力分为基本日常生活活动能力、工具性日常生活活动能力、高级日常生活活动能力三个层次。其中,基本日常生活活动能力指的是个体是否具有最基本的自我照顾能力,主要包括衣(如穿脱衣物、鞋、帽等)、食(用餐)、行(行走、变更体位、上下楼梯)、个人卫生(如厕、洗漱、控制大小便)等。工具性日常生活活动能力指的是个体日常生活中利用工具的能力,反映的是个体能否独立生活并具备良好的日常生活功能,主要包括使用电话、备餐、购物、整理家务、洗衣、付账单等。高级日常生活活动能力指的是个体主动参加社交活动、日常娱乐活动、职业相关活动的能力,反映的是个体的社会角色功能和能动性水平。

(二)日常生活活动能力的评定工具

日常生活活动能力的评定常使用标准化的评估量表完成,包括 Barthel 指数量表、日常生活能力量表、康复护理日常生活活动评定量表等。

(1)Barthel 指数量表。Barthel 指数通过对洗澡、进食、穿衣、修饰、控制小便、控制大便、如厕、床椅转移、平地行走、上楼梯共计 10 项日常活动的独立完成程度进行评定,得分范围是 0~100 分,0 分表示没有独立能力,日常生活均需要外界帮助,100 分表示老年人能够完成以上的日常活动,不需要他人帮助。Barthel 指数量表将日常生活活动能力划分为良、中、差共三个等级,良表示老年人有轻度功能障碍,需要部分帮助,能够独立完成部分的生活活动;中表示老年人有中度功能障碍,需要极大帮助;差则表示老年人具有重度功能障碍,不能完成大部分的日常生活活动或需要他人帮助。

(2)日常生活能力量表。日常生活能力量表包括躯体性生活自理量表(physical self-maintenance scale, PSMS)和工具性日常生活活动量表(instrumental activities of daily living scale, IADL)两部分 14 项内容。其中,PSMS 包括进食、穿衣、如厕、梳洗、行走、洗澡共 6 项内容,IADL 包括购物、使用电话、整理家务、备餐、洗衣、服药、利用交通工具、自理经济共 8 项内容。该工具简明易懂,便于操作实施,社区卫生人员、老年人主要照顾者均可掌握使用,可早期用以评定老年人的主要功能状况。

(3)康复护理日常生活活动。康复护理日常生活活动评定量表(rehabilitative nursing activities of daily living, RNADL)是从康复护理视角开发的日常生活活动评估工具,不仅对于日常生活活动评定具有良好的效能,对于康复疗效的评价也具有很好的敏感性。

知识链接

康复护理日常生活活动评定量表(RNADL)

RNADL 量表包括衣(穿脱上衣、穿脱鞋袜、穿脱裤子、拉拉链、晒叠衣物)、食(持筷进食、用勺进食、使用刀叉、自备食物、倒水服药)、住(体位转移、使用开关、床上活动、使用家电、整理家务)、行(上下楼梯、坐站平衡、行走能力、外出购物、社交活动)、个人卫生(整洁修饰、洗脸刷牙、控制排便、入浴洗澡、如厕处理)等五个方面共计 25 个项目,各项目均采用 0~4 分评定,其中 0 分表示完全不能独立完成,需要 100% 帮助;1 分表示在他人帮助下只能完成一部分,需要 75% 帮助;2 分表示在指示、指导、借助辅助器下能独立完成大部分,需要 50% 帮助;3 分表示能独立完成但时间延长或动作欠协调,需要 25% 帮助;4 分表示在合理时间内能够独立、安全完成。

该工具满分为 100 分,0~25 分表示存在极严重的功能障碍,26~50 分表示存在严重的功能障碍,51~75 分表示存在中度功能障碍,76~95 分表示 ADL 基本自理,96~100 分表示 ADL 完全自理。

(四)日常生活活动能力评定的注意事项

对于居家养老的老年人进行日常生活活动能力的评定需注意以下几点:①使用标准化的评估量表并不意味着仅使用自陈法进行资料收集,对于上下楼梯、如厕等日常生活活动能力的评定,有时完全根据老年人或照顾者的陈述是不准确的,有必要结合观察法进行准确评定。②高级日常生活活动能力是最早容易丧失的生活能力,一旦丧失意味着严重的功能下降,因此,对于出现高级日常生活活动能力有改变的居家养老老年人,需重视动态跟踪其变化趋势。③在对老年人主要照顾者进行培训时,需将评定条目严格界定,如洗澡条目评定不包括准备洗澡水。

六、常用心理评定

对于居家养老老年人而言,心理评定可以从个体层面、家庭层面等进行评定。个体层面的评定主要包括抑郁、焦虑等病理心理评定,家庭层面的评定主要包括家庭亲密度与适应性、家庭功能等。

(一)老年个体层面的心理评定

(1)老年抑郁症的评定。抑郁症是一类情感障碍疾病,是以"抑郁心境"自我体验为主要症状的心境障碍。在老年人群中呈高发病率的阿尔茨海默病、帕金森病等,以及老年期常见的生理功能减退、疼痛、悲伤、无助等问题,会增加老年人群抑郁症的发病率。

对于居家养老的老年人群来说,老年抑郁症的重要工作是对抑郁症状的筛查。目前,常见的老年抑郁筛查工具有抑郁自评量表、贝克抑郁自评问卷、老年抑郁量表、抑郁体验问卷等。对于居家养老的老年人进行抑郁症状的评定需注意以下几点:①抑郁症状筛查需同时进行详细、完全的认知功能评价,以识别是否合并痴呆等疾病,以便能够及时地发现并实施干预。②虽然外部条件并非是老年抑郁症的决定要素,仍有必要在筛查时考虑到外部条件,如对存在贫穷、生活自理困难等外部心理社会应激因素的评估。③部分居家养老的老年人由于认知功能、沟通等原因,可能无法提供准确的资料,进行评定时需结合老年人主要照顾者所提供的信息。④对于老年人抑郁症状的筛查最重要的是早期发现,借助"触发"问题等方法可以及时发现问题。

知识拓展

常用"触发"问题

加拿大《老年谵妄、痴呆及抑郁症患者的筛查指南(2010)》列出了一组实用的,旨在提高对谵妄、痴呆及抑郁筛查水平的"触发"问题,主要包括:①老年人在一天中是否出现了包括行为或功能状态波动在内的急性改变?②老年人是否能辨认人物、时间或地点?③老年人的想法是否有连贯性、条理性?④印象中,老年人的记忆力如何?⑤老年人是否有任何抑郁情绪、死亡的想法或是自杀的意图?⑥老年人能否参与访谈?

---

(2)老年焦虑症的评定。老年焦虑症是一组以焦虑为主要临床表现的精神障碍,焦虑症状包括精神症状和躯体症状。其中精神症状包括提心吊胆、忧虑、恐惧为主的内心体验并伴有紧张不安等,躯体症状主要是在精神症状基础上伴有自主神经功能亢进出现的胸闷、气短、口干、心悸、出汗、面色潮红或苍白等。对于居家养老的老年人,可以使用简短焦虑筛查

测验、老年焦虑量表、医院焦虑和抑郁量表、汉密顿焦虑量表等工具进行老年焦虑症状的筛查。

对于居家养老的老年人进行焦虑症状的筛查需注意以下几点：①存在认知功能障碍的患者，其自我汇报准确性会受到影响，进而降低焦虑症状评定的准确性，因而，对怀疑存在认知功能障碍的老年人需事先进行认知功能的评定，然后根据认知功能评定结果选择合适的焦虑症状评定工具，如对简易精神状态检查表（Mini-Mental State Examination，MMSE）得分低于 24 分者，其更适合使用痴呆焦虑评级而非简短焦虑筛查测验。②由于简短焦虑筛查测验各条目的应答均为 4 分制评分，部分老年人在使用时可能存在困难，对存在使用困难者可以考虑换成条目为二元计分（"是""否"）。③若居家养老的老年人表现出同时具有抑郁和焦虑的表现，可以使用医院焦虑与抑郁量表。④对于居家养老的老年人进行焦虑症状的筛查并非一劳永逸的事情，需要在出现异常行为、发生重大生活事件时持续重视焦虑相关症状，尤其是焦虑评定较差者，如老年焦虑量表评分低于 8 分、简短焦虑筛查测验评分低于 22 分、医院焦虑和抑郁量表中任一量表评分低于 8 分。

（3）老年孤独的评定。随着独居老年人、孤嫠老年人的增加，有关老年孤独的研究逐步展开。UCLA 孤独量表（the University of California，Los Angeles Loneliness Scale）是目前孤独评定中使用最广泛的工具之一。该量表将孤独界定为单维的情感状态，其量表的不同版本（UCLA-20、UCLA-8）都被证实具有较好的信效度，但在我国老年人群使用中需有条目的调整，如有研究者建议将 UCLA-8 调整为 UCLA-6。此外，对于老年孤独的评定还可以使用 Rasch 孤独量表、孤独分类量表等工具。

在对老年孤独进行评定时需注意以下几点：①对于孤独概念维度的界定不同，UCLA 孤独量表为单维量表，而 Rasch 孤独量表则将孤独界定为剥夺类型、时程类型、情绪特征三个维度。②注意量表中是否提及"孤独"一词，尤其是在探讨孤独的性别差异时，如 UCLA 孤独量表、孤独分类量表及 Rasch 孤独量表均未在量表条目中提及"孤独"一词，而有的量表在条目中直接使用了"孤独"一词。③在评定时需明确孤独的时间特征问题，即需明确所评定的孤独是偶然性的情绪反应还是一种气质特点，从而选择不同的评定工具。

（二）家庭层面的心理评定

（1）家庭亲密度与适应性量表。家庭亲密度与适应性量表属于自评量表，包括亲密度（cohesion）和适应性（adaptability）两个分量表。亲密度分量表用以评估家庭成员间的情感联系水平，适应性分量表用以评估家庭在不同发展周期对所出现问题的改变能力。家庭亲密度与适应性量表有两个版本，一个适用于有子女共同居住的家庭如核心家庭，另一个适用于无子女共同居住的夫妻家庭如空巢家庭，不适用于独居老年人家庭。该量表共计 30 个条目，一般需要 25 分钟完成，可用于评价家庭康复干预效果、找出在家庭康复中需解决的问题。

（2）家庭功能评定工具。家庭功能评定（family assessment device，FAD）是基于"McMaster 家庭功能模式（McMaster model of family functioning）"开发的家庭功能评估量表，共包括问题解决、角色、沟通、情感介入、情感反应、行为控制、家庭整体功能等共计七个分量表 60 个条目，其对于家庭功能的界定与临床的关系较密切，因而比较适合在医疗背景下使用。需要注意的是：①若某一分量表中有超过 40% 的条目没有回答，则此分量表不予以计分。②FAD 要求年龄大于 12 岁的所有家庭成员都要完成该量表，即在使用时是从家庭层面进行整体评定，而非个体层面。③FAD 主要用于简单、快速找到家庭系统中可能存在的问题，即是一个家庭问题的筛选工具，而非诊断工具。

(3)家庭环境量表。家庭环境量表所评价的家庭特征主要包括情感表达、亲密度、矛盾性、独立性、成功性、知识性、娱乐性、道德及宗教重视程度、组织性、控制性等十个方面。家庭环境量表可用来了解有康复需求状态下的家庭状况,或是用以评价社区康复干预下家庭环境的变化情况。

第三节　常用居家养老康复训练方法

康复训练是居家养老康复的核心内容,包括日常生活活动能力训练、认知训练、运动疗法、音乐疗法、美术治疗、作业疗法等。

一、日常生活活动能力训练

日常生活活动训练一般包括生活自理能力训练(如进食、洗澡、修饰、穿衣、如厕等)、活动能力训练(如床－椅转移、平地行走、上下楼梯、操作轮椅等)、交流能力训练(如打电话、阅读、书写、识别标志物等)和家务活动训练(备餐、购物、整理家务、洗衣等)。日常生活活动能力训练的目的在于帮助老年人在其能力许可的范围内尽可能实现生活自理,减少对他人的依赖,在此基础上帮助老年人适应不同的环境,维持正常的社会交往,提高晚年生活质量。对老年人进行日常生活活动能力训练首先应对其进行日常生活活动能力评定,在了解老年人原有活动能力、自理的程度、是否能安全完成的基础上,针对老年人的具体情况制定日常生活活动能力训练方案,教会老年人一些活动技巧,必要时可为其配置合适的辅助器具。基本日常活动能力训练方法包括进食训练、洗澡动作训练、修饰动作训练、穿衣动作训练、排泄功能训练、床－椅转移训练、行走训练、操作轮椅训练等。

(一)进食训练

进食包括使用合适的器具将食物送进嘴里、咀嚼和咽下。进食训练包括进餐时的体位、进食动作训练和咀嚼、吞咽动作训练。

1.进餐时的体位

取合适的进食体位,训练时应选择既有代偿作用又安全的体位。一般以坐位为宜,不能坐起的老年人可抬高床头,头部前倾,健侧肢体在下。

2.摄食动作训练

对一侧上肢关节活动受限、肌力异常、偏瘫等老年人鼓励其练习用健侧手进食,同时加强上肢功能训练,练习摄食动作,另外可使用辅助器具帮助其训练摄食动作,如特制的勺子、万能的袖带等。长期使用胃管的老年人应教会老年人胃管喂食及胃管的日常维护。

3.咀嚼、吞咽动作训练

吞咽障碍可由多种原因引起,应评估引起老年人吞咽障碍的原因,积极治疗原发病。对于有吞咽困难但无误吸的老年人可个别指导经口进食,进食时增加咀嚼次数,每口量不宜过多,速度不宜过快,循序渐进增加每口进食量及进食速度,食物可从便于吞咽的流质、半流质逐步过渡到普通饮食。

(1)发音动作训练。发音肌群与吞咽肌群有共同的作用,吞咽困难的同时常伴有言语障碍。训练时先利用单音单字进行康复训练,如嘱老年人张口发"ā"音,并向两侧运动发"yi"

音,然后再发"wu"音,也可嘱老年人缩唇然后发"f"音,像吹口哨动作,通过张闭口动作促进口唇肌肉运动。

(2)颊肌、喉部内收肌运动。目的是改变咀嚼吞咽相关肌力运动。嘱老年人轻张口后闭上,使双颊部充满气体,鼓起颊部,随呼气轻轻吐出,也可将老年人手洗净后,做吮手指动作,以收缩颊部及轮匝肌肉运动,每日2回,每回反复做5次。舌部运动:将舌头向前伸出,然后做左右运动摆向口角,再用舌尖舔下唇后转舔上唇,按压硬腭部,每回运动20次。

(3)呼吸道训练。深呼吸和咳嗽训练,改善咳嗽排痰能力,引起咽下反射,防止误咽。

(4)反复轮换吞咽。除去咽部残留物,增强吞咽意识。每次进食吞咽后,反复做几次空吞咽,使食物全部咽下,防止食物残留引起误吸。

(二)洗澡动作训练

洗澡方式可为盆浴、淋浴或擦浴。盆浴和淋浴适用于有一定活动能力,能够自行完成洗浴的老年人。老年人进行盆浴和淋浴的过程中最重要的是安全问题,应教会老年人防止跌倒的措施,训练使用防止跌倒的用具,如扶手、助行器、防滑垫等。洗澡过程中可训练老年人使用长柄洗擦具和老年人浴室洗澡椅等。对于长期卧床、制动或活动受限(如使用石膏、牵引)及身体衰弱而无法自行沐浴的老年人需进行床上擦浴。床上擦浴时应训练老年人配合的方法,如翻身、穿脱衣服等。

(三)修饰动作训练

修饰包括洗脸、刷牙、梳头、刮脸等,动作主要有开关水龙头、拧毛巾、开牙膏盖、涂牙膏、梳头、剃须等。偏瘫或者一侧肢体活动受限的老年人可用健侧手进行,同时加强上肢功能锻炼,练习洗漱动作,也可使用自助用具和辅助用具。

(1)拧毛巾。可将毛巾绕在水龙头上固定,再用健侧手拧干。

(2)刷牙。可用小支架固定牙刷,用健侧手挤牙膏进行刷牙;用带吸盘的牙刷固定在洗手盆上,用健侧手打开刷牙;将牙刷柄加长或在牙刷柄上加一尼龙搭扣圈或C形圈,使手掌套入,便于握持使用;用电动牙刷。对于佩戴义齿的老年人,在能自理的情况下训练老年人义齿清洁护理的方法,每餐后取下义齿进行清洗,夜间休息时将义齿取下浸没于贴有标签的冷水中,每日换水一次。

(3)梳头。可用健侧手臂屈-内收-外旋模式梳对侧的头发,用健侧手臂屈-外展-外旋模式梳同侧头发,或用长柄或弯柄梳。

(4)剃须。需加强老年人精细动作的练习,防止使用剃须刀时将皮肤划破,可使用电动剃须刀减少皮肤划伤的可能,或将剃须刀柄加大、加长。

(四)穿衣动作训练

1.穿脱上衣训练

包括开身上衣的穿脱和套头上衣的穿脱。对于上肢活动受限、偏瘫、活动不灵活的老年人最好选用开身上衣,以便于穿脱。

(1)开身上衣的穿脱。穿衣时,按照先患侧后健侧的顺序进行。先将患侧肢体伸入衣袖内,再将衣领拉到肩部,然后用健侧手从身后拉过衣服穿上袖子,最后系扣。脱衣时,遵循先健侧后患侧的顺序进行,先将患侧脱至肩以下,将健侧衣领拉倒肩以下,让两侧自然下滑,健侧手先出,再脱患侧手。

（2）套头上衣的穿脱。穿衣时，先将患侧上肢穿进衣袖至肘部以上，再穿健侧衣袖，最后套头。脱衣时，先将衣身拉到胸部以上，再用健侧手从颈后向前拉住衣服将头脱出，然后先伸出健侧手，最后脱患者手。

2. 穿脱裤子训练

包括床上穿脱裤子和坐位穿脱裤子，老年人尽量选择有松紧带的裤子，以便于穿脱。

（1）床上穿脱裤子。穿裤子时同样遵循先患侧后健侧的原则。先坐起将患腿屈膝屈髋，放在健侧腿上；患侧穿上裤腿后尽量上提，再穿上健侧裤腿；然后躺下，做桥式动作把裤子拉到腰部后放下臀部，整理系带。脱裤子的顺序和穿裤子的顺序相反即可。

（2）坐位穿脱裤子。穿脱顺序同床上穿脱裤子。先将患腿放在健腿上，穿上患侧裤腿拉至膝盖以上，放下患肢；再穿上健侧裤腿，拉到膝盖以上，站起来向上拉至腰部，整理系带。脱的顺序与穿的顺序相反即可。

根据老年人的具体情况可选择一些辅助用具，如肩部活动受限的老年人可选用穿衣夹；躯干屈曲困难或只能用一侧上肢或手穿脱衣服的老年人可使用穿脱衣钩或穿脱衣棍；有拉链的衣服可使用拉链延长器；对于手功能障碍、精细动作差或需单手系纽扣的老年人可使用系钩。

（五）排泄功能训练

1. 排尿功能训练

目的在于恢复排尿反射，重建规律排尿习惯，预防泌尿系统感染。老年人常见的排尿异常主要有尿失禁、尿潴留。膀胱功能训练应早期进行，训练时应循序渐进，每2～5小时训练1次，每次10～15分钟。常用的训练方法有以下几种。

（1）盆底肌功能训练。指导老年人可以取立、坐或卧位，在不收缩下肢肌、腹肌及臀部肌肉的情况下，先慢慢收紧盆底肌肉，再缓慢放松。每次吸气时持续收缩10秒，呼气时放松，重复10次，每日5～10次，可借助手检指导老年人进行训练。

（2）导尿。导尿是最基本、最简单的早期治疗方法之一，导尿方式有连续导尿、间歇导尿、间歇开放导尿等。在膀胱功能训练中，间歇导尿效果要优于留置导尿。一般无尿失禁及自发排尿的情况下可4～6小时导尿1次。老年人可在专业医护人员的指导下学习间歇导尿方法，在家可自行进行。目前有研究显示，自行实施间歇导尿进行膀胱功能训练只需清洁操作即可。

（3）诱发排尿反射。定期利用持续而有节奏地轻叩耻骨上区、牵拉阴毛、摩擦大腿内侧、捏掐腹股沟、刺激肛门和括约肌、会阴冲洗等方式进行刺激，以诱导排尿反射。

（4）屏气法。取坐位，身体前倾，腹部放松，快速呼吸3～4次以延长屏气增加腹压的时间。做1次深呼吸，然后屏住呼吸，用力向膀胱及骨盆底部做排尿动作，促进尿液排出，适用于充盈性尿失禁者。

2. 排便功能训练

便秘是老年人最常见的排便异常。排便功能训练的目的在于建立规律的排便习惯，消除或减少由于排便失禁造成的自卑心理，预防因便秘、腹泻、大便失禁等导致的并发症。

（1）饮食管理。尽可能保持坐位的进食姿势；饮食结构合理，多进食蔬菜、水果、粗粮等富含纤维素的食物；每日摄入2000ml左右的液体、水果汁等，以刺激肠蠕动和促进通便。

（2）养成定时排便的习惯。每天或隔天在同一时间排便，可采取"每天大便常规"的方式，即每天早餐后进行排便，因为此时胃结肠反射最强。

(3)诱发排便和排便反射形成。诱发排便可采用腹部按摩、肛门局部刺激、甘油制剂(开塞露)和增加负压等方法。腹部按摩时取仰卧位、屈膝,用手掌沿升结肠、横结肠、降结肠、乙状结肠方向做环形按摩,可在每日清晨、睡前进行,也可在排便前进行。

(4)使用缓泻剂、栓剂。根据排便情况可给予一定剂量的通便剂或温和的缓泻剂以改变粪便硬度,常用的有麻仁润肠丸、氧化镁、番泻叶等。

(5)灌肠、肛入药。有严重的便秘且上述方法无效时可用甘油灌肠,或用温水从肛门注入,促进排便,也可使用肛入药,使直肠的粪便上升诱发排便反射,这接近于自然排便。

(六)床－椅转移训练

床－椅转移包括从卧位到坐位,再从坐位到站立的练习,然后进一步在床与轮椅/座椅之间、轮椅与座椅之间等。

1. 从卧位到坐位

仰卧位时双上肢置于身体两侧,肘关节屈曲支撑于床面上,照护人员站在老年人侧前方,双手扶托双肩向上抬起,指导老年人利用双肘的支撑抬起上部躯干,改用双手掌支撑身体坐起。从坐位到平卧位的练习顺序与上述相反即可。

2. 从坐位到站立

站立训练前需先进行患侧下肢的负重训练。开始时以健侧足进行,双脚分开,腰前倾,同时用健侧的手抓住身体侧方的平衡杠或扶手,上半身前倾,使重心移至双足(主要在健侧足上),同时站起。患侧下肢负重增强后,可自行站立。

3. 床与轮椅之间转移

独立的床与轮椅之间转移需要老年人双上肢或双下肢的肌力、躯干控制能力较好。偏瘫的老年人在转移时将轮椅放在健侧,与床呈45°,刹住车闸,将脚踏板向两边分开,利用从坐位到站位的方法站起,以健侧腿为轴转动身体,使臀部正对椅子坐下。截瘫或双下肢肌力较差的老年人主要依靠双上肢的力量进行转移,同时转移时床与轮椅间的高度差不能太大。轮椅与床边呈30°角,刹住车闸,老年人坐在床边,挪动身体尽量靠近轮椅,一只手扶住床边,另一只手扶住轮椅远侧的扶手,身体躯干前倾,用双手支撑起身体,使臀部抬离床上,转动躯干将臀部从床面转移到轮椅上。这一方法对双上肢力量要求较大,如老年人双上肢力量较弱,可在床与轮椅之间放一块滑板,通过一只手推床边另一只手拉轮椅完成转移。

4. 轮椅与座椅之间转移

(1)成角转移。轮椅与椅子前缘之间夹角呈30°～45°,步骤如下:①老年人向椅前移动,并将双足放好。②靠近椅子的扶手后握住椅子的最远侧或者扶手,另一只手扶住轮椅。若两腿不能站立,在转移前将两腿搬到椅子前。③用两手撑起身体(可以用腿辅助)抬起臀部转移到椅子上。④两手扶住椅子的扶手,两腿调整到舒适的位置。

(2)侧方转移。轮椅和椅子并排放,步骤如下:①身体向椅子倾斜,握着椅子的远侧扶手或座位边缘,另一只手握着轮椅的扶手。②将臀部从轮椅上横过到椅子上。③调整两脚姿势慢慢坐下。

(3)滑板转移。适用于轮椅和椅子有高度差或者两者之间有一定距离时。轮椅和椅子并排放,滑板放在两者之间,坐在轮椅端的滑板上,将滑板和椅子固定住,横过滑板,移到椅子上后调整为舒适的姿势,然后去掉滑板。

(4)错车式转移。轮椅和椅子相对,将轮椅的踏板拉向旁边或卸掉,放在椅子的略左(或右)位置,向轮椅左(或右)侧迈双腿,向轮椅前移动,将左(或右)手放在轮椅扶手上,右(或左)手放在椅子后面,两手用力抬起臀部移到椅子上,调整两脚及臀部至舒适姿势。

(七)行走训练

行走训练包括扶持行走训练、独立行走训练及使用助行器行走训练。平地行走训练需要老年人能够从坐位站起、站稳、有一定的平衡能力,使用助行器行走的老年人还需先进行上臂、腰部及腹部肌肉的锻炼。

1. 扶持行走训练

在老年人行走需要扶持时,扶持者应在患侧或活动不灵活侧扶持,也可在老年人腰间系带子,便于扶持的同时避免限制下肢的活动。

2. 独立行走训练

首先确保老年人能够在站立时保持平衡状态。行走时,一脚迈出,身体倾斜,重心移至对侧下肢,两脚交替迈出,整个身体前进。训练时可借助平衡杠练习健肢和患肢交替支撑体重,矫正步态。开始训练时也可在平行杆内练习。

3. 使用辅助器行走训练

辅助器是为老年人提供保持身体平衡和身体支撑物的器具,也是保证老年人行走安全的措施之一,常用的辅助器有手杖、腋杖、助行器。

(1)手杖。一种手握式的辅助用具,常用于不能完全负重的老年人。使用手杖时应由健侧手用力握住手杖。手杖需调节的高度为使用者自然站立,股骨大转子到地面的高度;或自然站立,屈肘 $30°\sim40°$,腕向上抬起约 $25°$,小足趾前外侧5cm处到手掌面的距离。

使用手杖行走的方法有:①两点式:行走顺序为手杖和患侧下肢同时迈出,再迈出健侧下肢。这种方式行走速度较快,但对使用者平衡功能要求较高。②三点式:行走顺序为先伸出手杖,后迈患侧下肢,最后迈健侧下肢。这种方式稳定性好,但速度慢,多用于行走训练早期、长期卧床开始起床活动、高龄及平衡功能较差的老年人。

(2)腋杖。提供给短期或长期残障者进行活动的一种支持性辅助用具。使用腋杖最重要的是长度合适、安全稳妥。腋杖的长度应包括腋垫和杖底橡胶垫,合适长度的简易计算方法为使用者自然站立的身高减去40cm。使用时,使用者双肩放松,身体挺直站立,腋窝与拐杖顶端间应相距 $2\sim3$cm,拐杖底端着地与同侧小足趾前外侧15cm左右。股骨大转子的位置为手的位置,握紧把手时,手肘可弯曲约 $30°$。

使用腋杖行走的方法有:①两点式:行走顺序为同时出右拐和左脚,然后出左拐和右脚。②三点式:两拐和患肢同时伸出,再伸出健肢,患肢完全不能负重时,行走时患侧腿悬空。③四点式:先出右拐,而后左脚跟上,再出左拐,右脚再跟上,始终有三点着地。这种方式为最安全的步法,稳定性好,但行走速度慢,熟练后可逐渐过渡到两点式。④跳跃式:常为永久性下肢残疾者使用。先将两侧拐杖向前,再将身体跳跃至两拐中间处,这种方式行走速度快,但是有摔倒的危险,对于高龄、上肢肌力较差、体弱等老年人应慎用。

(3)助行器。一般用铝合金材料制成,是一种四边形的金属框架,自身轻,可将患者保护其中。可根据使用者的需要调节高度,助行器支撑面积大,稳定性好,适用于上肢健康、下肢功能较差的老年人。常用的助行器有步行式助行器、轮式助行器和台式助行器。①步行式助行器:无脚轮,适用于下肢功能轻度受损的老年人。使用方法为使用时双手提起两侧扶手同时向前将其放于地面,向下放置时应四只脚同时着地以获得最大的稳定性,然后双腿迈步跟上。②轮式助行器:有脚轮,易于推行移动。使用时双手握住助行架,站稳后推动助行架向前移动;双臂支撑助行器,一侧腿向前移动,身体重心也随着向前,另一侧腿向前跟进。③台式助行器:有轮子和(或)支脚,有支撑平台或前臂支撑托架的器具。依靠上臂或与上身一起向前推进,上肢放在支撑架上,手闸可以控制移动速度,辅助站立和步行。适用于全身肌力低下、脑血管疾病引起步行障碍、慢性关节炎等老年人的步行训练。

(八)操作轮椅训练

轮椅作为一种代步工具主要用于使用各种助行器仍不能步行或行走困难者。轮椅的选择和使用应视老年人的具体情况而定。

(1)轮椅的选择。轮椅的选择应注意:①坐位宽度:两臂或两侧股骨大转子之间的最大距离加上 5cm。座位太窄,上下轮椅比较困难,臀部及大腿组织易受到压迫;座位太宽,不易坐稳,操纵轮椅不方便,易疲劳。②座位深度:后臀部至小腿腓肠肌后缘之间的水平距离减去 5～7cm,太深会压迫腘窝部,影响血液循环;太浅则身体重心太集中,局部受压太重,重心太靠前,轮椅平衡难以掌握。③座位高度:为足跟至腘窝的距离加上 5cm。放置脚踏板时,板面距地面至少 5cm,座位太高轮椅不能入桌旁,太低则坐骨承受重量过大。坐垫应选择透气性好的材料,为防止座位下陷,坐垫下面可以放一张 0.6cm 厚的胶合板。④靠背高度:轮椅的靠背高度要求尽可能低,为座面至腋窝的距离减去 10cm,但颈椎高位损伤者应选用高靠背,距离为座面至肩部的距离。⑤安全性:选择轮椅时应充分考虑影响轮椅安全性的因素,如车轴的位置、脚轮的位置和直径、载物的位置等。轮椅的车轴前移时容易推动,但后部的稳定性下降,车轴后移时后方的稳定性增加,有利于高龄、躯干稳定性差的老年人使用。脚轮的位置越靠前、直径越大、座席的位置越低越偏后、把携带物品放在座位下或偏后的位置时,发生向前翻到的可能性减少。大轮和地面接触点的间距宽度是影响轮椅侧方稳定性的因素,当大轮平面与地面垂直线的夹角为 7° 时侧方稳定性最好,且无须过度加宽轮椅。⑥其他:如轮椅的价格、外观、舒适性、重量、大小、是否折叠、使用目的及场所等。

(2)轮椅的使用。操作轮椅训练要求使用者认知功能正常,且有一侧上肢功能正常,能操作轮椅。

知识链接

轮椅使用方法

1.打开与收起。打开轮椅时,双手掌分别放在作为两边的横杆上,同时向下用力即可打开。收起时先将脚踏板翻起,然后双手握住坐垫中央两端,同时向上提拉。

2.双手操纵轮椅。操纵前先将刹车松开,身体向后坐下,眼看前方,双上肢后伸,稍屈肘,双手紧握手轮的后半部分。推动时,上身前倾,双上肢同时向前推并伸直肘关节,当肘关节完全伸直后,放开手轮,如此反复向前推。

3.一侧肢体功能正常,另一侧肢体功能障碍。使用健侧上下肢同时操纵轮椅,先将健侧脚踏板翻起,健侧足放在地上,健侧手握住手轮。推动时,健侧足在地上向前踏步,与健侧手配合,将轮椅向前移动。上斜坡时,保持上身前倾,重心前倾,其他方法同平地推轮椅。上坡时轮椅后倾,很容易发生轮椅后翻,需要注意安全。

4.老年人驱动轮椅有困难。根据老年人能力和功能受限的程度选择各种驱动配件,如选用带推把的轮椅、电动轮椅、偏瘫用轮椅等。

(九)注意事项

(1)在日常生活活动能力训练之前,护士需要观察和了解老年人自理能力的程度和范围。

(2)进行训练的老年人意识状况、身体功能需符合训练项目的要求,以保证老年人的安全,同时训练过程中要有专人陪同,并在旁看护,注意排除影响老年人训练安全性的因素。

(3)训练的目标不能太高,要让老年人经过努力能够完成。由易到难,循序渐进,复杂的动作可分解成若干单一动作,每一动作要反复练习,不可操之过急。

(4)训练方法应由老年人自己选定,尽量发挥老年人已有的功能。

(5)老年人康复训练是一个长期的过程,对自己及家庭都可能会造成一定的心理负担,要关注老年人的心理状况。

二、认知训练

认知训练指的是通过改变个体的认知过程和观念以纠正不良行为或情绪障碍的方法。对于居家养老的老年人来说,常见的认知障碍有失认症、失用症和记忆障碍等。常见的认知康复训练方法包括失认症训练、失用症训练、记忆障碍训练等。

(一)失认症训练

失认症训练是对人或物认识能力的缺失,包括视觉、听觉、触觉及身体部位的认识能力等。

(1)视觉失认训练。①颜色失认:使用各种颜色的卡片,先让老年人进行辨认、学习,然后进行颜色分类、匹配,拼出不同颜色的图案或给水果等轮廓涂上颜色等。②面容失认:先用亲人的照片让老年人反复看,然后把亲人的照片混放在几张无关的照片中,让老年人辨认出亲人的照片;或从不同场景、不同角度、与不同人合影的照片中寻找熟悉的人。③视觉空间失认:训练老年人画钟面、房屋等,或在市区路线图上画出回家的路线等。不断提醒老年人集中注意其忽略的一侧,如站在忽略侧与其谈话和训练,在忽略侧放置色彩鲜艳的物品或灯光提醒其对患侧的注意,将所需物品放在忽略侧,鼓励其用健侧手越过中线去拿。

(2)听觉失认训练。主要是指导老年人利用其他感官进行代偿,如把门铃附加闪灯等。

(3)触觉失认(失实体觉)训练。触觉失认也称为体觉障碍,包括实体觉和体像觉。实体觉训练方法同身体失认训练。体像觉是对身体各部分的定位及命名能力有障碍,训练时可用人体轮廓图让老年人学习人体的各部分及名称,刺激身体某一部分,让其说出名称。

(二)失用症训练

失用症即运动不能,老年人肢体无瘫痪,但不能准确完成有目的的动作。训练的原则为根据老年人的损伤和相应功能障碍有针对性地进行,从简单的分解动作到复杂的组合动作,从粗大运动到精细运动。

(1)肢体失用性训练。如训练老年人刷牙的动作,可将动作分解,先示范然后提示或教老年人一步一步完成。反复训练,动作改善后逐步减少提示。

(2)观念运动性失用。指老年人不能按指令完成复杂的随意动作或模仿动作,但却能在自然状态下自发地、自动地、反射地完成有关运动。如照护人员划火柴后让老年人吹灭,老年人不能吹灭它,甚至模仿吹灭的动作也无法完成;但是,若照护人员把火柴或火柴盒放到老年人手中,老年人会无意识地划亮火柴,并把点燃的火柴自动吹灭。因此要常常启发老年人的无意识活动,以达到恢复功能的目的。

(3)观念性失用。表现为不能按指令要求完成系列动作,活动顺序紊乱或错误使用工具。可在墙上或者方便看到的地方贴图片,把常用的刷牙、洗脸等顺序用图片的形式表现出来,给老年人以视觉提示,或用言语指令来帮助老年人在上一个动作完成后,提示下一个动作。

(4)结构性失用。训练老年人复制几何图形,从简单的平面图开始逐步向复杂设计过渡;用积木、火柴、拼板等进行拼图复制练习,逐渐增加难度。先示范,再让老年人模仿练习,逐渐减少提示,并逐步增加难度。

(5)穿衣失用。把穿衣的动作分解,如把旧衣服的袖子剪下,专门练习穿衣袖,或把衣服放在桌子上专门练习扣扣子和解扣子,然后给娃娃穿衣服。在训练过程中可给予暗示、提醒和指导,或手把手教,逐渐减少帮助。

(三)记忆障碍训练

常用方法有图像法、层叠法、联想法、故事法、关键词法、数字分段法、组织法等。

(1)图像法。将字词或概念幻想成图像,这是记住姓名的好方法。用视觉想象帮助记忆姓名和面容,独特的面容特征用作姓名之间的区别和联系。

(2)层叠法。将要学习的内容化成影像,然后层叠起来。如要记住雪茄、青蛙、苹果、酒这组词语,要求老年人将这些词语联系在一起,想象成一幅图。

(3)联想法。将新学的信息联系到已存在或熟悉的记忆中,在大脑中产生一个印象有助于记忆。

(4)故事法。将所要记忆的重点转化成故事,通过语义加工,让老年人为了记忆而产生一个简单的故事,在这个故事中包含所有要记住的内容。

(5)关键词法。如需记住某一活动的顺序或同时有许多事要做,记住几个关键词不会将顺序记错。如要记住地方、大海、物理、博览这组词,可用地大物博这个词帮忙记忆。

(6)数字分段。有助于帮助记住一连串长的数字,如86862806可以分为8686,2806或者86,86,28,06等几组数字来记忆。

(7)组织法。在生活中养成习惯,将物品放在固定的位置,用过之后放回原处,这样就知道在哪里找到它们,犹如文件归档一样。此外也可用一些代偿性记忆的方法,如记事本、活动日程表、定时器、便签贴等提示。

其他的认知训练包括:利用猜字游戏、删除作业、找差异等方法进行注意力训练;利用日记、图表、提示卡片代偿失去的定向力进行定向力训练;利用书写、口语等外部提示或教老年人自我提问的内部提示等方式进行执行功能训练等。

三、运动疗法

运动疗法是利用人体力学原理和运动的方法,针对局部或全身性功能障碍或功能低下,进行各种运动训练,以达到恢复或改善功能障碍的治疗方法。运动治疗的目的是改善关节活动度,增强肌力、耐力,改善平衡协调功能,提高整体运动功能。运动疗法按照用力程度可分为被动运动、助力运动、主动运动和抗阻运动;按照肌肉的收缩形式可分为等张运动和等长运动。社区居家养老老年人常用的运动疗法有关节活动度训练、软组织牵张训练、关节松动技术、肌力和耐力训练、平衡功能训练、协调功能训练等。

(一)关节活动度(range of motion，ROM)训练

包括关节活动度的维持和改善训练，是运动功能恢复的前提和关键，是恢复肌力、耐力、协调性、平衡等运动的基础。

1.保持关节的功能位

关节处于功能位可以使肌肉萎缩和关节囊的粘连、挛缩处于最低限度。一般认为髋关节屈曲 $20°$、外展 $10°$、外旋 $10°$ 的体位即使发生强直也能步行和取坐位；膝关节功能位为屈曲 $20°$；肘关节功能位为屈曲 $140°$；腕关节功能位为背伸 $10°\sim30°$，手指呈对掌位对其功能最有利。

2.ROM 训练

包括被动 ROM 训练、主动—辅助 ROM 训练和主动 ROM 训练。

(1)被动 ROM 训练(ROM 维持训练)。常用于肌力<2 级，或需保持 ROM 但又不能或不宜进行主动运动者。

知识链接

上肢 ROM 被动训练

1.躯干。老年人仰卧位，患侧下肢膝屈曲，康复者一手固定一侧肩关节，另一手放在患侧骨盆处，使肩和骨盆向相反方向旋转并停留数秒，以达到牵拉外侧躯干肌群的目的。

2.肩关节。①前屈、外展：老年人处于仰卧位，康复者一只手握住腕关节，另一只手握于老年人上臂使其呈外展位，肩略外旋然后慢慢把上肢沿矢状面向上高举过头，完成肩关节的屈曲，然后还原。再慢慢将老年人的上肢沿额状面向上高举过头，完成外展运动。②后伸：老年人俯卧或健侧卧位，患肢在上，康复者立于患侧，一手握住患侧肩关节对其进行固定，另一手握住腕、掌部，在可动范围内将该上肢向后慢慢运动至最大限度。③内、外旋：老年人肩关节外展 $90°$ 时，康复者一只手固定肘关节，另一只手握住腕关节，围绕肘关节向上或向下做旋转运动。④水平外展和内收：取仰卧位，康复者站于患侧身体及外展的上肢之间，一手握住患侧腕关节，一手握住肘关节稍上方，然后慢慢把患侧上肢沿水平面先做外展后内收。

3.肘关节。①屈伸：取仰卧位，上肢呈外展位，康复者一只手握住老年人的肱骨远端，另一手握住腕关节上方，在完成肘关节屈曲的同时前臂旋后；完成肘伸展的同时前臂旋前。②旋前、旋后：康复者一只手扶持患侧腕关节使其背伸，另一只手固定肱骨远端，使肘关节屈曲 $90°$，进行前臂的旋前、旋后动作。

4.腕关节。康复者一只手固定前臂，另一只手四指在掌面、拇指在手背侧握住老年人手，完成腕关节背伸 $70°$、掌屈 $80°$ 和桡侧屈 $20°$、尺侧屈 $30°$ 的被动运动。

5.手指关节。康复者一只手在患侧手掌尺侧固定，另一只手四指在患手的背侧，拇指在患手掌使掌指关节完成屈曲 $90°$、伸展 $30°\sim45°$ 及外展内收的运动，然后分别做各指间关节的屈曲、伸展动作。

知识链接

下肢 ROM 被动训练

1. 膝关节。康复者一只手托住老年人的小腿,另一只手用手心托住脚后跟,双手一起沿矢状面向上推完成膝关节屈曲运动。

2. 髋关节。①髋关节伸展:老年人仰卧位,康复者一只手托住老年人的腘窝,另一只手用手心托住脚后跟,进行髋关节屈曲。在髋关节屈曲状态下完成膝关节伸展,最后完成髋关节伸展。②髋关节内收、外展:取仰卧位,下肢伸直,康复者一只手放在腘窝,另一只手抓握踝关节上方,将下肢沿额状面向外移动至最大限度,向内移动过中线。③髋关节内旋、外旋:取仰卧位,下肢伸直,康复者一只手固定膝关节上方,另一只手固定踝关节上方,完成下肢轴位的旋转,足尖向内侧为外旋、向外为内旋。④髋关节后伸:取俯卧或健侧卧位,俯卧位时康复者一只手从下方托住膝关节前部,另一只手抓握踝关节上方,慢慢向上抬起;侧卧位时康复者一只手于大腿后绕于膝前,另一只手固定骨盆,慢慢向后方用力,使下肢在膝关节伸直状态下完成最大限度的后伸位。

3. 踝关节。①背屈、趾屈:取仰卧位,下肢伸展。进行背屈时,康复者一只手固定踝关节上方,另一只手握足跟,在牵拉跟腱的同时,前臂屈侧推压足底;进行趾屈时,康复者固定踝关节上方的手移到足背,在下压足背的同时,另一只手将足跟上提。②踝关节内收、外翻:取仰卧位,下肢伸直。康复者一只手固定踝关节上方,另一只手进行内、外翻动作。

(2)主动－辅助 ROM 练习。适用于肌力 2 级以上者。在外力的作用下,主动收缩肌肉来完成运动。可利用平面或训练板提供助力,肢体置于一平滑的木板或桌面,让老年人在该平面上滑动肢体达到活动关节的目的。训练中以老年人主动运动为主,任何时候只给予完成动作的最小助力,以免助力替代主动用力。关节的各方向依次进行运动,每一动作重复 10～30 次,每日 2～3 次。

(3)主动 ROM 训练。适用于肌力 3 级以上者。其目的是改善与恢复肌肉功能、关节功能和神经协调功能等。最常用的是各种徒手体操,可根据老年人关节活动受限的方向和程度设计有针对性的动作。训练时动作要平稳缓慢,尽可能达到最大的 ROM,用力到引起轻度疼痛为最大限度,关节的各方向依次活动。每一动作重复 10～30 次,每日 2～3 次。

(二)软组织牵张训练

软组织牵张训练是通过牵拉挛缩或短缩的软组织,使其恢复长度、肌张力降低、关节活动度增加的一种训练方法。常用的牵张训练方法分为被动牵张和自我牵张。

(1)被动牵张。被动牵张包括手法被动牵张和机械被动牵张。手法被动牵张由康复者对发生紧张或挛缩的组织或活动受限的关节,通过用力并控制牵张方向、速度、强度和持续时间来增加挛缩组织的长度和关节活动范围。其可分为低强度缓慢的持续牵张和高强度快速的短促牵张,前者不引起牵张反射及肌张力增高,后者易导致软组织微小损伤。机械被动牵张指借助机械装置,以低强度外在力量,较长时间作用于挛缩组织的一种方法。可采用重锤、滑轮系统、夹板等,时间至少 20～30 分钟。

(2)自我牵张。自我牵张指自己完成的一种肌肉伸展性训练,利用自身重量作为牵张力,牵张强度和持续时间与被动牵张相同。该法能使老年人独立地保持或增加关节活动度。

自我牵张涉及被动牵张和(或)主动抑制,主动抑制指在实施牵张前或牵张过程中反射性地放松肌肉并使之伸展,使阻力将至最小,适合于神经肌肉支配完整、可自主控制者。

(三)关节松动技术

关节松动技术是老年人在关节活动允许范围内完成,用来治疗关节功能障碍如疼痛、活动受限或僵硬等的一种针对性很强的手法操作技术,属于被动运动。关节松动的基本方法有摆动、滚动、滑动、旋转、分离和牵拉。关节松动技术的手法分级,以澳大利亚麦特兰德(Maitland)的分级为例可分为 4 级:Ⅰ级:在关节活动范围的起始部分做小幅度、节律性的来回松动关节的运动;Ⅱ级:在关节活动范围的中间部分做大幅度、节律性的来回松动关节的运动,但不接触关节活动的起始端和终末端;Ⅲ级:在关节活动的中、末部分做大幅度、节律性的来回松动关节的运动,每次都能接触关节活动的终末端,并能感受到关节周围软组织的紧张;Ⅳ级:在关节活动的终末端做小范围、节律性的来回松动关节的运动,每次都能接触关节活动的终末端,并能感受到关节周围软组织的紧张。Ⅰ、Ⅱ级手法用于治疗因疼痛引起的关节活动受限;Ⅲ级用于治疗关节疼痛并伴有僵硬;Ⅳ级用于治疗因周围组织粘连、挛缩而引起的关节活动受限。

(1)运动方向。平行或垂直于治疗平面的方向。治疗平面指垂直于关节面中点旋转轴线的平面。一般关节分离垂直于治疗平面,关节滑动和长轴牵引平行于治疗平面。

(2)操作力度。手法操作力度应达到关节活动受限处。如治疗疼痛时,手法应达到痛点,但不超过痛点;治疗僵硬时,手法应超过僵硬点。不同的松动速度产生的效应不同,小范围、快速度可抑制疼痛,大范围、慢速度可缓解紧张和痉挛。

(3)操作强度。活动范围大的关节如肩关节、髋关节手法强度可以大一些,移动幅度要大于活动范围小的关节,如手腕部关节。

(4)治疗时间。每一种手法重复 3～4 次,每次总的治疗时间在 15～20 分钟。根据老年人的反应,可以每天或隔 1～2 天治疗 1 次。

(5)治疗反应。一般治疗后症状有不同程度的缓解,如有轻微的疼痛多为正常的反应,通常 4～6 小时后消失,如治疗 24 小时疼痛未消失或较前加重,应调整强度或缩短治疗时间或暂停治疗 1 天。如经过 3～5 次的正规治疗症状仍无缓解或反而加重,应重新评估,调整治疗方案。

(四)肌力和耐力训练

肌力训练根据超量负荷的原理,通过肌肉的主动收缩来改善或增强肌肉的力量。肌力与耐力训练之间的差别在于所能承受负荷量的大小和次数的不同。肌力训练一般需遵循超负荷训练、渐进抗阻力训练、个体化训练、反复训练、适度疲劳等原则。

(1)助力训练。适用于肌力 1～3 级者,训练方法有:①徒手助力训练:当肌力为 1 级或 2 级时,康复者帮助老年人进行主动训练。②自助式或器械助力训练:利用健侧肢体辅助患侧运动或借助于滑轮、悬吊带、滑板等减轻重力来训练。

(2)抗阻训练。当肌力在 4 级时可进行抗阻运动,可用哑铃、沙袋、弹簧、橡皮条或者组合器械等进行。抗阻训练的方式有渐进抗阻训练、短暂最大负荷等长收缩练习、等速练习。渐进抗阻训练时先测定连续重复 10 次全幅度活动所能承受的最大阻力,即 1RM。训练分三组进行:第 1 组用 50%的 1RM 重量,第 2 组用 75%的 1RM 重量,第 3 次以 100%的 1RM

重量,分别以 10~15 次/分钟的速度做 10 次锻炼,组间休息 1 分钟,每日或隔日 1 次。最大负荷量每周重新测量 1RM 后进行调整。

(五)平衡功能训练

平衡功能是指人体能够维持稳定的能力。平衡训练是指针对老年人平衡障碍的关键因素,提高坐、站和行动时平衡能力的锻炼方法。平衡功能一般分为静态平衡(Ⅰ级平衡)、自动态平衡(Ⅱ级平衡)和他动态平衡(Ⅲ级平衡)三种。训练由静态平衡开始,逐步向自动态平衡和他动态平衡过渡。常用的训练方法有坐位平衡训练和站立平衡训练两种。

(1)坐位平衡训练。①静态平衡训练:取坐位,康复者首先帮助老年人保持静态平衡,逐渐减少辅助力量,待老年人能够独立保持静态平衡 30 分钟后,再进行动态平衡训练。②自动态平衡训练:训练身体重心向前、后、左、右各个方向活动时的动态平衡,可通过向各个方向活动、触碰物体、抛接球训练等逐渐增加难度。③他动态平衡训练:取坐位,康复者向各个方向推动老年人,刚开始推动幅度要小,待老年人能够恢复平衡后再逐渐加大推动的幅度,可通过坐于治疗床、平衡板及训练球上逐渐增加训练难度。

(2)站立平衡训练。①静态平衡训练:先进行辅助站立训练,再进行独立站立训练。辅助站立训练时可由他人扶持或者自己用助行器、拐杖等辅助器械或站立平行杆内扶助步行。站立训练时老年人面对镜子保持站立位对线关系,即头平肩水平保持平衡,上身直立,肩在髋的正上方,髋在踝前,双脚分开几厘米。②自动态平衡训练:双足分开站立,分别进行抬头向上、向两侧转动头和躯干向后看,每做完一个动作回到中间位置再做另一个动作训练。取物训练:站立,向前、向两侧方、向后取物,物体放置的位置超过手臂长度,鼓励老年人伸展至稳定极限再回来。侧方步行:手扶着墙或扶手,侧方步行训练在伸髋时使体重从一侧转移到另一侧。拾起物体:站立位,降低身体高度,朝前方、侧方、后方拾起物体或触碰物体并回来。③他动态平衡训练:保持独立站立,康复者站在老年人旁边,向不同方向推动老年人,并逐渐增加推动的力度和幅度,或根据老年人能力站在硬而大的支撑面、软而小的支撑面、活动的支撑面来增加训练的难度。

(六)协调功能训练

协调训练是指恢复平稳、准确、高效的运动能力的锻炼方法,即利用残存部分的感觉系统及视觉、听觉和触觉来促进随意运动的控制能力。协调训练包括上肢、下肢、躯干分别在卧位、坐位、站立位、步行和增加负荷的步行过程中训练。协调训练应由易到难,循序渐进。从简单的单侧动作开始,逐步过渡到比较复杂的动作;先做容易完成的大范围、快速的动作,熟练后再做小范围、缓慢的动作;先睁眼训练后闭眼训练;先从残疾较轻的一侧开始,两侧程度相同时先从右侧开始。上肢和手的训练应从动作的正确性、反应速度快慢、动作节律性等方面进行,下肢的训练主要是下肢各方向的运动和各种正确的行走步态训练。训练时先进行单块肌肉的训练,再进行多块肌肉协调动作训练。

(1)单块肌肉训练方法。一般采用头部抬高的仰卧位,要求老年人把注意力集中在所训练的肌肉上。康复者给老年人做辅助动作让其想象这一运动过程,体会肌肉运动的感觉,同时配合声音刺激,提示"用力,再用力一点"。当训练的肌肉能做有力的动作并能控制运动时,逐渐减少辅助,直至老年人能独立地完成所训练肌肉的主动收缩。

(2)多块肌肉协调动作训练方法。①轮替动作训练:如一侧手掌手背交替拍打另一手掌、足跟着地做打拍子动作、做太极拳云手动作等上下肢双侧交替动作。②定位及方向性活动训练:如指鼻、对指、接沙包、钉木板等活动。③文体活动:如跳舞、做操、自行车等。

四、音乐疗法

音乐治疗是指具有资格的音乐治疗师使用音乐和(或)音乐元素(声音、节奏、旋律和弦),通过一个有计划的过程,达到促进交流、联系、学习、迁移、表达、组织及其他相关的治疗目标,从而满足老年人在躯体、情绪、心理、社会和认知方面的需要。音乐治疗可以增进老年人的精神卫生和心理健康、缓解高血压、止痛、增进食欲和促进消化、促进康复等,对老年人的生理、心理、精神健康等方面均有作用。

(1)乐器法。在音乐治疗中乐器为一种治疗工具,在各项活动过程中驱动人各项能力的出现。乐器演奏有两种治疗模式,分别是由治疗师根据康复对象的治疗目标事先设计好的演奏模式和让康复对象自由即兴演奏的模式。

(2)歌曲法。在音乐治疗中常用的有:①选择性歌曲聆听:又可分为被动聆听和主动聆听。前者作为支持性治疗的一种,更多的是起到一种影响的作用;后者是介入式治疗中的一个步骤,结果是综合起来达到治疗的作用。②歌曲讨论:把歌曲作为一个中介,引发对康复对象的治疗动力,由旋律带出歌词,又由歌词烘托出旋律背景,两者合并即为歌曲,由治疗师或康复对象选择。③歌唱矫正:指利用歌曲中旋律和歌词的功能性以及歌唱发声的功能性,来对语言障碍者进行矫正,可以促进康复对象在语言认知、语言表达、文字书写、语言情境等方面的改善。

(3)音乐聆听想象法。主要用于心理康复治疗,也可辅助刺激功能性障碍者的认知能力。选曲必须围绕治疗目标,由治疗师选好,在音乐背景驱动下进行自发性想象或引导性联想。

(4)音乐运动法。指在音乐或特定的节奏伴奏下的一种肢体运动,可以直接有效地提高神经后遗症者的能力,可分为音乐步法训练、音乐手功能训练和音乐空间感、定向力训练。

五、美术治疗

美术治疗(art therapy)是指正遭受痛苦、创伤、生活中的挑战及寻求个人成长的人,在一种专业性的关系中治疗性地运用美术创作。在欧美等发达国家,美术治疗已发展为一项专业化的心理服务。美术治疗在我国发展较为缓慢,治疗对象主要为精神分裂患者、海洛因依赖者、情绪障碍的学生等,较少涉及老年人。美术治疗有利于提高精神病者的注意力、现实定位及人机互动,也有助于脑卒中后的老年人认识脑损伤后的变化以及损伤、能力丧失和残疾的含义等。

美术治疗的过程一般在第一次与当事人的会谈中对其进行诊断性评估,可采用当事人自由创作、治疗师布置作业或两者结合的方法。正式的治疗课主要开展美术创作、作品诠释等活动,其实质是当事人、治疗者围绕创作过程与作品进行的多维互动。在这一过程中,治疗者采取合适的技巧尤为重要,待治疗对象的行为和情绪等有明显改善后,治疗进入结束阶段。因治疗者以不同心理学理论及心理疗法为出发点,美术治疗呈现出多种不同的方法,主要有心理动力方法、心理教育、人本主义方法、系统方法、折中的方法等。

六、作业疗法

作业疗法指的是为了促进患者功能的复原,从日常生活活动、生产劳动、认知劳动中有目的和针对性地选择一些作业对患者进行治疗和训练,以缓解患者症状、改善功能状态的一种治疗方法。对于居家养老的老年人而言,作业疗法并非传统意义上的职业劳动,而是借助活动、游戏、手工艺等促进肢体功能,维持必要的日常生活能力,提高居家养老老年人生活质量的重要途径,尤其是对发生中枢神经系统损伤、骨骼运动系统损伤或术后、外周神经损伤、老年痴呆、心肺疾患,以及发生精神功能障碍如抑郁、精神分裂症的居家养老老年人,作用更加明显。

按照治疗的目的和作用,作业疗法可以分为用于增强肌力的作业、用于增加协调与平衡能力的作业、用于减轻疼痛的作业、用于增强耐力的作业、用于改善关节活动度的作业、用于改善个体整体功能的作业等。按照作业的名称,作业疗法可以分为日常生活行动、认知作业、手工艺作业、文书类作业、编织作业、书法绘画园艺作业、木工作业、治疗性游戏等。根据其功能,作业疗法可以分为功能性作业治疗、心理作业治疗、日常生活活动训练、矫形器配制和使用训练、娱乐活动、环境干预等。例如,针对偏瘫老年人的社区作业疗法包括抑制手指痉挛屈曲的作业疗法、抗痉挛体位(reflex inhibitory pattern,RIP)等内容。

(李现文)

ICS 03.100.30

A 20

浙 江 省 地 方 标 准

DB33

DB33/T 2001—2016

养老护理员培训规范

Specification for aged care workers training

2016-02-26 发布　　　　　　　　　2016-03-26 实施

浙江省质量技术监督局　　发布

目　次

前　言

本标准按照 GB/T1.1－2009 给出的规则起草。

本标准由浙江省民政厅提出并归口。本标准起草单位:杭州师范大学。

本标准主要起草人:许虹、李冬梅、刁文华、陈雪萍、楼妍、吴育红、章冬瑛、范亚峰。

养老护理员培训规范

1　范围

本标准规定了养老护理员及其师资培训的术语和定义、培训对象、培训机构、培训场地及设施、从业人员、师资队伍、培训教学、培训考核、继续培训、培训档案、培训评价和培训改进方面的内容。本标准适用于养老护理员及其师资培训。

2　规范性引用文件

下列文件对于本文件的应用是必不可少的。凡是注日期的引用文件,仅所注日期的版本适用于本文件。凡是不注日期的引用文件,其最新版本(包括所有的修订版)适用于本文件。

《养老护理员国家职业标准》(2011 年修订版)

《养老护理员培训基地和鉴定站基础标准(试行)》

3　术语和定义

下列术语和定义适用于本文件。

3.1　养老护理员　aged care workers

对老年人生活进行照顾、护理的服务人员。

3.2　养老护理师资　trainers of aged care workers

接受过专门的教育和培训,具有养老护理相关的专业理论知识、实际操作和教学技能,能够承担养老护理员培训的人员。

3.3　职业培训　vocational training

以培养和提高养老护理员及师资职业能力为目的的教育培训活动。

3.4　职业资格培训　vocational qualification training

为满足养老护理员及师资上岗前取得上岗资格的需要,对其进行的教育培训活动。

3.5　职业素养　professional quality

养老护理职业内在的规范和要求,是在养老护理职业过程中表现出来的综合品质,包含职业道德、职业技能、职业行为、职业作风和职业意识等。

3.6　生活照料　daily care

为老年人提供饮食、排泄、睡眠、清洁照料等的服务。

3.7 基础护理 fundamental nursing

为老年人提供用药照料、冷热应用、遗体照料、应急救护、临终关怀、消毒防护、护理评估、护理计划、护理干预、环境设计、技术创新的基本理论、基本知识和基本技能。

3.8 康复护理 rehabilitation nursing

以康复学与护理学为基础,对老年残疾者或失能者进行训练和再训练,减轻致残因素造成的不便,以尽量提高其活动能力,达到基本生活能自理、重新参加社会活动等效果的护理过程。

3.9 心理护理 mental nursing

以心理学的理论为指导,以良好的人际关系为基础,运用心理学的方法,通过语言和非语言的沟通,改变老年人不良的心理状态和行为,促进康复或保持健康的护理过程。

3.10 养老文化 the culture of support

家庭或社会为老年人提供物质赡养、生活照料、精神慰藉等养老资源方面的思想观念、社会伦理、价值取向和制度规范。

3.11 智慧养老 smart care for the aged

利用信息技术等现代科技技术,围绕老年人的生活起居、安全保障、医疗卫生、保健康复、娱乐休闲、学习分享等各方面支持老年人的生活服务和管理,对涉及老年人的信息自动监测、预警以及主动处置,实现这些技术与老年人的友好、自主式、个性化智能交互。

3.12 健康管理 older health management

对老年人健康进行全面的评估、分析、干预,预防各种疾病的发生、发展,维持并促进老年人健康的过程。

4 培训对象

4.1 养老护理员

4.1.1 从事或准备从事养老护理工作的人员,具有初中及以上文化水平。

4.1.2 需提升职业等级及养老护理能力的养老护理员。

4.1.3 按《养老护理员国家职业标准》中申请职业鉴定所要达到的培训要求,需参加培训的各职业等级的养老护理员。

4.1.4 对承担居家老人照护的其他人员。

4.2 养老护理师资

4.2.1 各类大专院校或培训机构中具有 2 年及以上相关职业专业教学经验的讲师及其以上职称教师。

4.2.2 养老护理员职业技能培训机构中具有相关技术水平和语言表达能力的高级技术人员。

4.2.3 从事养老护理员职业 5 年及以上的养老机构业务骨干人员或在全国、全省养老护理技能大赛中取得成绩的养老护理员。

5 培训机构

5.1 机构性质

5.1.1 能够承担养老护理员及其师资培训,并具有独立法人资格的办学实体或承担培训等相关业务的法人。

5.1.2 具有符合本规范规定的师资、场地、设施设备及教学培训经验等的相关院校或培训机构。

5.2 资质

5.2.1 培训机构自行申请培训资格。

5.2.2 符合相关政府部门的规定,具备年培训规模不少于 200 人次的能力。

5.3 管理制度

5.3.1 具有师资管理制度、学员管理制度、教学管理制度、教学设施设备管理制度、档案管理制度。

5.3.2 具有培训计划、培训规程、培训组织及评价考核制度。

5.3.3 具有财务管理制度、卫生与安全管理办法。

6 培训场地及设施

6.1 理论培训场地及设施

6.1.1 学员人均使用面积不少于 $3m^2$,每间面积不小于 $60m^2$,总面积满足培训规模的需要。

6.1.2 应整洁、干净、安全;多媒体电教设备齐全,含电脑、上网口及网线、投影仪、扩音设备;具备条件的可以设录音、录像设备。

6.2 技能操作培训场地及设施

6.2.1 学员人均使用面积不少于 $6m^2$,至少有 $120m^2$ 技能操作培训场地,总面积满足培训规模的需要。

6.2.2 应整洁、干净、安全,便于开展互动式教学、演示、情景模拟等活动。

6.2.3 技能操作培训教室中的专用通用器材、设备和物品的配备应符合《养老护理员培训基地和鉴定站基础标准(试行)》中的要求。

6.3 培训办公场所及设施

6.3.1 应设置与培训规模相适应的服务接待场所。

6.3.2 接待服务场所各类物品和设施需整洁、有序,并定期对其进行消毒和维护。

6.4 食宿场所

6.4.1 招收住宿学员,食宿场所应符合公安、环保、消防、卫生等有关部门的规定。

6.4.2 食宿条件能够满足培训规模需要。

7 从业人员

7.1 满足培训规模的需要。

7.2 专职或兼职行政管理人员需熟悉国家及省的培训方针政策和法律法规,且不少于1人。

7.3　专职或兼职财务人员需具备财务管理经验和会计从业资格证书，且不少于1人。

7.4　专职或兼职后勤人员不少于1人。

8　师资队伍

8.1　职业素养

8.1.1　热爱养老护理教育事业，具有良好的职业道德，遵守基本的职业守则。

8.1.2　具备丰富的养老护理基础知识、专业知识和扎实的职业技能。

8.2　资质要求

8.2.1　培训各职业等级养老护理员的教师要求如下：

——培训五级（初级）养老护理员的教师，应具有本职业三级（高级）职业资格证书或相关专业中级及以上专业技术职务任职资格；

——培训四级、三级（中级、高级）养老护理员的教师，应具有本职业二级（技师）职业资格证书或相关专业高级专业技术职务任职资格；

——培训养老护理员二级（技师）的教师，应具有本职业二级（技师）职业资格证书3年及以上或相关专业高级专业技术职务任职资格3年及以上。

8.2.2　培训养老护理师资的教师要求如下：

——持有相关政府部门颁发的该行业师资资格证书；

——具有本职业技师职业资格证书3年及以上者，或具有（医学、护理学、管理学、社会学等）相关专业高级专业技术职务任职资格3年及以上者；

——从事教育或培训工作2年及以上者。

8.3　教师人数配置

8.3.1　专职培训教师需4人以上，根据实际需求配备理论教师和技能操作指导教师。

8.3.2　外聘教师人数根据培训规模自定。

9　培训教学

9.1　教学计划

9.1.1　培养目标应符合养老护理发展的需求，培养具有良好的职业道德和扎实的养老护理理论基础、专业知识及专业技能的养老护理人才。

9.1.2　制定科学、合理的教学大纲和考核大纲。

9.1.3　培训教材依据培训内容编写和选用，并体现教学目标和课程特点。

9.1.4　养老护理员及其师资的培训内容按职业等级进行分级培训，依次递进，并与教学目标、形式和一定的条件支持匹配。

9.2　课程设置

9.2.1　根据教学大纲制定课程，养老护理员基础知识培训内容（具体见附录A）；各职业等级养老护理员培训内容（具体见附录B）；养老护理师资培训内容（具体见附录C）；养老护理师资培训比重表（具体见附录D）。

9.2.2　各职业等级养老护理员培训学时（每一个标准学时为45～50分钟）如下：

——五级（初级）养老护理员培训学时不少于180个标准学时；

——四级（中级）养老护理员培训学时不少于150个标准学时；

　　——三级(高级)养老护理员培训学时不少于 120 个标准学时;

　　——二级(技师)养老护理员培训学时不少于 90 个标准学时;

　　——养老护理师资培训学时不少于 90 个标准学时。

10　培训考核

10.1　考核方式

10.1.1　养老护理员分为理论知识考试和技能操作考试,考试均实行百分制。

10.1.2　养老护理师资除理论知识考试和技能操作考试外,还需进行教学能力测试,考试均实行百分制。

10.2　考评人员与考生配比

10.2.1　理论知识考试考评人员与考生配比为 1:25,每个标准教室不少于 2 名考评人员。

10.2.2　技能操作考试考评人员与考生配比为 1:10,且不少于 3 名考评人员。

10.2.3　教学能力测试考评人员与考生采取面对面考核形式,每次测试一名学员,且不少于 3 名考评人员。

10.3　考核时间

　　理论知识考试时间为 90 分钟;技能操作考试时间不少于 30 分钟;教学能力测试时间不少于 20 分钟。

10.4　考核结果

10.4.1　养老护理员的理论知识考试与技能操作考试成绩皆达 60 分及以上者,颁发培训机构签发的培训合格证书。

10.4.2　养老护理师资理论知识考试、技能操作考试、教学能力测试成绩皆达 60 分及以上者,颁发培训机构签发的养老护理师资资格证书。

11　继续培训

11.1　培训合格后每两年接受继续培训,以不断更新知识和技能。

11.2　建立继续培训管理系统、登记手册,每次培训后登记学分。

12　培训档案

12.1　建立培训机构学员培训档案、培训管理档案和培训知识储备档案,各类档案的管理期限按《中华人民共和国档案法》执行。

12.2　档案采用电子和纸质管理方式。

13　培训评价

13.1　评价主体

13.1.1　管理部门对培训机构进行评价。

13.1.2　培训机构自我评价。

13.1.3　养老护理服务对象或家属。

13.1.4　第三方评价。

13.2　评价内容

13.2.1　培训过程评价包括:

——课程设置满意度；

——师资水平满意度；

——授课内容和授课方式满意度；

——组织管理满意度；

——后勤服务满意度。

13.2.2 培训效果评价包括：

——培训后学员考核合格率；

——学员所在单位对培训质量与效果的满意率。

13.3 评价方式

意见征询、问卷调查、访谈、实地考察等。

14 培训改进

14.1 建立问题反馈系统，根据评价适时作出质量改进。

14.2 按"PDCA"循环（策划-Plan、实施-Do、检查-Check、改进-Act 四个环节），持续改进培训服务管理体系。

附录 A
（规范性附录）
养老护理员基础知识培训内容

养老护理员基础知识培训内容见表 A.1。

表 A.1　养老护理员基础知识培训内容

培训模块	培训内容	教学目标	学时安排	教学方法
职业道德	职业道德基本知识	识记：1.能正确简述道德的内涵、特点、作用 2.能正确简述职业道德的内涵、基本要素、特征和作用	5	讲授法、案例分析法、角色扮演法、网络学习法
	养老护理员职业守则	识记：能正确简述养老护理员职业守则的内容		
养老护理员职业要求	养老护理员职业工作须知	识记：能正确简述养老护理员的职业定位和工作内容	4	讲授法、情景教学法、角色扮演法、网络学习法
	养老护理员服务礼仪规范	识记：能正确简述养老护理员各种礼仪的规范性要求		
	养老护理员个人防护知识	识记：1.能正确简述养老护理员个人防护的相关知识 2.能正确简述养老护理员自我照顾的相关知识		
老年人护理基础知识	生理特点	识记：1.能正确简述人体基本结构和系统的功能 2.能正确简述老年人的生理特点	4	讲授法、讨论法、案例教学法、网络学习法
	心理特点	识记：能正确简述老年人的心理特点		
	护理特点	识记：能正确简述老年人的护理特点		
	常见疾病护理知识	识记：能正确简述老年人常见慢性疾病及其护理要求		
	营养需求及饮食种类	识记：能正确简述老年人饮食营养需求及饮食种类的相关知识		
老年人护理方法	一般情况观察	识记：1.能正确简述老年人一般情况的观察方法 2.能正确简述老年人生活经历、生活能力的观察方法	4	讲授法、讨论法、角色扮演法、案例教学法、网络学习法
	护理记录方法	识记：1.能正确简述老年人护理记录的内容 2.能正确简述老年人护理记录应注意的问题 理解：能准确概述对老年人进行评估、制定护理计划的方法		

表 A.1　养老护理员基础知识培训(续)

培训模块	培训内容	教学目标	学时安排	教学方法
老年人护理方法	基本救助方法	理解:能准确概述老年人基本救助的方法		
	老年人常见冲突和压力处理方法	理解:能准确概述老年人常见冲突和压力的处理方法		
安全卫生、环境保护	安全防护规范及相关知识	识记:能正确简述老年人、养老机构安全防护基本规范 理解:能准确概述养老护理员安全防护基本规范及其相关知识	4	讲授法、讨论法、案例教学法、网络学习法
	卫生防护知识	识记:能正确简述老年人卫生防护基本内容及其相关知识		
	环境保护知识	识记:能正确简述老年人环境保护相关知识		
	居室整理及消毒隔离知识	识记:能正确简述老年人居室整理及消毒隔离相关知识		
相关政策、法律法规	国家颁布的老年人相关政策,以及《老年人权益保障法》、《劳动法》、《劳动合同法》、《消防法》、养老机构服务标准等相关知识	识记:能正确简述国家颁布的老年人相关政策,以及《老年人权益保障法》、《劳动法》、《劳动合同法》、《消防法》、养老机构服务标准等相关知识	4	讲授法、讨论法、案例教学法、网络学习法
养老文化	养老文化的概述	识记:1.能正确简述养老文化的理念 2.能正确简述传统养老文化的内涵与特征 理解:能准确概述我国传统养老文化的精华与糟粕	5	讲授法、讨论法、网络学习法
	中国养老文化的发展	理解:能准确概述中国养老文化面临的挑战 运用:能运用所学知识,结合时代的发展要求,为构建现代和谐养老文化提出建设性意见		
	新型养老文化建设	运用:能运用所学知识,探索新型养老文化建设的途径		
智慧养老	国内外智慧养老概况	识记:能正确简述国内外智慧养老的概况	12	讲授法、讨论法、网络学习法
	智慧养老模式	理解:能准确概述智慧养老的内涵与模式		
	智慧养老服务系统的组成	识记:能正确简述智慧养老服务系统的主要组成部分		

表 A.1　养老护理员基础知识培训(续)

培训模块	培训内容	教学目标	学时安排	教学方法
智慧养老	智慧养老服务系统的功能	理解:能准确概述智慧养老服务系统的功能 运用:能运用所学知识,正确指导或帮助老年人利用智慧养老服务系统进行预约挂号、远程教育等服务		
	智慧养老服务系统的使用	理解:能准确概述智慧养老服务系统的信息收集、分析、服务供给的过程 运用:能运用所学知识,通过智慧养老服务系统进行老年人生命体征的观察、老年人活动位置的定位等,并能针对发出的预警信息采取有效处理措施		
	智慧养老护理管理	运用:能运用所学知识,利用养老护理服务系统中的养老护理员终端,对养老护理员的工作进行监控与指导		
小计			42	

附录 B
（规范性附录）
各职业等级养老护理员培训内容

B.1 五级(初级)养老护理员理论培训内容见表 B.1。

表 B.1 五级(初级)养老护理员理论培训内容

培训模块	培训内容	教学目标	学时安排	教学方法
一、生活照料	饮食照料	识记：1.能正确简述老年人进食体位和治疗饮食的概念 2.能正确简述老年人饮食种类及有益健康的饮品种类、目的及治疗饮食的特点 理解：能准确概述老年人进食体位摆放目的及进食体位的种类、饮食结构 运用：能运用所学知识，准确观察老年人吞咽困难、进食呛咳的异常情况	10	讲授法、演示法、角色扮演法、案例教学法、讨论法、网络学习法
	排泄照料	识记：1.能正确简述老年人排泄异常的观察方法 2.能正确简述影响排便的环境因素及规律排便的方法 3.能正确简述床上使用的便器种类 4.能正确简述尿垫与纸尿裤的种类和适用范围 5.能正确简述开塞露药物的作用机制及适应征 理解：1.能准确概述老年人排泄异常的护理 2.能准确概述老年人便器的使用方法 3.能准确概述老年人尿失禁的照料 4.能准确概述二便标本采集原则 5.能准确概述老年人排泄物异常的观察方法 6.能准确概述解除便秘的常用方法 7.能准确概述老年人呕吐的照料方法 运用：能运用所学知识，正确有效地照料呕吐、排泄异常的老年人	15	讲授法、演示法、角色扮演法、案例教学法、讨论法、网络学习法
	睡眠照料	识记：能正确简述老年人的睡眠特点 理解：1.能准确概述营造老年人睡眠环境并做好睡眠准备的方法 2.能准确概述老年人睡眠观察要点 运用：能运用所学知识，帮助老年人养成良好的睡眠习惯	5	讲授法、演示法、角色扮演法、案例教学法、讨论法、网络学习法

表 B.1　五级(初级)养老护理员理论培训内容(续)

培训模块	培训内容	教学目标	学时安排	教学方法
一、生活照料	清洁照料	识记:1.能正确简述老年人身体清洁的目的 2.能正确简述仪容仪表概念及其对老年人的积极意义 3.能正确简述身体沐浴的种类 4.能正确简述老年人头发养护的方法 5.能正确简述老年人口腔健康的标准 6.能正确简述老年人保持口腔健康的方法 7.能正确简述义齿清洗、存放的原则 8.能正确简述清洁会阴的目的 9.能正确简述会阴清洗的范围 10.能正确简述压疮的预防知识、观察要点 理解:1.能准确概述老年人生活环境照料内容 2.能准确概述老年人居室卫生要求 3.能准确概述更换被服要求 4.能准确概述老年人口腔清洁的方法 5.能准确概述佩戴义齿的注意事项及义齿的摘取和佩戴方法 6.能准确概述老年人的洗发要求 运用:1.能运用所学知识,帮助老年人正确摘取和佩戴义齿 2.能运用所学知识,指导老年人穿适宜的衣、裤、鞋、袜 3.能运用所学知识,预防老年人压疮	20	讲授法、演示法、角色扮演法、案例教学法、讨论法、网络学习法
二、基础护理	应急救护	识记:能正确简述急救的定义、原则、注意事项 理解:1.能准确概述老年人常见撞伤、跌伤、磕伤等初步的处理方法及常见止血方法 2.能准确概述老年人创伤常用的包扎材料与包扎方法 3.能准确概述老年人跌倒的表现及危险因素,以及老年人跌倒后的正确处理方法 4.能准确概述老年人四肢骨折的表现以及常用固定方法 5.能准确概述老年人常用的移动辅具 6.能准确概述搬运骨折老年人的常用方法 7.能准确概述心肺复苏术的方法 运用:1.能运用所学知识,进行初步消毒、止血、包扎、固定、搬运等应急救护 2.能运用所学知识,进行徒手心肺复苏抢救	8	讲授法、演示法、角色扮演法、讨论法、网络学习法

表 B.1　五级(初级)养老护理员理论培训内容(续)

培训模块	培训内容	教学目标	学时安排	教学方法
二、基础护理	用药照料	识记:1.能正确简述常用口服药的剂型及用药原则 2.能正确简述常用药物的不良反应 理解:1.能准确概述老年人常备药的种类及保管方法 2.能准确概述非自理老年人的给药方法 运用:1.能运用所学知识,正确完成督促、协助老年人按时用药 2.能运用所学知识,及时、正确告知本人、家属补充老年人的自备药,并能正确判断老年人用药后的不良反应	6	讲授法、演示法、讨论法、网络学习法
	冷热应用	识记:1.能正确简述老年人皮肤生理特点 2.能正确简述取暖物品的类型及皮肤异常变化的观察要点 3.能正确简述老年人使用热水袋的注意事项 4.能正确简述老年人湿热敷的方法及应用范围 理解:1.能准确概述老年人使用热水袋时的温度控制、使用方法 2.能准确概述老年人湿热敷的禁忌 3.能准确概述老年人湿热敷的温度控制 运用:能运用所学知识,正确应用冷热疗法	9	讲授法、演示法、讨论法、网络学习法
	遗体照料	识记:1.能正确简述清洁遗体的目的 2.能正确简述整理遗物的原则 理解:1.能准确概述清洁遗体的方法 2.能准确概述遗体料理的操作要求 运用:能运用所学知识,完成遗体照料	5	讲授法、演示法、网络学习法
三、康复护理	康乐活动	识记:1.能正确简述手工活动的目的和方法 2.能正确简述娱乐游戏活动的作用和技巧	5	讲授法、演示法、讨论法、网络学习法
	活动保护	识记:能正确简述拐杖、轮椅及平车等的作用、种类 理解:能准确概述拐杖、轮椅及平车等的使用方法 运用:能运用所学知识,指导老年人使用辅助工具,预防跌倒		
四、健康管理	健康管理的基本步骤	理解:能准确概述健康管理的基本步骤	2	讲授法、讨论法、案例教学法、网络学习法
	健康管理的基本内容	理解:能准确概述健康管理的基本内容		
小计			85	

B.2　五级(初级)养老护理员技术操作培训内容见表 B.2。

表 B.2　五级(初级)养老护理员技术操作培训内容

培训模块	培训内容	技能操作	教学目标	学时安排	教学方法
一、生活照料	饮食照料	喂食	1.能为老年人摆放进食体位 2.能协助老年人进食进水 3.能观察老年人进食、进水的种类和量,报告并记录异常变化 4.能根据已知老年人疾病情况发放治疗饮食 5.能协助呕吐的老年人变换体位	12	演示法、操作练习法、回示法、网络学习法
	排泄照料	协助如厕	能帮助老年人正常如厕	18	
		尿壶、便盆使用	能帮助卧床老年人使用便器排便		
		更换纸尿裤	能为老年人更换一次性尿布、纸尿裤		
		简易通便术	能使用开塞露辅助老年人排便		
		粪便、尿标本采集术	能采集老年人的二便标本		
	睡眠照料	睡眠照料	1.能为老年人布置睡眠环境 2.能观察老年人睡眠状况,报告并记录异常变化	6	
	清洁照料	铺床	能为老年人整理、更换床单元	24	
		穿脱衣裤	能为老年人更衣		
		一般口腔护理	能为老年人清洁口腔		
		义齿护理	能为老年人摘戴、清洗义齿		
		洗脸、梳头 床上洗头、洗脚	能为老年人做好晨间梳洗、坐位洗发、床上洗发		
		淋浴 床上擦浴 修剪指(趾)甲	1.能为老年人清洁身体 2.能为老年人修饰仪表仪容		
		清洁会阴	能为老年人清洁会阴		
		翻身	能为卧床老年人翻身,并观察皮肤变化,报告并记录异常变化		

表 B.2 五级(初级)养老护理员技术操作内容(续)

培训模块	培训内容	技能操作	教学目标	学时安排	教学方法
二、基础护理	应急救护	止血、包扎	能对老年人外伤进行初步应急止血	9	演示法、操作练习法、回示法、网络学习法
		固定	能配合医护人员对老年人骨折部位进行固定		
		搬运	能配合医护人员搬运骨折老年人		
		跌倒现场处理	能采取正确方法处理老年人跌倒		
		心肺复苏术	能为心跳骤停的老年人进行初步现场心肺复苏		
	用药照料	口服给药	1.能帮助老年人正确服药 2.能观察老年人用药后的反应,记录并报告 3.能检查常用药是否过期并及时处理	6	
	冷热应用	热水袋使用	能使用热水袋为老年人入睡时保暖	6	
		热湿敷	1.能为老年人进行湿热敷 2.能观察老年人皮肤异常情况,报告并记录		
	遗体照料	尸体护理	1.能进行老年人遗体料理 2.能进行老年人遗物整理	9	
三、康复护理	康乐活动	示范康乐活动	1.能教会并带领老年人进行手工活动 2.能带领老年人进行健身娱乐活动	4	
	活动保护	拐杖使用 轮椅使用 平车使用	1.能教会老年人使用轮椅、拐杖等辅助器进行活动 2.能使用轮椅辅助老年人进行活动 3.能使用轮椅、平车等工具转运搬移老年人	6	
小计				100	

B.3　四级(中级)养老护理员理论培训内容见表 B.3。

表 B.3　四级(中级)养老护理员理论培训内容

培训模块	培训内容	教学目标	学时安排	教学方法
一、生活照料	饮食照料	识记:1.能正确简述鼻饲的定义和常用鼻饲饮食 2.能正确简述噎食、误吸的基本知识 理解:能准确概述鼻饲管在胃内的确定方法 运用:能运用所学知识,针对噎食、误吸迅速做出正确急救措施	5	讲授法、演示法、角色扮演法、讨论法、网络学习法
	排泄照料	识记:1.能正确简述老年人便秘的相关知识 2.能正确简述留置导尿的相关知识 3.能正确简述肠造瘘的概念和适用对象 理解:1.能准确概述人工取便的基本知识 2.能准确概述肠造瘘口的护理措施 3.能准确概述老年人正常尿液的性状 4.能准确概述更换尿袋的要求、方法 5.能准确概述留置导尿的老年人尿量及颜色的观察要点 运用:能运用所学知识,正确判断老年人异常尿液的性状	10	
	睡眠照料	识记:1.能正确简述老年人常见的睡眠障碍 2.能正确简述老年人常见的不良睡眠习惯 理解:1.能准确概述影响老年人睡眠的环境因素 2.能准确概述老年人睡眠障碍的照料方法 运用:能运用所学知识,正确指导老年人改善不良的睡眠习惯	8	
	清洁照料	识记:1.能正确简述口腔护理的相关知识 2.能正确简述隔离的相关知识 3.能正确简述终末清洁消毒的概念、种类及方法 4.能正确简述床旁隔离的概念和要求 理解:能准确概述老年人常见的口腔护理问题 运用:能运用所学知识,正确进行消毒隔离工作	7	
二、基础护理	应急救护	理解:1.能准确概述老年人异物卡喉及进入呼吸道、消化道的表现和急救要点 2.能准确概述老年人烫伤的表现及急救要点 3.能准确概述老年人触电的现场急救措施 4.能准确概述老年人煤气中毒的表现及现场急救措施 5.能准确概述老年人中暑的表现及现场急救措施 6.能准确概述老年人心跳骤停的表现及心肺复苏术的步骤和要点 运用:能运用所学知识,紧急处理老年人窒息、烫伤、触电、煤气中毒等意外伤害,并对心跳、呼吸骤停的老年人实施心肺复苏术	10	讲授法、演示法、讨论法、案例分析法、网络学习法

表 B.3 四级(中级)养老护理员理论培训内容(续)

培训模块	培训内容	教学目标	学时安排	教学方法
二、基础护理	用药照料	识记:1.能正确简述雾化吸入的概念 2.能正确简述常用外用药的相关知识 3.能正确简述压疮的相关知识 理解:1.能准确概述雾化吸入给药的目的、方法 2.能准确概述引发老年人压疮的因素及处理措施 3.能准确概述眼、耳、鼻等外用药的使用方法 运用:能运用所学知识,正确掌握不同给药途径外用药的使用方法	10	讲授法、演示法、讨论法、网络学习法
	冷热应用	识记:1.能正确简述体温的正常值、影响因素及测量方法 2.能正确简述温水擦浴的概念 理解:1.能准确概述物理降温的作用及影响因素 2.能准确概述温水擦浴的要求 3.能准确概述冰袋使用的种类与使用方法 运用:能运用所学知识,正确实施体温的测量、物理降温	10	讲授法、演示法、讨论法、网络学习法
	临终关怀	识记:1.能正确简述临终关怀的概念、目的和特点 2.能正确简述临终老年人家属的心理压力来源 3.能准确简述肢体语言的内容和要求 理解:1.能准确概述临终老年人的心理变化特点 2.能准确概述临终老年人家属的安慰方法 运用:能运用所学知识,正确有效地进行临终关怀	10	
三、康复护理	康乐活动	识记:1.能正确简述健身器材的概念、分类和目的 2.能正确简述体位转换的概念和目的 理解:能准确概述使用健身器材的原则 运用:能运用所学知识,正确协助体位转换	5	讲授法、演示、角色扮演法、网络学习法
	功能锻炼	识记:能正确简述老年人常见的异常步态 理解:能准确概述老年人穿脱衣服训练的方法 运用:能运用所学知识,正确帮助失能老年人进行站立、行走等活动		
四、健康管理	健康状况的检测和信息收集	运用:能运用所学知识,正确完成老年人健康状况的检测和健康信息的收集	2	讲授法、演示法、讨论法、网络学习法
小计			77	

B.4　四级(中级)养老护理员技术操作培训内容见表 B.4。

表 B.4　四级(中级)养老护理员技术操作培训内容

培训模块	培训内容	技能操作	教学目标	学时安排	教学方法
一、生活照料	饮食照料	鼻导管喂食技术	能照料带鼻饲管的老年人进食	8	演示法、操作练习法、回示法、网络学习法
		噎食、误吸急救术	能对发生噎食、误吸的老年人采取相应的紧急救助措施		
	排泄照料	人工取便术	能使用人工取便的方法辅助老年人排便	12	
		尿袋更换术	1.能为留置导尿的老年人更换尿袋 2.能观察留置导尿老年人的尿量及颜色并记录		
		粪袋更换术	能为有肠造瘘的老年人更换粪袋		
	睡眠照料	睡眠照料	1.能识别影响老年人睡眠的环境因素 2.能照料有睡眠障碍的老年人入睡 3.能指导老年人改变不良的睡眠习惯		
	清洁照料	特殊口腔护理	能为老年人进行口腔护理	10	
		床旁隔离技术	能对老年人进行床旁消毒隔离		
		清洁消毒	能对老年人房间进行终末清洁消毒		
二、基础护理	应急救护	海姆利克急救法	能紧急应对老年人异物卡喉及异物进入消化道、呼吸道	10	演示法、操作练习法、回示法、网络学习法
		烫伤现场处理	能正确紧急处理老年人烫伤		
		触电现场处理	能正确快速地切断电源,使老年人脱离电源		
		煤气中毒现场处理	能正确快速使老年人脱离煤气中毒现场		
		中暑急救	能正确处理老年人中暑		
		心肺复苏术	能准确判断老年人是否心跳骤停,并正确实施心肺复苏术		
	用药照料	雾化吸入术	能为老年人进行雾化吸入	10	演示法、操作练习法、回示法、网络学习法
		滴入术	能为老年人使用眼、耳、鼻等外用药		
		Ⅰ度压疮护理	能为Ⅰ度压疮的老年人提供护理		
	冷热应用	体温测量	能为老年人测量体温	10	
		冰袋的使用	能用冰袋为高热老年人进行物理降温		
		温水擦浴	能用温水擦浴为高热老年人进行物理降温		
	临终关怀	临终护理	1.能运用肢体语言为临终老年人提供慰藉支持 2.能为临终老年人及其家属提供精神安慰支持	15	

表 B.4　四级(中级)养老护理员技术操作培训内容(续)

培训模块	培训内容	技能操作	教学目标	学时安排	教学方法
三、康复护理	康乐活动	辅助使用健身器材	能教老年人使用健身器材	7	演示法、操作练习法、回示法、网络学习法
		变换卧位	能帮助老年人进行床上体位转换		
	功能锻炼	穿脱衣裤	能帮助老年人进行穿脱衣服训练	8	
		简单的康复训练	能帮助老年人进行站立、行走活动		
小计				100	

B.5 三级(高级)养老护理员理论培训内容见表 B.5。

表 B.5 三级(高级)养老护理员理论培训内容

培训模块	培训内容	教学目标	学时安排	教学方法
一、生活照料	饮食照料	识记:1.能正确简述影响老年人饮食的因素 2.能正确简述老年人进食、进水困难的表现 3.能正确简述适宜不同病症的治疗饮食 理解:1.能准确概述老年人常见的不良饮食习惯 2.能准确概述老年人进食、进水困难的原因 3.能准确概述老年人治疗饮食的落实内容 运用:能运用所学知识,正确检查治疗饮食的落实情况	9	讲授法、演示法、角色扮演法、讨论法、网络学习法
	排泄照料	识记:1.能正确简述老年人便秘、大便失禁的表现 2.能正确简述老年人排尿异常的表现及常见原因 3.能正确简述老年人呕吐的原因 4.能正确简述老年人呕吐物的性质 理解:1.能准确概述老年人二便异常的分析方法 2.能准确概述老年人二便异常的常见原因 3.能准确概述老年人呕吐的应对措施 运用:能运用所学知识,正确分析判断老年人二便异常	6	讲授法、演示法、讨论法、网络学习法
二、基础护理	消毒防护	识记:能正确简述常用的消毒监测标准 理解:1.能准确概述监测老年人居室消毒效果的常用方法 2.能准确概述紫外线灯的使用方法及注意事项 3.能准确概述常用消毒液的配制方法 运用:能运用所学知识,准确配制常用消毒液并正确使用	12	讲授法、演示法、网络学习法
	应急救护	理解:1.能准确概述老年人突然倒下的观察与急救要点 2.能准确概述老年人发生心、脑血管意外的表现及急救要点 3.能准确概述老年人哮喘发作的表现、急救要点 4.能准确概述急危重症老年人的观察要点 6.能准确概述老年人缺氧的表现 7.能准确概述安全使用氧气筒的注意事项 8.能准确概述老年人氧气吸入的操作方法及注意事项 9.能准确概述老年人吸痰的指征、操作方法 10.能准确概述老年人心肺复苏的流程、注意事项	20	讲授法、演示法、角色扮演法、讨论法、案例分析法、网络学习法
三、康复护理	康乐活动	识记:能正确简述智力障碍及痴呆的概念 理解:1.能准确概述健身康复操的作用及要求 2.能准确概述老年性痴呆的临床表现 3.能准确概述智力障碍的老年人康复训练方法 运用:能运用所学知识,正确指导老年人健身康复操	5	讲授法、演示法、角色扮演法、讨论法、网络学习法
	功能锻炼	识记:1.能正确简述肢体障碍的概念和评定标准 2.能正确简述压力性尿失禁的概念 理解:1.能准确概述肢体障碍老年人功能训练的方法 2.能准确概述压力性尿失禁功能训练的方法	5	

表 B.5　三级(高级)养老护理员理论培训内容(续)

培训模块	培训内容	教学目标	学时安排	教学方法
四、心理护理	心理疏导	识记:能正确简述老年人正常的心理变化特点 理解:能准确概述老年人心理异常的常见表现 运用:1.能运用所学知识,正确运用语言心理疏导的常用技巧 2.能运用所学知识,正确运用非语言心理疏导的常用技巧	5	讲授法、演示法、角色扮演法、讨论法、网络学习法
	心理保健	识记:1.能正确简述老年人心理健康的标准 2.能正确简述休闲娱乐活动对老年人的意义 理解:能准确概述老年人心理保健的要点 运用:能运用所学知识,正确选择适于老年人的休闲娱乐活动项目	5	
五、培训指导	培训	识记:1.能正确简述基础培训知识 2.能正确简述培训教案基本知识 理解:1.能准确概述培训教案编写方法 2.能准确概述基础培训技巧 运用:能运用所学知识,正确运用基础培训技巧	3	讲授法、演示法、角色扮演法、讨论法、网络学习法
	指导	识记:能正确简述实践指导一般知识 理解:能准确概述实践指导方法	2	
六、健康管理	健康管理评估	理解:能准确概述各种评估报告结果对老年人健康的影响 运用:能运用所学知识,正确实施老年人的生理健康评估、心理健康评估、社会功能评估、生活质量评估,并发现影响老年人健康的危险因素	7	讲授法、演示法、角色扮演法、讨论法、网络学习法
	健康管理计划	运用:能运用所学知识,制定老年人健康管理计划、提供健康指导		
小计			79	

B.6　三级(高级)养老护理员技术操作培训内容见表 B.6。

表 B.6　三级(高级)养老护理员技术操作培训内容

培训模块	培训内容	技能操作	教学目标	学时安排	教学方法
一、生活照料	饮食照料	进食指导	1.能识别老年人进食、进水困难的基本原因 2.能对老年人不良饮食习惯提出改善建议 3.能检查老年人治疗饮食的落实情况	12	演示法、操作练习法、回示法、网络学习法
	排泄照料	二便观察	能识别老年人二便异常的基本原因	8	
		呕吐护理	能对呕吐的老年人采取应对措施		
二、基础护理	消毒防护	消毒处理	1.能实施老年人房间消毒 2.能监测老年人居室的消毒结果	12	演示法、操作练习法、回示法、网络学习法
	应急救护	心、脑血管意外现场急救	能初步识别老年人发生心、脑血管意外的表现,并实施初步现场急救	28	演示法、情景教学法、操作练习法、回示法、网络学习法
		哮喘发作急救	能为或帮助老年人紧急使用哮喘药物		
		氧气吸入	能协助为老年人进行氧气吸入		
		心肺复苏术	能为心跳骤停老年人进行现场心肺复苏,并组织实施心肺脑复苏		
三、康复护理	康乐活动	健身操锻炼	1.能辅导老年人完成健身康复操 2.能协助智力障碍的老年人进行康复训练	7	演示法、操作练习法、回示法、网络学习法
	功能锻炼	肢体功能锻炼	能帮助肢体障碍老年人进行功能康复训练	8	
		二便功能康复训练	能帮助压力性尿失禁的老年人进行功能训练		
四、心理护理	心理疏导	心理疏导	1.观察并发现老年人心理变化的原因 2.能针对老年人的异常情绪实施心理疏导	7	演示法、情景教学法、回示法、网络学习法
	心理保健	心理保健	1.能对老年人及家属进行心理健康宣教 2.能根据老年人的兴趣,带动老年人进行活动	8	
五、培训与指导	培训	培训	1.能制订初级养老护理员的培训计划 2.能编写初级养老护理员培训教案 3.能开展初级养老护理员的基础培训	6	示教法、情境教学法、网络学习法
	指导	实践指导	1.能对初级养老护理员进行实践指导 2.能对初级养老护理操作中各种疑难问题进行示范、指导	4	
小计				100	

B.7 二级(技师)养老护理员培训内容见表 B.7。

表 B.7 二级(技师)养老护理员培训内容

培训模块	培训内容	教学目标	学时安排	教学方法
一、基础护理	护理评估	理解:1.能准确概述老年人护理评估的项目、内容、方法和技巧 2.能准确概述老年人功能状态评估的常用方法、注意事项、遵循原则和常用量表的使用方法 运用:1.能运用所学知识,识别老年人评估中的异常情况 2.能运用所学知识,评估老年人的功能状态、生活起居状况,判断功能的缺失	15	讲授法、演示法、讨论法、网络学习法
	护理计划	运用:1.能运用所学知识,正确制定护理计划 2.能运用所学知识,正确制定慢性病老年人照料护理计划 3.能运用所学知识,系统评价老年人护理计划的实施结果 4.能运用所学知识,正确分类保管老年人护理档案 5.能运用所学知识,正确制定老年人安全预案		
	环境设计	理解:1.能准确概述老年人生活环境有害因素识别知识 2.能准确概述老年人生活环境优化设计知识 运用:1.能运用所学知识,设计老年人护理环境,制订改善老年人护理环境的方案 2.能运用所学知识,准确识别并消除危害老年人健康的环境因素 3.能运用所学知识,设计适合不同疾病状态老年人的生活环境	28	讲授法、演示法、案例教学法、讨论法、网络学习法
	技术创新	运用:1.能运用所学知识,对老年人照料、护理技术进行创新 2.能运用所学知识,为老年人用品技术改良提出建议 3.能运用所学知识,撰写老年人照料、护理的技术总结或论文 4.能运用所学知识,选择、论证、申报养老护理科研课题并参与养老护理科研成果的鉴定与推广		
二、康复护理	功能锻炼	运用:1.能运用所学知识,正确指导言语障碍老年人进行言语训练 2.能运用所学知识,正确指导吞咽障碍老年人进行吞咽功能训练	5	讲授法、演示法、角色扮演法、讨论法、网络学习法
	活动评价	运用:1.能运用所学知识,正确制订老年人功能康复训练计划 2.能运用所学知识,系统评价老年人肢体活动效果	5	

表 B.7　二级(技师)养老护理员培训内容(续)

培训模块	培训内容	教学目标	学时安排	教学方法
三、心理护理	心理辅导	运用:1.能运用所学知识,制订老年人心理辅导基本方案 2.能运用所学知识,讲解老年人心理健康知识	5	讲授法、演示法、角色扮演法、案例教学法、讨论法、网络学习法
	心理疏导	运用:1.能运用所学知识,正确疏导并稳定老年人的不良情绪 2.能运用所学知识,系统评估老年人心理辅导效果	5	
四、培训指导	培训	运用:1.能运用所学知识,编写分级养老护理员培训教案 2.能运用所学知识,对五、四、三级养老护理员及技师养老护理员进行基础培训	3	讲授法、演示法、讨论法、示教法、情景教学法、网络学习法
	指导	运用:能运用所学知识,对五、四、三级养老护理员及技师养老护理员实践给予指导	2	
五、护理管理	组织管理	运用:1.能运用所学知识,制订养老护理员岗位职责 2.能运用所学知识,制订养老护理员工作程序 3.能运用所学知识,制订养老护理员护理流程 4.能运用所学知识,完成护理管理制度的起草 5.能运用所学知识,对护理流程和工作程序提出改进意见 6.能运用所学知识,检查和控制养老护理计划和方案 7.能运用所学知识,制订养老护理员考核办法	15	讲授法、演示法、讨论法、网络学习法
	质量管理	运用:1.能运用所学知识,制订养老护理质量控制方案 2.能运用所学知识,制订养老护理技术操作规程 3.能运用所学知识,正确应用养老服务信息化管理技术		
六、老年人健康管理	健康干预	识记:能正确简述老年人常见的不良生活方式和习惯 理解:能准确概述老年人常见慢性病的相关危险因素及干预技术 运用:能运用所学知识,开展老年人健康风险干预和健康促进	7	讲授法、演示法、讨论法、案例学习法、网络学习法
小计			90	

附录 C
（规范性附录）
养老护理师资培训内容

养老护理师资培训内容见表 C.1。

表 C.1　养老护理师资培训内容

培训模块	培训内容	教学目标	学时安排	教学方法
一、养老护理服务概述	养老护理服务伦理	理解：能准确概述养老护理服务伦理原则、规范 运用：能运用所学知识，解决在养老护理服务过程出现的伦理问题	3	讲授法、讨论法、案例教学法、网络学习法
	养老护理服务道德	识记：能正确简述养老护理服务道德内涵 理解：能准确概述职业道德建设的意义		
	养老护理服务政策、法律法规	识记：能正确简述养老服务相关政策、法律法规 理解：能准确概述关系老年人切身利益的政策、法律法规		
二、基础护理	护理评估	理解：能准确概述老年人心理状态、角色适应、环境状态评估的内容、常用方法及量表 运用：能运用所学知识，正确评估老年人的心理状态、角色适应、环境状态，制定相应的护理计划	12	讲授法、演示法、讨论法、网络学习法
	护理干预	运用：能运用所学知识，正确指导养老护理员对老年人存在的各种生理问题、心理问题等进行有效干预		
	环境设计	运用：能运用所学知识，设计符合老年人身心发展要求的文化环境		
	技术创新	运用：能运用所学知识，选择、论证、申报养老护理科研课题并参与养老护理科研成果的鉴定与推广		
三、康复护理	康复护理评估	理解：能准确概述康复评估的方法与程序	10	讲授法、演示法、讨论法、网络学习法
	康复护理措施	理解：能准确概述老年人常见慢性病的康复护理措施及效果评价等相关知识 运用：能够运用所学知识，正确完成老年人常见慢性病的康复护理		
四、心理护理	老年心理学概论	理解：能准确概述老年人心理特征、心理健康、个体社会化以及感知觉、智力、情绪与情感等方面的知识	12	讲授法、演示法、讨论法、网络学习法
	老年人常见心理问题及照护、养老护理人际沟通技巧	理解：1.能准确概述老年人焦虑、抑郁、孤独等常见心理问题及照护知识 2.能准确概述老年人人际沟通的特点及影响因素、与老年人进行沟通的技巧与策略 运用：能运用所学知识，正确对老年人心理健康进行评估，维护与促进老年人心理健康		

表 C.1　养老护理师资培训内容(续)

培训模块	培训内容	教学目标	学时安排	教学方法
五、教育理论及教学方法	教育与教学	运用:1.能运用教育学基础知识,以及教学基本规范、备课与撰写教案法、教学方法与技巧等相关知识,完成教育培训工作 2.能根据成人学习特点和现代培训方法,完成教学任务	15	讲授法、演示法、讨论法、示教法、案例教学法、网络学习法
	教育心理	理解:能准确概述学习的影响因素、学习心理、学习策略、教育心理学基础知识		
六、护理管理	安全与风险管理	理解:能准确概述养老服务管理特点、内容及安全与事故管理等知识 运用:能运用所学知识,制订安全与事故的管理方案	18	讲授法、演示法、讨论法、网络学习法
	领导管理	理解:能准确概述领导的职能、作用及其相关理论 运用:能运用所学知识,采用适当的激励方式		
七、老年社会学	老年生活与社会发展	理解:1.能准确概述老年人与社会供养环境的内容 2.能准确概述老年人与社区服务的内容 3.能准确概述老年人与社会交往的内容 4.能准确概述老年人的养老服务机构生活 运用:能运用所学知识,提出协调社会发展以促进老年人晚年生活的合理化建议	10	讲授法、讨论法、网络学习法
	老年社会照护和社会支持	理解:1.能准确概述老年社会照护与社会支持的定义、理论模式 2.能准确概述老年社会照护体系及中国老年照护的类型 3.能准确概述中国老年人照护体系		
	老年社会制度	理解:1.能准确概述国内外主要的老年社会制度 2.能准确概述老年人制度体系中的核心部分,即老年保障制度 3.能准确概述老年社会养老保险制度、老年医疗保险制度		
	老年社会工作	理解:1.能准确概述老年社会工作的含义、特点和意义 2.能准确概述老年社会工作地目标、功能、类型与对象划分 3.能准确概述老年社会工作理论、内容、工作模式、工作方法与技巧 运用:能运用所学知识,提高老年人社会活动能力,实现其自我发展		
八、养老文化	养老文化建设	理解:能准确概述养老文化建设的意义 运用:能运用所学知识,为建设中国特色的现代化和谐养老文化提出建设性意见	4	讲授法、演示法、讨论法、网络学习法

表 C.1　养老护理师资培训内容(续)

培训模块	培训内容	教学目标	学时安排	教学方法
九、智慧养老	智慧养老服务系统构建	理解:能准确概述国家智慧养老的发展战略 运用:能运用所学知识,为养老机构构建智慧养老服务系统提供合理化建议	4	讲授法、演示法、讨论法、网络学习法
十、健康管理	健康教育	理解:能准确概述老年人健康教育计划的设计、实施及效果评价相关知识	12	讲授法、演示法、讨论法、网络学习法
	健康管理评价与监控	理解:能准确概述老年人健康管理的评价内容 运用:能运用所学知识,正确指导养老护理员进行健康管理,并对其过程进行监控、评价		
小计			100	

附录 D
（规范性附录）
养老护理师资培训比重表

D.1　养老护理师资培训比重理论知识要求见表 D.1。

表 D.1　理论知识要求

项目		所占比重(%)	
		计	合计
一、养老护理服务概述	养老护理服务伦理	1	3
	养老护理服务道德	1	
	养老护理服务政策、法律法规	1	
二、基础护理	护理评估	3	14
	护理干预	3	
	环境设计	3	
	技术创新	5	
三、康复护理	康复护理评估	5	10
	康复护理措施	5	
四、心理护理	老年心理学概论	3	10
	老年人常见心理问题及照护、养老护理人际沟通技巧	7	
五、教育理论及教学方法	教育与教学	10	15
	教育心理	5	
六、护理管理	安全与风险管理	10	15
	领导管理	5	
七、老年社会学	老年生活与社会发展	2	10
	老年社会照顾和社会支持	3	
	老年社会制度	2	
	老年社会工作	3	
八、养老文化	养老文化建设	5	5
九、智慧养老	智慧养老服务系统构建	5	5
十、健康管理	健康教育	5	13
	健康管理评价与监控	8	
小计		100	100

D.2 养老护理师资培训比重技能要求见表 D.2。

表 D.2 技能要求

项目		所占比重(%)	
		计	合计
一、基础护理	护理评估	2	15
	护理干预	5	
	环境设计	3	
	技术创新	5	
二、康复护理	康复护理评估	5	10
	康复护理措施	5	
三、心理护理	老年人常见心理问题及照护、养老护理人际沟通技巧	10	10
四、教育理论及教学方法	教育与教学	10	15
	教育心理	5	
五、护理管理	安全与风险管理	10	20
	领导管理	10	
六、老年社会学	老年生活与社会发展	1	7
	老年社会照顾和社会支持	2	
	老年社会制度	2	
	老年社会工作	2	
七、养老文化	养老文化建设	5	5
八、智慧养老	智慧养老服务系统构建	5	5
九、健康管理	健康教育	5	13
	健康管理评价与监控	8	
小计		100	100

参考文献

《养老护理员培训大纲(试行)》

ICS 03.080.99

A 12

DB33

浙　江　省　地　方　标　准

DB 33/T 837—2011

居家养老服务与管理规范

Service and management specification for home-based care

2011-08-31 发布　　　　　　　　　2011-09-30 实施

浙江省质量技术监督局　　　发布

目　次

前　言

本标准根据 GB/T 1.1－2009《标准化工作导则　第 1 部分:标准的结构和编写》的规定起草。

本标准由浙江省民政厅提出并归口。

本标准起草单位:杭州市上城区人民政府、杭州市上城区民政局、浙江省社会福利协会、杭州市民政局、浙江省标准化研究院。

本标准主要起草人:王胡应、陈国民、金水根、黄元龙、傅莉萍。

居家养老服务与管理规范

1　范围

本标准规定了居家养老服务与管理的术语和定义、管理要求、服务要求、服务机构等级划分、服务质量评价与改进等。

本标准适用于开展居家养老工作的服务与管理过程。

2　规范性引用文件

下列文件对于本标准的应用是必不可少的。凡是注日期的引用文件,仅所注日期的版本适用于本标准。凡是不注日期的引用文件,其最新版本(包括所有的修改单)适用于本标准。

GB/T 10001.1　标志用公共信息图形符号　第 1 部分:通用符号

GB 14934　食(饮)具消毒卫生标准

GB/T 15624.1　服务标准化工作指南　第 1 部分:总则

GB/T 17242　投诉处理指南

建标 143－2010　社区老年人日间照料中心建设标准

MZ 008　老年人社会福利机构基本规范

3　术语和定义

下列术语和定义适用于本标准。

3.1　居家养老服务

由政府主导,依托社区和社会力量,为居家的老年人提供生活照料、家政服务、康复护理和精神慰藉等方面服务的一种服务形式。

3.2　居家养老服务机构

经合法登记为居家老人提供服务的各类组织。

3.3　服务对象

居住在家庭的 60 周岁及以上老年人。

3.4 失能(智)老人

生活完全不能自理、必须依靠他人照料的老年人。

3.5 半失能(智)老人

生活部分可以自理、部分必须依靠他人照料的老年人。

3.6 呼叫终端

具备应急求助和养老服务呼叫功能的通信设备。

4 管理要求

4.1 管理机构

4.1.1 省、市、县(市、区)民政部门、乡镇(街道)政府、社区(村)居委会等组织是居家养老服务管理机构。

4.1.2 应设立养老服务指导机构,配备专职人员,负责指导协调居家养老服务工作的开展。

4.1.3 应掌握服务对象的生活状况、家庭状况、身体状况、经济状况,发放并收集《居家养老服务对象信息表》(参见本标准附录 A),建立居家养老服务信息系统。

4.1.4 建立居家养老服务对象评估体系和服务补贴制度。根据老人身体状况、经济状况进行分类管理。对经济困难,且身体状况为失能(智)、半失能(智)的老人,由老人或其家属提出申请并经管理部门评估后享受政府购买服务,服务对象分类标准参见本标准附录 B。对有服务需求的其他老人,居家养老服务机构为他们提供服务时,应予适当优惠。

4.1.5 根据本地区服务对象的总体需求,选择和确定、建设一定数量的居家养老服务机构。

4.1.6 定期对居家养老服务机构进行检查和评定,检查与评定内容参见本标准第 6 章。

4.1.7 建立居家养老信息处理中心,接受服务对象的服务请求和紧急求助,并将服务对象的需求反馈到服务机构。

4.1.8 建立健全全民参与养老服务的渠道和机制,鼓励志愿者参与居家养老服务。

4.2 服务机构

4.2.1 应具有合法的经营资质,具有相关资质证书。

4.2.2 应具有与其业务范围相适应的管理人员和服务人员。

4.2.3 应具有与其业务范围相适应的经营场所、基础设施和设备。

4.2.4 对服务项目明码标价,实施公开承诺服务。

4.3 服务人员

4.3.1 具有合法的劳动从业资格。

4.3.2 信守职业道德,遵纪守法,熟悉居家养老服务程序和规范要求。

4.3.3 具有符合工作岗位要求的文化程度、健康状况证明及语言表达能力。

4.3.4 无精神病史和各类传染病。

4.3.5 尊老敬老,富有爱心,宽容,忍让。

5 服务内容与要求

5.1 生活照料

5.1.1 基本内容

生活照料的基本内容包括：

——个人卫生护理；

——生活起居护理。

5.1.2　服务要求

5.1.2.1　洗漱等个人卫生应协助到位，容貌整洁、衣着适度、指(趾)甲整洁、无异味。

5.1.2.2　协助穿脱衣服和如厕方法得当，老人无不适现象。

5.1.2.3　定时为卧床老人翻身，无褥疮。

5.2　助餐服务

5.2.1　基本内容

助餐服务的基本内容包括：

——协助进食；

——集中用餐；

——上门送(做)餐。

5.2.2　服务要求

5.2.2.1　符合国家、省有关食品安全法律法规的规定。

5.2.2.2　尊重老年人的饮食习惯。

5.2.2.3　注意营养、合理配餐，每周有食谱。

5.2.2.4　助餐服务点应配置符合老年人特点的无障碍设施。

5.2.2.5　送餐运输工具应保持清洁卫生，餐具做到每餐消毒。

5.3　助浴服务

5.3.1　基本内容

助浴服务的基本内容包括：

——上门助浴；

——外出助浴。

5.3.2　服务要求

5.3.2.1　助浴前应进行安全提示。

5.3.2.2　助浴过程中应有家属或其他监护人在场。

5.3.2.3　助浴过程中应注意观察老年人身体情况，如遇老年人身体不适，协助采取相应应急措施。

5.3.2.4　上门助浴时应根据四季气候状况和老年人居住条件，注意防寒保暖、防暑降温及浴室内通风。

5.3.2.5　外出助浴应选择有资质的公共洗浴场所或有公用沐浴设施的养老服务机构。

5.4　助洁服务

5.4.1　基本内容

助洁服务的基本内容包括：

——居室整洁；

——物具清洁。

5.4.2　服务要求

5.4.2.1 保持卧室、厨房、卫生间等居室内部整洁,物具清洁。

5.4.2.2 用于生活护理的个人用具应保持清洁。

5.4.2.3 定期翻晒、更换床上用品,保持床铺清洁、平整。

5.5 洗涤服务

5.5.1 基本内容

洗涤服务的基本内容包括:

——集中送洗;

——上门洗涤。

5.5.2 服务要求

5.5.2.1 洗涤前应检查被洗衣物的性状并告知老年人或家属。

5.5.2.2 集中送洗应选择有资质的洗衣机构或有洗涤设施的养老服务机构。

5.5.2.3 集中送洗送取衣物时,应做到标识清楚、核对准确。防止交叉感染。

5.5.2.4 上门洗涤应分类洗涤衣物并做到洗净、晾晒。

5.5.2.5 贵重衣物不在本洗涤服务范围之内。

5.6 助行服务

5.6.1 基本内容

助行服务的基本内容包括:

——陪同户外散步;

——陪同外出。

5.6.2 服务要求

5.6.2.1 助行服务一般在老年人住宅小区及周边区域内。

5.6.2.2 助行服务应注意途中安全。

5.6.2.3 使用助行器具时应按助行器具的使用说明进行操作。

5.7 代办服务

5.7.1 基本内容

代办服务的基本内容包括:

——代购物品;

——代领物品;

——代缴费用;

——代办证件;

——代邮物品。

5.7.2 服务要求

5.7.2.1 代办服务范围一般为日常生活事务。

5.7.2.2 代办服务时应当面清点钱物、证件、单据等。

5.8 康复辅助

5.8.1 基本内容

康复辅助的基本内容包括:

——群体康复;

——个体康复。

5.8.2　服务要求

5.8.2.1　康复辅助应在专业人员指导下进行。

5.8.2.2　康复辅助应符合老年人的生理心理特点。

5.8.2.3　康复辅助过程中应注意观察老年人的身体适应情况,防止损伤。

5.8.2.4　康复辅助根据需要配备相应的康复器具。

5.8.2.5　群体康复可借助公共服务场地设施,指导和组织老年人开展肢体功能性康复训练。

5.8.2.6　个体康复一般提供：

——被动运动的肢体功能性康复训练；

——辅助运动的肢体功能性康复训练；

——保健性康复。

5.9　相谈服务

5.9.1　基本内容

相谈服务的基本内容包括：

——谈心交流；

——读书读报。

5.9.2　服务要求

5.9.2.1　相谈服务应以舒缓心情、排遣孤独为原则。

5.9.2.2　预先了解老年人兴趣爱好等情况。

5.9.2.3　相谈过程中应与老年人保持良性互动。

5.10　助医服务

5.10.1　基本内容

助医服务的基本内容包括：

——陪同就诊；

——代为配药。

5.10.2　服务要求

5.10.2.1　陪同就诊的情形为：

——常见病、慢性病复诊；

——辅助性检查；

——门诊注射、换药。

5.10.2.2　陪同就诊应注意途中安全。

5.10.2.3　及时向老人家属或其他监护人反馈就诊情况。

5.10.2.4　代为配药的范围为诊断明确、病情稳定、治疗方案确定的常见病、慢性病。

5.10.2.5　代为配药一般到老年人居住地所在区域范围内的医疗机构。

5.10.2.6　代为配药应做到当面清点钱款和药物等。

5.11　安全守护服务

5.11.1　基本内容

安全守护服务的基本内容包括：

——接受紧急呼叫；

——定期上门查看；

——定期电话查询。

5.11.2 服务要求

5.11.2.1 对政府补贴对象做到定期上门和电话查询服务。

5.11.2.2 应制定应急处理预案，接到紧急呼叫，应通知相关机构及时赶到服务对象家中。

5.11.2.3 为有需要的老人安装呼叫终端。

5.12 其他服务

以上基本服务以外的服务，如辅助器具租赁、无障碍设施改造等。

6 服务机构等级划分

6.1 用星的数量表示居家养老服务机构的服务等级。服务机构星级分为五个级别，即一星级、二星级、三星级、四星级、五星级。最低为一星级，最高为五星级。星级越高，表示服务机构的等级越高。

6.2 星级评定不适用只提供单项服务的专业机构。

6.3 星级服务机构划分原则：主要依据服务机构基本要求、设备设施、人员、服务内容及质量等要素来划分。

6.4 星级划分的基本条件见本标准附录C，居家养老服务机构应逐项达标。

7 服务质量评价与改进

7.1 服务质量评价

7.1.1 评价主体

服务质量评价主体包括：

——管理机构对服务机构进行评价；

——服务机构自我评价；

——服务对象或家属、监护人评价；

——第三方评价。

7.1.2 评价指标

服务质量评价指标如下：

——服务对象满意度；

——家属/监护人满意度；

——服务时间准确率；

——服务项目完成率；

——有效投诉结案率。

7.1.3 评价方法

服务质量评价方法包括：

——意见征询（上门、电话、信件、网络）

——实地查看

——检查考核

7.2　服务质量评价与改进

7.2.1　服务质量信息反馈

7.2.1.1　服务机构应当提供服务质量信息反馈的渠道,主要包括网络、电话、信函等形式。

7.2.1.2　应做好如下记录:

　　a)　反馈人的姓名、地址和联系方式;

　　b)　反馈的主要内容、情况,改进意见和建议。

7.2.2　信息处理

7.2.2.1　应制定信息处理表格,以便对反馈信息进行统计分析。

7.2.2.2　应对投诉信息进行分析并按照服务承诺进行处理。投诉处理时限应不超过十个工作日。投诉处理应符合 GB/T 17242 规定。

7.2.3　管理机构质量改进

7.2.3.1　管理机构根据服务对象的需求和社会经济发展情况调整补助标准和服务对象分类标准,不断扩大居家养老服务范围,逐步提高补助标准。

7.2.3.2　管理机构应根据考评情况、服务对象投诉情况,定期对居家养老服务实体进行调整,对服务评价低的服务机构予以淘汰或降级处理。

7.2.4　服务机构质量改进

7.2.4.1　居家养老服务机构应根据评价过程中发现的问题与建议,及时改进,不断提高服务质量。

附录 A
（资料性附录）
居家养老服务对象信息表

表 A.1 给出了居家养老服务对象信息内容。

表 A.1 居家养老服务对象信息表

姓名		性别		出生年月		民族	
家庭地址				身份证号码			
生活自理情况		□自理		□半失能（智）		□失能（智）	
主要疾病							
家庭人口		本人年收入			家庭年收入		
户籍所在地			区（县）		街（镇）		
居　　住		□与子女同住		□与亲友同住	□与配偶同住		□独住
禁　　忌							
婚姻状况			监护联系人			联系电话	

申请居家养老服务内容

上门服务内容		服务时间	
服务方式			
主要服务要求			

老人、配偶及子女情况	姓名	关系	工作单位	联系方式	备注
备注					

附录 B
（资料性附录）
服务对象分类标准

表 B.1 给出了居家养老服务对象分类标准。

表 B.1　服务对象分类标准

服务对象分类	分类标准	补助标准
A1 类	低保家庭中的失能（智）老人	
A2 类	低保家庭中的半失能（智）老人	
B1 类	低收入家庭中的失能（智）老人	
B2 类	低收入家庭中的半失能（智）老人	
C1 类	低收入家庭中的 80 岁以上高龄老人	
C2 类	80 岁以上高龄老人	
D1 类	低收入家庭中的独居老人、纯老人户	
D2 类	独居老人、纯老人户	
E 类	其他老人	

注 1：各地根据情况制定补助资金，其中 A1 类为政府购买全部服务；A2～D2 类，为政府出资购买部分服务，有条件的地方，政府购买可扩大服务对象范围。

注 2：未集中供养的农村五保和城镇"三无"对象中失能（智）老人享受同等待遇。

附录 C
（规范性附录）
居家养老服务机构星级评定必备项目

表 C.1 给出了一星级服务机构必备项目。
表 C.2 给出了二星级服务机构必备项目。
表 C.3 给出了三星级服务机构必备项目。
表 C.4 给出了四星级服务机构必备项目。
表 C.5 给出了五星级服务机构必备项目。

表 C.1　一星级必备项目

序号	项　目
1	一般要求
1.1	应具有合法的经营资质和相关资质证书。
1.2	根据《中华人民共和国消防法》《公共娱乐场所消防安全管理规定》的要求,设置火灾自动报警装置、安全标志、防火器具以及紧急疏散通道。消防设施、器具应完好有效,疏散指示标志明显。
1.3	建筑面积应不小于80 m²。 场所应交通便利,远离各种有害气体及其他扩散性污染源。场所门面应整洁、美观;场所内环境、卫生、通风条件良好。
1.4	在明显位置悬挂居家养老服务标志,标志应清晰、牢固、耐久。服务场所内公共信息图形符号应符合 GB/T 10001.1 的要求。
1.5	建立管理制度,服务项目、服务承诺、收费标准公示上墙。
1.6	热爱老龄事业,具备老年学特别是老年照护的一般知识。
1.7	尊重并保护老年人隐私及相关信息。
1.8	有完善的服务指南和管理制度,有健全的卫生防疫制度,突发事件处理应急预案。
1.9	有适合老人阅读的刊物。
2	设施
2.1	设置服务台,配备服务电话或网络,接受服务对象或信息处理中心的服务要求。
2.2	场所内功能布局合理,有为来访者提供等候、小憩场地与设施。
2.3	配置有男女分设的卫生设施,并根据人数设置相应的方便器具。卫生间要有排风系统,室内地面应防渗、防滑,并有无障碍设施及紧急呼叫按钮。
3	人员
3.1	机构负责人应具有一定的管理经验,身体健康。
3.2	服务人员应持有健康证,并接受有关部门的上岗培训。
3.3	初级养老护理人员不少于2人。

表 C.1　一星级必备项目(续)

序号	项　目
3.4	服务人员应掌握开展服务项目所需的知识与技能,同时应具备相关的礼仪礼节,举止得当,穿戴得体。
4	服务
4.1	提供的服务项目覆盖5.1~5.11项,服务质量按第5章质量要求执行。
4.2	建立服务对象信息档案,各项服务资料完整,保证信息安全。
4.3	在工作时间内,接到服务预约需求电话,应在20分钟内给予安排并回复。
4.4	在工作时间内,接到服务区内的紧急求助电话,应保证15分钟内到场并通知相关部门。
4.5	应提供上门服务格式合同或协议,合同的格式条款应至少包括服务对象姓名、住址、服务时间、服务内容及质量标准、收费标准、约定的其他事项等,确保合同的可执行性。
4.6	老人基本满意率不低于85%,有效投诉解决率不低于90%。

表 C.2　二星级必备项目

序号	项　目
1	一般要求
1.1	应具有合法的经营资质和相关资质证书。
1.2	根据《中华人民共和国消防法》《公共娱乐场所消防安全管理规定》的要求,设置火灾自动报警装置、安全标志、防火器具以及紧急疏散通道。消防设施、器具应完好有效,疏散指示标志明显。
1.3	建筑面积应不小于120m²。 场所应交通便利,远离各种有害气体及其他扩散性污染源。场所门面应整洁、美观;场所内环境、卫生、通风条件良好。
1.4	在明显位置悬挂居家养老服务标志,标志应清晰、牢固、耐久。服务场所内公共信息图形符号应符合 GB/T 10001.1 的要求。
1.5	建立管理制度,服务项目、服务承诺、收费标准公示上墙。
1.6	热爱老龄事业,具备老年学特别是老年照护的一般知识。
1.7	尊重并保护老年人隐私及相关信息。
1.8	有完善的服务指南和管理制度,有健全的卫生防疫制度,突发事件处理应急预案。
1.9	有适合老人阅读的刊物。
2	设施
2.1	设置服务台,配备服务电话或网络,接受服务对象或信息处理中心的服务要求。
2.2	场所内功能布局合理,配置有供老年人休息的躺椅或床位,窗户应采用明窗,具有良好的采光和通风条件,配备窗帘与防寒降暑设施。
2.3	有适合老年人开展活动健身器材和运动场所,设施运行良好。
2.4	配置有男女分设的卫生设施,并根据人数设置相应的方便器具。卫生间要有排风系统,室内地面应防渗、防滑,并有无障碍设施及紧急呼叫按钮。

表 C.2　二星级必备项目(续)

序号	项　　目
3	人员
3.1	机构负责人应具有一定的管理经验,身体健康。
3.2	服务人员应持有健康证,并接受有关部门的上岗培训。
3.3	初级养老护理人员不少于3人,中级护理员不少于1人。
3.4	助理社会工作师不少于1人。初级厨师不少于1人。
3.5	服务人员应掌握开展服务项目所需的知识与技能,同时应具备相关的礼仪礼节,举止得当,穿戴得体。
3.6	每年开展有不少于4次以上志愿助老活动,有志愿者活动记录。
4	服务
4.1	提供的服务项目覆盖5.1~5.11项,服务质量按第5章质量要求执行。
4.2	建立服务对象信息档案,各项服务资料完整,保证信息安全。
4.3	在工作时间内,接到服务预约需求电话,应在15分钟内给予安排并回复。
4.4	在工作时间内,接到服务区内的紧急求助电话,应保证15分钟内到场并通知相关部门。
4.5	应提供上门服务格式合同或协议,合同的格式条款应至少包括服务对象姓名、住址、服务时间、服务内容及质量标准、收费标准、约定的其他事项等,确保合同的可执行性。
4.6	服务对象基本覆盖本服务区域内的所有老年人。
4.7	老人基本满意率不低于90%,有效投诉解决率不低于95%。

表 C.3　三星级必备项目

序号	项　　目
1	一般要求
1.1	应具有合法的经营资质和相关资质证书。
1.2	根据《中华人民共和国消防法》《公共娱乐场所消防安全管理规定》的要求,设置火灾自动报警装置、安全标志、防火器具以及紧急疏散通道。消防设施、器具应完好有效,疏散指示标志明显。
1.3	建筑面积应不小于200m²。场所应交通便利,远离各种有害气体及其他扩散性污染源。场所门面应整洁、美观;场所内环境、卫生、通风条件良好。
1.4	在明显位置悬挂居家养老服务标志,标志应清晰、牢固、耐久。服务场所内公共信息图形符号应符合GB/T 10001.1的要求。
1.5	建立管理制度,服务项目、服务承诺、收费标准公示上墙。
1.6	热爱老龄事业,具备老年学特别是老年照护的一般知识。
1.7	尊重并保护老年人隐私及相关信息。
1.8	有完善的服务指南和管理制度,有健全的卫生防疫制度,突发事件处理应急预案。

表 C.3　三星级必备项目(续)

序号	项　　目
1.9	有适合老人阅读的刊物。
1.10	提供老年人日间照料场所,日间照料床位 4 张以上。日间照料场所按建标 143－2010 标准要求建设。
1.11	提供老年人集中就餐的场所,就餐面积不小于 20m²。食(餐)具应消毒并符合 GB 14934 要求。
2	设施
2.1	设置服务台,配备服务电话或网络,接受服务对象或信息处理中心的服务要求。
2.2	场所内功能布局合理,配置有供老年人休息的躺椅或床位,窗户应采用明窗,具有良好的采光和通风条件,配备窗帘与防寒降暑设施。
2.3	有适合老年人开展活动健身器材和运动场所,设施运行良好。
2.4	配置有男女分设的卫生设施,并根据人数设置相应的方便器具。卫生间要有排风系统,室内地面应防渗、防滑,并有无障碍设施及紧急呼叫按钮。
2.5	配备餐具和洗衣机等生活设施。
2.6	有娱乐场所,至少包括棋牌室。
3	人员
3.1	机构负责人应具有一定的管理经验,身体健康。
3.2	服务人员应持有健康证,并接受有关部门的上岗培训。
3.3	助理初级养老护理人员不少于 6 人,护理员不少于 2 人,高级护理员不少于 1 人。
3.4	助理社会工作师不少于 1 人,社会工作师不少于 1 人,心理咨询师(三级)不少于 1 人,中级厨师不少于 1 人。
3.5	服务人员应掌握开展服务项目所需的知识与技能,同时应具备相关的礼仪礼节,举止得当,穿戴得体。
3.6	每年开展有不少于 6 次以上志愿助老活动,有志愿者活动记录。
4	服务
4.1	提供的服务项目覆盖 5.1～5.11 项,服务质量按第 5 章质量要求执行。
4.2	建立服务对象信息档案,各项服务资料完整,保证信息安全。
4.3	在工作时间内,接到服务预约需求电话,应在 10 分钟内给予安排并回复。
4.4	在工作时间内,接到服务区内的紧急求助电话,应保证 15 分钟内到场并通知相关部门。
4.5	应提供上门服务格式合同或协议,合同的格式条款应至少包括服务对象姓名、住址、服务时间、服务内容及质量标准、收费标准、约定的其他事项等,确保合同的可执行性。
4.6	服务对象覆盖本服务区域内的所有老年人。
4.7	建立服务规范,有较为完善的人员考核办法,并按章实施。
4.8	老人基本满意率不低于 95%,有效投诉解决率不低于 97%。

表 C.4　四星级必备项目

序号	项　　目
1	一般要求
1.1	应具有合法的经营资质和相关资质证书。
1.2	根据《中华人民共和国消防法》《公共娱乐场所消防安全管理规定》的要求,设置火灾自动报警装置、安全标志、防火器具以及紧急疏散通道。消防设施、器具应完好有效,疏散指示标志明显。
1.3	建筑面积应不小于 300m²。 场所应交通便利,远离各种有害气体及其他扩散性污染源。场所门面应整洁、美观;场所内环境、卫生、通风条件良好。
1.4	在明显位置悬挂居家养老服务标志,标志应清晰、牢固、耐久。服务场所内公共信息图形符号应符合 GB/T 10001.1 的要求。
1.5	建立管理制度,服务项目、服务承诺、收费标准公示上墙。
1.6	热爱老龄事业,具备老年学特别是老年照护的一般知识。
1.7	尊重并保护老年人隐私及相关信息。
1.8	有完善的服务指南和管理制度,有健全的卫生防疫制度,突发事件处理应急预案。
1.9	有适合老人阅读的刊物。
1.10	提供老年人日间照料场所,日间照料床位 8 张以上。日间照料场所按建标 143－2010 标准要求建设。
1.11	提供老年人集中就餐的场所,就餐面积不小于 30m²。食(餐)具应消毒并符合 GB 14934 要求。
1.12	有独立的厨房和洗衣房。
2	设施
2.1	设置服务台,配备服务电话或网络,接受服务对象或信息处理中心的服务要求。
2.2	场所内功能布局合理,配置有供老年人休息的躺椅或床位,窗户应采用明窗,具有良好的采光和通风条件,配备窗帘与防寒降暑设施。
2.3	有适合老年人开展活动健身器材和运动场所,设施运行良好。
2.4	配置有男女分设的卫生设施,并根据人数设置相应的方便器具。卫生间要有排风系统,室内地面应防渗、防滑,并有无障碍设施及紧急呼叫按钮。
2.5	配备餐具和洗衣机等生活设施。
2.6	提供娱乐场所,至少包括老年活动室、棋牌室等。
2.7	应有将生、熟食分开放置的不锈钢器具或无毒塑料器具,并有足够的食品冷冻、冷藏设备。
3	人员
3.1	机构负责人应具有一定的管理经验,身体健康。
3.2	服务人员应持有健康证,并接受有关部门的上岗培训。
3.3	初级养老护理人员不少于 8 人,中级护理员不少于 4 人,高级护理员不少于 2 人。

表 C.4 四星级必备项目(续)

序号	项 目
3.4	助理社会工作师不少于 3 人,社会工作师不少于 2 人,高级社会工作师不少于 1 人,心理咨询师(三级)不少于 2 人,中级厨师不少于 2 人。
3.5	服务人员应掌握开展服务项目所需的知识与技能,同时应具备相关的礼仪礼节,举止得当,穿戴得体。
3.6	每年开展有不少于 8 次以上志愿助老活动,有志愿者活动记录。
4	服务
4.1	提供的服务项目覆盖 5.1～5.12 项,服务质量按第 5 章质量要求执行。
4.2	建立服务对象信息档案,各项服务资料完整,保证信息安全。
4.3	在工作时间内,接到服务预约需求电话,应在 10 分钟内给予安排并回复。
4.4	在工作时间内,接到服务区内的紧急求助电话,应保证 15 分钟内到场并通知相关部门。
4.5	应提供上门服务格式合同或协议,合同的格式条款应至少包括服务对象姓名、住址、服务时间、服务内容及质量标准、收费标准、约定的其他事项等,确保合同的可执行性。
4.6	服务对象覆盖本服务区域内的所有老年人。
4.7	建立服务规范,有较为完善的人员考核办法,并按章实施。
4.8	能通过定期召开座谈会,设立意见箱或意见簿,询问服务对象等形式听取群众的意见和建议;服务对象提出的合理意见和建议能及时研究采纳,改进工作。
4.9	老人基本满意率不低于 97%,有效投诉解决率不低于 98%。

表 C.5 五星级必备项目

序号	项 目
1	一般要求
1.1	应具有合法的经营资质和相关资质证书。
1.2	根据《中华人民共和国消防法》《公共娱乐场所消防安全管理规定》的要求,设置火灾自动报警装置、安全标志、防火器具以及紧急疏散通道。消防设施、器具应完好有效,疏散指示标志明显。
1.3	建筑面积应不小于 400m²。场所应交通便利,远离各种有害气体及其他扩散性污染源。场所门面应整洁、美观;场所内环境、卫生、通风条件良好。
1.4	在明显位置悬挂居家养老服务标志,标志应清晰、牢固、耐久。服务场所内公共信息图形符号应符合 GB/T 10001.1 的要求。
1.5	建立管理制度,服务项目、服务承诺、收费标准公示上墙。
1.6	热爱老龄事业,具备老年学特别是老年照护的一般知识。
1.7	尊重并保护老年人隐私及相关信息。
1.8	有完善的服务指南和管理制度,有健全的卫生防疫制度,突发事件处理应急预案。
1.9	有适合老人阅读的刊物。

表 C.5　五星级必备项目(续)

序号	项　目
1.10	提供老年人日间照料场所,日间照料床位 12 张以上。日间照料场所按建标 143－2010 标准要求建设。
1.11	提供老年人集中就餐的场所,就餐面积不小于 50m²。食(餐)具应消毒并符合 GB 14934 要求。
1.12	有独立的厨房和洗衣房。
2	设施
2.1	设置服务台,配备服务电话或网络,接受服务对象或信息处理中心的服务要求。
2.2	场所内功能布局合理,配置有供老年人休息的躺椅或床位,窗户应采用明窗,具有良好的采光和通风条件,配备窗帘与防寒降暑设施。
2.3	有适合老年人开展活动健身器材和运动场所,设施运行良好。
2.4	配置有男女分设的卫生设施,并根据人数设置相应的方便器具。卫生间要有排风系统,室内地面应防渗、防滑,并有无障碍设施及紧急呼叫按钮。
2.5	配备餐具、洗衣机、电视、音响等生活设施。
2.6	提供娱乐场所,至少包括老年活动室、棋牌室等。
2.7	应有将生、熟食分开放置的不锈钢器具或无毒塑料器具,并有足够的食品冷冻、冷藏设备。
3	人员
3.1	机构负责人应具有一定的管理经验,身体健康。
3.2	服务人员应持有健康证,并接受有关部门的上岗培训。
3.3	初级养老护理人员不少于 10 人,中级护理员不少于 6 人,高级护理员不少于 4 人,技师不少于 2 人。
3.4	助理社会工作师不少于 6 人,社会工作师不少于 4 人,高级社会工作师不少于 2 人,心理咨询师(三级)不少于 4 人,高级厨师不少于 1 人。
3.5	服务人员应掌握开展服务项目所需的知识与技能,同时应具备相关的礼仪礼节,举止得当,穿戴得体。
3.6	每年开展有不少于 10 次以上志愿助老活动,有志愿者活动记录。
4	服务
4.1	提供的服务项目覆盖 5.1～5.12 项,服务质量按第 5 章质量要求执行。
4.2	建立服务对象信息档案,各项服务资料完整,保证信息安全。
4.3	在工作时间内,接到服务预约需求电话,应在 10 分钟内给予安排并回复。
4.4	在工作时间内,接到服务区内的紧急求助电话,应保证 15 分钟内到场并通知相关部门。
4.5	应提供上门服务格式合同或协议,合同的格式条款应至少包括服务对象姓名、住址、服务时间、服务内容及质量标准、收费标准、约定的其他事项等,确保合同的可执行性。
4.6	服务对象覆盖本服务区域内的所有老年人。
4.7	建立服务规范,有较为完善的人员考核办法,并按章实施。

表 C.5　五星级必备项目(续)

序号	项　目
4.8	有为激励社会公众、志愿者、专职服务人员等建立的各项激励机制。
4.9	能通过定期召开座谈会,设立意见箱或意见簿,询问服务对象等形式听取群众的意见和建议;服务对象提出的合理意见和建议能及时研究采纳,改进工作。
4.10	积极争取政府和社会资金支持,并做到专款专用,有详细使用记录。
4.11	老人基本满意率不低于 98%,有效投诉解决率不低于 99%。

参考文献

[1]《关于全面推进居家养老服务工作的意见》(全国老龄办发〔2008〕4 号)

[2]《浙江省人民政府关于加快推进养老服务体系建设的意见》(浙政发〔2008〕72 号)

[3]《浙江省关于进一步推进居家养老照护体系建设的意见》(浙老工委〔2009〕6 号)

[4]《中华人民共和国消防法》(中华人民共和国主席令第六号)

[5]《公共娱乐场所消防安全管理规定》(公安部第 39 号令)

附录三　居家养老产业化实践案例

贝杉国际"娱乐养老"——江苏居家养老服务产业化模式探索者

南京贝杉国际贸易有限公司是一家集食品贸易与居家养老服务为一体的社会企业,在2004年之初,公司创建人侯国新提出了"娱乐养老"理念。他们研究中国老人现状后发现,无论是城市老人还是农村老人,退休后由社会回归家庭,大部分物质需求已经得到了满足,但角色的转变容易使他们心理失衡,其心态常常被失落、孤独、焦虑等情绪笼罩。比起上门疏导,多数老人更愿意"走出去",找有类似生活经验的同辈朋友交流和沟通。这样一来,引导老人走出家门,参加社会活动就成为"养老"要解决的重要问题。侯国新提出的"娱乐养老居家养老服务",即通过建立居家养老服务中心来帮助老人规划一天24小时的生活,引导和鼓励老人走出家门。

目前,贝杉国际与多个社区合作,建立了娱乐养老社区服务站,为老年人提供各项精神文化活动。每个娱乐养老社区服务站根据老年人的精神文化需求设计了五大服务功能区,分别是五行通络养心室、娱乐养老银发餐桌、心灵茶吧阅览室、老年营养食品超市、娱乐养老多功能活动室。同时,基于对老人的调查研究以及长时间的实践,侯国新提出了娱乐养老"十二字方针"——学学、走走、练练、聊聊、聚聚、调调,将居家养老服务系统化。

"学学"就是老有所学,开展琴棋书画各种兴趣班,请老师授课,学员通过后颁发证书,在激励中满足老年人的精神文化需求;"走走"即设立娱乐养老驴友俱乐部,开展旅游活动,一年一大游,一月一小游,通过走出去调整老年人的身心;"练练"即为老年人提供保健操和推拿方法等的培训,让老年人自己掌握基本保健能力,在运动中延缓衰老;"聊聊"就是定期把有同样兴趣爱好的老年人组成圈子,发起活动,通过聚会拓展老年人的生活圈子;"聚聚"则使老人拥有固定玩伴和稳定的生活圈子,通过集体生日会、志愿者活动日、驴友活动日等形式,把志同道合的老人组织在一起,叙叙家常,分享乐事,排除孤寂,增进友谊;"调调"即为老年人提供保健养身、健康调理的方法和专用产品。

通常而言,居家养老服务企业和众多养老服务机构一样,有两种传统的盈利方式,即提供服务和出售产品。通过提供服务来收取一定的费用,如供应场地、上门服务等;通过出售相关产品,如保健品、食品、药品、养生器材等实现盈利。不过,和其他养老服务机构相比,居家养老服务企业还为老人提供各类满足精神层面需求的活动。因而,成立各种活动区和俱乐部让老人来学习和活动也成为一个重要的盈利点。

2012年1月,娱乐养老研究中心正式获批成立,成为民办非营利性组织。它以服务社会的方式实现企业发展,企业的部分收益用来回报社会,即80%的时间和人员为社区老人提供公益性服务,剩下的 20％时间和人员获取利润,同时,中心税后利润的 10％用于推动社区老人公益事业。

可以说,贝杉国际十年的生存秘诀是"娱乐养老"。通过"学学"组建兴趣班、学习班和各种再就业项目,创造教育利润;通过"走走"来组织旅游俱乐部,让旅游带来利润;通过"调调"开设银发餐桌和相关理疗服务,创造服务利润。此外,在娱乐养老社区服务中还设有专门面向老人的健康食品和保健品,创造可持续的产品利润。

目前,贝杉国际正在加强和完善员工的职业培训体系,同时合理利用内部资源,扩大老年产业从业人员队伍,并通过有计划地培训、有效地管理,逐步实现养老服务人员的职业化、专业化,减少成本。据调查,我国离退休老人具有大专及以上学历的专业技术人员有 700 多万,老人智慧也是一个不可忽视的资源。目前贝杉国际数十万会员中,不乏具备管理沟通等才能的老人。在娱乐养老生活馆内部建立互助组,让老人当志愿者来参与服务,一方面合理利用老人资源,充分调动老人积极性,让老人回归社会工作的角色;另一方面,老人与老人的交流也让信息传递和工作效率更加有效。

2013 年 7 月,贝杉国际和南京钟山职业技术学院建立了合作,"娱乐养老生活方式研究基地"入驻其中。近期,贝杉国际和江苏经贸学院达成了共识。在侯国新的规划中,贝杉国际未来还将和更多高校及专业机构合作,为老年产业储备专业人才和后备力量,进而推动老年产业向标准化发展。

和高校合作不失为一条既有利于自己也有利于社会的捷径。居家养老服务产业需要两方面的人才,一是具有基本护理技能的人才,可以为老人提供专业的护理服务;二是产品研发人才,可以科学规划老年产业的产品。

没有稳定的商业模式,没有专业的服务人才,目前国内还没有出现一个成熟的居家养老服务业品牌;同样,因为国内没有成熟的养老品牌,十年摸索路,贝杉也没有可以效仿的对象。国外多种居家养老模式虽然相对成熟且经过验证,但因国情和文化的不同并不能直接拿来使用。贝杉国际通过这十年的不懈努力,开创了一系列可持续的稳定的盈利模式,推动了居家养老服务向产业化发展,为我国其他居家养老服务企业提供了很好的发展榜样。

参考文献

【图书部分】

1. Sean Xiao Leng. 现代老年医学概要[M]. 6 版. 田新平, 谢海雁, 沈悌, 主译. 北京:中国协和医科大学出版社, 2012.

2. 白跃宏. 下腰痛临床与康复[M]. 北京:人民军医出版社, 2006.

3. 彼得·亚伯拉罕斯. 老年健康[M]. 方宁远, 汪海娅, 译. 北京:世界图书出版公司, 2012.

4. 蔡聚雨. 养老康复护理与管理[M]. 上海:第二军医大学出版社, 2012.

5. 蔡林海. 老化预防、老年康复与居家养老日本社会养老服务体系的成功经验与启示[M]. 上海:上海科技教育出版社, 2012.

6. 陈雪萍. 以社区为基础的老年人长期照护体系构建[M]. 杭州:浙江大学出版社, 2011.

7. 陈雪萍, 李冬梅. 社区护理学[M]. 杭州:浙江大学出版社, 2014.

8. 董红亚. 中国社会养老服务体系建设研究[M]. 北京:中国社会科学出版社, 2011.

9. 付克礼. 社区康复学[M]. 北京:华夏出版社, 2013.

10. 哥肯·佛克. 老年健康贴心指导[M]. 李振华, 主译. 北京:世界图书出版公司, 2011.

11. 耿德章. 中国老年医学[M]. 北京:人民卫生出版社, 2002.

12. 国家体育总局群体司. 社会体育指导员技术等级培训教材(一级)[M]. 北京:高等教育出版社, 2008.

13. 化前珍. 老年护理学[M]. 北京:人民卫生出版社, 2012.

14. 李昺伟. 中国城市老人社区照顾综合服务模式的探索[M]. 北京:社会科学文献出版社, 2011.

15. 李高峰, 朱图陵. 老年人辅助器具应用[M]. 北京:北京大学出版社, 2013.

16. 李秋萍. 内科护理学[M]. 3 版. 北京:人民卫生出版社, 2014.

17. 李小寒, 尚少梅. 基础护理学[M]. 5 版. 北京:人民卫生出版社, 2012.

18. 李正龙, 汪泓. 上海加快发展为老服务体系研究[M]. 上海:上海交通大学出版社, 2012.

19. 刘建芬. 社区特殊人群保健[M]. 北京:北京大学医学出版社, 2010.

20. 陆惠华. 实用老年医学[M]. 上海:上海科学技术出版社, 2006.

21. 罗观翠. 中国城市老人社区照顾综合服务模式的探索[M]. 北京:社会科学文献出版社, 2011.

22. 吕学静, 江华. 基于社交网络的北京市城市老年人服务体系研究[M]. 北京:首都经济贸易大学出版社, 2012.

23. 孟宪武. 临终关怀[M]. 天津:天津科学技术出版社, 2002.

24. 民政部全国老龄办养老服务体系建设领导小组办公室. 国外及港澳台地区养老服务情况汇编[M]. 北京:中国社会出版社, 2010.

25. 倪荣, 王先益. 居家养老护理[M]. 杭州:浙江大学出版社, 2009.

26. 彭哲希, 梁鸿, 程远. 城市老年服务体系研究[M]. 上海:上海人民出版社, 2006.

27. 全国老龄工作委员会办公室, 中国老龄协会编[M]. 中国老龄工作年鉴. 北京:华龄出版社, 2012.

28. 苏东水. 产业经济学[M]. 北京:高等教育出版社, 2010.

29. 孙建萍,夏晓萍,叶毅敏.老年护理学[M].北京:人民卫生出版社,2014.

30. TAIC 台湾整合照护学会,JSDC 日本失智症照护学会.失智症照护实务.日商健思国际股份公司台湾分公司,2014.

31. 陶桓乐.中国医学百科全书[M].上海:上海科学技术出版社,1984.

32. 汪晓鸣.居家养老——如何在社区和家庭照护老人[M].北京:中国劳动社会保障出版社,2013.

33. 王世俊.老年护理学[M].台北:华杏出版有限公司,2008.

34. 王志红.老年护理学[M].2 版.上海:上海科学技术出版社,2012.

35. 魏华林,金建强.养老大趋势[M].北京:中信出版社,2014.

36. 邬沧萍,杜鹏.老龄社会与和谐社会[M].北京:中国人口出版社,2012.

37. 吴红宇,王春霞.老年护理[M].北京:高等教育出版社,2012.

38. 吴玉韶.中国老龄事业发展报告 2013[M].北京:社会科学文献出版社,2013.

39. 徐新,张钟汝.城市老龄社会政策的演进及挑战[M].桂林:广西师范大学出版社,2012.

40. 杨冬琼.居家养老服务看图看板管理与问答 实战精华版[M].广州:广东经济出版社,2014.

41. 杨刚.中国农村养老保障制度研究[M].北京:北京师范大学出版社,2011.

42. 杨辉.晚期癌症患者居家姑息照护的健康教育模式研究[M].北京:人民军医出版社,2006.

43. 尤黎明,吴瑛.内科护理学[M].5 版.北京:人民卫生出版社,2012.

44. 于世英,胡国清.肿瘤临床诊疗指南[M].3 版.北京:科学出版社,2013.

45. 俞雅乖.政府行为和制度变迁:以农业产业化经营为例[M].北京:经济科学出版社,2010.

46. 张恺梯,郭平,叶晓恬,等.老年社会工作实务[M].北京:中国社会出版社,2009.

47. 张恺梯,潘洪金,郭平,等.政府养老定位研究[M].北京:中国社会出版社,2009.

48. 张玲芝,王元姣.康复护理基础[M].2 版.北京:人民卫生出版社,2014.

49. 张明,朱爱华,徐成华.城市老年人社会服务体系研究[M].北京:科学出版社,2012.

50. 赵曼,吕国营.城乡养老保障模式比较研究[M].北京:中国劳动社会保障出版社,2010.

【论文部分】

1. Cogliano V J,Baan R,Straif K'ect.Wild C P. Preventable Exposures Associated With Human Cancers[J].*Journal of the National Cancer Institute*,2011,103(24):1827-1839.

2. Mattson M P,Chen S,Duan W Z. Modification of brain aging and neurodegenerative disorders by genes,diet,and behavior[J].*Physiol Rev*,2002(82):637-672.

3. United Nations. Department of Economic and Social Affairs. World Population Prospects:The 2015 Version. https://esa.un.org/unpd/wpp/.2017-01-20.

4. 鲍淑兰.超氧化物歧化酶与其抗衰老功能[J].曲阜师范大学学报,2000,26(3):86-88.

5. 曹颖.轻度认知功能障碍向痴呆进展的危险因素研究进展[J].医学综述,2015,21(17):3076-3079.

6. 曾翠华,林佳静.癌症疼痛[J].护理杂志,2008,22(2):16-21.

7. 陈驰.人口老龄化背景下的居家养老服务研究[D].杭州:浙江工商大学,2012.

8. 陈平.关于城市社区居家养老的思考——以南京市鼓楼区为实例的研究[J].青海社会科学,2009,(6):53-56.

9. 陈仁惇.中老年人的膳食营养与健康[J].中国食物与营养,2001,6(1):44-46.

10. 陈孝曙.我国中老年人群营养状况[J].中国公共卫生,1998,14(3):129.

11. 陈跃庭,汪胜红,薛荃.类风湿关节炎的社区健康管理[J].中国社区医师(医学专业),2012,14(5):366-367.

12. 成茜.城市空巢失能老人长期照料服务问题研究——以长沙市 X、Y 社区为例[D].长沙:湖南师范大学,2014.

13. 成伟,刘海鹰,张宇奇.社会工作介入社区居家养老服务的方案探索[J].理论与现代化,2013(1):56-61.

14. 迟玉芳.家政服务介入居家养老的有效性研究[J].社会福利(理论版),2013(3):28-30.

15. 丁建定.居家养老服务:认识误区、理性原则及完善对策[J].中国人民大学学报,2013,27(2):20-26.

16. 丁旭辰.美国、日本老年住宅供给模式及对我国的启示[J].调研世界,2014(9):61-64.

17. 董彩虹.恶性肿瘤长期生存者的健康管理[J].中国社会医学杂志,2012(4):294-295.

18. 杜剑云.老年人的膳食营养需要量及食物来源[J].中国公共卫生,1998,14(3):130.

19. 樊清华.山西省老年痴呆疾病影响因素分析及卫生服务研究[D].太原:山西医科大学,2012.

20. 范群,胡晓玲.中老年人营养研究新进展[J].江苏预防医学,2002,13(3):84-86.

21. 冯超,李昕怡,王佑娟,等.类风湿关节炎关节的早期诊断及健康管理[J].现代预防医学,2009,36(6):1196-1198.

22. 付至江.膝骨关节炎患者的健康管理及依从性分析[D].广州:广州中医药大学,2015.

23. 高红.城市老年人社区居家养老的社会支持体系研究——以青岛市为例[J].南京师大学报(社会科学版),2011(6):42-47.

24. 高利平.为居家养老建立社会支持[J].红旗文稿,2007(11):23-25.

25. 高萍,夏芹,李浴峰.健康管理在肿瘤防治中的具体方法探析[J].中国社会医学杂志,2012,29(6):390-392.

26. 郭风英.城市社区居家养老服务多元供给机制探析——以宁波市江东区社区服务为例[J].中国城市经济,2010(11):47-48.

27. 郭竞成.居家养老模式的国际比较与借鉴[J].社会保障究,2010(1):29-38.

28. 韩璐璐.健康人生物学年龄积分及生物学衰老结构方程模型的统计建模研究[D].沈阳:中国医科大学,2010.

29. 韩雪梅.社区居家养老中健康教育方法的探讨[J].中国社区医师(医学专业),2012,14(13):379-380.

30. 杭州市民政局.关于印发《杭州市社区(村)居家养老服务需求评估表》的通知[EB/OL](2011-11-03).http://www.hzmz.gov.cn/Html/201111/03/86475.html.2015-07-28.

31. 杭州市民政局.杭州市社区(村)居家养老服务标准[EB/OL](2011-04-08).http://www.hzmz.gov.cn/Html/201104/08/86263.html.2015-07-28.

32. 胡光景.政府购买社区居家养老服务质量评估体系研究[J].山东工商学院学报,2012,26(5):93-98.

33. 胡宏伟,陆耀明,郭牧琦.影响老年人参与居家养老服务评估的因素分析和对策建议——基于居家养老调查数据的实证分析[J].西华大学学报(哲学社会科学版),2012(1):96-103.

34. 胡宏伟,时媛媛,张薇娜.需求与制度安排:城市化战略下的居家养老服务保障定位与发展[J].人口与发展,2011(6):54-64.

35. 胡建兵.健康状况综合评估在老年肿瘤临床治疗中的应用探讨[J].当代医学,2016,22(24):30-31.

36. 胡双.国外居家养老服务的实践研究[J].商品与质量,2012(1):137-138.

37. 黄山鹰.游泳锻炼对老年肩周炎患者肩关节等速肌力和疼痛的影响[J].广西医学,2016,38(5):639-640.

38. 黄雅文,王国洪.治疗老年性痴呆症药物研究进展[J].广东化工,2016,43(19):81-82.

39. 季建英.恶性肿瘤风险评估的健康管理模式探讨[J].中国卫生质量管理,2010,17(5):66-67.

40. 建纯.家居照顾是癌末病人的最佳选择[J].中国医学伦理学,2008,22(2):59-60.

41. 解月娇.骨关节病的社区健康管理模式探讨[D].南京:南京医科大学,2014.

42. 荆晓娟,杜冀晖,贺克俭.维生素C在肿瘤治疗中的作用研究进展[J].医学综述,2010(4):554-557.

43. 兰礼吉,冯镜.死亡观及死亡教育的哲学浅析[J].中国医学伦理学,2000,13(4):22-23.

44. 李朝静.上海市失能老人长期护理服务体系研究[D].上海:上海工程技术大学,2013.

45. 李岩,冯宗妹,李宁,等.老年痴呆症的药物治疗[J].职业与健康,2016,32(1):131-134.

46. 李影.半失能老人居家养老的个案社会工作介入研究——以长春市长山社区为例[D].长春:长春工业大学,2014.

47. 林晓莉.老年期痴呆患者生活质量的非药物干预研究进展[J].当代护士(学术版),2014(1):1-3.

48. 刘畅,袁修银.脑卒中患者家庭护理进展[J].护理实践与研究,2014,11(10):16-17.

49. 刘芳.国外政府居家养老医疗服务政策与经验借鉴[J].经济研究导刊,2012(29):63-64.

50. 刘华.膝关节骨关节炎流行病学研究进展[J].中国矫形外科杂志,2013,21(5):482-485.

51. 刘丽媛.女性乳腺癌危险因素及风险评估模型的流行病学研究[D].济南:山东大学,2015.

52. 刘新萍.论城市居家养老服务多元合作体系的建设及发展——以上海市静安区为例[J].甘肃行政学院学报,2009(4):116-123.

53. 刘瑛,袁长容.关于姑息照护和临终关怀的讨论[J].中华护理杂志,2008,43(4):376-377.

54. 刘云.老年痴呆症危险因素的研究进展[J].医学综述,2016,22(12):2349-2352.

55. 刘祚仁.维生素C抗癌作用的临床试验研究进展[J].医学综述,2014,20(13):2358-2360.

56. 罗贤懋,崔剑峰.核黄素与癌症的预防[J].肿瘤防治研究,2006,33(7):543-545.

57. 美国骨科医师学会. 2013 AAOS:膝关节骨关节炎循证医学指南(第二版)[EB/OL]. http://book. duxiu. com/godowndoc. jsp？ dxid＝4006622946054&d＝E597ED2F783D840F1F67424465542201. 2016-12-15.

58. 民政部.关于探索建立社会组织第三方评估机制的指导意见(民发〔2015〕89号)[EB/OL](2015-05-20). http://www. mca. gov. cn/article/zwgk/fvfg/mjzzgl/201505/2015 0500819647. shtml. 2015-06-05.

59. 穆光宗.美国社区养老模式借鉴[J].人民论坛,2012(8):52-53.

60. 宁波质量技术监督局.养老机构服务规范[EB/OL](2014-12-02). http://www. nbzj. gov. cn/html/zhengwupian/zhijiangonggao/2014/1202/53976. html. 2015-07-06.

61. 宁洁.老年肿瘤患者健康状况综合评估的方法学进展[J].中国肿瘤,2007,16(11):868-871.

62. 欧霞,彭爱珍,王洲羿.失能老人生活质量现状及护理服务对策[J].齐鲁护理杂志,2013,19(3):49-50.

63. 彭学杰,韩秀珍,杨晓丽,等.抗衰老在预防老年性痴呆中的重要意义[J].内蒙古民族大学学报(自然科学版),2008,23(5):571-573.

64. 彭展婷.失能老人照顾者的社会支持研究——以广州经验为例[D].天津:天津师范大学,2010.

65. 祁峰.我国城市居家养老研究与展望[J].经济问题探索,2010(11):119-23.

66. 祁峰.英国的社区照顾及启示[J].西北人口,2010,31(6):20-24.

67. 钱宁.中国社区居家养老的政策分析[J].学海,2015(1):94-100.

68. 钱雪飞."普惠型"居家养老服务体系的实现路径[J].南通大学学报(社会科学版),2012,28(3):74-78.

69. 任炽越.真正成功的是在家养老——澳大利亚居家养老服务一瞥[J].社会福利,2010(1):55-56.

70. 尚清红,胡英.恶性肿瘤患者的心理护理[J].齐鲁护理杂志,2005,11(18):1337.

71. 邵森,陈冠锋,郭莉丽,等.老年痴呆患者高危行为的影响因素与临床防范[J].中医药管理杂志,2016

(9):103-104.

72. 史平.北京市石景山区城市老年人健康现状与健康需求调查[J].中国健康教育,2002,18(7):435－436.

73. 史云桐.网络化居家养老:新时期养老模式创新探索[J].南京社会科学,2012(12):59-64.

74. 世界卫生组织(2013).高血压全球概要[EB/OL].http://www.who.int/en/.2016-11-15.

75. 宋琳,韩锋锋.慢性阻塞性肺疾病防治全球倡议2016解读[J].世界临床药物,2016,37(7):437-440.

76. 宋言奇.居家养老中资源整合问题——基于苏州的实践[J].苏州大学学报(哲学社会科学版),2015(1):40-45.

77. 苏瑞芳,娄广亮.老年骨关节炎患者的康复护理[J].风湿病与关节炎,2012,1(4):72-74.

78. 苏永刚,马骋,陈晓阳.英国临终关怀现状分析及对中国的启示[J].山东社会科学,2012(2):48-54.

79. 孙亚慧,谢兴伟.社区卫生服务机构居家养老服务方式探讨[J].东南大学学报(医学版),2012,31(6):761-762.

80. 孙正平.退行性骨关节炎中医健康管理模式的构建与应用研究[D].广州:广州中医药大学,2013.

81. 孙仲.人口老龄化背景下我国城市社区居家养老超级大国模式研究[D].北京:北京交通大学,2011.

82. 唐进昌.中老年人营养与体育锻炼相互结合的重要性[J].科技信息,2011(34):327-327.

83. 田雪秋,牟开今,刘丽娟,等.骨关节相关危险因素研究进展[J].中国社区医师,2016(15):14-15,17.

84. 王波.居家养老:问题与模式创新——以上海亲和源老年公寓为例[J].华东理工大学学报(社会科学版),2009,24(4):94-99.

85. 王传玲,鲁美玲,张立贤.健康信念模式在老年痴呆症患者中的应用[J].齐鲁护理杂志,2013,19(23):150-151.

86. 王飞,孙丽,钱佳成,等.社区康复干预对腰椎退变性病变患者康复效果的影响[J].中华现代护理,2013,19(34):4217-4220.

87. 王金.日本老龄化问题对我国的启示[J].产业与科技论坛,2015,14(5):88-89.

88. 王金元.城市老人居家养老的现状与对策——以无锡社区居家养老服务为例[J].江南大学学报(人文社会科学版),2008,7(3):15-18.

89. 王锦成.居家养老:中国城镇老人的必然选择[J].人口学刊,2000(4):19-22.

90. 王娟.浅谈老年人如何预防龋齿和牙周病[J].世界最新医学信息文摘,2013,13(20):318.

91. 王丽芳.日本养老服务评价制度及其对我国养老服务事业的启示[J].肇庆学院学报,2010(4):45-50.

92. 王培,张梅奎,李晶晶.网络环境下居家养老健康促进模式与服务体系的研究[J].中国数字医学,2015,10(12):2-4.

93. 王向国,洪倩,王德斌,等.慢性阻塞性肺部疾病人群的健康管理[J].中国慢性疾病预防与控制,2009,17(1):75-77.

94. 王雪巍,林芹兰.痴呆老人的回忆疗法干预现状[J].黑龙江科技信息,2016(18):3-3.

95. 王有日.老年痴呆的预防及保健分析[J].中国社区医师,2016,32(26):182-182.

96. 文集,谢林伸,樊均明.宗教心理学在临终关怀中的应用[J].医学与哲学,2012,33(10):29-31.

97. 萧少娟.社区居民关节炎自我健康管理干预效果研究[J].当代医学,2013,19(17):159-160.

98. 徐慧宇,于刚,张易承,等.中药麦门冬对大鼠红细胞免疫功能及抗衰老作用的研究[J].中医药学报,2001,29(1):46-47.

99. 徐沙沙.研究老年痴呆症患者的药物治疗进展[J].世界最新医学信息文摘(电子版),2016(7):8-9.

100. 徐添.脑卒中发病与预后的前瞻性队列研究[D].苏州:苏州大学,2014.

101. 许晓峰,李世森,邸建勇.游泳运动对老年人身体形态及功能的影响[J].中国老年学杂志,2013,33(7):1530-1532.

102. 阎凤岐.社区在"居家养老"中的作用[J].大庆社会科学,2009(3):111-113.

103. 颜秉秋,高晓路.城市老年人居家养老满意度的影响因子与社区差异[J].地理研究,2013,32(7):1269-1279.

104. 杨蓓蕾.英国的社区照顾:一种新型的养老模式[J].探索与争鸣,2000(12):42-44.

105. 杨春.对推进居家养老服务可持续发展的思考——以南京市为例[J].人口学刊,2010(6):42-47.

106. 杨冬敏.老年痴呆症早期表现和治疗方法探析[J].世界最新医学信息文摘(电子版),2016(6):84-85.

107. 杨解放.老年人的运动系统和体育锻炼关系的探讨[J].商丘职业技术学院学报,2010,9(5):126-128.

108. 杨文秀,邵素梅,李恕,等.核酸与抗衰老[J].沈阳医学院学报,2000,2(3):170-174.

109. 杨文秀,赵肃,李文海,等.核酸抗衰老作用的研究[J].沈阳医学院学报,2000,2(4):210-212.

110. 叶枫,周根贵,南山,等.老年痴呆症诊断临床决策支持系统设计与评估[J].中国生物医学工程学报,2009,28(6):872-877.

111. 尹尚菁.发达国家长期照护服务体系比较[J].医护论坛,2011,8(29):156-159.

112. 余荣安.我国老年慢性病护理的研究进展[J].中国医学创新,2011,8(13):186-188.

113. 余升红.衰老的信号转导[J].中国优生与遗传杂志,2006,14(8):1-2.

114. 俞晓杰.运动疗法在膝关节骨关节炎中的应用[J].中华物理医学与康复杂志,2005,27(9):559-561.

115. 糟航,马莉.维生素A与肺癌关系的研究进展[J].吉林大学学报(医学版),2016(1):182-185.

116. 展迪.多元供给主体下城市居家养老照护服务产业化研究[D].上海:华东理工大学,2011.

117. 张波.我国居家养老模式研究综述与展望[J].四川理工学院学报(社会科学版),2013,28(4):10-14.

118. 张春艳.居家养老研究综述[J].武汉科技大学学报(社会科学版),2007,9(1):61-64.

119. 张桂兰.4323例健康体检者常见肿瘤风险评估结果分析[J].中国医药导刊,2013(S1):13-14.

120. 张国平.居家养老社会化服务的新模式——以苏州沧浪区"虚拟养老院"为例[J].宁夏社会科学,2011(3):56-62.

121. 张洪.老年痴呆症的识别和诊断[J].中华脑科疾病与康复杂志(电子版),2013(2):1-6

122. 张俊浦.日本养老经验对我国社会养老服务体系建设的启示[J].改革与战略,2014,30(8):136-140.

123. 张韬玉.衰老度[J].临床荟萃杂志,1991(A1):529-531.

124. 张祥云.国外居家养老方式的经验与启示——以美国、芬兰、瑞典、日本为例[J].国际经济观察,2013(10):49-50.

125. 张小燕,李静思,吴兵.居家养老服务需求现状的调查报告——以河北省保定市为例[J].中国市场,2012(31):47-48.

126. 张孝廷,张旭升.居家养老服务的结构困境及破解之道[J].浙江社会科学,2012(8):81-86.

127. 张旭升,牟来娣."居家养老"理论与实践[J].西北人口,2010(6):25-28.

128. 张艳娟,王迎,吕程.老年痴呆症的早期预防研究进展[J].中国疗养医学,2014,23(1):14-15.

129. 张雁林,刘文国.痴呆症的保健预防[J].中华中西医杂志,2006,7(2):92

130. 张漪凡.日本老年住宅市场及启示[J].当代经济,2015(15):80-81.

131. 浙江省质量技术监督局.居家养老服务及管理规范[EB/OL].(2011-11-14).http://www.zjbts.gov.cn/HTML/20121028/tzwjbzh/76D7D575A977CF3A85126F6DCDD 5D6AB.html.2015-07-06.

132. 中国2型糖尿病防治指南学术委员会成员.中国2型糖尿病防治指南(2013)[J].中国糖尿病杂志,2014,22(8):2-42.

133. 中国高血压防治指南修订委员会.中国高血压防治指南(2010)[J].中华高血压杂志,2011,19(8)：701-741.

134. 中国社会福利协会.社区居家养老服务规范[EB/OL](2010-08-31).http://shfl.mca.gov.cn/article/bzgf/dfbzgf/.2015 07 06.

135. 中华医学会风湿病学分会.骨关节炎诊断及治疗指南[J].中华风湿病学杂志,2010(6)：416-419.

136. 中华医学会骨科学分会.骨关节炎诊治指南(2007 年版)[J].中国矫形外科杂志,2014,22(3)：287-288.

137. 中华医学会呼吸病学会慢性阻塞性肺疾病学组.慢性阻塞性肺疾病诊治指南(2013 年修订版)[J].中华结核和呼吸杂志,2013,36(4)：255-264.

138. 钟金玲.非政府组织参与居家养老的优势、问题与对策[J].福建行政学院学报,2012(2)：45-50.

139. 周敏.论我国居家养老服务的产业化之路——兼谈政府、市场及家庭的职能定位[J].社会保障研究,2015(1)：40-44.

140. 周育瑾,吴江,张升超,等.深圳市桃源社区居家养老服务模式探讨[J].中国全科医学,2011(15)：1738-1740.

141. 周元鹏,张抚秀.上海市社区居家养老服务发展的背景、需求趋势及其思考[J].人口与发展,2012(2)：82-90.

142. 周媛也,周德.国外社会养老服务体系对我国的启示[J].湖 南 城 市 学 院 学报,2013,34(5)：52-56.

143. 祝鸿程,王旗,黄淑纾.骨关节病防控模式:呼唤健康管理新理念[J].现代预防医学,2013,40(15)：2816-2818.

浙江大学出版社
ZHEJIANG UNIVERSITY PRESS

互联网+教育+出版

立方书

教育信息化趋势下，课堂教学的创新催生教材的创新，互联网+教育的融合创新，教材呈现全新的表现形式——教材即课堂。

 轻松备课
 分享资源
 发送通知
 作业评测
 互动讨论

"一本书"带走"一个课堂"　教学改革从"扫一扫"开始

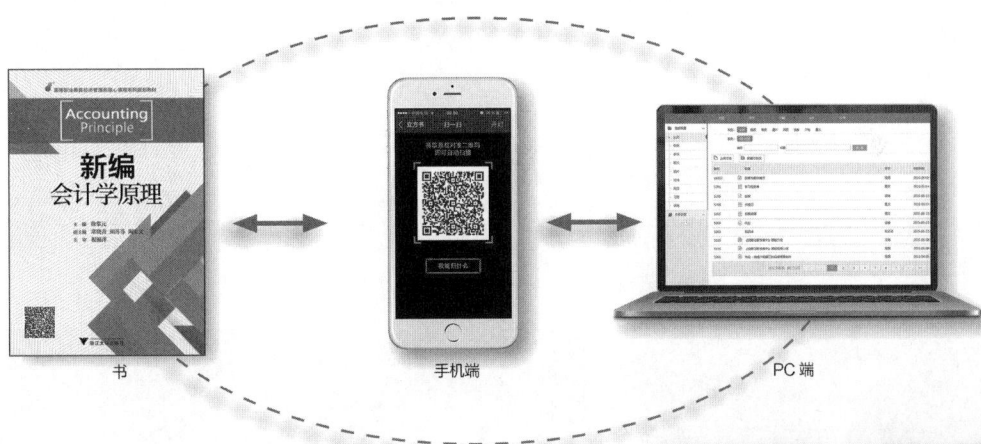

书　　　　　　　　　　手机端　　　　　　　　　PC 端

打造中国大学课堂新模式

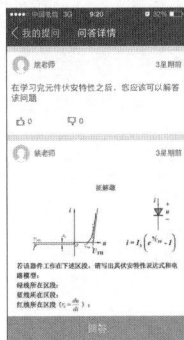

【创新的教学体验】

开课教师可免费申请"立方书"开课，利用本书配套的资源及自己上传的资源进行教学。

【方便的班级管理】

教师可以轻松创建、管理自己的课堂，后台控制简便，可视化操作，一体化管理。

【完善的教学功能】

课程模块、资源内容随心排列，备课、开课，管理学生、发送通知、分享资源、布置和批改作业、组织讨论答疑、开展教学互动。

扫一扫 下载APP

教师开课流程

➡在APP内扫描封面二维码，申请资源

➡开通教师权限，登录网站

➡创建课堂，生成课堂二维码

➡学生扫码加入课堂，轻松上课

网站地址：www.lifangshu.com
技术支持：lifangshu2015@126.com；电话：0571-88273329